Werner Bergmann / Rainer Erb (Hrsg.)
Antisemitismus in der politischen Kultur nach 1945

Werner Bergmann / Rainer Erb (Hrsg.)

Antisemitismus in der politischen Kultur nach 1945

Westdeutscher Verlag

Der Westdeutsche Verlag ist ein Unternehmen der Verlagsgruppe Bertelsmann International.

Alle Rechte vorbehalten
© 1990 Westdeutscher Verlag GmbH, Opladen

Das Werk einschließlich aller seiner Teile ist urheberrechtlich geschützt. Jede Verwertung außerhalb der engen Grenzen des Urheberrechtsgesetzes ist ohne Zustimmung des Verlags unzulässig und strafbar. Das gilt insbesondere für Vervielfältigungen, Übersetzungen, Mikroverfilmungen und die Einspeicherung und Verarbeitung in elektronischen Systemen.

Umschlaggestaltung: Horst Dieter Bürkle, Darmstadt
Titelbild: Werner Bergmann/Rainer Erb, Berlin
Satz: Grafische Werkstatt Michael Spenner, Berlin
Druck und buchbinderische Verarbeitung: Lengericher Handelsdruckerei, Lengerich
Printed in Germany

ISBN 3-531-11923-0

Inhalt

Vorbemerkung 9

Werner Bergmann und Rainer Erb
  Neue Perspektiven der Antisemitismusforschung 11

I. Kontinuität und Diskontinuität des Antisemitismus

Christhard Hoffmann
  Das Judentum als Antithese.
  Zur Tradition eines kulturellen Wertungsmusters 20

Herbert A. Strauss
  Der Holocaust als Epochenscheide der Antisemitismusgeschichte:
  historische Diskontinuitäten 38

Bernd Estel
  Nationale Identität und Antisemitismus in Deutschland 57

Max Miller
  Kollektive Erinnerungen und gesellschaftliche Lernprozesse.
  Zur Struktur sozialer Mechanismen der ‚Vergangenheitsbewältigung' 79

II. Ergebnisse der Umfrageforschung zum Antisemitismus

Werner Bergmann
  Sind die Deutschen antisemitisch?
  Meinungsumfragen von 1946-1987 in der Bundesrepublik
  Deutschland 108

Frederick D. Weil
  Umfragen zum Antisemitismus.
  Ein Vergleich zwischen vier Nationen 131

III. Antisemitismus in der politischen Kultur

1. Gesellschaftliche und institutionelle Verarbeitungsprozesse

Frank Stern
  Entstehung, Bedeutung und Funktion des Philosemitismus
  in Westdeutschland nach 1945 180

Siegfried Hermle
  Die Evangelische Kirche und das Judentum nach 1945.
  Eine Verhältnisbestimmung anhand von drei Beispielen:
  Hilfe für Judenchristen, theologische Aufarbeitung,
  offizielle Verlautbarungen 197

Sibylle Hübner-Funk
  Jugend als Symbol des politischen Neubeginns.
  Strategien zur Bannung der rassistischen Vergangenheit 218

2. Kristallisationspunkte für Antisemitismus nach 1945

Rainer Erb
  Die Rückerstattung:
  ein Kristallisationspunkt für Antisemitismus 238

Werner Bergmann
  Antisemitismus als politisches Ereignis.
  Die antisemitische Schmierwelle im Winter 1959/1960 253

3. Antisemitismus im öffentlichen Diskurs

Jürgen Bellers
  Moralkommunikation und Kommunikationsmoral.
  Über Kommunikationslatenzen, Antisemitismus und
  politisches System 278

Ruth Wodak
  Opfer der Opfer?
  Der „alltägliche Antisemitismus" in Österreich – erste qualitative
  soziolinguistische Überlegungen 292

IV. Zur gesellschaftlichen Rolle der Juden im
    Nachkriegsdeutschland

Y. Michal Bodemann
  Staat und Minorität. Antisemitismus und
  die gesellschaftliche Rolle der Juden in der Nachkriegszeit 320

Robin Ostow
  Das Erbe des Holocaust im antifaschistischen Deutschland.
  Die Jüdische Gemeinde Ost-Berlins und ihre Integration
  in die Deutsche Demokratische Republik 332

Autoren der Beiträge 345

Vorbemerkung

Wir danken allen, die am Zustandekommen dieses Bandes beteiligt waren. Vor allem der Werner-Reimers-Stiftung, Bad Homburg v. d. H., dafür, daß sie die mehrtägige Konferenz im März 1988 mit Teilnehmern aus drei Kontinenten ermöglicht hat. Unser Dank gilt Herrn Konrad von Krosigk, dem Vorsitzenden der Stiftung, für sein förderndes Interesse und seinen Mitarbeiterinnen und Mitarbeitern, besonders Frau Gertrud Söntgen, für ihre außergewöhnliche Gastfreundschaft und ihre umsichtige Organisation.

Unser Dank gilt allen Referenten für ihre schriftlichen Beiträge ebenso wie all denjenigen Tagungsteilnehmern, die uns für eine kritische und weiterführende Diskussion zur Verfügung standen: Prof. Dr. Thomas A. Herz, Siegen; Uli Jähner, Berlin; Dr. Kai von Jena, Koblenz; Prof. Dr. Lutz Niethammer, Hagen; Dr. Nachum Orland, Berlin; Prof. Dr. Reinhard Rürup, Berlin.

Wir danken dem Zentrum für Antisemitismusforschung der Technischen Universität Berlin für den Spielraum zur Entwicklung neuer Fragestellungen, für die Finanzierung der Übersetzungen und unseren Kollegen für ihre Anregungen bei der Vorbereitung dieser Tagung.

Berlin, im Juni 1988 *Die Herausgeber*

Neue Perspektiven der Antisemitismusforschung

Werner Bergmann und Rainer Erb

I.

Betrachtet man die historischen und sozialwissenschaftlichen Veröffentlichungen zum Antisemitismus in Deutschland und Österreich nach 1945, so wird man feststellen, daß eine kontinuierliche und mit den neueren methodischen und theoretischen Einsichten der beteiligten Disziplinen verbundene Forschung noch weitgehend fehlt. Die Geschichtswissenschaft hat sich bisher intensiv vor allem mit den Voraussetzungen der Judenvernichtung beschäftigt. Sie hat die Entschlußbildung und die Durchführung der Vernichtung der europäischen Juden während des Zweiten Weltkriegs detailliert erforscht. Wir besitzen heute außerdem eine breite historiographische Literatur zur Vorgeschichte des Nationalsozialismus und zur Geschichte des Antisemitismus, die über die Weimarer Republik bis in das Deutsche Kaiserreich und die k. k. Monarchie zurückreicht. Entstehung, Charakter und Funktion des Antisemitismus im 19. Jahrhundert können heute als weitgehend geklärt gelten. Noch vorhandene Lücken in der historischen Kenntnis werden Schritt für Schritt geschlossen. Die historische Erforschung des Antisemitismus nach 1945 steckt jedoch, wie die zeitgeschichtliche Beschäftigung mit der Nachkriegszeit und der Geschichte der Bundesrepublik und Österreichs ja insgesamt, noch in den Anfängen. Für die Sozialwissenschaften im weiteren Sinne ist diese Kontinuität und Breite der Forschung weder für die Zeit vor 1945 noch danach festzustellen. Die wegweisenden Arbeiten zur Soziologie und Psychologie des Antisemitismus in den 40er und frühen 50er Jahren (die berühmten fünf Bände der *Studies in Prejudice*) fanden im deutschsprachigen Raum wohl Beachtung, aber es schloß sich daran kaum weitere Forschung an. Die theoretische Entwicklung der sozialwissenschaftlichen Antisemitismusforschung kam fast völlig zum Erliegen. Dies gilt vor allem für die Soziologie der Bundesrepublik, während die Situation in Österreich sich durch die Arbeiten von Bernd Marin, Hilde Weiss u. a. seit Ende der 70er Jahre anders darstellt.

In der sich gegenwärtig belebenden Diskussion über Antisemitismus lassen sich drei Stränge unterscheiden, die unter je spezifischen Einseitigkeiten leiden. Die *psychoanalytisch-gesellschaftstheoretischen* Arbeiten, die zumeist in der Tradition der 40er und 50er Jahre stehen und psychoanalytische und marxistische Theorieelemente verknüpfen wollen, gehen theoretisch-spekulativ vor und benutzen vorhandenes historisches Material sehr selektiv zur Abstützung ihrer Thesen. So etwa die Versuche von Detlev Claussen, Moische Postone u. a. Eine theoretisch orientierte Forschung findet nicht statt und es werden kaum Anstrengungen unternommen, die Möglichkeit eines tiefgreifenden Wandels des Antisemitismus nach 1945 theoretisch zu begreifen und von der Fixierung auf die Kapitalismuskritik loszukommen.

Die *empirische Sozialforschung* – einschließlich der Inhaltsanalysen von Schul- und Religionsbüchern, von Zeitungen usw. – weist genau den komplementären Mangel auf: Die erhobenen Daten werden nicht theorie- und hypothesengeleitet erhoben und ausgewertet, vielmehr werden vor allem die Meinungsbefragungen zumeist ereignisbezogen und jeweils ad hoc neu konzipiert, so daß Längsschnittvergleiche kaum je möglich sind und kumulativ aufeinander aufbauende Forschungsdesigns unmöglich gemacht werden. Geringes politisches und wissenschaftliches Interesse am Thema Antisemitismus hat zu einer diskontinuierlichen Datenproduktion insbesondere für die wichtige Zeit der 50er und 60er Jahre geführt, die nur durch die Häufung von Umfragen im Jahre 1960/61 unterbrochen wurde, als die antisemitische Schmierwelle Politik, Wissenschaft und Schule aufschreckte. Zum Mangel an vergleichbaren Daten kommt hinzu, daß man konzeptionell ganz selbstverständlich von der Fortdauer des Antisemitismus in seiner traditionellen Form ausgeht, dessen Tradierung und Zu- oder Abnahme quantitativ erfaßt werden sollen, und allenfalls aktuelle Tagesprobleme mit einbezieht. Diese Fixierung auf die Tradierung antisemitischer Stereotypen findet sich etwa bei Alphons Silbermann (1982). Fragen des Formwandels, einer geänderten Dynamik, der Einbettung in die politische und soziale Entwicklung nach 1945 bleiben ausgespart.

Gerade diese Aspekte eines Antisemitismus *nach* Auschwitz bilden den Fokus für den *dritten* Diskussionszusammenhang, in dem sich die selbstkritische Befragung von Linken und die Identitätssuche junger Juden in Deutschland verbinden. Diese Diskussion, wie sie in Zeitschriften wie „Babylon", „Ästhetik und Kommunikation" und auf zahlreichen Tagungen etwa von Henryk Broder, Dan Diner, Micha Brumlik, Julius H. Schoeps u. a. geführt wird, ist gekennzeichnet durch ein anlaßbezogenes, teils spekulatives, teils analytisches Denken, das durchaus zu genauen Einsichten kommt, das aber andererseits punktuell bleibt und dessen empirische Basis schmal ist, da ihm weniger kontinuierliche Forschung als wache Beobachtung der politischen Kultur zugrunde liegt.

Angesichts dieser Forschungslage braucht die Antisemitismusforschung zweierlei: einmal die Verbreiterung und Vertiefung ihrer empirischen Basis durch historische Detailforschung, die in den Rahmen der Zeitgeschichte der Bundesrepublik, der DDR und Österreichs einzustellen ist, und durch empiri-

Einleitung 13

sche Sozialforschung über Meinungsbefragungen hinaus, zum anderen den Anschluß an die theoretische Entwicklung in der Soziologie und Psychologie.

II.

Die Erforschung des Antisemitismus nach 1945 darf diesen nicht ohne weiteres als bloße Fortsetzung des modernen Antisemitismus ansehen, sondern muß neben der sicherlich zentralen Erfahrung des Holocaust auch andere historisch neue Entwicklungen in den Nachfolgestaaten des Dritten Reiches nach dem Krieg in ihrer Bedeutung für die Vorurteilsbildung, -tradierung und -modifikation in Rechnung stellen. Der Holocaust könnte sich mit seinen psychischen, moralischen, aber auch demographischen Folgen insbesondere für die Länder der Täter als eine Epochenscheide des Antisemitismus erweisen. Zu denken ist dabei an die Mutation einer nationalen Identität, in der Antisemitismus eine zentrale Stellung als Integrationsideologie einnahm, zu einer gebrochenen, von Schuldgefühlen belasteten. Der „Historikerstreit" hat diesen engen Zusammenhang von Geschichtsdeutung, nationaler Identität und dem Skandalon des Holocaust kürzlich sehr deutlich hervortreten lassen. Opfer und Täter bleiben so in ihrer Identitätsbildung miteinander verklammert. Durch den Holocaust sind die Bundesrepublik, die DDR und Österreich zu Ländern mit einem kleinen, kaum sichtbaren jüdischen Bevölkerungsanteil geworden, so daß sich die „normalen" Formen von Gruppenspannungen und Konflikten zwischen Mehrheit und Minderheit kaum noch finden. Man spricht deshalb oft von einem „Antisemitismus ohne Juden" in diesen Ländern, doch ist diese Rede insofern ungenau, als man die Perspektive heute auf den Staat Israel und auf ausländische, internationale jüdische Organisationen ausweiten muß, die als Repräsentanten „der Juden" genommen werden. Vor allem aus der Existenz Israels und der Wahrnehmung seiner Politik durch die deutsche Öffentlichkeit ergibt sich eine historisch neue Situation, die sowohl Auswirkungen auf die antisemitische Stereotypisierung des Juden haben wird, da sie partiell alten Stereotypen direkt widerspricht (so ist heute durch das Gegenbild des israelischen Kibbuzim und Soldaten das Bild vom häßlichen, untüchtigen und feigen Juden fast völlig verschwunden, vgl. Allensbach 1987), als auch mit dem Antizionismus offenbar einen Formenwandel des Antisemitismus hin zu einem internationalen, zwischenstaatlichen Antisemitismus zur Folge hat. Gegenüber Israel wird Antisemitismus wieder offen aussprechbar, da er kritisch an die Handlungsweisen der Israelis selbst anknüpfen kann und sich somit durch Rekurs auf die Vertretung allgemeiner Werte legitimiert. Antizionismus bietet also die Chance, die Kommunikationslatenz des Antisemitismus zu durchbrechen.

    Eine weitere wichtige Folge des Holocaust ist die Desavouierung des Antisemitismus als einer politischen Ideologie. Im Laufe der Nachkriegszeit ist der zunächst noch recht manifeste Antisemitismus der ersten Jahre nach dem Ende des Krieges (Konflikte mit den Displaced Persons, Schwarzmarkt, Konflikte wegen der Restitution und der Wiedergutmachung) zunehmend tabuisiert worden, so daß er im Zustand der *Kommunikationslatenz* nur mehr als privates, persönliches Vorurteil fortexistieren kann. Angesichts dieser Tabuisierung und des politisch verordneten Philosemitismus müssen Fragen nach der Tradierung im Elternhaus, in der Schule und in den Massenmedien und nach dem Stellenwert in der politischen Kultur neu gestellt werden. Dabei ist vor allem die Rolle der modernen Massenmedien für die Moralisierung und Dramatisierung des Themas Antisemitismus sowie für die Ausbildung von Konsens und die Ermöglichung historischen Lernens zu analysieren, so wie dies in Österreich im Gefolge der Waldheim-Affäre in breitem Umfang geschieht (vgl. Gottschlich 1987). Linguistische und kommunikationswissenschaftliche Analysemethoden müssen hier ebenso herangezogen werden wie Theorien des moralischen Lernens und des kollektiven Bewußtseins sowie Theorien politischer Konflikte und Skandale.

Indem man sich nicht mehr nur mit dem Antisemitismus als privater Einstellung – demoskopisch gemessen – sowie als Element marginaler rechtsradikaler Weltanschauung befaßt, sondern den Umgang mit diesem „Thema" auch im politischen System, im Rechtssystem, in der Erziehung und in den Massenmedien einbezieht, wird man die Bedeutung, aber auch die Dynamik des Antisemitismus in der politischen Kultur der Gegenwart genauer bestimmen können. In allen diesen gesellschaftlichen Systemen gibt es je besondere Latenzen, eine besondere Verarbeitung der geschichtlichen Erfahrungen, unterschiedliche Lernmodi und -geschwindigkeiten, einen je spezifischen Umgang mit dem Antisemitismus und seiner Verflochtenheit mit der nationalsozialistischen Vergangenheit.

Aus der Perspektive der Wissenschaft ist dabei besonders die *Inkongruenz der Perspektiven* zu beachten, die alle beteiligten Gruppen und Teilsysteme auf das Phänomen des Antisemitismus haben. Die politischen Parteien mit ihren Wählerrücksichten, die jüdischen Gemeinden, die Publizistik, die öffentliche Meinung des Auslandes, israelische Politiker, Kameradschaftsverbände ehemaliger Soldaten, KZ-Opfer usw. sehen bestimmte Erscheinungen jeweils anders, so daß hier eine Quelle von Konflikten und gegenseitigen Fehleinschätzungen liegt – wie etwa die Reaktionen auf „Bitburg" gezeigt haben. Durch vergleichende Analysen kann die *notwendige* Inkongruenz und die jeweils systemspezifische Bearbeitungslogik und -perspektive herausgearbeitet werden. Die je spezifischen Realitätskonstruktionen sind ernst zu nehmen, denn es gibt nicht in jedem Fall einen Konsens darüber, welches Ereignis oder welche Aussage als antisemitisch oder nicht-antisemitisch zu gelten hat. Die Meinungen dazu können sich nach verschiedenen Mustern gruppieren: Inland/Ausland, Regierung/Opposition, links/rechts, Juden/Deutsche usw. Dieselbe Tatsache, etwa der demoskopisch erhobene Anteil von 8% vehementen Antisemiten (Allensbach 1987) in der Bevölkerung der Bundesrepublik, wird von verschiedenen Beobachtern mit typisch gegensätzlichen Wertungen versehen. Für das Lager der „progressiven politischen Kräfte" ist diese Zahl ein Beweis für die faschistisch-rassistische Kontinuität und unbewältigte Vergangenheit und somit ein Alarmzeichen. Für das „konservative Lager" kann derselbe Prozentsatz als ein ernstzunehmendes Problem gelten, das aber politisch unter Kontrolle sei und sich langsam vermindere, oder es können das Phänomen selbst oder sein Ausmaß geleugnet werden. In diesen auf Beruhigung und Entdramatisierung zielenden Erklärungen ist ein allgemeines Muster für den Umgang mit der NS-Vergangenheit und mit antisemitischen Ereignissen zu sehen. Insbesondere Konrad Adenauer hat von Anfang an diese Strategie verfolgt, indem er gleichsam einen „Vorschuß" auf die noch zu vollziehenden Lernprozesse gab. Möglicherweise war angesichts einer stark antisemitisch geprägten Bevölkerung (vgl. für 1949 Allensbach) und der noch recht freischwebenden Staatskonstruktion eine andere Strategie kaum möglich bzw. wäre riskant gewesen. – Grundlegende Differenzen in der Perspektive lassen sich auch zwischen Israel und Deutschland aufweisen (Wolffsohn 1988). Israel und die Juden betrachten Deutschland durch die Brille der Vergangenheit, die Deutschen sehen sich selbst aber durch die Brille der Gegenwart und Zukunft und wollen den Blick in die Vergangenheit, jedenfalls in die jüngere, eher vermeiden (Schlußstrich-Tendenz). Wegen dieser Differenz in den Perspektiven werden Verstimmungen zwischen beiden Ländern immer wieder auftreten.

Trotz der genannten Inkongruenzen sind sich die Eliten in der Bundesrepublik – für Österreich mag dies nicht so klar sein – in der Ächtung des Antisemitismus einig: der Anti-Antisemitismus stellt geradezu einen Prüfstein der Demokratie dar und war sicherlich politisch notwendig, um die Vorurteilstradierung und Bildung neuer Kristallisationskerne zu verhindern. Vergleicht man diese Haltung mit der total vergifteten Öffentlichkeit in der Weimarer Republik und mit dem zur Staatsdoktrin erklärten rassistischen Antisemitismus des Dritten Reiches, dann gewinnt die Abhebung eines spezifischen *Nachkriegsantisemitismus* vom Typus des modernen Antisemitismus vor 1945 weiter an Plausibilität. Kontinuitäten und Diskontinuitäten müssen genauer erforscht, sie dürfen nicht vorausgesetzt werden.

III.

Aus der unbefriedigenden Forschungslage in historischer wie in theoretischer und methodischer Hinsicht sowie aus den skizzierten inhaltlichen Überlegungen erwuchs der Plan, eine Tagung zu veranstalten, die in interdisziplinärer Zusammensetzung einen ersten Schritt zu einer koordinierten und intensiven Erforschung des Antisemitismus nach 1945 in der Bundesrepublik, Österreich und der DDR machen sollte. Die Werner-Reimers-Stiftung, Bad Homburg, der an dieser Stelle nochmals ganz herzlich gedankt sei, hat die Verwirklichung der geplanten Tagung dann ermöglicht.

Neben dem Gesichtspunkt der *Interdisziplinarität* war es uns wichtig, theoretische und methodische Angebote der unterschiedlichen Disziplinen (Soziologie, Linguistik, Publizistik) gekoppelt mit konkreter zeitgeschichtlicher Verankerung für die Antisemitismusforschung nutzbar zu machen. Dies zu betonen, ist deshalb wichtig, weil in vielen Publikationen zum Antisemitismus von einem „ewigen Antisemitismus" gesprochen wird. Gegen diese abstrakten geschichtsphilosophischen Deutungsversuche mit ihrem geringen Interesse an Differenzierung und historischen Details müssen die historischen Kontexte betont und präzise bestimmt werden. Gerade beim Thema Antisemitismus verflüchtigt sich der Gegenstand leicht in einem spekulativen Nebel und die Antisemitismuskritik läßt sich bequem für eine grundsätzliche Gesellschaftskritik nutzen. Vor allem die Beantwortung der Frage des Wandels, der Diskontinuität des Antisemitismus drängt auf die Analyse des historischen und sozialen Kontexts.

Ein zweiter inhaltlicher Schwerpunkt ergab sich aus der Absicht, den Antisemitismus nicht wie zumeist üblich als personales Vorurteil zu behandeln, sondern als „Thema" der öffentlich-politischen Auseinandersetzung. Zur Bearbeitung dieses Aspekts können Zeitgeschichte, Soziologie, Kommunikationswissenschaft und Linguistik gleichermaßen interessante Beiträge liefern.

Diese Schwerpunktbildung schließt natürlich andere wichtige Themen vorläufig aus – man kann nicht alles auf einmal machen. So blieben die Frage der psychosozialen Dynamik des Vorurteils und die wichtige Frage nach dem Zusammenhang öffentlich-medial vermittelter Images und persönlicher Einstellungen offen. Ebenso blieben die Analyse der konkreten kulturellen und sozialen Tradierungsweisen und -wege sowie das Problem der Bewertung des deutschen und österreichischen Antisemitismus im internationalen Vergleich ausgespart bzw. wurden nur ansatzweise behandelt. Auch die spezifische Ausprägung und Fortexistenz des Antisemitismus im Rechtsextremismus ist, wie überhaupt die Analyse sozialer Differenzen in der Anfälligkeit für antisemitische Einstellungen, nicht berücksichtigt worden. Für die Analyse der Dynamik des *latenten Antisemitismus* müssen diese Aspekte mit herangezogen werden, da an ihnen die Wirkung der Vorurteilsrepression sowohl im individuellen Bewußtsein wie in der marginalisierten Gruppenkultur des Rechtsextremismus studiert werden kann. Als letzte Lücke sei auf den Antizionismus hingewiesen, der für unsere Frage nach der Dynamik und dem Formenwandel des Antisemitismus sehr wichtig ist, da er sowohl eine „Einarbeitung" der Existenz des Staates Israel in ein antijüdisches Weltbild als auch eine Manifestationsform des ansonsten tabuisierten Antisemitismus darstellt. – Mit dieser Aufzählung des Nichtbehandelten sollten die Anschlußstellen und die Perspektiven für eine Weiterarbeit gezeigt werden.

Einleitung 17

Aus diesen Schwerpunktbildungen – und den Lücken – ergibt sich folgender Aufbau des vorliegenden Bandes. In einem ersten Teil wird die Frage nach der Kontinuität und der Diskontinuität des Antisemitismus gestellt, der als ein altes, in die abendländische Kultur eingeprägtes duales Wertungsmuster sich in wandelnden Formen zeigt und je unterschiedliche Ursachen und Träger besitzt. Die These eines „ewigen Antisemitismus", seine Anthropologisierung, ist abzulehnen. Stattdessen sind die Diskontinuitäten und tiefgreifenden Wandlungen in den sozialen Grundlagen, in den Motivstrukturen und in der Dynamik zu erforschen, die sich ideengeschichtlich in den unterschiedlichen Besetzungen der Duale in den Wertungsmustern spiegeln. Damit sind Kontinuitäten, insbesondere in den Tiefenschichten, und Einarbeitungen älterer Bestandteile des Antisemitismus in neue Formen nicht geleugnet. Die Beiträge des ersten Abschnitts fragen nach dem Bruch, der möglicherweise durch den Holocaust und die Nachkriegsentwicklung entstanden ist, und nach den Umfokussierungen und Lernprozessen – wie immer fehlgeleitet und blockiert –, die dieser ausgelöst hat.

Auch die Arbeiten über die Ergebnisse von Meinungsumfragen in der Bundesrepublik und im internationalen Vergleich fragen nach den Kontinuitäten und Diskontinuitäten der verschiedenen Ebenen und Formen des Antisemitismus nach 1945. Dabei geht es weniger um die sich abschwächenden Stereotypen des traditionellen Antisemitismus oder um das Herausarbeiten einer antisemitischen Persönlichkeitsstruktur als um die Analyse der politischen und kollektiven Dimension in der Verarbeitung der NS-Vergangenheit und im Umgang mit dem Antisemitismus im Horizont einer demokratischen Entwicklung. Indem eine historisch weite (Umfragen ab 1946) und eine international vergleichende Perspektive (BRD, Österreich, USA und Frankreich) gewählt wird, lassen sich Transformationen, Lernphasen sowie auch das Maß an Besonderheit der deutschen Entwicklung in quantitativer und qualitativer Hinsicht sichtbar machen.

Den Schwerpunkt des Bandes bilden die Analysen der kollektiven Verarbeitung des Antisemitismus in der deutschen und österreichischen Nachkriegsgesellschaft, die für bestimmte Zeiträume (Nachkriegszeit im engeren Sinne), bestimmte Bevölkerungsteile (die Jugend) und Institutionen (Kirche) sowie für bestimmte Ereignisse (Restitution, antisemitische Schmierwelle, Waldheim-Affäre) näher untersucht worden ist. Als politisch-öffentliches *Thema* ist der Antisemitismus bisher weder historisch noch soziologisch erforscht worden. Die vorliegenden Beiträge wählen unterschiedliche wissenschaftliche Zugangswege: Einige wählen zeitgeschichtliche und institutionengeschichtliche Zugänge, andere analysieren die Formen antisemitischer Konflikte und Diskurse aus soziologischer, kommunikationswissenschaftlicher und linguistischer Perspektive, wobei zum Teil eher theoretische, zum Teil eher historisch-empirische Ausgangspunkte gewählt werden. Alle Studien zeigen sowohl den Bruch von 1945 sowie auch die erst allmählich einsetzende

Verarbeitung der Erfahrung des Holocaust, den mühseligen Lernprozeß, die in der Öffentlichkeit politisch, massenmedial und pädagogisch aufgebaute Fiktion von der Überwindung des Antisemitismus und Nationalsozialismus. Sie zeigen, daß die öffentliche Tabuisierung des Antisemitismus weder die Kontinuität völlig unterbrechen noch Mobilisierungen verhindern konnte (Wiedergutmachungsdiskussion, Waldheim-Wahlkampf).

Die Schatten der Vergangenheit fallen jedoch nicht nur auf die Mehrheit, auf die „Tätergesellschaften", sondern auch auf die jüdische Minderheit, die sich dezimiert und demographisch völlig anders zusammengesetzt in einer neuen, veränderten politischen Situation befindet. Es sind deshalb zwei Beiträge einbezogen worden, die sich mit der gesellschaftlichen Rolle der Juden im Nachkriegsdeutschland – in seinen beiden Teilstaaten – befassen, die ihre Aufgaben und ihre Gefährdungen jeweils spezifisch im Rahmen des Staates definierte. Die Ausblendung der Juden ist für die Antisemitismusforschung bisher typisch gewesen, man konzentriert sich auf die Antisemiten und behandelt die Juden als passives Objekt. Diese Sichtweise ist durch eine interaktionistische zu ersetzen, in der Mehrheit und Minderheit als Handelnde aufeinander bezogen sind. Für die Zeit nach 1945 steckt die Erforschung der Geschichte und der politisch-gesellschaftlichen Rolle der Juden und der Jüdischen Gemeinden in den beiden deutschen Staaten noch in den Anfängen.

Jede Tagung und jede Publikation eines Teils ihrer Ergebnisse stellen Filter dar, durch die die ursprünglichen Planungen und Konzepte gehen müssen, so daß sich Idee und Realisierung zumeist beträchtlich unterscheiden. In diesem Fall liegen beide ausreichend nah beieinander, wenn auch Wunschthemen offen bleiben mußten, da es niemanden gab, der auf diesem Feld arbeitete. So eröffnet dieser Band neben dem Realisierten vor allem auch Perspektiven auf die zahlreichen Desiderata einer interdisziplinären Erforschung des Antisemitismus nach dem Holocaust.

I. Kontinuität und Diskontinuität des Antisemitismus

Das Judentum als Antithese

Zur Tradition eines kulturellen Wertungsmusters

Christhard Hoffmann

Antisemitismus und judenfeindliches Denken in der Gegenwart können ohne Rekurs auf die Vergangenheit des antisemitischen Stereotyps kaum angemessen untersucht werden. Erst eine umfassende Analyse der traditionellen Judenfeindschaft eröffnet die Möglichkeit, Kontinuitäten und Diskontinuitäten zu erkennen und so die spezifischen Merkmale eines Antisemitismus *nach* dem Holocaust herauszuarbeiten. Die Aufdeckung der Wurzeln des vergangenen Antisemitismus kann zudem dazu beitragen, mögliche Ursachen eines neuen Judenhasses auszumachen und zu beobachten. Die folgende ideengeschichtliche Skizze behandelt in diesem Zusammenhang einen Teilaspekt: Sie beschäftigt sich nicht direkt mit dem Antisemitismus, seiner Ideologie und Verbreitung, sondern fragt allgemeiner nach *Vorstellungen*, *Deutungen* und *Bildern* von Juden und Judentum, die in der deutschen kulturellen Tradition wirksam waren. Ich stütze mich dabei auf Ergebnisse, die ich bei einer Untersuchung zur Darstellung des Judentums in der deutschen althistorischen Geschichtsschreibung des 19. und 20. Jahrhunderts gewonnen habe (Hoffmann 1988, S. 281 ff.). Entsprechend konzentriere ich mich auf die Sicht und Bewertung des Judentums, wie sie bei der deutschen intellektuellen Elite seit der Aufklärungszeit deutlich wird. Wie haben Philosophen, Theologen, Historiker, Literaten und Publizisten das Judentum in einer Zeit beurteilt, in der die Vorherrschaft des christlichen Weltbildes gebrochen wurde, die öffentliche Diskussion um die Emanzipation der Juden besonders virulent war und die ganz allgemein als Epoche des Umbruchs und der beginnenden Modernisierung charakterisiert ist? Meine These ist, daß die Wahrnehmung und Bewertung des Judentums häufig von einem *dualen Schematismus* bestimmt wurde, daß das Judentum durchweg als *Gegenbild* oder *Antithese* zum eigenen Ideal und Selbstverständnis figurierte und – ungeachtet der jeweiligen inhaltlichen „Füllung" des jüdischen bzw. des eigenen „Wesens" – immer den negativen Pol bildete. Im folgenden werde ich 1. drei wichtige Ausprägungen dieses dualen Wertungsmusters in idealtypischer Verdichtung herausarbeiten und erläutern, 2. die Frage nach den Funktionen dieses kulturellen Denkmusters und seinen Verbindungen zum Antisemitismus beantworten und 3. überlegen, inwieweit es eine Kontinuität dieses Schematismus bis in die bundesdeutsche Gegenwart gibt. Der Akzent meiner Darstellung liegt auf der Herleitung und *inhaltlichen* Differenzierung antijüdischer Ideologeme und Topoi, die wichtige Frage, in welchen historischen Situationen und unter welchen politisch-sozialen Bedingungen diese antithetischen Wertungsmuster eine Wirksamkeit entfaltet haben und welche Faktoren diese Wirksamkeit begünstigt bzw. gehemmt haben, muß dabei, schon aus Platzgründen, vernachlässigt werden.

1. Die Tradition des dualen Wertungsmusters

Zunächst ein Blick auf die Ursprünge dieses Schematismus. Sie liegen in der *christlichen Theologie* und deren Bild von Juden und Judentum.[1] Charakteristisch für die Bewertung des Judentums im christlichen Welt- und Geschichtsbild ist eine Ambivalenz zwischen identifizierender Nähe und polemischer Distanz. Einerseits sind die Juden aus der Zeit vor Christus in christlicher Sicht Träger der göttlichen Heilsgeschichte und als solche gegenüber den „Heiden" das „auserwählte Volk", auf der anderen Seite gelten sie wegen der Ablehnung und Tötung des „Messias" als verworfen, aus dem göttlichen Heilsplan entfernt und durch die Kirche als dem „wahren Israel" abgelöst. Gegenüber der radikalen Kritik an der jüdischen Bibel, wie sie von gnostisch beeinflußten Theologen (Marcion) vorgebracht wurde, hat die Kirche am Offenbarungscharakter der hebräischen Bibel festgehalten; die dabei deutlich werdende Identifizierung mit dem antiken Judentum schloß allerdings antijudaistische Polemik nicht aus, eher im Gegenteil: Die „Gemeinsamkeit" der Vergangenheit machte die Notwendigkeit zur Abgrenzung und Selbstdefinition um so dringender, zumal „judaisierende" Einflüsse im frühen Christentum einflußreich blieben (vgl. Gager 1983, S. 117ff.). Diese Konkurrenzsituation führte in der Tradition der *Adversus-Judaeos-Schriften* zur Ausbildung einer regelrechten antijüdischen Schmähtopik, die bei Bedarf aktiviert werden konnte (vgl. Schreckenberg 1982). Besonders wirkungsmächtig wurde die Tatsache, daß das Christentum viele dogmatische Grundanschauungen im Hinblick und in polemischer Abgrenzung zum Judentum bestimmte. Der Antijudaismus wurde damit zu einem essentiellen Bestandteil des christlichen Selbstverständnisses (vgl. Ruether 1978, S.212). Die Ideologie des Antijudaismus bildete sich im Christentum in den ersten drei Jahrhunderten aus. Im Rückgriff auf die

Schriften der Apostel, insbesondere des Paulus, entstanden dabei u. a. folgende duale Wertungsmuster, die das Judentum jeweils als Antithese zum christlichen Selbstbild definierten:

– *Gesetz vs. Glaube.* Die jüdische Torahfrömmigkeit wird als „Gesetzesreligion" verunglimpft, ihr wird der zeremonialgesetzlich ungebundene „Glaube" als die wahre Gottesverehrung gegenübergestellt. Die Tradition des „wahren Glaubens" wird bereits auf die Erzväter zurückgeführt (Abraham als Vater aller Gläubigen: Röm. 4; Hebr. 11, 8ff.), so daß das jüdische „Gesetz" als Irrweg bzw. bloße Übergangsstufe erscheint. Eusebios unterscheidet entsprechend zwischen guten und vor Gott gerechtfertigten „Hebräern" (als „Christen vor Christi Geburt") und den schlechten, abtrünnigen und sündigen „Juden" (vgl. Schreckenberg 1982, S.265).

– *Buchstabe vs. Geist.* Die Übertragung dieser Antithese aus der hellenistisch-jüdischen Literatur (Philon) auf den Gegensatz zwischen Judentum und Christentum durch Paulus (Röm. 2, 27-29; Röm. 7, 6; 2. Kor. 3, 6ff.) wirkt ebenso diskriminierend: Das Judentum erscheint als das Äußerliche, Heuchlerische, als Schatten (Antizipation) und bloßer Schein, das Christentum dagegen als das Innere und Echte, als die Vollendung und das wahre Sein (vgl. Ruether 1978, S.222f.).

– *Partikularismus vs. Universalismus.* Das Christentum versteht sich als Überwindung des jüdischen „Partikularismus", weil es die nationale und lokale Bindung der Gottesverehrung aufhebt und auch den „Heiden" das Evangelium predigt.

– *Gott der Rache vs. Gott der Liebe.* Die paulinische Antithese zwischen Gesetz und Glaube wird bei Marcion bis zur Annahme einer völligen Unverträglichkeit von Torah und Evangelium, ja bis zur Annahme verschiedener Gottheiten im Alten und Neuen Testament gesteigert. Der biblische Schöpfergott (Demiurg), der das Gesetz gegeben und den Juden einen irdischen, kriegerischen Messias verheißen hat, habe nichts mit dem „fremden" Gott der Liebe zu tun, der in Jesus Christus offenbar geworden ist (vgl. Schreckenberg 1982, S.181; die Antithesen Marcions bei Harnack 1960, S.89 – 92). Marcion ist von der Kirche zwar als Irrlehrer bekämpft worden, die Kirchengeschichte zeigt jedoch, daß seine Gedanken – v. a. die strikte Unterscheidung zwischen einem alttestamentlichen Gott der Rache und Gewalt und dem neutestamentlichen Gott der Liebe und Gnade – bis in die Gegenwart hinein einflußreich geblieben sind.

Diese dualistischen Denkmuster sind mit einer Zeitperspektive verbunden: Das Christentum ist das Neue und sich lebendig Entwickelnde, das Judentum dagegen das Alte, Überlebte, Tote. Der religiöse Gegensatz wird in einem zeitlichen Schematismus ausgedrückt und verschärft, dem Judentum damit – nach dem Kommen des „Messias" – die Existenzberechtigung abgesprochen. Die Tatsache, daß es nach der „Verwerfung" überhaupt noch eine jüdische Gruppe gab, der gegenüber sich christliche Missionsversuche als erfolglos erwiesen, war denn auch immer eine Quelle der Verunsicherung und bedurfte in besonderem Maße der Deutung (vgl. Hoffmann 1988, S. 11). Die antithetische Abgrenzung vom „Judentum" war nicht nur eine Frage der Glaubenslehre, sie konnte für den einzelnen Christen auch eine persönliche Dimension besitzen. Zentral war die Vorstellung, daß Juden und Judentum – als Gegenpol – eine orientierende Funktion für die Christen ausüben können:

> „Das Judentum ist seit Golgatha im besten Falle eine antiquierte Erscheinung und hat überall nur durch den *Gegensatz* eine historische Bedeutung für das Leben" (Evangelische Kirchenzeitung 76 (1865), S. 946).

Am Judentum und seiner Geschichte konnte der Christ in beispielhafter Verdichtung den Weg des „Bösen" erkennen, von dem er sich fernhalten mußte. Das Judentum galt als Paradigma für „Sünde" und „Abfall", für „Verderben" und „Heilsverlust", also für Gefahren, die auch sein eigenes geistliches Leben bedrohten. Als Negativfolie wurde das „Judentum" also auch zur Beurteilung der christlichen Verhältnisse herangezogen, kirchliche Mißstände wurden entsprechend als „jüdisch" identifiziert. Dies wird in der Reformation besonders deutlich. In Luthers Sicht fungieren die Juden „als prototypischer 'Meßkanon', um die Einbruchstelle des Teufels in die zeitgenössische Kirche zu sondieren" (Oberman 1987, S. 144f.), sie haben für ihn eine „beispielhafte, diagnostische und abschreckende Funktion" (Ebd., S. 148). Dieses theologische Verständnis des Judentums zielte in erster Linie auf die *eigene* Sündenerkenntnis und die Bewahrung des christlichen Heilsweges, gleichwohl wurde damit in langen Jahrhunderten ein Denkmuster eingeschliffen, in welchem das „Judentum" vorrangig als Gegenbild und Bedrohung figurierte und das auch die Wahrnehmung der zeitgenössischen jüdischen Minderheit ideologisch prädisponierte.[2]

Der kritische Impuls der *Aufklärung* führte gegenüber dem Judentum nicht automatisch zu einer differenzierteren Bewertung, eher im Gegenteil: Wegen seiner bedeutenden Stellung im christlichen Welt- und Geschichtsbild wurde das Judentum jetzt häufig zu einem zentralen Objekt religionskritischer und antiklerikaler Polemik. Die säkulare Neuorientierung der Moderne führte zur Identifizierung mit anderen Völkern und Kulturen, so z. B. mit den „aufgeklärten" Chinesen und den „humanen" Griechen der Antike. Das antike Judentum verlor seine identitätsstiftende Bedeutung, die es in der christlichen Heilsgeschichte immer auch eingenommen hatte. Das neue Ideal, das sich in der Aufklärungszeit herauszubilden begann, war u. a. bestimmt durch die Leitwerte „Vernunft", „Staat", „säkulare Kultur", „Nation" und „Fortschritt". Das „Judentum" wurde dabei häufig als das Übel angesehen, von dem man sich befreien wollte:

- *Aberglaube vs. Vernunft.* Die deistische und rationalistische Kritik an der jüdischen Religion akzentuierte die „Unvernünftigkeit" und „Unmoral" der religiösen Bestimmungen. Vor dem Maßstab der „natürlichen Religion" und der „Vernunft" galten die Vorschriften und Einrichtungen des mosaischen Gesetzes als absurd, abergläubisch, unmoralisch, roh, barbarisch; sie sind Ausdruck priesterlicher Habgier („Priestertrug") und führen zu Fanatismus, Intoleranz und einem arroganten Auserwähltheitsanspruch (vgl. Borinski 1977, S. 106 ff.).

- *Kirche/Theokratie vs. Staat.* Die europäische Erfahrung des religiösen Bürgerkrieges im 17. Jahrhundert hatte die Notwendigkeit einer Trennung von Kirche und Staat deutlich gemacht. Es gehörte zu den Grundüberzeugungen der modernen Welt, daß nur der weltanschaulich neutrale, über den religiösen Parteien stehende Staat inneren Frieden und Toleranz garantieren könne. Die Ausbildung unabhängiger politischer Organe wurde daher als Entwicklung zur Freiheit verstanden. Vor diesem Maßstab konnte die Bewertung des Judentums nur negativ sein. Das jüdische Volk ist – so Herder (1967, Bd. XIII S. 67) – „nie zur Reife einer politischen Kultur auf eigenem Boden" gekommen. Es konnte darüber hinaus geradezu als Ursprung und Beispiel einer Fehlentwicklung gelten, die in dem Primat des Religiösen über das Staatlich-Politische lag. Die Geschichte des antiken Judentums diente einer solchen Interpretation als Argument. An ihr wurde demonstriert, daß religiöser Fanatismus, geistige Unfreiheit, Priesterherrschaft, Parteienstreit und religiöser Bürgerkrieg unausweichliche Folgen einer durch staatliche Organe nicht ‚gebändigten' Religiosität darstellen.

- *Priesterherrschaft vs. säkulare Kultur.* Diese Antithese berührt sich eng mit der vorigen. Weil das Judentum keine Formen staatlich-politischer Kultur entwickelt, gibt es auch für das Individuum keine Freiheit des Denkens und des geistigen Lebens. Prägend sind vielmehr Gewissenszwang, klerikale Bevormundung und Unmündigkeit. Auf dieser Grundlage kann es autonome Kunst und Wissenschaft nicht geben.

- *Diaspora vs. Nation.* Auch der nationale Aspekt spielte für die säkulare Beurteilung des Judentums eine entscheidende Rolle. Er hängt mit dem religiösen zusammen: Weil das Judentum die nationale Identität ausschließlich in religiösen Formen definiert, das Volkstum also in eine „Kirche" umwandelt, entwickelt es eine übernationale Struktur, deren Ausdruck die Diaspora ist. Das Judentum stand damit in deutlichem Widerspruch zu dem

Ideal einer Einheit von Volk, Land und Staat, welches in dem Prozeß der deutschen Nationalstaatsbildung unumstritten war. Der Nationalstaat sollte die lokalen, regionalen und religiösen Partikularismen überwinden und ein einheitliches Staatsvolk schaffen. Vor diesem Ideal nationaler Homogenität erschien das Judentum – sofern es den Erwartungen einer raschen und vollständigen Assimilation nicht nachkam – häufig als Prototyp für mangelnde Integrationsbereitschaft, für Partikularismus und „Sonderexistenz".

– *Rückständigkeit/Geschichtslosigkeit vs. Fortschritt/Geschichte.* In der Aufklärungszeit wurden „Fortschritt" und „Geschichte" zu (letzten) Instanzen, in deren Namen Werturteile gefällt wurden. Gegenüber der neuen Erfahrung von menschlich-selbstbestimmter Geschichte, von Veränderung und Bewegung konnte gerade das (orthodoxe) Judentum, welches den Geschichtslauf seit der Antike scheinbar unverändert „überlebt" hatte, als Inbegriff für das Beharren auf dem Vergangenen, für Unbeweglichkeit, Starrsinn und Geschichtslosigkeit gelten (vgl. z.B. Bauer 1843, S.11).

Die polemische Zielrichtung dieser Antithesen wendete sich in erster Linie gegen das Judentum als „Idee", als Paradigma einer ausschließlich religiös geprägten Lebensform, als Wurzel von Mißständen in der Gegenwart. Das eigentliche Objekt der Kritik lag denn auch in der christlichen Kirche und ihrem Einfluß, in der Ständegesellschaft, in den verkrusteten Strukturen der vormodernen Gesellschaft. Der Antijudaismus der Aufklärungszeit war also weitgehend Mittel zum Zweck, er war für das eigene Selbstverständnis – anders als im Christentum – nicht wirklich konstitutiv. Nur ganz vereinzelt wurde denn auch die zeitgenössische jüdische Minderheit zum Gegenstand des Spottes (z.B. bei Voltaire). Die mindere rechtliche und soziale Stellung der Juden wurde im allgemeinen als direkte Folge christlicher Diskriminierung erkannt und als Unrecht angeprangert, der Forderung nach Emanzipation damit der Boden bereitet. Den Juden wurde als „Menschen" die Gleichberechtigung und die Teilhabe am „Reich der Vernunft" prinzipiell zugestanden. Damit wurde die christliche Festlegung des jüdischen Schicksals auf „Unheilsgeschichte" aufgebrochen. Die Geschichte der Juden war jetzt auf die Zukunft hin offen und eingebunden in den allgemeinen Fortschrittsglauben der Zeit. „Es wird eine Zeit kommen, da man in Europa nicht mehr fragen wird, wer Jude oder Christ sei: denn auch der Jude wird nach Europäischen Gesetzen leben und zum Besten des Staates beitragen" (Herder 1967, Bd. XIII, S.284). Die Gleichzeitigkeit zwischen der aufklärerischen Polemik gegen das Judentum als Religion einerseits und der aufklärerischen Forderung nach rechtlicher und sozialer Gleichstellung der Juden als „Menschen" und „Bürger" andererseits führte aber zu der Forderung, daß die Befreiung der Juden auch eine Befreiung vom „Judentum" bedeuten müsse, führte zur Aufstellung von

Erziehungsforderungen als Voraussetzung für die Emanzipation und zur Erwartung der baldigen Auflösung des Judentums, der völligen Assimilation. Diese Argumentationslinie, die sich in der Aufklärungszeit herausbildete, ist im 19. Jahrhundert dann vor allem vom Liberalismus vertreten worden, sie wurde darüber hinaus von der radikalen Religionskritik der Junghegelianer (Daumer, Feuerbach, Strauß, Bauer – vgl. dazu Ettinger 1983) und der sozialistischen Gesellschaftskritik aufgegriffen und verschärft. Marx z. B. identifizierte das Judentum nicht mehr als Religion, sondern sah in ihm den Prototyp des auf „Egoismus", „Geld" und „Schacher" gegründeten bürgerlich-kapitalistischen Wirtschaftssystems. Aufgrund dieser Zuordnung konnte Marx seine zentrale These betont widersprüchlich formulieren (Marx 1983, S. 377): „Die *gesellschaftliche* Emanzipation des Juden ist die *Emanzipation der Gesellschaft vom Judentum*", d. h. erst mit und nach einer Überwindung der bürgerlichen Wirtschafts- und Gesellschaftsordnung („Judentum") ist eine Befreiung der Juden möglich. Auch in der sozialistischen Kritik konnte das „Judentum" so als Paradigma einer zu überwindenden negativen Gegenwart verstanden werden. Dieser Antijudaismus ist aber für die sozialistische Theorie nicht konstitutiv geworden, er stellt im Grunde eine Vorform der Kritik dar.[3] In Marx' späteren grundlegenden gesellschaftskritischen Werken spielt er denn auch keine Rolle mehr (vgl. Rürup 1975, S. 117).

Von dem Argumentationstypus der Aufklärung ist nun ein *gegenaufklärerischer* und *antimoderner* zu unterscheiden. Als Reaktion auf die Französische Revolution und die napoleonische Hegemonie in Europa entwickelte und verstärkte sich in Deutschland eine konservative Geistesrichtung, die sich gegen die Aufklärung, das Fortschrittsdenken und die Moderne überhaupt wandte und ihr Ideal in der versunkenen Welt des Mittelalters, im christlichen Ständestaat fand. Hatte die Aufklärung im Naturrecht die Gleichheit aller Menschen propagiert, alle Verhältnisse aufgrund eines universell geltenden Normensystems beurteilt und universale Zielrichtungen vertreten, so akzentuierte das Denken der Restauration dagegen gerade den Eigenwert des Individuellen und historisch Gewordenen, des Partikularen und substantiell Gegebenen. Gegen den Nationalismus und seine egalitären und integrierenden Tendenzen rechtfertigte man die religiösen, regionalen, sozialen und kulturellen Unterschiede und Partikularismen. Entsprechend wurden Emanzipation und Assimilation der Juden von den Konservativen strikt abgelehnt. Die Judenemanzipation führe zu einer Vermischung und damit zu einer Auflösung der deutschen und jüdischen „Eigentümlichkeit". Jedem Volk sei aber die Aufgabe gestellt, die eigene „Volksseele", die eigene „Art" zu erhalten:

> „Das sind Güter, deren jeweiliger Verwalter du bist; die du zu erhalten hast – die zu mischen, zu verwahrlosen, zu verschleudern, zu verschenken, zu veräußern ein Diebstahl ist an heiligen Dingen. (...) Die Frage von der Zulässigkeit

des Selbstmordes und die von der Emancipation der Juden dreht sich auf den selben Angeln" (Leo 1843, S. 483).

Diese Grundhaltung führte in Umkehrung der aufklärerischen Beurteilung zu einem positiven Bild des orthodoxen und zur Abwertung des assimilationswilligen Juden. Der orthodoxe Jude, der seine „Volksseele" hoch hält, ist gerade in seiner „fremdartigen Erscheinung" mit „ehrfürchtiger Scheu" zu betrachten. Derjenige (moderne) Jude aber, der versucht, „der Gemeinschaft mit dem Schicksale seines Volkes zu entfliehen", der „im Kaffeehause schwatzt von Allem, nur nicht von dem was die Ehre seines Hauses ist", gilt als „lächerlicher Mann". Er legt sich zwar „die gewandteste gesellschaftliche Tournure wie eine Maske an", vergißt aber dabei, daß „die Vorderseite des Mannes mag reden, welche Sprache sie will, die Hinterseite immerdar Hebräischer Grundtext bleibt" (Leo 1843, S. 482). Nach dieser Auffassung wird eine Differenz zwischen Deutschen und Juden immer erhalten bleiben, weil sie letztlich auf unwandelbaren Gegebenheiten beruht und sich z. B. nicht nur in der Sprache, sondern auch im Körperlich-Biologischen – in einer spezifischen Physiognomie und typischen Gebärden – ausdrückt.[4] Die Behauptung des bloßen Unterschiedes zwischen den Volkscharakteren konnte dabei leicht in die These eines völkischen *Gegensatzes* übergehen:

– *Jude vs. Deutscher.* Die antithetische Gegenüberstellung von „Judentum" und „Deutschtum" ist im Zusammenhang der konservativen Polemik gegen die Judenemanzipation entstanden. Unter Berufung auf den christlichen und germanischen Charakter des deutschen „Volksgeistes" wurden die „Fremdheit" und „Andersartigkeit" der Juden akzentuiert und eine Integration der Juden in die deutsche Gesellschaft abgelehnt. Bei den Vertretern eines „christlichen Staates" war der Gegensatz durch die Taufe der Juden noch aufhebbar, bei denen, die das Germanische im Deutschtum akzentuierten, war dies kaum mehr möglich, und in der später von der Rassenlehre geprägten Antithese *Semit vs. Arier* war jede Veränderung ausgeschlossen, die Differenz zwischen Juden und Deutschen *unauflösbar*. Die Antithese wurde zunächst vor allem im politischen Meinungsstreit instrumentalisiert. Die konservative Polemik bekämpfte den politischen Gegner, z. B. die demokratische Opposition im Vormärz, indem sie ihn als „undeutsch" und „jüdisch" ausgrenzte (vgl. Sterling 1969, S. 151), auch im kulturellen Leben ließ sich dieser polemische Schachzug gegenüber Konkurrenten anwenden, so z. B. in Wagners diffamierender Unterscheidung von „jüdischer" und „deutscher" Musik (Wagner 1975, S. 64 ff.). Darüber hinaus prägte dieses duale Wertungsmuster die Wahrnehmung und Darstellung des Judentums auf vielen Gebieten der deutschen Kultur, z. B. in der Literatur, wo etwa in Freytags „Soll und Haben" oder in Raabes „Hungerpastor" das Schema der parallelen Lebensläufe durch die „Antithese eines deutsch-‚arischen' und jüdischen Daseins" gestaltet wurde (Mayer 1981, S. 385). Besonders wirkungsmächtig wurde die konservative und kulturpessimistische Sehweise, die das „Judentum" mit der Moderne und ihren vermeintlich negativen Erscheinungsformen identifizierte und es als Ursache für die Bedrohung der traditionellen politischen, wirtschaftlichen, religiösen und kulturellen „deutschen" Werte verstand. Entsprechend stellte man gegenüber: *(jüdischer) Liberalismus und „Demokratismus" vs. christlicher Ständestaat, (jüdischer) Kapitalismus vs. traditionelle (deutsche) Wirtschaftsordnung, (jüdischer) Materialismus vs. (deutscher) Idealismus, (jüdische) Intellektualität und „Nervosität" vs. (deutsches) „Gemüt", (jüdischer) Kommunismus/Revolution vs. (deutsche) Ordnung, (jüdischer) Internationalismus vs. (deutsche) Nation etc.*

Die ideologische Gegenüberstellung zwischen „Judentum" und „Deutschtum" wurde in der Restaurationszeit noch überwiegend religiös und kulturell begründet, später kamen nationalistische (wobei die ‚objektiven' Grundlagen der Nation: gemeinsame Abstammung, Sprache, Kultur akzentuiert wurden, vgl. Estel 1989, S. 66 f.) und gegen Ende des 19. Jahrhunderts auch rassistische Argumente hinzu. Die Übergänge sind ausgesprochen fließend, häufig wurden religiöse, kulturelle und völkisch-rassische Begründungen parallel verwendet; entscheidend war die *antithetische* Struktur des Denkmusters.

„Das jüdische Wesen ist eben dem deutschen völlig entgegengesetzt. (...) deutsche Innigkeit, deutsches Gemütsleben, deutscher Glaube, deutscher Idealismus können mit jüdischem Sarkasmus, jüdischem Spotte, jüdischem Skeptizismus, jüdischem Materialismus keinen Bund eingehen. Christentum und Judentum sind in gleichem Maße Gegenpole, wie Deutschtum und Judentum. Die moderne jüdische Weltanschauung verlegt den Schwerpunkt des Daseins ins Diesseits, das Christentum ins Jenseits. An dieser grundverschiedenen Gegensätzlichkeit scheitern alle Annäherungs- und Assimilierungsversuche großen Stils" (Rost 1907, S. 66).

Diese Antithesen zielten direkt auf die zeitgenössische jüdische Gruppe und ihren vermeintlich negativen Einfluß. Dabei rückte das moderne und assimilierte „Reformjudentum" in das Zentrum der Kritik. Diesem „entwurzelten" Judentum warf man vor, durch sein „Anderssein" zu „zersetzen". Aus dieser Schädigungserwartung resultierte die Notwendigkeit zur Bekämpfung des Judentums und seiner „Übermacht", d. h. die Verhinderung der Emanzipation bzw. später die Forderung nach ihrer Aufhebung. Der moderne Antisemitismus, der dadurch charakterisiert ist, daß er „den Juden die Fähigkeit zur nationalen und kulturellen Strukturzugehörigkeit abspricht, ihre kulturelle, soziale, religiöse und moralische Minderwertigkeit behauptet und dabei im Wirken des Judentums eine Schädigung nationaler und ethnischer Strukturen erblickt, woraus sich die Bekämpfung des Judentums ableitet" (Silbermann 1962, S. 152f.), entstammte in seinen wesentlichen ideologischen Zügen dem konservativ-reaktionären Versuch, den Modernisierungsprozeß aufzuhalten und möglichst rückgängig zu machen. Dieser Kampf war von vornherein illusorisch, rückwärts gerichtet, defensiv und von pessimistischen Zukunftserwartungen („Dekadenz") geprägt. Die bewegenden Faktoren der modernen Entwicklung waren für viele undurchschaubar und unerklärlich, die jüdische Mehrheit dagegen war leicht zu identifizieren und z. T. sichtbar mit dem Veränderungsprozeß (z. B. im kapitalistischen Wirtschaftssystem, im Kulturleben, in der Revolution von 1918) verknüpft. Der Antisemitismus bot so einen Ersatz für Gesellschaftskritik. Das Argument verselbständigte sich. Im antisemitischen Denken wurde „der Jude" – in manichäischer Zuspitzung – zum bösen Prinzip schlechthin; durch sein Wirken ließen sich alle Übelstände erklären; der Kampf gegen ihn wurde zum Hauptinhalt einer säkularen Weltanschauung.

2. Die Funktion des dualen Wertungsmusters

Der Überblick über die Tradition macht deutlich, daß es in der Beurteilung von Juden und Judentum Wertungsmuster gab, die relativ unabhängig von ideologischen Grundpositionen existierten. Konservative und Liberale, orthodoxe Christen und radikale Religionskritiker, völkisch argumentierende Nationalisten und Frühsozialisten – alle verstanden und benutzten (wenngleich aus z. T. völlig verschiedenen Gründen) das „Judentum" als Antithese und grenzten sich polemisch von ihm ab. Die universelle Verwendung führt zur Frage nach der *Funktion* des dualen Schematismus. Hier muß man differenzieren. Auf der *kognitiven Ebene* bedeutet die Bildung von Antithesen zunächst einfach einen *Orientierungsgewinn.* Durch die Zuordnungsmöglichkeit zum einen oder anderen Pol wird die Wahrnehmung strukturiert und komplexe Wirklichkeit reduziert. Bezeichnet der Schematismus dabei den Unterschied zwischen Eigenem und Fremdem, dient er auch der Selbstdefinition. Durch die Negation kann die eigene ‚Leerstelle' undefiniert bleiben, und man gewinnt doch eine identitätsstiftende Orientierung. Was „christlicher Glaube", „säkulare Kultur" oder „Deutschtum" letztlich bedeuten, ist positiv viel schwerer zu bestimmen als in der antithetischen Abgrenzung vom „jüdischen Gesetz", der „jüdischen Theokratie" oder dem „jüdischen Wesen" überhaupt. Daß historisch gesehen gerade das „Judentum" immer wieder zur Abgrenzung herangezogen wurde und der Antijudaismus als Argument und Beglaubigungsmittel besonders suggestiv war, dürfte in erster Linie mit der langen christlichen Tradition zusammenhängen. Es kommt hinzu, daß die einschneidenden ideologisch-religiösen, wirtschaftlich-sozialen und politischen Umbrüche, die die beschleunigte Modernisierungsentwicklung seit dem Ende des 18. Jahrhunderts begleiteten, offenbar zu einem verstärkten Selbstvergewisserungs- und Orientierungsbedarf geführt haben. Die Polarisierung hatte in dieser Zeit auch sonst Konjunktur.[5]

Mit der kognitiven verbunden ist die *affektive Ebene*. Gerade Fremd- und Eigenbezeichnungen sind nicht neutral, sondern meistens emotional wertend. Die Abwertung des Fremden ist mit einer Aufwertung des Eigenen verbunden (extremes Beispiel: die nationalsozialistische Unterscheidung von „Herrenmensch" und „Untermensch") und dient der *emotionalen Stabilisierung* der Identität (Beispiele solcher „asymmetrischen Gegenbegriffe" bei Koselleck 1979). Die *konative (verhaltenssteuernde) Funktion* des Schematismus ist schließlich immer dann besonders gegeben, wenn die antithetische Gegenüberstellung von Eigenem und Fremdem mit Bedrohungs- und Schädigungsvorstellungen verbunden wird. Die Erwartung, vom Fremden übermächtigt und zerstört zu werden, führt zur Bildung von Aggressionen und übt einen starken Handlungsimpuls aus. Der Schematismus dient hier als antithetisches Kampfbild und hat die Aufgabe der *Aggressionserzeugung und -lenkung*.

Diese Unterscheidung zwischen einer kognitiven, affektiven und konativen Funktionsebene macht deutlich, daß die Benutzung des dualen Wertungsmusters durchaus verschiedene Tendenzen aufweisen konnte. Die antithetische Abgrenzung vom „Judentum" konnte eher orientierenden oder eher diffamierenden Charakter tragen. Sie konnte sich gegen das „Judentum" in eher metaphorischem Sinne als Paradigma einer bestimmten (zeitlosen) Lebensform oder Verhaltensweise wenden und so auch zur Selbstkritik dienen (z. B. in der christlichen Sündenerkenntnis oder der aufklärerischen Religionskritik); sie konnte aber auch direkt gegen die zeitgenössische jüdische Gruppe zielen und diese als „fremd" ausgrenzen bzw. als „schädlich" und „gefährlich" zum Objekt von Aggressionen machen (wie in der antisemitischen Agitation). Ein Unterschied wird auch in der Zukunftsperspektive deutlich: Der christliche, liberale oder sozialistische ‚Triumphalismus' schloß die Erwartung einer Auflösung der jüdisch-nichtjüdischen Differenz ein. Die Juden haben danach am Fortschritt und am Aufbau einer ‚neuen Welt' teil. In dem von Dekadenz- und Schädigungserwartungen geprägten Zukunftsbild eines völkisch argumentierenden Antimodernismus war der Unterschied von Juden und Nichtjuden aber *unaufhebbar*; gerade die Vermischung der „Volkseigentümlichkeiten" wurde als Ursache für den Niedergang und die Zerstörung der eigenen Kultur angesehen; in dieser Sicht löste sich das Problem nicht mit fortlaufender Zeit von allein auf, sondern wurde im Gegenteil – wegen der zunehmenden „Schädigung" – immer größer. Die Dynamik der pessimistischen Zukunftserwartung führte so zur Freisetzung aggressiver Energien. In dieser Gedankenwelt liegen die Wurzeln des modernen Antisemitismus, und es ist irreführend, wenn man dem völkischen Antisemitismus einen quasi gleichbedeutenden „liberalen Antisemitismus" oder „sozialistischen Antisemitismus" an die Seite stellt, oder wenn man alle Formen der Judenfeindschaft in dem Konstrukt eines „ewigen Antisemitismus" einebnet.[6]

I. Kontinuität und Diskontinuität des Antisemitismus

Allerdings ist zu fragen, ob dem dualen Schematismus als solchem nicht bereits eine Tendenz zur Emotionalisierung und Diskriminierung anhaftet. Die binäre Struktur führt gerade auf der Ebene politischer Auseinandersetzungen zur Entdifferenzierung, Moralisierung und Emotionalisierung von Konflikten; Ambivalenzen und Zwischentöne werden dabei negiert (vgl. Nedelmann 1986, S. 402, 404). Traditionell vorgestanzte duale Wertungsmuster konnten so eine unbefangene und realistische Wahrnehmung von Juden und Judentum unmöglich machen und zur Polarisierung bestehender Konflikte beitragen.

Ideologiegeschichtlich gesehen, hat der moderne Antisemitismus sich der früheren Denkmuster bedient und diese für seine Zwecke instrumentalisiert. Die durchgängig negative Prägung des Judentumsbildes in der deutschen kulturellen Tradition hat diese Aneignung erleichtert. Deutungsmuster, die aus ganz anderen Kontexten stammten, wurden jetzt in antisemitischem Sinne gefüllt. Dazu ein Beispiel: Die antithetische Gegenüberstellung von *Judentum* und *Griechentum (Hellenismus)* stammte bereits aus der Antike und war eine ideologische Rationalisierung der weitgehend machtpolitischen Auseinandersetzungen zwischen Juden und Seleukiden im 2. vorchristlichen Jahrhundert (vgl. Bringmann 1980, S. 189). Ihre Prägung ging zuerst von den Juden aus und diente im wesentlichen der jüdischen Selbstbehauptung angesichts der ‚verlockenden' hellenistischen Kultur und der Religionsverfolgung des Antiochos Epiphanes. Im Christentum konnte die Antithese dann nur in Ansätzen eine eigene Dynamik entwickeln, da das Christentum sowohl jüdischen als auch griechischen Wurzeln verpflichtet war. Anders dagegen in der Aufklärung und im Klassizismus: Hier kam es zu einer vollständigen Identifikation mit dem Griechentum und einer deutlichen Abgrenzung vom Judentum, z. B. beim jungen Hegel (vgl. Liebeschütz 1967, S. 24ff., Schoeps 1955, S. 27ff.). Man benutzte die traditionelle Antithese zur Religions- und Kulturkritik.[7] „Griechenland" wurde zur Chiffre für eine (politisch) freie, aufgeklärte und humane Kultur, während man im „Judentum" alles das symbolisiert fand, was an religiösen Zwang, Gewissen und Priestereinfluß erinnerte. Im Laufe des 19. Jahrhunderts wurde diese kulturelle Interpretation dann von einer ethnozentrischen und schließlich rassistischen verdrängt. Die Differenzierung zwischen Judentum und Hellenismus wurde jetzt auf völkische Gegebenheiten zurückgeführt, die Identifizierung zwischen Deutschen und (antiken) Griechen auf die ‚Blutsverwandtschaft' gestützt. „Unser Standort ist bei Griechen und Römern, solange und soweit sie uns nicht durch Rassenmischung entfremdet sind" (Bogner 1937, S. 83). Bei dem Gegensatz zwischen Griechen und Juden handelt es sich entsprechend „um den Zusammenstoß einer uns gemäßen und verständlichen Weltanschauung und Lebenswirklichkeit mit einem fremden Volk (...), das als Volk mit bewußter Folgerichtigkeit seine Wirklichkeit behauptete" (Ebd., S. 82f).

In ähnlicher Weise wurden andere traditionelle Deutungsmuster, wie z. B.

die Orient-Okzident-Antithese, der Arier-Semiten-Gegensatz oder die religiöse Abgrenzung zwischen Judentum und Christentum rassisch uminterpretiert und in antisemitischer Richtung akzentuiert. Der Antisemitismus beruhte so auf kulturellen Traditionen, er benutzte eingeschliffene und suggestive Wertungsmuster und deutete diese in seinem Sinne um. Dabei wurden die traditionellen Antithesen ihres Inhalts weitgehend entleert, die Polarisierung wurde so sehr gesteigert, daß das Judentum *nur* noch durch seine Negativität charakterisiert war: Es wurde zum „Prinzip der Negation" (Frank 1941, S. 11), zum „Feind der Welt" (Goebbels 1942, S. 158), zur „Gegenrasse" (Schickedanz 1927, S. 79).

3. Traditionsbruch oder Kontinuität?

Angesichts der tiefen Verwurzelung antijüdischer Denkmuster in der abendländisch-christlichen und speziell der deutschen kulturellen Tradition ergibt sich abschließend die Frage, ob der Holocaust hier zu einem Traditionsbruch geführt hat oder ob sich eine Wirksamkeit dieser Wertungsmuster noch in der Gegenwart nachweisen läßt. Ausgehend von den oben erörterten drei Haupttypen antijudaistischer Argumentation, lassen sich dazu – in Kürze – folgende Beobachtungen skizzieren.

Da die grundlegenden dogmatischen Anschauungen des *Christentums* antijudaistisch geprägt sind, kommt es hier fast unweigerlich zu einer Kontinuität der Denkmuster. Allerdings hat der Holocaust auch auf Seiten der Kirchen zu Ansätzen einer Neuorientierung geführt. Man versucht, den Dialog mit dem Judentum zu führen, dogmatische Gegensätze zu mildern und die Gemeinsamkeiten des jüdisch-christlichen Monotheismus zu akzentuieren (vgl. Hermle 1989, S. 203ff.). Innerhalb der Theologie entwickelte sich eine radikale Traditionskritik, die die antijudaistischen Wurzeln des Christentums erstmalig und schonungslos aufdeckte und darum bemüht ist, ein Christentum ohne Antijudaismus zu verankern (Ruether 1978, Gager 1983). Inwieweit diese Ansätze über den Kreis einzelner engagierter Theologen und Gruppen hinaus einflußreich waren und sind, ist bisher nicht systematisch untersucht worden. Grundsätzlich muß man aber wohl gerade im dogmatischen Bereich von einem großen Beharrungsvermögen der Tradition ausgehen. Analysen haben gezeigt, daß selbst in der theologischen Forschungsliteratur der Nachkriegszeit antijudaistische Elemente – wie v. a. das Klischee der „degenerierten" jüdischen „Gesetzesreligion" – noch weit verbreitet sind (Klein 1975, Hoheisel 1978). Es gibt auch einzelne Beispiele für eine Wiederbelebung der traditionellen Denkmuster: Micha Brumlik (1986) hat darauf hingewiesen, daß in den christlich orientierten Teilgruppen der „neuen sozialen Bewegungen" im Kampf gegen Aufrüstung, Umweltverschmutzung und patriarchalische Strukturen die alten Deutungsmuster (wie z. B. die Unterscheidung zwischen dem *(jüdischen) Gott der Rache* und dem *(christlichen) Gott der Liebe* wiederum zur Orientierungshilfe und Identitätsfindung herangezogen werden. Das jeweilige Übel wird auf eine „jüdische Ursache" zurückgeführt: das atomare Wettrüsten auf den alttestamentlichen Geist des „Auge um Auge, Zahn um Zahn", die Ausbeutung von Natur und Umwelt auf die „feindliche" Naturbeziehung des Alten Testaments („Macht euch die Erde untertan") und der Patriarchalismus auf die jüdische Vatergott-Vorstellung. In einigen Arbeiten der feministischen Theologie ist dieser Antijudaismus scharf ausgeprägt. Den Juden wird vorgeworfen, in ihrem Kampf gegen das Heidentum die Matriarchatsreligionen „ausgerottet" zu haben (vgl. Brumlik 1986, S. 144). Das positive Selbstbild liegt dann jeweils in der Botschaft Jesu: Die Feindesliebe der Bergpredigt bietet einen Ausweg aus Rüstungsspirale und atomarer Bedrohung, Jesus ist der „Überwinder des Patriarchats" etc. Die dualistische Sehweise der Probleme (*Aufrüstung* vs. *Abrüstung*, *Patriarchat* vs. *Feminismus*) und die hohe moralische Besetzung der Thematik dürften die Übernahme der traditionellen Denkmuster erleichtert haben.

Fehlt innerhalb der neuen sozialen Bewegungen diese spezifisch christliche Bindung und stehen säkulare, z. B. sozialistische Orientierungen im Vordergrund, so scheint der antijudaistische Akzent kaum eine Rolle zu spielen. Die in der Tradition der *Aufklärung* stehende Religions-, Kultur- und Gesellschaftskritik ist in der Gegenwart nicht mehr antijudaistisch geprägt. Religiöser Fanatismus und Dogmatismus, Fremdbestimmung oder auch „Kapitalismus" werden nicht mehr als „jüdisch" identifiziert. Fassbinders Figur des „reichen Juden" bildet hier allerdings eine Ausnahme, sie zielt jedoch als bewußte Provokation in erster Linie gegen den offiziellen westdeutschen „Philosemitismus" der Nachkriegszeit.

Die Tradition der *völkisch-rassistischen Denkmuster* war am engsten mit der antisemitischen Ideologie und dem nationalsozialistischen Rassenantisemitismus verknüpft und ist deshalb nach 1945 zentral bekämpft und mit Kommunikationsverbot belegt worden. Die Vorstellung, daß es zwischen Deutschen und Juden rassische Unterschiede gebe, mag zwar in der älteren Generation noch weit verbreitet sein, sie kann jedoch zunehmend nur noch im privaten Kreis oder in rechtsradikalen Zirkeln geäußert werden. Außerhalb des Rechtsextremismus gibt es kaum noch Versuche in der Öffentlichkeit, „Judentum" und „Deutschtum" antithetisch gegenüberzustellen und das deutsche Selbstverständnis in Abgrenzung zu „jüdischen Ideen" zu bestimmen. In jüngerer Zeit zeigen sich im Umkreis eines „neuen Nationalismus" allerdings einige Tendenzen dazu, wie Brumlik am Beispiel des Tübinger Philosophen Gerd Bergfleth gezeigt hat (1986, S. 155ff.): In der Polemik gegen die „palavernde Aufklärung" der westdeutschen Linken wird wiederum das „säkularisierte Judentum" als verursachendes Übel ausgemacht. Der den Deutschen nach dem Krieg per Reeducation quasi verordnete und von der Linken aufgegriffene „Kosmopolitismus des Judentums" verhindert – so Bergfleth – eine nationale deutsche Identitätsbildung.

„Denn die universal ausgerichtete Weltbürgerlichkeit, wie sie das heimatlose Judentum notgedrungen vertritt, hat auch ihre Kehrseite, die in der Auslöschung des jeweils Individuellen besteht. Es ist auffällig, daß das aufklärerische Judentum in der Regel keinen besonderen Sinn für das besitzt, was deutsche Eigenart ist, etwa die romantische Sehnsucht, die Verbundenheit mit der Natur oder die nicht auszurottende Erinnerung an eine heidnisch-germanische Vergangenheit. Und wie die Lehrmeister so die linken Gesellen, die sich nicht genug tun können, all dies als teutonische Provinzialität zu verketzern" (Bergfleth 1984, S. 181).

Hier ist das nationalistisch-antiaufklärerische Deutungsmuster in Reinkultur wiederbelebt. Entsprechend versucht Bergfleth, die spezifisch deutschen Traditionen des Irrationalismus, die zu Nationalismus und Rassismus geführt haben, zu entlasten und als notwendige Reaktionen auf die Aufklärung zu verstehen (Ebd., S. 185). In diesem Bemühen um Rehabilitierung der deutschen Vergangenheit und um Revision des Geschichtsbildes berührt sich Bergfleth mit gewissen Tendenzen in der westdeutschen Historiographie.[8] Mit seiner antijüdischen Akzentuierung des deutschen Nationalgefühls steht Bergfleth aber isoliert da.

Zusammenfassend kann man festhalten, daß die Dynamik des traditionellen Antijudaismus nach 1945 im wesentlichen gebrochen worden ist. Das alte Wertungsmuster, welches das „Judentum" als Antithese für jedes gegenwärtige Übel, das überwunden werden muß, auffaßte, wird zwar gelegentlich – vor allem in christlichen oder nationalistischen Denkzusammenhängen – wieder aufgegriffen, es hat seine *öffentliche* Wirksamkeit und Überzeugungskraft aber weitgehend verloren. Es übt – von Randgruppen abgesehen – eine sinn- und identitätsstiftende gesellschaftliche Funktion nicht mehr aus.

Die eigentliche Dynamik des antisemitischen Vorurteils hat sich in der Gegenwart offenbar verlagert. Sie hängt in der Bundesrepublik zentral mit den nationalsozialistischen Verbrechen und ihrer „Bewältigung" zusammen. Die Ungeheuerlichkeit der systematisch betriebenen Judenvernichtung hat in der Weltöffentlichkeit zu einer moralischen Einteilung von (bösen) Tätern und (guten) Opfern geführt und das Verhältnis von Deutschen und Juden vor allem von diesem Schematismus her definiert (vgl. Bergmann/Erb 1986, S. 236ff.). Dabei hat ein *Vorzeichenwechsel* stattgefunden, die Wertung sich völlig umgekehrt. Hatte im Nationalsozialismus die chimärische Konstruktion des „jüdischen Schädlings" zur emotionalen Stabilisierung und Bildung von deutschen Überlegenheitsgefühlen beigetragen, so waren die realen jüdischen Opfer des Holocaust und ihre überlebenden Angehörigen eine permanente Erinnerung und Mahnung an die deutschen Verbrechen. Wollte man diese Taten nicht einfach leugnen, rechtfertigen oder die Verantwortung für sie bestreiten, blieb

I. Kontinuität und Diskontinuität des Antisemitismus

als einziger Weg zu einem positiven Selbstbild nur das Mittel der *völligen Distanzierung*. Das Selbstverständnis der Bundesrepublik wurde so in Abgrenzung zum Nationalsozialismus gebildet, es zeichnete sich durch offiziellen Anti-Faschismus, Anti-Rassismus und Anti-Antisemitismus bzw. Philosemitismus aus (vgl. Rainer Geißler 1980, S. 11). Der damit eigentlich verbundene Traditionsbruch wurde aber erst spät – mit der Studentenbewegung – vollzogen. Die Vergangenheit diente jetzt weitgehend der *negativen Identifikation*. Durch Mahnung und Erinnerung an die nationalsozialistischen Verbrechen sollte eine Wiederholung unmöglich gemacht werden. Diesem überwiegend kritischen Umgang mit der deutschen Vergangenheit ist von konservativen Kreisen in den letzten Jahren die Forderung nach einem Ende der „Vergangenheitsbewältigung" und nach einer positiven Identifizierung mit der deutschen Geschichte entgegengestellt worden. Ungeachtet des politischen Meinungsstreits liegt m. E. ein wirkliches Problem in der Frage, ob ein überwiegend negativ bestimmtes Nationalgefühl auf die Dauer eine integrierende Funktion ausüben kann. Auch in dem kollektiven Schuldvorwurf gegen „die Deutschen" liegt ein Problem, weil ein solcher Vorwurf gerade die nachgeborenen Generationen nicht mehr trifft, andererseits aber zu moralischen Rechtfertigungsversuchen und Aggressionen führt. Der von jüngeren Deutschen besonders vehement erhobene Gegenvorwurf, Israel behandele die Palästinenser nicht besser als die Juden von den Deutschen behandelt worden sind, ist in erster Linie ein Indiz für das moralische Entlastungsbedürfnis. An Schulen ist z. B. zu beobachten, daß gerade die moralische Prätention eines offiziellen Philosemitismus zu Gegenreaktionen führen kann, die sich zunächst gar nicht gegen die Juden, aber gegen eine Sonderbehandlung der Juden richten (zur Bildung von „Gegenmilieus" in hochmoralisierten Konflikten vgl. Nedelmann 1986, S. 402). Die von deutscher Seite häufig gewünschte „Normalität" wird von jüdischer Seite als Aufruf zum Vergessen, als Verrat der Überlebenden an den Opfern verstanden und ist deshalb für sie unakzeptabel. Diese Divergenz der Perspektiven ist letztlich nicht aufhebbar. Deutsche und Juden bleiben bewußtseinsmäßig an die Vergangenheit gebunden und zwar im Verhältnis einer „negativen Symbiose" (Diner 1986). Der Schematismus wirkt – wenngleich unter umgekehrtem Vorzeichen – weiter fort. Damit ist aber auch die Gefahr eines erneuten Umschlagens gegeben. Es gibt Anzeichen dafür, daß antijüdisches Denken in der Bundesrepublik heute seine Dynamik am ehesten aus der Bearbeitung der nationalsozialistischen deutschen Vergangenheit erhält, daß sich ein Antisemitismus nicht trotz, sondern *wegen Auschwitz* (Diner 1986, S. 244ff.) ausbilden könnte. In einer nationalen deutschen Perspektive erscheinen „die Juden" wiederum als Störenfriede, weil sie durch ihre Mahnung an die deutschen Verbrechen einer naiven und ungebrochenen Identifizierung mit deutscher Vergangenheit und deutscher Kultur im Wege stehen. In einer solchen Sehweise ist es dann bis zur erneuten antithetischen Gegenüberstellung von „Juden" und „Deutschen" – und damit zur Wiederbelebung der traditionellen Denkmuster – nur noch ein Schritt.

Anmerkungen

1 Auch in der vorchristlichen Antike gab es bereits negative Klischees von Juden und Judentum. Diese sind jedoch im Zusammenhang lokal begrenzter machtpolitischer Konflikte zwischen Juden und Umwelt (z. B. in Alexandria) entstanden (vgl. Heinemann 1931, S. 38 f.) und bilden nicht eine unabhängige Ideologie des Antijudaismus wie im Christentum.
2 Zum Weiterleben dieses Deutungsmusters auch nach der Säkularisation vgl. z. B. Leo 1828, S. 4 f.: „Wenn der Satiriker die Eigenschaften irgend eines seiner Charaktere zeichnen will, so übertreibt er sie, um sie um so schlagender vor Augen zu führen – nicht bloß um sie ihnen zu zeigen, sondern zugleich um sie davor zu warnen, und so scheint es allerdings auch beinahe die Absicht des Weltgeistes gewesen zu seyn, an dem Jüdischen Volke zu zeigen, wie ein Volk nicht leben soll".
3 Damit soll nicht unterschlagen werden, daß es gerade im Frühsozialismus eine starke antijüdische Komponente gegeben hat (vgl. Silberner 1962, S. 12 ff.). Aber nachdem die sozialistische Theorie zur Analyse des kapitalistischen Wirtschaftssystems fortgeschritten war, hat dieser Antijudaismus für das theoretische Selbstverständnis des Sozialismus keine Rolle mehr gespielt. Grundlegend zur Marxschen Auseinandersetzung mit der „Judenfrage": Claussen 1987, S. 58 ff.
4 Bereits vor dem Entstehen des eigentlichen Rassismus gab es Vorstellungen, die die „Fremdheit" des Juden von der biologischen Abstammung und vom Körperbild her begründeten (vgl. Sterling 1969, S. 125 ff.; zu Leo: Hoffmann 1988, S. 67 ff.; allgemein zur Entstehung der Rassenideologien: Zur Mühlen 1977).
5 Zur Polarisierung und Ideologisierung der politischen, literarischen und religiösen öffentlichen Auseinandersetzungen im deutschen Vormärz vgl. Rürup 1984, S. 152 f.; zur Polarisierung der „Geschlechtscharaktere" vgl. Hausen 1977.
6 Kritisch zum Konzept eines „ewigen Antisemitismus", das zuletzt von Broder (1986) vertreten worden ist: Rürup 1975, S. 122; Claussen 1987, S. 23 ff.
7 Vgl. z. B. Feuerbach 1976, S. 136: „Dem Griechen war die Natur ein Diamant. Er konnte sich nicht satt sehen an seinem wundervollen Farbenspiel (...), an seiner himmlischen Klarheit (...); er erblickte in ihm seinen reinen, von keinem praktischen Egoismus getrübten Geist im Spiegel; er erkannte Vernunft, Geist in der Natur; er blickte in ihre Tiefe – darum war ihm die Natur *ewig*. Kurz der Grieche betrachtete die Natur mit den Augen des enthusiastischen *Mineralogen*, der Jude mit den Augen des seinen Vorteil berechnenden *Mineralienhändlers*". Daumer 1845, S. 21 f.: „Die reale Welt, zu der und in die der Mensch gehört, war (im klassischen Altertum) nicht verworfen und unter den Fluch gethan; der Mensch, der in ihr zu Hause war, durfte dieser sein, war dazu berechtigt und getrieben von seiner Religion, sündigte nicht, wenn er seinen Trieben folgte und die ihm von der Natur bestimmten und bereiteten Freuden des Lebens genoß; denn die Natur war göttlich und in jenen Trieben und Freuden wurde der Wille, die Wirkung und das Dasein größer, guter, anbetungswürdiger Mächte anerkannt. Gegen diese schöne, süße, selige Einheit der classisch heidnischen Culturwelt setzte sich das aus feindlichen jüdischen Grundlagen hervortreibende Christentum, als reactionäre restauratorische Tendenz und Macht, vernichtete jenes harmonische Sein und verwandelte es in die schreiendste Dissonanz, die je in der Weltgeschichte zum Vorschein gekommen".
8 Auch Nolte z. B. versteht Nationalismus, Rassismus und Faschismus in erster Linie als Reaktionen auf vorhergehende Revolutionen: „Dem Glauben des militanten Universalismus und Internationalismus (der russischen Revolution) mußte der Gegenglaube des militanten Partikularismus und Nationalismus gegenübertreten" (Nolte 1986, S. 153). Selbst der Antisemitismus ist in Noltes Sicht nicht von vornherein verwerflich gewesen. Er war

I. Kontinuität und Diskontinuität des Antisemitismus

„als solcher nicht die Ausgeburt kranker Hirne", war – wie auch der Antikommunismus – weder „historisch grundlos" noch „moralisch unberechtigt" (Ebd., S. 159).

Literatur

Bauer, Bruno: Die Judenfrage, Braunschweig 1843.
Bergfleth, Gerd et al.: Zur Kritik der palavernden Aufklärung, München 1984.
Bergmann, Werner, und *Rainer Erb*: Kommunikationslatenz, Moral und öffentliche Meinung. Theoretische Überlegungen zum Antisemitismus in der Bundesrepublik Deutschland, in: Kölner Zeitschrift für Soziologie und Sozialpsychologie, 38, 1986, S. 223-246.
Bogner, Hans: Die Judenfrage in der griechisch-römischen Welt, in: Forschungen zur Judenfrage, Bd. 1, Hamburg 1937, S. 81-91.
Borinski, Ludwig: Antijudaistische Phänomene in der Aufklärung, in: Judentum im Zeitalter der Aufklärung, Bremen/Wolfenbüttel 1977, S. 103-117.
Bringmann, Klaus: Die Verfolgung der jüdischen Religion durch Antiochos IV. Ein Konflikt zwischen Judentum und Hellenismus?, in: Antike und Abendland 26 (1980), S. 176-190.
Broder, Henryk M.: Der ewige Antisemit. Über Sinn und Funktion eines beständigen Gefühls, Frankfurt/M. 1986.
Brumlik, Micha: Die Angst vor dem Vater. Jugendfeindliche Tendenzen im Umkreis neuer sozialer Bewegungen, in: *Alphons Silbermann* und *Julius H. Schoeps* (Hrsg.), Antisemitismus nach dem Holocaust. Bestandsaufnahme und Erscheinungsformen in deutschsprachigen Ländern, Köln 1986, S. 133-162.
Claussen, Detlev: Grenzen der Aufklärung. Zur gesellschaftlichen Geschichte des modernen Antisemitismus, Frankfurt/M. 1987.
Daumer, Georg Friedrich: Die Stimme der Wahrheit in den religiösen und confessionellen Kämpfen der Gegenwart, Nürnberg, 1845.
Diner, Dan: Negative Symbiose – Deutsche und Juden nach Auschwitz, in: *Micha Brumlik et al.* (Hrsg.), Jüdisches Leben in Deutschland nach 1945, Frankfurt/M., 1986, S. 243-257.
Estel, Bernd: Nationale Identität und Antisemitismus in Deutschland, 1989 (in diesem Band).
Ettinger, Shmuel: The Young Hegelians – A Source of Modern Anti-Semitism? in: The Jerusalem Quarterly 28, 1983, S. 73-82.
Feuerbach, Ludwig: Das Wesen des Christentums (1841), in: ders., Werke in sechs Bänden, Bd. 5, Frankfurt/M. 1976.
Frank, Walter: Die Erforschung der Judenfrage. Rückblick und Ausblick, in: Forschungen zur Judenfrage 5, Hamburg 1941.
Gager, John: The Origins of Anti-Semitism. Attitudes towards Judaism in Pagan and Christian Antiquity, New York 1983.
Geißler, Rainer: Junge Deutsche und Hitler. Eine empirische Studie zur historisch-politischen Sozialisation, Stuttgart 1981.
Goebbels, Joseph: Rede über „Deutschland und die Spanienfrage", in: *F.A.Six*, Dokumente der Deutschen Politik, Band 5, Berlin 1942.
Greive, Hermann: Geschichte des modernen Antisemitismus in Deutschland, Darmstadt 1983.
Harnack, Adolf von: Marcion. Das Evangelium vom fremden Gott. Eine Monographie zur Geschichte der Grundlegung der katholischen Kirche. 2. verb. Auflage, Leipzig 1924, ND Darmstadt 1960.

Hausen, Karin: Die Polarisierung der „Geschlechtscharaktere" – Eine Spiegelung der Dissoziation von Erwerbs- und Familienleben, in: *Werner Conze* (Hrsg.), Sozialgeschichte der Familie in der Neuzeit Europas, Stuttgart 1976, S. 363-393.
Heinemann, Isaak: Art. „Antisemitismus", in: Paulys Realencyclopädie der Classischen Altertumswissenschaft. Supplementband 5, Stuttgart 1931, S. 3-43.
Herder, Johann Gottfried: Sämtliche Werke. Hrsg. von *B. Suphan*, 33 Bde., Berlin 1877-1913, ND Hildesheim 1967/68.
Hermle, Siegfried: Die Evangelische Kirche und das Judentum nach 1945. Eine Verhältnisbestimmung anhand von drei Beispielen: Hilfe für „Judenchristen", theologische Aufarbeitung, offizielle Verlautbarungen, 1989 (in diesem Band).
Hoffmann, Christhard: Juden und Judentum im Werk deutscher Althistoriker des 19. und 20. Jahrhunderts, Leiden 1988.
Hoheisel, Karl: Das antike Judentum in christlicher Sicht. Ein Beitrag zur neueren Forschungsgeschichte, Wiesbaden 1978.
Klein, Charlotte: Theologie und Anti-Judaismus. Eine Studie zur deutschen theologischen Literatur der Gegenwart, München 1975.
Koselleck, Reinhart: Zur historisch-politischen Semantik asymmetrischer Gegenbegriffe, in: *ders.*, Vergangene Zukunft. Zur Semantik geschichtlicher Zeiten, Frankfurt/M. 1979, S. 211-259.
Leo, Heinrich: Vorlesungen über die Geschichte des jüdischen Staats, Berlin 1828.
Ders.: Rez. H.E. Marcard, in: Evangelische Kirchen-Zeitung, 33, 1843, Sp. 481-485.
Liebeschütz, Hans: Das Judentum im deutschen Geschichtsbild von Hegel bis Max Weber, Tübingen 1967.
Marx, Karl: Zur Judenfrage, in: *Karl Marx/Friedrich Engels* Werke, Bd. 1, Berlin 1983, S. 347-377.
Mayer, Hans: Außenseiter, Frankfurt/M. 1981.
Nedelmann, Birgitta: Das kulturelle Milieu politischer Konflikte in: *Friedhelm Neidhardt, M. Rainer Lepsius, Johannes Weiß* (Hrsg.), Kultur und Gesellschaft (Kölner Zeitschrift für Soziologie und Sozialpsychologie, Sonderheft 27/'1986), Opladen 1986, S. 397-414.
Nolte, Ernst: Deutsche Identität nach Hitler, in: Jahrbuch der Berliner Wissenschaftlichen Gesellschaft 1985, Berlin 1986, S. 146-162.
Oberman, Heiko: Die Juden in Luthers Sicht, in: *Heinz Kremers et al.* (Hrsg.), Die Juden und Martin Luther. Martin Luther und die Juden. 2. Aufl. Neukirchen 1987, S. 136-162.
Rost, Hans: Gedanken und Wahrheiten zur Judenfrage. Eine soziale und politische Studie, Trier 1907.
Rürup, Reinhard: Emanzipation und Antisemitismus. Studien zur „Judenfrage" der bürgerlichen Gesellschaft, Göttingen 1975.
Ders.: Deutschland im 19. Jahrhundert 1815-1871, Göttingen 1984.
Ruether, Rosemary: Nächstenliebe und Brudermord. Die theologischen Wurzeln des Antisemitismus, München 1978.
Schickedanz, Arno: Sozialparasitismus im Völkerleben, Leipzig 1927.
Schoeps, Hans Joachim: Die ausserchristlichen Religionen bei Hegel, in: Zeitschrift für Religions- und Geistesgeschichte, 7, 1955, S. 1-34.
Schreckenberg, Heinz: Die christlichen Adversus-Judaeos-Texte und ihr literarisches und historisches Umfeld (1.-11. Jh.), Frankfurt/M., Bern 1982.
Silbermann, Alphons: Zur Soziologie des Antisemitismus, in: Psyche 16, 1962, S. 246-254.
Silberner, Edmund: Sozialisten zur Judenfrage. Ein Beitrag zur Geschichte des Sozialismus vom Anfang des 19. Jahrhunderts bis 1914, Berlin 1962.
Wagner, Richard: Das Judentum in der Musik (1850), München 1975.
Zur Mühlen, Patrik von: Rassenideologien. Geschichte und Hintergründe, Bonn-Bad Godesberg 1977.

Der Holocaust als Epochenscheide der Antisemitismusgeschichte: historische Diskontinuitäten

Herbert A. Strauss

I.

Die Frage, wie der Antisemitismus in der heutigen Bundesrepublik Deutschland historisch einzuordnen ist, steht in engem Zusammenhang mit der wissenssoziologisch geforderten Frage nach der Möglichkeit einer Antisemitismusforschung hier und heute in der Bundesrepublik. Die mörderische Vergangenheit hat weder unter Deutschen noch unter Juden, vom Dritten Reich für alle Zeiten weltgeschichtlich verklammert, Verfolgung und Holocaust so objektiviert, daß Vergangenheit und Gegenwart klar und deutlich geschieden bleiben, wie es der methodologische Kanon der Geschichtswissenschaft verlangt. Der Antisemitismusforscher arbeitet auf einem Feld von großer innen- und außenpolitischer Sensibilität. Die Traumatisierung des Bewußtseins und seiner Gefühlsgrundlagen zeigt sich gerade in der Rolle, die der Antisemitismus und seine Bekämpfung in der öffentlichen Auseinandersetzung einnehmen. Die Aufmerksamkeit ist geschärft, sie ist aber auch selektiv und verengt. Die emotionale und politische Wirkung dieser außerwissenschaftlichen Konstellation begünstigt die Erkenntnis und behindert sie zugleich (Nipperdey und Rürup 1972; Rürup 1975; Strauss 1987a; Strauss 1988).

Die Antisemitismusforschung, die etwa 100 Jahre alt ist, hat ihren Antisemitismusbegriff nach den wechselnden wissenschaftlichen Methoden verändert. Der Methodenpluralismus in der Geschichtswissenschaft wie in den Sozialwissenschaften prägt auch die Forschung zum Antisemitismus. Tatsächlich gibt es in den empirischen Sozialwissenschaften eine beträchtliche Lücke zwischen Ergebnissen, die unter kontrollierten Testumständen erzielt wurden und begrenzte Ziele verfolgen, und den Verallgemeinerungen, die daraus abgeleitet werden. Theorie, die durch empirische Beobachtungen illustriert wird, wird häufig als verifizierte Beobachtung verstanden. Es fehlt eine „unified field theory of antisemitism", und Theorien, die in ihren Ursprungsländern längst kritisch modifiziert sind, werden in anderen Ländern in zeit- und ortsbedingter Verzögerung spät und unkritisch rezipiert. Die Theorie der autoritären Persönlichkeit des Antisemitismus ist ein klassisches Beispiel solcher zeitverschobener Übertragung. In der Bundesrepublik Deutschland wird noch in den 1980er Jahren einer Studie Gültigkeit zugeschrieben, die ihre Daten schon um 1974 erhoben hatte (Bergmann 1988; Fein 1987; Silbermann 1982).

Den Antisemitismus der Bundesrepublik geschichtlich einzuordnen, bedeutet nicht, den antisemitischen Tendenzen oder Vorfällen in der Bundesrepublik Deutschland ein Alibi auszustellen, indem man auf ihre veränderten Merkmale im Vergleich zu der Judenfeindschaft hinweist, die die Juden durch das christliche und nachchristliche Abendland begleitet haben. Antisemitismus nach Auschwitz ist obszön und überholt, wie immer er eingeordnet wird. Es geht mir vielmehr um die Frage, ob der historische Vergleich die Strukturen zu verstehen hilft, seien sie psychologischer, politisch-ideologischer, moralischer oder krud opportunistischer Art, aus denen die sich widersprechenden Reden vom Antisemitismus der Gegenwart zu verstehen sind. Der Wunsch, Lehren aus der Geschichte zu ziehen, ist so alt wie Herodot und als Faktor der Analyse selbst zu analysieren. Verfolgung und Holocaust der Juden verpflichten die Wissenschaft zu äußerstem Realismus, wenn die breite Abwehrbewegung gegen den Antisemitismus mit zuverlässigem Wissen versehen werden soll. Die Methoden der Antisemitismusforschung sind flexibel genug und können den Erkennntniszielen entsprechend gewählt werden, wenn der Segmentcharakter der Ergebnisse, ihre Abhängigkeit von den je gewählten Ansätzen nicht übersehen wird (Strauss 1985).

II.

Die älteste Schicht des abendländischen Antisemitismus – sieht man von den Spannungen zwischen Griechen und Juden sowie Römern und Juden ab, die in andere Zusammenhänge gehören – ist der christliche Antijudaismus. Er nimmt den größten Zeitraum ein und hat Feindschaft gegen Juden zu einem gesamteuropäischen Phänomen gemacht. Man muß sich vergegenwärtigen, daß er vom 11. Jahrhundert ab die gesamte christliche Welt des Mittelalters bestimmt hat, gewiß nicht ohne Modifikationen und Neben- und Nacheinander von Konflikt und Zusammenarbeit. Man muß sich auch vergegenwärtigen, daß für die Mehrzahl der europäischen Juden – von den 1492 vertriebenen spanischen Juden und Untergruppen wie den Hofjuden des 17. und 18.

Jahrhunderts abgesehen – das christliche Mittelalter erst um die Mitte des 18. Jahrhunderts sein Ende gefunden hatte. Erkennbar ist ein Nebeneinander (die Gleichzeitigkeit) ungleichzeitiger Formen. Was in Westeuropa und den Vereinigten Staaten von Amerika Mitte des 18. Jahrhunderts aufhörte, erhielt sich auf der Iberischen Halbinsel und in den südamerikanischen Kolonien fast ebenso lange wie es sich in Polen-Rußland erhielt: die Vorherrschaft der christlichen Vorstellung von den gottesmörderischen Juden und ihrer negativen Rolle in der Heilsgeschichte, die „self-fulfilling prophecy" von ihrer verdienten Bestrafung (Bergmann und Hoffmann 1987; Maurer 1953; Ruether 1974; Gager 1983; Graus 1985; Ehrlich 1985).

Die Wirkung dieser christlichen Sicht setzt sich textlich nachweisbar durch die Reformationszeit, den Humanismus, die Schriften der Pietisten, Voltaires und der englischen Deisten sowie des deutschen Idealismus fort: die Ideengeschichte hat auf das Nachleben der spinozistischen Perhorreszierung des Judentums (*Tractatus Theologico-Politicus*) in der Philosophie und Geschichtsspekulation des gesamten 19. Jahrhunderts hingewiesen. (Rengstorf und Kortzfleisch 1970; Oberman 1981; Hertzberg 1968; Liebeschütz 1967). Nicht nur volksreligiöse Strömungen wie Ritualmordanschuldigungen oder Anklagen wegen Hostienschändung haben bis fast in die Gegenwart überdauert. Juden und Judentum wurden auch – ebenfalls bis fast in die Gegenwart – in den geistigen Kämpfen der Kirchen um ihre Modernisierung und in den politischen und theologisch-publizistischen Auseinandersetzungen um ihre Stellung in der säkularisierten Verfassungswelt des 19. und 20. Jahrhunderts zum Symbol dessen, was *anathema* war. Die Tiefe und Breite des christlichen Beitrags zum modernen Judenhaß ist in Inhalt und Form umstritten. Nicht umstritten ist die Tatsache dieses Beitrags. Der in Polen-Rußland überlieferte Antijudaismus, die bis 1939/41 gewalttätigste und brutalste Form des europäischen Judenhasses der Emanzipationszeit, muß dieser christlichen Basis angelastet werden, ungeachtet seiner politischen Benutzung innerhalb eines Systems traditioneller Herrschaft, das den Übergang von feudal-definierter Agrarwirtschaft zu Früh- und Kommerzkapitalismus ohne Verzicht auf die absolutistische Herrschaftsform und Sozialstruktur bewerkstelligen zu können glaubte (Schroubek 1987; Strauss 1970; Löwe 1981; Golczewski 1981; Greive 1969; Greive 1983).

Während so religiös fundierter Judenhaß fortdauerte und zum Beispiel in den katholischen Sozialutopien Joseph Deckerts und Karl von Vogelsangs und ihres prominentesten Anhängers Karl Lueger in Wien ins 20. Jahrhundert hineinwirkte, entsteht der nach dem Konsensus der Historiker als modern bezeichnete Antisemitismus aus dem Schutt falscher Analogien zu naturwissenschaftlichen bzw. pseudo-wissenschaftlichen Spekulationen. Der so entstehende Rassismus wendet den Imperialismus der Zeit nach innen und gerät in den Sog der zahllosen Formen alter und neuer Gruppenspannungen, die in dem aufkommenden Nationalismus virulent werden. Das auf der Ausgrenzung der Juden als Außenseiter beruhende christliche Stereotyp gewinnt bedeutende Funktionen in der säkularisierten nationalstaatlichen Politik. Es entstehen soziale Bewegungen, die ihre Utopien als Gegenbild zum Stereotyp „Jude" entwickeln. Parteien finden im Antisemitismus den gemeinsamen Nenner zur Integration disparater Gruppen und sind als offene Antisemitenparteien in Stadt-, Land- und Reichsparlamenten vertreten. Nationalistische, wirtschaftliche, soziale, auch religiöse Motive verbinden sich in den Nationalstaaten und den multinationalen Imperien Europas in je verschiedenen Kombinationen (Boyer 1981; Whiteside 1975; Jochmann 1971; Levy 1975).

Die noch in den Anfängen steckende vergleichende Forschung hat die Aufgabe, die in sich widersprüchlichen Tatsachen durch einen typologischen Vergleich der Systeme miteinander in Zusammenhang zu bringen. Im Zentrum steht ein Bild von Juden und Judentum, das von völlig verschiedenen Macht- und Statusgruppen als Symbol dessen verstanden oder propagiert wird, was sie bedroht. Die Funktion läßt sich vielleicht am besten mit dem komplexen und mit Recht als Entwicklungsnorm in Frage gestellten, aber heuristisch recht brauchbaren Begriff „Abwehr der Modernisierung" verstehen. Juden und Judentum wurden zum Symbol der „Moderne". Sie waren dafür geeignet, denn sie verdankten überall in der westlichen Welt ihre Emanzipation, die bürgerliche, wirtschaftliche und sozial-kulturelle Gleichstellung, den Ideen von 1776 (USA), den Ideen von 1789 (Frankreich) und den politischen Gruppierungen, die in Europa aus diesen Ideen hervorgingen und die sie mit ihren Interessen identifizierten. Angriffe auf das stereotype Symbol „Jude" zielten „eigentlich" auf die liberalen Systeme in Wirtschaft, Politik und Gesellschaft (Code-Mechanismus). Umgekehrt wurden die meist vulgär-popularisierten Angriffe auf die „Auswüchse", das „Versagen" des Liberalismus als Ordnungsprinzip des industriellen Kapitalismus zu impliziten antisemitischen Invektiven (Kongruenz-Mechanismus). Schon im späten 19. Jahrhundert kamen dann Reizworte wie Zersetzung, Mammonismus, kruder Materialismus, Großstadtgeist, Dekadenz, bald auch Marxismus und Sozialismus hinzu. Die grobschlächtigen Invektiven der französischen utopischen Sozialisten und des jungen Marx von 1844 erschienen so in ironischer Umkehrung der sozialen Stoßrichtung als Ressentiment der Privilegierten und der meist kleinbürgerlichen und bildungsbürgerlichen Schichten, als Ideologie für rückwärts gewandte Utopien (Volkov 1978; Strauss 1987a; Rürup 1975; Wistrich 1982).

Die Frage, warum gerade die Juden für diese Code- und Kongruenz-Funktion geeignet waren, ist von verschiedenen theoretischen Ansätzen her zu beantworten. Zum einen können die Spannungen auf die makrohistorische Tatsache zurückgeführt werden, daß die Juden nun in Politik, Wirtschaft und Gesellschaft der Nationalstaaten integriert waren, trotz aller verbleibenden kulturellen oder psychologischen Hemmungen. Ihre in Jahrhunderten von Ausgrenzung und Bedrückung geformte Berufs- und Sozialstruktur unterschied sich von der typischen Schichtung der Gesellschaften, die in den kommerziel-

I. Kontinuität und Diskontinuität des Antisemitismus 43

len und industriellen Kapitalismus von einer agrarischen Basis aus und mit einer starken Arbeiterschaft eintraten. Dies trifft, mit erheblichen regionalen und nationalen Unterschieden, auf den gesamten Emanzipationsprozess zu, auch wenn Juden stärker in Handwerk oder Landwirtschaft vertreten waren wie in Ost- und Südosteuropa. Der unterschiedliche Ausgangspunkt für den Strukturwandel in der jüdischen Minderheit und ihrer Umwelt bewirkte eine Verschiebung der je für ein System typischen Phasen. Wirtschaftliche Konkurrenzsituationen und sozialer Statuskonflikt ergaben objektive Spannungen, das klassische Stereotyp des Juden konnte mit neuen Inhalten gefüllt werden. Es ist erst im späten 20. Jahrhundert deutlich geworden, daß die Konzentration von Juden in Dienstleistungs- und freien Berufen den Sozialtyp „Leistungsgesellschaft" vorweggenommen hatte, der in der Industriegesellschaft des 19. und der ersten Hälfte des 20. Jahrhunderts im Westen erst in den Anfängen steckte. Auch wo die Industrialisierung verzögert einsetzte und die Juden die klassische Rolle einer „middleman minority" ausfüllten, bewirkte die Phasenverschiebung von sozialer Umschichtung und Mobilität in Mehrheit und Minderheit objektiv erfaßbare Konfliktsituationen (Reichmann 1956; Rürup 1975; Nipperdey und Rürup 1972; Strauss 1987c; Bennathan 1965; Boyer 1981; Löwe 1981).

Zum zweiten war die Befreiung der Juden aus ihren alten Abhängigkeiten überall in Europa von den Ordnungsprinzipien begründet worden, die dem „liberalen Zeitalter" in Staat, Wirtschaft und Gesellschaft seine spezifischen Formen gegeben hatten. Wo der Liberalismus in die Krise geriet, gerieten auch die Juden in das Feld von Klassen- und Machtkonflikten und wurden zu Zielscheiben und Feindbildern. Das „objektive" Modell des Antisemitismus, das sich aus dieser Verbindung von Juden und Liberalismus ergäbe, liefert jedoch noch keine zureichende theoretische Basis zur Erklärung der geschichtlichen Tatsachen. Juden waren nirgends in genügend großer Zahl an der wirtschaftlichen Entwicklung beteiligt, noch spielten sie in den für die erste industrielle Revolution typischen Schwer- und Bergbauindustrien (Eisen/Stahl, Kohle) eine Rolle, die als systembildend oder systemverändernd zu bezeichnen wäre. Der Antisemitismus des in die Krise geratenen Liberalismus läßt sich nur zureichend erklären, wenn er als Mobilisierung des historisch überlieferten Stereotyps Jude durch selektive Wahrnehmung und projizierte Frustrationen verstanden wird. Gerade daß die antisemitische Literatur der Zeit mit Tatsachen argumentiert, die sie selektiv als „typisch" isoliert – etwa Bank- und Finanzwesen, Eisenbahnbau, Warenhäuser, Journalismus, durch das Vorurteil unterstrichene Parvenükultur –, gibt ihr Plausibilität und macht „objektive" Aufklärungsstrategien zur Bekämpfung des Antisemitismus mühselig oder unwirksam. Die Wahrnehmung wurzelt nicht in Spannungen im Verhältnis von Minderheit und Mehrheit, sondern in dem Krisenbewußtsein von Gruppen, die sich durch „Modernisierungsprozesse" geschädigt oder bedroht fühlen und die Lösung ihrer Probleme von einer Mobilisierung und Funktionalisierung der bestehenden Vorurteilsstruktur erwarten.

Ein Vergleich der kontinentaleuropäischen Spielarten des modernen Antisemitismus dürfte trotz großer Unterschiede in den Entwicklungen diese Konstellation bestätigen. Für das Kaiserreich können sie unter der These vom deutschen „Sonderweg" verdeutlicht werden, selbst wenn die historische Kritik am Mißbrauch dieses Begriffes in Rechnung gestellt wird. Der Systemzusammenhang ist in den Spannungen gegeben, die der Scheinkonstitutionalismus Bismarcks einzufrieren versucht hatte. Das politische Machtsystem und die rigide vormoderne Klassengesellschaft konnten so vor den Wirkungen geschützt werden, die von den sich stürmisch modernisierenden Handels- und Produktionssystemen der hochindustriellen Periode zu erwarten gewesen wären. Die neuen Eliten wurden von den etablierten Machtzentren wie Hof, Armee, Bürokratie, Adel bestenfalls adaptiert („sub-infeudation") und damit ein- und untergeordnet. Der Scheinparlamentarismus beruhte auf der Kontrolle des von der preußischen Bürokratie beherrschten Reichsrats, der Hof diktierte das Status-System, der Reserveoffizier symbolisierte die Übertragung militärischer Verhaltens- und Denkformen auf das zivile Leben. Nichts kennzeichnet das Defizit an Modernisierung deutlicher als das Dreiklassenwahlrecht, das in Preußen bis 1918 in Kraft war. Die im Revisionismus eines Eduard Bernstein angesprochenen Prozesse deuten auf die Gewerkschaftspraxis und die Integration der Arbeiter in das Wirtschaftssystem hin – die bis zum Ende revolutionäre Rhetorik der Sozialdemokratischen Partei Deutschlands legt die politische und gesellschaftliche Rigidität bloß. Genau dies war die Konstellation, die dem Antisemitismus des Kaiserreiches seine von der Geschichtswissenschaft eingehend dargestellte Funktion gegeben hat und die ihn nach 1895 zur sozialen Norm aller Schichten machte, die sozialdemokratische Arbeiterschaft ausgenommen (Black 1976; Mommsen 1986; Faulenbach 1987; Kocka 1988; A. Rosenberg 1961; Pinson 1966; Schorske 1955).

III.

Die Mechanismen und Funktionen antisemitischer Bilder und Prozesse blieben durch Krieg und Revolution bis in die Weimarer Republik wirksam. Sie waren Teil des größeren Prozesses institutioneller und verhaltensmäßiger Kontinuität, der von der Geschichtswissenschaft für Politik, Gesellschaft und Wirtschaft als ein Faktor im Scheitern der Republik erkannt worden ist. Krieg und Nachkriegswirren verliehen antisemitischen Aggressionen bis dahin unbekannte Brutalität und Vulgarität. Sie intensivierten auch die Funktionalisierung des Antisemitismus, um die zahlreichen Spannungen der Republik mit Hilfe von Projektion und Manipulation jüdischer Feindbilder durch Pseudolösungen zu überwinden – nach 1918 in der Form einer von Konservativen und Rechtsradikalen vorgetragenen radikalen Opposition. Antisemitismus blieb

Teil der ideologischen Verteidigungsmechanismen der alten Eliten und war Systemkritik geworden.

Schon während des Ersten Weltkrieges war die Kongruenz zwischen Juden und Zersetzung des Kriegswillens und mangelndem Patriotismus entstanden. Eine im Jahre 1916 vom Preußischen Kriegsministerium veranstaltete Zählung von jüdischen Frontsoldaten war – angeblich – von „zahllosen Briefen" veranlaßt worden, die Juden als Drückeberger hingestellt hatten. Es war politisches Kalkül, den Vorkriegsantisemitismus weiter Kreise der Bevölkerung zum Alibi für die militärischen Mißerfolge und für die Versorgungsschwierigkeiten des Landes zu machen. Daß der „jüdische Liberalismus" und die „jüdische Presse" für den Verständigungsfrieden eintraten, lieferte den „environmental support". Niederlage und revolutionäre Wirren konnten wie der verhaßte Friede von Versailles „den" Juden angelastet werden, weil die bis dahin politik- und machtfernen liberal-demokratischen und sozial-demokratischen Parteien an sichtbaren Stellen auch von jüdischen Politikern geführt wurden. Die Chimäre von der jüdischen Verschwörung zur Weltherrschaft, die damals den krud gefälschten „Protokollen der Weisen von Zion" nicht nur in Deutschland zu Propagandaerfolgen verhalf, schuf ein Phantasiebild jüdischer Macht und kollektiver Einheit, mit dem vertuscht werden konnte, daß die alten Eliten an Krieg und Niederlage schuld gewesen waren. Die Zivilisten der Revolution hatten es dem Generalstab und der Bürokratie gestattet, sich der Schuldzuweisung zu entziehen, indem sie selbst die Last der Niederlage und der Nachkriegswirren auf ihre politischen Schultern nahmen (Mosse und Paucker 1971; Angress 1978).

Der Krieg hatte ferner die Gefühle weiter Kreise gegenüber Menschen anästhesiert, die als Feinde aus dem Kreis der gemeinsamen Menschlichkeit und moralischen Verantwortung ausgeschlossen blieben. Schon um 1918 verdichtete sich ein Gebräu von Ideologie und Phantasie, Mordmentalität und moralischer Verkommenheit auf der radikalen Rechten zu Vorstellungen, die die Massenmorde des Zweiten Weltkriegs gedanklich antizipierten. Dies gab dem Feindbild Jude die zentrale Stellung im Bewußtsein jener Kreise, die seit dem Ende des 19. Jahrhunderts den Antisemitismus als gesellschaftliche Norm rezipiert hatten, und rationalisierte ihre Feindschaft gegen die Republik. Die „honorige" nationale Rechte zeigte zunehmend weniger Hemmungen, den völkischen Radikalismus als politische Massenbewegung und paramilitärische Schutztruppe zu manipulieren. Sie verbanden sich in immer wieder zerfallenden politischen Bündnissen mit einer revolutionären Bewegung, die sich romantisch-konservativ zu profilieren suchte und den Antisemitismus zur Grundlage der als gemeinsam vermuteten restaurativen Ideologie machte. Wie wenig dieser gemeinsame Antisemitismus hinterfragt worden war, läßt sich dokumentarisch durch die gesamte Geschichte des Dritten Reiches bis hin zu den Plänen verfolgen, in denen der konservative Widerstand 1944 die Stellung der Juden in der Verfassung des von ihm erstrebten Nach-Hitlerdeutschland skizziert hatte. Ihr gemeinsamer Nenner war der Widerruf der Emanzipation und der Gleichheit bürgerlicher Rechte. Die antisemitische Gesetzgebung des Dritten Reiches war von Anfang an von den konservativen Koalitionspartnern nicht nur hingenommen, sondern mitentworfen und unterstützt worden (Strauss 1987a; Strauss 1988; Mosse und Paucker 1965; Mosse und Paucker 1971; Adam 1972; Dipper 1983; Strauss 1987b).

Wie weit die Kongruenz von Antisemitismus und nationalen Restaurationsideologien ging, läßt sich an den großen weltanschaulichen und kulturpolitischen Debatten festmachen, die besonders in der Endphase der Weimarer Republik von den bürgerlichen Institutionen ausgegangen waren. Als *ein* Beispiel von vielen kann hier auf die Kulturpolitik der Kirchen hingewiesen werden, die dem offenen Rassismus fernstanden. Sie bekämpften weltanschaulich und politisch modernistische Tendenzen in Kunst und Literatur und warben für die natürlichen Bande von Familie und Stamm, Dorfgefüge und harmonistische Sozialutopien, für deren „Zersetzung" sie den Mammonismus und Materialismus verantwortlich machten – Juden und Judentum standen für die „schlechte Gegenwart", obwohl die kirchliche Publizistik das „eigentliche" konservative Judentum von jüdischen Literaten, Journalisten, Künstlern, Marxisten oder Kommunisten zu trennen suchte. So verstärkten sich Vorurteil und selektive Wahrnehmung gegenseitig. Die Kongruenz von Modernismus und Judentum liefert eine der Erklärungen, warum die nach 1933 verbleibenden Zentren potentieller Gegenlegitimationen und moralischer Verantwortung – Kirchen, Universitäten, Kunst und Literatur – die Zerstörung von 150 Jahren Gemeinsamkeit mit Juden ohne Widerstand hinnehmen konnten oder gar beförderten (Thieme 1963; Greive 1969).

Die an sich von diesem Kongruenzmechanismus zu erwartende Korrelation zwischen dem An- und Abschwellen der orchestrierten Gefühlswallungen, die das öffentliche Leben des Dritten Reiches charakterisierten, und dem An- und Abschwellen des Antisemitismus ist jedoch nicht deutlich zu erkennen. Weder die Quellen noch eigene Beobachtungen legen eine solche Korrelation nahe. Antisemitismus war in bis dahin unbekannter Selbstverständlichkeit zur Norm geworden. Die als Erfolg und Bestätigung hingenommenen oder begeistert gefeierten innen- und außenpolitischen Ereignisse bis hin zum Sieg über Frankreich im Juni 1940 gaben keinen Anlaß zu moralischen Skrupeln. Die mit ziemlicher Sicherheit aus den Quellen hervorgehende, von allen Beobachtern bestätigte Passivität der Bevölkerung gegenüber den Verfolgungsmaßnahmen spiegelt das Nebeneinander der Gefühlsebenen wider, auf denen diese nationalen Ziele und der selbstverständliche Antisemitismus koexistierten. Wie gründlich und verbreitet die antisemitische Norm akzeptiert worden war, zeigen dann die nach dem Kriege veranstalteten Meinungsumfragen. Die Bedeutung dieser Identifizierungsschwankungen für die Nachkriegspsychologie ist nicht zu übersehen (Kershaw 1986; Bergmann (in diesem Band); Steinert 1970; Balfour 1979; Herzstein 1979).

IV.

Ein weiteres Merkmal, das der moderne Antisemitismus der Vorkriegszeit mit dem neuen Antisemitismus der Weimarer Republik teilt, ist die deutliche Korrelation antisemitischer Wellen mit sozialen Krisen. Dieses Krisenmodell war schon in der klassischen marxistischen Manipulations- und Verschwörungstheorie vorweggenommen worden und lag der Antisemitismusforschung zugrunde, noch ehe es von amerikanischen Sozialpsychologen als „frustration-aggression hypothesis" 1939 mit großer Wirkung systematisiert worden war (Dollard u. a. 1939). Das Modell setzt im historischen Zusammenhang selbstverständlich eine bereits bestehende Vorurteilsstruktur voraus und kann nur die Funktion von Vorurteilen und Antisemitismus erklären, nicht ihren Ursprung. Das Folgende ist deshalb in den eben entwickelten Zusammenhang geschichtlicher Ereignisse und Wahrnehmungen einzustellen.

Daß in der Weimarer Republik die Juden mit politischen Spannungen in Verbindung gebracht wurden (Kongruenz), zeigt das Wachsen von antisemitischen Bewegungen oder Parteien in den beiden großen Krisen der Republik. 1918 bis 1924 hatten sich die Nachkriegsschwierigkeiten gehäuft, verschärft durch die unverantwortliche Finanzierungspraxis der Weltkriegsregierungen und die katastrophale Geldpolitik der Nachkriegszeit. Mit dem Scheitern des Münchener Putsches von 1923 und der Konsolidierung der Währung reduzierte sich der politisch aktive Antisemitismus auf weniger als ein Fünftel der Stimmen, die auf die Deutschnationale Volkspartei (DNVP) und auf die völkischen und nationalistischen Kleinverbände einschließlich der Nationalsozialisten entfielen. Schon vor der Reichstagswahl vom 14. September 1930, die den Aufstieg der NSDAP auf Reichsebene einleitete, zeigten sich in den Wahlen zu einzelnen Länderparlamenten deutliche Stimmengewinne der NSDAP: ihre Propaganda hatte sich ab 1928 auf die verunsicherte Landbevölkerung konzentriert, die Verschärfungen ihrer Absatzschwierigkeiten und einen Preisverfall für ihre Erzeugnisse befürchtete. Die Kongruenz antisemitischer Aggressionen mit dem Gebräu der jeweils der Situation angepaßten zynisch-opportunistischen Propagandaparolen ist deutlich und nimmt die oben beschriebene Konstellation des Dritten Reiches vorweg, selbst wenn es methodisch nicht mehr möglich ist, die Stellung des Motivs „Antisemitismus" im Wahlverhalten quantitativ zuverlässig zu isolieren. Daß sich unter Mitgliedern der NSDAP und unter ihren Wählern Gruppen fanden, die ihre Stellung in Wirtschaft und Gesellschaft als frustrierend und krisenanfällig wahrnahmen, läßt sich für Studenten, Bauern, Kleinhandwerker, Lehrer, kleine Beamte und Angestellte mit einiger Sicherheit nachweisen, abgesehen von durch den Kriegsausgang frustrierten Nationalisten in allen sozialen Schichten. Wo integrative politische Ideologien wie Katholizismus oder Marxismus fehlten wie in protestantisch-ländlichen Wahlkreisen, oder wo Irredentismus herrschte wie in den östlichen Grenzbezirken, errang die aggressive Propaganda größere Erfolge. Dagegen verzichtete die NS-Propaganda bis 1932/33 darauf, die Nationalsozialistische Betriebszellen Organisation (NSBO), also den Appell an die Fabrikarbeiter, zu intensivieren. Wie erfolgreich antisemitische Parolen bei der Wählerschaft waren, zeigte sich schließlich in der Tatsache, daß die bürgerlichen Parteien 1931/32 bereits auf ein offenes Eintreten für die Bürgerrechte der Juden in Deutschland verzichteten, da sie fürchteten, dadurch Wähler zu verlieren und als „Judenknechte" abgetan zu werden. Selbst die Propaganda und Publizität der Kommunistischen Partei Deutschland (KPD) setzte in ihrem Kampf gegen „den Kapitalismus" ältere anti-jüdische Traditionen fort, die im 19. Jahrhundert bereits von den utopischen Sozialisten, Karl Marx, den Austromarxisten und dem bolschewistischen Flügel der russischen Sozialdemokratie entwickelt worden waren. Allein die Sozialdemokratie (SPD und angegliederte Verbände) verzichtete auf solchen Opportunismus. Die Korrelation zwischen Krisenbewußtsein und Antisemitismus als Instrument der Politik läßt sich trotz der Schwierigkeit, den quantitativen Nachweis anzutreten, mit Gewißheit behaupten, gerade in der Kongruenz antisemitischer mit weltanschaulich-politischen Positionen (Orlow 1969; Mosse und Paucker 1965; Wiener 1965; G. Mosse 1971).

V.

Die Voraussetzung, daß ein Vorurteil präexistent sein muß, bevor es in Krisensituationen mobilisiert und politisch vermarktet werden kann, gilt auch für das letzte zu reflektierende Merkmal des neuen Antisemitismus, die Benutzbarkeit objektiver sozialer oder wirtschaftlicher Reibungsflächen zwischen Juden und Umwelt, das Bestehen einer „objektiven Judenfrage". Die These von der unvermeidlichen Spannung zwischen Juden und Umwelt war schon im 19. Jahrhundert von zionistischen Beobachtern osteuropäischer Sozialstrukturen entwickelt worden und folgt logisch aus der Wahrnehmungspsychologie, die eine wie immer minimale aber sichtbare Realitätskomponente postuliert, die dem Vorurteil durch Verallgemeinerung und Selektion Wahrscheinlichkeit verleiht. Seine wissenschaftliche Form hat dieser Ansatz dann bereits 1954 in dem Werk des amerikanischen Sozialpsychologen Gordon W. Allport erhalten.

In der Tat ist die aus der langen Diskriminierungs- und Ausschließungsgeschichte hervorgegangene Berufs- und Sozialstruktur der Juden seit Beginn der Emanzipationsdiskussion Gegenstand der Ablehnung, ja Verachtung gewesen: Reformer wie Christian Wilhelm Dohm hatte dies zu Reformprogrammen veranlaßt, die dann das 19. Jahrhundert durchzogen; für die antisemitische Agitation war sie Anlaß zum Haß. Demographie und Statistik haben die Einzelheiten der Berufs- und Sozialstruktur für viele Länder festgehalten. Reform – *Embourgeoisement* – wurde in den ungeschriebenen Sozialvertrag auf-

I. Kontinuität und Diskontinuität des Antisemitismus

genommen, der auf die Emanzipation der Juden zielte. Aufnahme in den Staatsverband (Bürgerschaft) sollte als Belohnung für die Wendung der Juden zu „den Künsten und Wissenschaften" (freien Berufen) verliehen werden, hieß es u. a. in dem preußischen (Erziehungs-)Gesetz von 1833 für die ehemals polnische Provinz Posen. In Deutschland waren die Unterschiede der jüdischen Berufsstruktur zu der ihrer Umwelt deutlich: die Juden waren nie zu mehr als etwa 1 % in der Landwirtschaft tätig, hatten kein Fabrikproletariat, waren auf wenige Handwerke konzentriert und ihre Unterschicht bestand im wesentlichen aus proletaroiden Kleinbürgern und Agenten. Der Akkulturationsprozeß brachte Aufwärtsmobilität. Wo durch private Initiative oder Gesetzgebung versucht wurde, Juden gemäß dem antisemitischen Stereotyp zu Bauern und Handwerkern zu erziehen, waren die Erfolge gering gewesen. *Embourgeoisement* brachte Verstädterung, Rollen in Handel und Finanz, Eintritt in die vom Gesetzgeber geförderten „Wissenschaften und Künste", die freien Berufe. Die Existenz der verelendeten Bevölkerungszentren in Osteuropa brachte ab 1881 größere Einwanderungsschübe, die den Akkulturationsprozeß von parochialer Volkskultur zu städtischen Lebensformen bis zum Ende des deutschen Judentums eine permanente Erscheinung werden ließen. Nach 1918 pendelte sich die Zahl der Juden ausländischer Nationalität im Deutschen Reich auf etwa 100 000 Menschen ein, die ein Fünftel aller in Deutschland lebenden Juden ausmachten. Sie konzentrierten sich in den für Wanderungen dieses Umfangs üblichen ethnisch-sozialen Enklaven und gewannen dadurch eine hohe Sichtbarkeit (Reichmann 1956; Allport 1954; Dohm 1781/83; Strauss 1966; Bennathan 1965).

Daß sowohl die deutschen wie die ausländischen Juden als Ursache von Spannungen gesehen wurden, ergab sich aus den historischen Schichten der Vorurteilsstruktur, in die sie eingeordnet wurden. Die Argumentation des Historikers Heinrich von Treitschke, die mit der Ankunft jüdischer Binnenwanderer aus den preußischen Ostprovinzen und jüdischer Flüchtlinge aus Polen/Rußland um 1880 zeitlich zusammenfiel, offenbart sein ungesichertes Nationalbewußtsein in der Angst vor der Berührung mit den „hosenhandelnden Jünglingen" aus dem Osten. Zeitgenössische Vergleiche bieten die je verschiedenen Reaktionen auf jüdische Einwanderer in Frankreich, England, Holland und den USA. Die öffentliche Meinung hatte lange Deutschlands östliche und westliche Nachbarn in verschiedener Weise stereotypisiert. Dazu kamen Spannungen zwischen bäuerlichen und städtischen Wertsystemen im Arbeitsbegriff, in den Wirtschaftszielen, in der sozialen Mobilität, der Neubewertung des „Brauchtums" durch die völkische Romantik usw. Ethnozentrismus artikulierte sich in xenophobischer Ablehnung des „Fremden". Dies betraf besonders die Juden, da sie auf allen Ebenen des Akkulturationsprozesses die einzige nicht-christliche Minderheit darstellten, die sich über die Jahrhunderte erhalten hatte (Treitschke 1879).

Von einer „objektiven Judenfrage" zu sprechen und die Beziehungen zwischen Juden und Umwelt und *vice versa* auf „objektive" Spannungssituationen hin zu untersuchen, ist nur sinnvoll auf dem Hintergrund dieser vorgegebenen Konflikte in Mentalitäten und Ideologien, die das Wahrnehmungsfeld strukturieren und die Chimäre einer zielbewußt handelnden jüdischen Gruppe oder gar eines „Weltjudentums" voraussetzen. Die Inhaltsanalyse der antisemitischen Literatur ergibt *ad nauseam*, daß die oft sehr „sichtbaren" Teilaspekte der jüdischen Sozialstruktur durch Sterotypisierung zu Ursachen von Spannungen umstilisiert wurden, denen sich Berufs- und Sozialgruppen der Gesellschaft ausgesetzt sahen. Die seit den 80er Jahren des 19. Jahrhunderts erkennbare Anfälligkeit der Studenten, der freien Berufe und des Bildungsbürgertums hatte auch – ich betone auch – seine Ursache in der energischen Zuwendung der sich nun frei dünkenden Juden zu höherer Bildung und den freien Berufen. Die Rolle von Juden in der Entwicklung moderner Distributionssysteme (Warenhäuser) und Finanzinstrumente (Großbanken, Börse) diente geschädigten Berufsgruppen (Handwerkern, Detailhändlern aller Art, Handlungsgehilfen) zur Ersatzerklärung einer wirtschaftlichen Revolution, deren Ursachen tiefer lagen und die sie nicht verstanden. Der Konflikt zwischen Bauern und Händlern, Land und Stadt konnte auf jahrhundertealte antisemitische Vorurteile verengt werden. Spannungen dieser Art verführten dann nach 1918 zu den grotesken Verfälschungen der wirtschaftlichen, sozialen und politischen Realitäten, mit denen die antisemitische Literatur ihren nicht weniger chimärischen Rassismus plausibel zu machen suchte. Er führte am Ende in die Katastrophe.

VI.

Zur Beantwortung der Frage, wie der Antisemitismus in der Bundesrepublik heute einzuordnen sei, sollen nun diese methodischen Ansätze zur Analyse herangezogen werden. Obwohl bisher keine Gesamtdarstellung des Antisemitismus seit 1949 (1945) für die Bundesrepublik vorliegt und die vorhandenen Teilergebnisse schon durch die unterschiedlichen Konzeptualisierungen und Erkenntnisinteressen wissenschaftlicher und außerwissenschaftlicher Art nicht zu einem Gesamtbild verbunden werden können, ist die Kontinuität eines aus der Nazi-Vergangenheit stammenden Antisemitismus im Neo-Nazismus nicht zu bezweifeln. Die Bundesregierungen in Deutschland (und in politisch anders gelagerten Umständen im Nachkriegsösterreich) haben Kontinuitäten in Personal und Struktur akzeptiert oder gefördert und spätestens ab Mitte der 50er Jahre die institutionellen, juristischen, personellen und anderen Kontinuitäten mit dem Dritten Reich nicht mehr in der Öffentlichkeit problematisiert. Dies hat die öffentliche Auseinandersetzung mit dem Antisemitismus weitgehend verhindert. Auch in der Deutschen Demokratischen Republik ergaben sich ähnliche Wirkungen, allerdings aus anderen Voraussetzun-

I. Kontinuität und Diskontinuität des Antisemitismus 51

gen, wenn man von personellen Kontinuitäten absieht. Die Staatsideologie schrieb hier eine offizielle Interpretation des Antisemitismus vor, die der Bevölkerung keinen Anlaß gab, ihre eigene Involvierung in Nazismus und Drittem Reich zu durchdenken.

Für die Bundesrepublik sind die Tatsachen schwer von den meist politisch inspirierten, impressionistisch-journalistischen Darstellungen der Geschichte des Antisemitismus der Nachkriegszeit zu trennen. Auf der einen Seite lassen sich Phasen erkennen, während derer die öffentliche Diskussion des Antisemitismus der Nazizeit eher verschwindet und die mit den Nürnberger Prozessen begonnene rechtliche Bewältigung der Straftaten der NS-Zeit von der Öffentlichkeit und den Politikern verzögert wird. Prosperität und politische Mittellage wurden durch den bereits erwähnten wirtschaftlichen und gesellschaftlichen Kompromiß erkauft. Die Annahme scheint berechtigt, daß damit das in dem Symbol „Auschwitz" immer deutlicher erkennbare *Tremendum* und seine Wurzeln in der deutschen Geschichte aus dem Zentrum der öffentlichen Diskussion verbannt wurden. Weder die mit den 60er Jahren wieder einsetzenden deutschen Kriegsverbrecherprozesse noch die in beachtlicher Breite durchgeführte Erforschung der Geschichte des Dritten Reiches hatten jedoch die Tiefenwirkung, die von dem amerikanischen Spielfilm „Holocaust" ausgegangen ist (1979). Der „Erfolg" des Films bewirkte, daß die Medien ebenso wie der mit wissenschaftlichen Ansprüchen arbeitende Journalismus auf eine Informations- und Marktlücke hingewiesen wurden. Die Wirkung der Studentenbewegungen der späten 60er Jahre auf die öffentliche Auseinandersetzung mit dem Antisemitismus, die ihnen folgenden Verbindungen mit dem arabischen Terrorismus und die langfristigen Wirkungen virulent antisemitischer Ideologien auf der extremen Linken sind nicht präzise untersucht. Das Thema „radikaler Rechtsantisemitismus" auf der anderen Seite des politischen Spektrums hat, trotz der deutlichen politischen Außenseiterstellung und Wirrköpfigkeit ihrer Anhänger, erhebliche Aufmerksamkeit in Forschung, Rechtsprechung, Verfassungsschutz und Gerichtspraxis gefunden, trotz skandalös milder Urteile gegen Massenmörder, Rassenhetzer oder Verbreiter der Auschwitzlügen-Apologetik. Wie immer Geschichte und Gegenwart des Antisemitismus in der Bundesrepublik verstanden werden, wie immer die Schlußstrich-Mentalität mit Alter, Erziehung, Psychologie oder persönlicher Involvierung in der NS-Vergangenheit zu verbinden ist, wie immer das Gefahrenpotential des tabuisierten („latenten") Antisemitismus einzuschätzen ist – der Antisemitismus als ein Faktor des öffentlichen Lebens ist von den Strukturwandlungen überholt worden, die eine Reihe politischer, wirtschaftlicher, gesellschaftlicher, religiöser und geistiger Aspekte der Nachkriegszeit charakterisieren.

Sie lassen sich aus der Darstellung des historischen Antisemitismus und den Modellen ableiten, die bisher zur Deutung antisemitischer Erscheinungen nützlich gewesen sind und oben skizziert wurden:

1. Auschwitz (als Symbol der Massenmorde) und die Gründung des Staates Israel haben das politische Bewußtsein der erdrückenden Mehrheit der Staatsbürger verändert.
2. Die Ermordung von 5-6 Millionen europäischer Juden und die Auswanderung der meisten Überlebenden nach 1945 haben die Zahl der Juden unter den Punkt sinken lassen, an dem die meisten antisemitischen Vorurteile und Chimären auf „environmental support" rechnen können.
3. Die aus dem Modernisierungsdefizit von Kaiserreich und Weimarer Republik stammenden Verbindungen des Antisemitismus mit traditionellen Gesellschaftsschichten und Machteliten sind verschwunden. Adel, Militär, hohe Geistlichkeit, Bürokratie, Großgrundbesitz, nationales Bildungsbürgertum haben in dem zunächst besetzten, dann in die NATO aufgenommenen Nachkriegsdeutschland ihre zentrale Machtstellung nicht behaupten können. Antisemitische Publizistik zur Verteidigung der traditionellen Positionen zu verwenden, wäre angesichts der Strukturwandlungen der Nachkriegseliten und ihrer Einbettung in die multinationalen Querverbindungen eher kontraproduktiv. Eliten, die aus der deutschnationalen oder nazistischen Tradition zum Antisemitismus neigen, sind durch neue Elite-Entwicklungen und den Niedergang ihrer traditionellen Machtbasen (persönliches Eigentum an Großunternehmen, Landbesitz, Ämtermonopol in Ministerialbürokratie oder Generalstab etc.) bedeutungslos geworden.
4. Eine antisemitische Artikulierung sozialer Spannungen, z.B. durch die (oben beschriebenen) Code- oder Kongruenzmechanismen ist nicht erfolgt. Wirtschaftliche Krisen (etwa seit 1973) werden als Konflikt innerhalb der Arbeiterklasse (Gastarbeiter) ausgetragen. Die in Werksschließungen und Entlassungen aufbrechenden Folgen von Strukturkrisen der deutschen Wirtschaft führen zu Kämpfen darüber, welche Gruppe oder Institution ihre Kosten zu tragen hat. Zahl und Bedeutung der Juden sind zu gering, um chimärische Vorurteile über marginale Rechtsklüngel hinaus öffentlich wirksam oder akzeptabel zu machen.
5. Die Entstehung einer Dienstleistungsgesellschaft hat die Wirtschafts- und Sozialstruktur der Mehrheit an die der „Minderheit" angenähert, ein in der Geschichte seit Jahrhunderten seltener Vorgang. Juden sind in Ost- und Westeuropa in Eliten verschiedener Bedeutung aufgenommen worden, ohne den Widerständen zu begegnen, die seit dem erfolgreichen Ablauf der Emanzipation zu den bekannten Habsucht- und Neidreaktionen („objektiven Sozialspannungen") geführt haben. Die „Arisierung" und das unveränderte Weiterbetreiben symbolisch bedeutender „jüdischer" Modernisierungen (Warenhäuser, Textilmanufaktur, Spezialgeschäfte des Einzelhandels etc.) hatte bereits im Dritten Reich die Lügenhaftigkeit der nazistischen Wirtschaftsideen offenbart.
6. Die Leitungen der christlichen Kirchen haben unter dem Eindruck ihres Versagens während des Dritten Reiches und des Holocaust beachtliche

Ansätze zur Beseitigung ihres traditionellen Antijudaismus unternommen, wenn auch die Breitenwirkung für den religiösen Alltag zu wünschen übrig läßt.

Diese – und ähnliche – Beobachtungen legen den Schluß nahe, daß die in jedem Falle moralisch und politisch notwendige Bekämpfung des Antisemitismus in der Bundesrepublik Deutschland unter veränderten politischen, wirtschaftlichen und gesellschaftlichen Voraussetzungen vor sich geht. Diese haben eine Reihe bisher brauchbarer Modelle zur Erkenntnis des Antisemitismus im Augenblick unanwendbar gemacht. Eine Ausdehnung solcher Beobachtungen auf andere Länder würde dieses Ergebnis bestätigen können.

Einer im Juni 1988 veröffentlichten Umfrage des Instituts für Demoskopie Allensbach, die von der Antidefamation League of B'nai B'rith, New York, in Auftrag gegeben wurde und mit wissenschaftlicher Beratung des Zentrums für Antisemitismusforschung stattfand, hat gezeigt, daß 8% aller Befragten eindeutig antisemitische Vorurteile äußern und weitere 7% von Vorurteilen gegen Juden infiziert sind. Wie immer diese 15% der Bevölkerung zusammengesetzt sein mögen, ob es sich um Reste des diskreditierten nazistischen Antisemitismus handelt oder um jugendliche Marginalgruppen und -ideologien, ihre Bedeutung für die liberal-demokratische Verfasssung ist mit den traditionellen Untersuchungsmodellen nicht zu fassen. Ihre mögliche Kongruenz mit arabischen Haß- und Terrorideologien, die sich an den äußersten Enden des politischen Spektrums in der arabischen Propaganda und in der Bundesrepublik finden lassen, könnte eine neue Gefahrenquelle darstellen.

Literatur

Adam, Uwe D.: Judenpolitik im Dritten Reich, Band I der Tübinger Schriften zur Sozial- und Zeitgeschichte, hrsg. von *Gerhard Schulz*, Düsseldorf 1972.
Allport, Gordon W.: The Nature of Prejudice, Reading, Mass., 1954.
Angress, Werner T.: The German Army's „Judenzählung" of 1916 – Genesis-Consequences-Significance, in: Year Book, Leo Baeck Institute 23, 1978, S. 117-138.
Balfour, Michael: Propaganda in War 1939-1945. Organizations, Politics, and Publics in Britain and Germany, London 1979.
Bennathan, Esra: Die demographische und wirtschaftliche Struktur der Juden, in: *Werner E. Mosse* und *Arnold Paucker* (Hrsg.): Entscheidungsjahr 1932. Zur Judenfrage in der Endphase der Weimarer Republik, Band 13 der Schriftenreihe Wissenschaftlicher Abhandlungen des Leo Baeck Instituts, Tübingen 1965, S. 87-134.
Bergmann, Werner (Hrsg.): Error without Trial: Psychological Research on Antisemitism. Band 2 der Reihe Current Research on Antisemitism, hrsg. von *Herbert A. Strauss* und *Werner Bergmann*, Berlin, New York 1988.
Bergmann, Werner, und *Christhard Hoffmann*: Kalkül oder „Massenwahn"? Eine soziolo-

gische Interpretation der antijüdischen Unruhen in Alexandria 38 n. Chr., in: *Rainer Erb* und *Michael Schmidt* (Hrsg.), Antisemitismus und Jüdische Geschichte. Studien zu Ehren von Herbert A. Strauss, Berlin 1987, S. 15-46.

Black, Cyril E.. (Hrsg.): Comparative Modernization. A Reader, New York 1976.

Boyer, John W.: Political Radicalism in Late Imperial Vienna. Origins of the Christian Social Movement 1848-1897, Chicago und London 1981.

Dipper, Christof: Der deutsche Widerstand und die Juden, in: Geschichte und Gesellschaft 9, 1983, S. 349-380.

Dohm, Christian Wilhelm: Über die bürgerliche Verbesserung der Juden, Berlin 1781/83.

Dollard, John, Leonhard W. Doob, Neal E. Miller, O. H. Mowrer and *Robert R. Sears*: Frustration and Aggression, New Haven, Conn., 1939.

Ehrlich, Ernst Ludwig: Judenfeindschaft in Deutschland, in: *Karl Thieme* (Hrsg.), Judenfeindschaft, Frankfurt/Main 1963, S. 209-257.

–: Luther und die Juden, in: Antisemitismus. Von der Judenfeindschaft zum Holocaust, hrsg. von *Herbert A. Strauss* und *Norbert Kampe*, Bonn und Frankfurt/Main 1985, S. 47-65.

Faulenbach, Bernd: Eine Variante europäischer Normalität? Zur neuesten Diskussion über den „deutschen Weg" im 19. und 20. Jahrhundert, in: Tel Aviver Jahrbuch für Deutsche Geschichte 16, 1987, S. 285-309.

Fein, Helen (Hrsg.): The Persisting Question: Sociological Perspectives and Social Contexts of Modern Antisemitism. Band I der Reihe Current Research on Antisemitism, hrsg. von *Herbert A. Strauss* und *Werner Bergmann*, Berlin, New York 1987.

Felden, Klemens: Die Übernahme des antisemitischen Stereotyps als soziale Norm durch die bürgerliche Gesellschaft Deutschlands (1875-1900), (Diss.) Heidelberg 1963.

Gager, John G.: The Origins of Anti-Semitism. Attitudes toward Judaism in Pagan and Christian Antiquity, New York, Oxford 1983.

Golczewski, Frank: Polnisch-Jüdische Beziehungen 1881-1922. Eine Studie zur Geschichte des Antisemitismus in Osteuropa, Wiesbaden 1981.

Graus, František: Judenfeindschaft im Mittelalter, in: Antisemitismus. Von der Judenfeindschaft zum Holocaust, hrsg. von *Herbert A. Strauss* und *Norbert Kampe*, Bonn und Frankfurt/Main 1985, S. 29-46.

–: Theologie und Ideologie. Katholizismus und Judentum in Deutschland und Österreich 1918-1935, Heidelberg 1969.

Greive, Hermann: Geschichte des modernen Antisemitismus in Deutschland, Darmstadt 1983.

Heller, Otto: Der Untergang des Judentums, Berlin 1931.

Hertzberg, Arthur: The French Enlightenment and the Jews, New York, London, Philadelphia 1968.

Herzstein, Robert. E.: The War That Hitler Won. The Most Infamous Propaganda Campaign in History, London 1979.

Jochmann, Werner: Die Ausbreitung des Antisemitismus, in: *Werner E. Mosse* und *Arnold Paucker* (Hrsg.), Deutsches Judentum in Krieg und Revolution 1916-1925, Band 25 der Schriftenreihe Wissenschaftlicher Abhandlungen des Leo Baeck Instituts, Tübingen 1971, S. 409-510.

–: Struktur und Funktion des deutschen Antisemitismus, in: *Werner E. Mosse* und *Arnold Paucker* (Hrsg.), Juden im Wilhelminischen Deutschland 1890-1914, Band 33 der Schriftenreihe Wissenschaftlicher Abhandlungen des Leo Baeck Instituts, Tübingen 1976, S. 389-478.

Kershaw, Ian: German Popular Opinion and the „Jewish Question", 1939-1943. Some Further Reflection, in: Die Juden im nationalsozialistischen Deutschland/The Jews in Nazi

Germany 1933-1943, Band 45 der Schriftenreihe Wissenschaftlicher Abhandlungen des Leo Baeck Instituts, Tübingen 1986, S. 365-386.
Klein, Thomas, *Volker Losemann* und *Günther Mai* (Hrsg.): Judentum und Antisemitismus von der Antike bis zur Gegenwart, Düsseldorf 1984.
Kocka, Jürgen: German History before Hitler: The Debate about the German Sonderweg, in: Journal of Contemporary History 23/1,1988, S. 3-16.
Lehr, Stefan: Antisemitismus – religiöse Motive im sozialen Vorurteil. Aus der Frühgeschichte des Antisemitismus in Deutschland 1870-1914, München 1974.
Levy, Richard S.: The Downfall of the Anti-Semitic Political Parties in Imperial Germany, New Haven, Conn. 1975.
Liebeschütz, Hans: Das Judentum im deutschen Geschichtsbild von Hegel bis Max Weber, Band 17 der Schriftenreihe Wissenschaftlicher Abhandlungen des Leo Baeck Instituts, Tübingen 1967.
Löwe, Heinz-Dietrich: Antisemitismus in der ausgehenden Zarenzeit, in: *Bernd Martin* und *Ernst Schulin* (Hrsg.), Die Juden als Minderheit in der Geschichte, München 1981, S. 184-208.
Maurer, Wilhelm: Kirche und Synagoge, Stuttgart 1953.
Mommsen, Wolfgang J.: Britain and Germany 1800 to 1914. Two Developmental Paths Towards Industrial Society. German Historical Institute London, The 1985 Annual Lecture, London 1986.
Mosse, George W.: German Socialists and the Jewish Question in the Weimar Republic, in: Year Book, Leo Baeck Institute 16, 1971, S. 123-151.
Mosse, Werner E., und *Arnold Paucker* (Hrsg.): Deutsches Judentum in Krieg und Revolution 1916-1923, Band 25 der Schriftenreihe Wissenschaftlicher Abhandlungen des Leo Baeck Instituts, Tübingen 1971.
–: Entscheidungsjahr 1932. Zur Judenfrage in der Endphase der Weimarer Republik, Band 13 der Schriftenreihe Wissenschaftlicher Abhandlungen des Leo Baeck Instituts, Tübingen 1965.
Nipperdey, Thomas, und *Reinhard Rürup*: Antisemitismus, in: *Otto Brunner, Werner Conze* und *Reinhard Kosellek* (Hrsg.), Geschichtliche Grundbegriffe, Band I, Stuttgart 1972, S. 129-153.
Oberman, Heiko A.: Wurzeln des Antisemitismus. Christenangst und Judenplage im Zeitalter von Humanismus und Reformation, Berlin 1981.
Orlow, Dietrich: The History of the Nazi Party: 1919-1933, Pittsburgh, Pa. 1969.
Pinson, Koppel S. (Hrsg.): Modern Germany. Its History and Civilization, 2. Auflage, New York und London 1966.
Poliakov, Léon: Geschichte des Antisemitismus, II. Das Zeitalter der Verteufelung und des Ghettos, Worms 1978.
Reichmann, Eva G.: Die Flucht in den Haß. Die Ursachen der deutschen Judenkatastrophe, Frankfurt/Main 1956.
Rengstorf, Heinrich, und *Siegfried von Kortzfleisch* (Hrsg.): Kirche und Synagoge. Handbuch zur Geschichte von Christen und Juden. Darstellung mit Quellen, 2 Bände, Stuttgart 1968 und 1970.
Rosenberg, Arthur: Die Entstehung der Weimarer Republik, Frankfurt/Main 1961.
Rosenberg, Hans: Große Depression und Bismarckzeit. Wirtschaftsablauf, Gesellschaft und Politik, Berlin 1967.
Rürup, Reinhard: Emanzipation und Antisemitismus. Studien zur „Judenfrage" in der bürgerlichen Gesellschaft, Band 15 der Kritischen Studien zur Geschichtswissenschaft, Göttingen 1975.
Ruether, Rosemary: Faith and Fratricide. The Theological Roots of Antisemitism, New

York 1974 (dt.: Nächstenliebe und Brudermord. Die theologischen Wurzeln des Antisemitismus, München 1978).
Schorske, Carl E.: German Social Democracy 1905-1917: The Development of the Great Schism, Cambridge, Mass. 1955.
Schroubek, Georg R.: Der Ritualmord von Polna. Traditioneller und moderner Wahnglaube, in: *Rainer Erb* und *Michael Schmidt* (Hrsg.), Antisemitismus und Jüdische Geschichte, Studien zu Ehren von Herbert A. Strauss, Berlin 1987, S. 149-172.
Silbermann, Alphons: Sind wir Antisemiten? Ausmaß und Wirkung eines sozialen Vorurteils in der Bundesrepublik Deutschland, Köln 1982.
Silberner, Edmund: Sozialisten zur Judenfrage, Berlin 1962.
Steinert, Marlis G,: Hitlers Krieg und die Deutschen. Stimmung und Haltung der Bevölkerung im Zweiten Weltkrieg, Düsseldorf, Wien 1970.
Strauss, Herbert A.: Pre-Emancipation Prussian Policies Towards the Jews 1815-1847, in: Year Book, Leo Baeck Institute 11, 1966, S. 107-136.
–: Die preußische Bürokratie und die antijüdischen Unruhen im Jahre 1834, in: *Herbert A. Strauss* und *Kurt R. Grossmann* (Hrsg.), Gegenwart im Rückblick. Festgabe für die Jüdische Gemeinde zu Berlin 25 Jahre nach dem Neubeginn, Heidelberg und Berlin 1970, S. 27-55.
–: Formen des modernen Antisemitismus und Probleme seiner Abwehr, in: International Review of Social History 30, 1985, S. 431-443.
–: Antisemitismus und Holocaust als Epochenproblem, in: Aus Politik und Zeitgeschichte, Beilage zur Wochenzeitung Das Parlament, 11/87, 14. März 1987 (a), S. 15-23.
–: Persecution and Resettlement, in: Essays on the History, Persecution, and Emigration of German Jews, Band 6 von Jewish Immigrants of the Nazi Period in the USA, hrsg. von *Herbert A. Strauss*, New York, München 1987 (b), S. 142-165.
–: Antisemitismus als Mittel der Politik, in: DIG-Informationen, 17/1, Bonn 1987(c), S. 17-25.
–: Problems of Comparative Research on Antisemitism in Central and Western Europe. Beitrag zu: Remembering for the Future. International Scholars' Conference, Oxford 10.-13. Juli 1988.
Strauss, Herbert A., und *Norbert Kampe* (Hrsg.): Antisemitismus. Von der Judenfeindschaft zum Holocaust, Bonn, Frankfurt/Main 1985.
Thieme, Karl (Hrsg.): Judenfeindschaft, Frankfurt/Main 1963.
Treitschke, Heinrich von: Unsere Aussichten, in: Preußische Jahrbücher, Jg. 44, 1879, S. 559-576.
Volkov, Shulamit: Antisemitism as a Cultural Code – Reflections on the Historiography of Antisemitism in Imperial Germany, in: Year Book, Leo Baeck Institute 23, 1978, S. 25-47.
Whiteside, Andrew G.: The Socialism of Fools. Georg Ritter von Schönerer and Austrian Pan-Germanism, Berkeley, Los Angeles, London 1975.
Wiener, Philip B.: Die Parteien der Mitte, in: *Werner E. Mosse* und *Arnold Paucker* (Hrsg.), Entscheidungsjahr 1932. Zur Judenfrage in der Weimarer Republik, Band 13 der Schriftenreihe Wissenschaftlicher Abhandlungen des Leo Baeck Instituts, Tübingen 1965, S. 289-322.
Wistrich, Robert: Socialism and the Jews, Rutherford 1982.

Nationale Identität und Antisemitismus in Deutschland

Bernd Estel

1. Theoretische Bestimmungen und historische Skizze

Um gleich zu Beginn die Erkenntnisabsicht, aber auch die sachlichen Grenzen dieses Beitrags in seinem Hauptteil durchsichtig zu machen, sei zunächst die *Grundthese* formuliert, welche die weitere Behandlung des Themas anleiten wird: Der moderne deutsche Antisemitismus, wie er sich im letzten Jahrhundert herausgebildet hat, ist nicht als massenhaft verbreiteter individueller *Wahn*, als womöglich von oben bloß manipuliertes „falsches Bewußtsein" bzw. dessen Ausdruck mißzuverstehen, dessen Wurzeln in psychischen Deformationen der einzelnen Person lägen, die ihr eine (halbwegs) korrekte Wahrnehmung der gesellschaftlichen Realität unmöglich machten[1]. Dieser Antisemitismus ist aber auch nicht bloßer Ausdruck („Epiphänomen") sozio-ökonomischer Verhältnisse und Konflikte, die sich aus der kapitalistischen Umformung bzw. Entwicklung der deutschen Volkswirtschaft im 19. Jahrhundert einerseits, der sozio-ökonomischen Integration der Juden und ihrem fast beispiellosen wirtschaftlichen, aber auch sozio-kulturellen Aufstieg innerhalb der deutschen Gesellschaft andererseits ergaben. Den eigentlichen und formbestimmenden Katalysator für den modernen Antisemitismus und seine nächsten Auswirkungen bildet vielmehr der *Nationalismus*, d.h. eine seit etwa 1840 sozio-kulturell und, mit Einschränkungen, dann auch politisch dominant werdende Ausprägung des Fokus der kollektiven Identität der deutschen Gesellschaft, dessen reinste Träger die Nationalliberalen gewesen sind[2] – eines Identitätsfokus, der allerdings gegen Ende des Jahrhunderts in breiten Kreisen eine spezifische, völkisch-rassentheoretische Verengung oder Umpolung mit schließlich, unter gründlich veränderten Bedingungen, tödlichen antisemitischen Konsequenzen erfuhr. Diese vor allem im (Klein)Bürgertum anzutreffende Fokusumpolung ist freilich ihrerseits ohne die qualitative Veränderung des Kapitalismus (nicht nur in Deutschland, sondern in Europa bzw. der späteren westlichen Welt überhaupt) in dieser Zeit nicht zu verstehen, der die wirtschaftliche Situation dieser Länder nach außen wie auch im Innern zunehmend von ihrer relativen Stärke im Kraftfeld der internationalen, (kolonial-) imperialistisch orientierten Weltmarktkonkurrenz abhängen ließ. Es bedürfte jedoch einer eigenen Untersuchung, den genaueren Zusammenhang von imperialistisch gewordenem Kapitalismus und nationaler Identität aufzuweisen.

Was ist nun mit kollektiver Identität und was mit einem Identitätsfokus gemeint? Jürgen Habermas, dem hier gefolgt werden soll, bestimmt kollektive Identität als das Resultat der *Identifikation* einer (Groß)Gruppe mit ihren „Grundwerten und Basisinstitutionen" derart, daß die Angehörigen einen Angriff auf diesen normativen Kern als eine „Bedrohung ihrer eigenen Identität" empfinden: „Nur an solchen normativen Kernen, in denen sich die Mitglieder miteinander ‚eins wissen', lassen sich die verschiedenen Formen kollektiver Identität ablesen" (1976, S. 25 f.). Und mit Identitäts*fokus* – den Begriff hat wohl Hans Mol (1976) sozialwissenschaftlich eingeführt – ist *der* jeweilige nomische Sachverhalt gemeint, mit dem sich die Gruppenangehörigen vor allem anderen identifizieren, und der sich also, insbesondere im Fall äußerer Herausforderung, in einem gemeinschaftsbezogenen Handeln äußert, das der sichtbaren Wahrung der kollektiven Identität dient[3]. – Vier Punkte sind noch zu betonen: 1. Es ist eine eigene, hier wieder nicht zu thematisierende Frage, *wie* bzw. *warum* ein solcher Identitätsfokus geschaffen und dann in seiner kollektiven Geltung von einem anderen Identitätsfokus abgelöst wird; welche sozio-ökonomischen Entwicklungen, welche Veränderungen der politischen und kulturellen Sphäre also z. B. dafür verantwortlich zu machen sind, daß in der griechischen Antike der Identitätsfokus Polis entsteht und schließlich vom Identitätsfokus Römisches Universalreich abgelöst wird[4]. 2. Zwar ist nicht unbedingt die inhaltliche „Erfindung" eines solchen Identitätsfokus, wohl aber seine soziale Durchsetzung innerhalb ganzer Gesellschaften stets die Sache politischer und kultureller *Eliten*; dem entspricht umgekehrt, daß diese soziale Geltung nicht notwendig an die personale Identifikation sämtlicher Mitglieder des Kollektivs, ja nicht einmal der Mehrheit davon gebunden ist. Allerdings ist für moderne Identitätsfoki wie die Nation oder der (Aufbau des) Sozialismus, die nach ihren *inneren* Handlungskonsequenzen das Individuum *sozial* viel stärker als z. B. das (traditionelle) Christentum einbinden, die sozio-politische Einbeziehung der *Massen* („alles für das Volk, alles durch das Volk") und mithin eine vorher unbekannte (offizielle) Abhängigkeit der Eliten unumgänglich, ja wesentlich – eine Abhängigkeit, die freilich, zumindest vorübergehend, durch einen entsprechenden Aufbau des Herrschafts*apparats* faktisch stark vermindert werden kann. 3. Wie hier schon anklingt, ist für soziologische Zwecke die obige Bestimmung der kollektiven Identität bzw. des Identitätsfokus, die auf den Innenaspekt abgehoben hat, dringend um den

I. Kontinuität und Diskontinuität des Antisemitismus

Außenaspekt der *sozialen Verbindlichkeit* zu ergänzen. So bedeutet – um das vorwegzunehmen – die soziale Geltung des Identitätsfokus Nation eben nicht nur, daß der letzte Bezugspunkt des (sozialen) Handelns und Wollens der Menschen die Macht und Größe der Nation ist, in der sich der einzelne mit den anderen eins weiß. Sondern eben auch die harte gesellschaftliche Erwartung, daß das Individuum, das gewöhnlich mehreren sozialen Gruppen angehört und sich ihnen gegenüber loyal zu verhalten hat, seine oberste Loyalität der Nation, den „national goals" und der sie verwirklichenden politischen Ordnung vorbehält. 4. Identitätsfoki besitzen nicht nur gruppenstiftende und gruppenerhaltende, sondern im Zug ihrer sozialen Durchsetzung natürlich auch gruppensprengende Wirkungen. Um dies wieder auf die Nation hin zu formulieren: Die im 18. und insbesondere im 19. Jahrhundert erfolgte Ablösung des Christentums, aber auch anderer Zugehörigkeiten als Fokus der kollektiven Identität zugunsten der Nationalisierung der Menschen auf breiter Front hat z. B. in Mittel(ost)europa aus der Gemeinschaft preußischer Untertanen einander feindlich gegenüberstehende Deutsche und Polen gemacht.

Es sei nun der Wandel der kollektiven Identität der politisch und sozial führenden Schichten/Eliten mit der Stellung der Juden in der deutschen Gesellschaft in idealtypischer Vereinfachung verknüpft. *Vor* dem Zeitalter der Judenemanzipation war der Identitätsfokus der Deutschen das Christentum, d. h. sie verstanden sich als Angehörige der Christenheit (gegenüber dem „blinden Heidentum" usw.), und seit der Reformation als Katholiken, Protestanten und auch Reformierte, an deren vielfach untergliederter und zerklüfteter Gemeinschaft die religiös-kulturell geschiedenen Juden keinen wirklichen Anteil hatten. Dementsprechend gehörten die Juden der deutschen Gesellschaft dieser Zeit wesentlich nur als randständige Minderheit an, die, oft schon räumlich isoliert, lediglich aufgrund bestimmter, als notwendig angesehener und zugleich verachteter ökonomischer Funktionen (Handel, insbesondere Nothandel und Geldverleih) geduldet bzw. von der Obrigkeit geschützt war; dieser Zustand der gesellschaftlichen Isolierung hielt – zumindest seit seiner Verschärfung unter dem Einfluß der großen Konfessionen im 16. Jahrhundert – freilich auch die sozio-ökonomischen Spannungen bis hin zu offenen Judenverfolgungen in engen Grenzen. Mit der im Westfälischen Frieden unübersehbar gewordenen Aufteilung des Reichs in quasi-souveräne, zunehmend absolutistisch regierte Einzelgebiete wurde dann das Christentum als Identitätsfokus bei den neuen Machteliten zugunsten des Territorialstaats abgelöst – ein langwieriger Vorgang, der z. B. in dem früher berühmten Lied „Ich bin ein Preuße, kennt ihr meine Farben?" einen Niederschlag gefunden hat. Den neuen Imperativen der Staatsräson entsprach denn auch die Emanzipationsbewegung aus dem Geiste der „bürgerlichen Verbesserung der Juden" (Christian Wilhelm Dohm 1781 u. 1783), deren eigentlicher Zweck doch darin bestand, sämtliche Bürger für die absolutistischen Staatszwecke nutzbar zu machen, konkret: auch die Gruppe der Juden für die Hebung der Wirtschafts-

und Steuerkraft des Landes einzuspannen. Eine solche Zielsetzung wie ihr praktischer Erfolg setzte natürlich die politisch-gesellschaftliche Schwächung des Christentums bereits voraus: Die (ökonomische) Emanzipation der Juden konnte nur auf dem Hintergrund der Herausbildung der bürgerlichen Gesellschaft, d. h. einer sozialen Konstellation erfolgen, in der die verschiedenen Sphären des gesellschaftlichen Lebens und insbesondere des staatlichen Wirkens weitgehende Autonomie gegenüber den traditionellen Gestaltungsansprüchen der geistlichen Macht gewonnen hatten und in der sich eben der Identitätsfokus der politischen Führungsschicht (des Hofes, der Bürokratie) zugunsten der Staatsräson gewandelt hatte.

Während dieser Zeit, in der in den wichtigsten deutschen Territorien (Preußen, Österreich usw.) die staatliche angestoßene und überwachte Judenemanzipation in vorsichtigen Schritten erfolgte, kam es im revolutionären Frankreich, nach kurzem Hin und Her, zu der Verfassung von 1791, die in einem Zug sämtliche außerreligiösen Schranken zwischen Christen und Juden beseitigte oder doch zu beseitigen versprach. Der neue, revolutionäre Identitätsfokus der dieses Parlament tragenden Gruppen war bekanntlich die Nation – woraus sich ergibt, daß der Nationalismus nicht per se zu antisemitischen Konsequenzen führen muß, sondern, jedenfalls in bestimmten Ausprägungen, auch die Emanzipation von Minderheiten begünstigt. Das galt übrigens auch für Deutschland: Gerade bei einem Vergleich der deutschen mit der französischen Judenemanzipation bzw. der dahinterstehenden politischen Kräfte und ihrer Motive ergibt sich, daß auch hierzulande der Nationalismus diese emanzipatorische Kraft besaß, ohne die der Widerstand der konservativen Eliten (Adel, Geistlichkeit) sowie der sich nach wie vor christlich verstehenden Bevölkerungs*mehrheit* jedenfalls auf der politischen Ebene so früh nicht gebrochen worden wäre. In der historischen Forschung wird zwar immer wieder auf die positive Rolle der Liberalen hingewiesen (vgl. insbesondere *Reinhard Rürup* 1975), dabei aber gern übersehen, daß diese Liberalen bereits vor 1848 eben nicht nur liberal in wirtschaftlicher, sozialer, religiös-kultureller Hinsicht, sondern daß sie überwiegend Nationalliberale gewesen sind. Pointiert kommt die typische Verschmelzung von Liberalismus und Nationalismus bei dem einflußreichen Mitglied der deutschen Nationalversammlung in Frankfurt, dem Historiker *Friedrich C. Dahlmann* zum Ausdruck, der Anfang 1849 in einer Rede vor diesem Parlament ausrief: „Die Bahn der Macht ist die einzige, die den gärenden Freiheitstrieb befriedigen und sättigen wird, – denn es ist nicht bloß die Freiheit, die der Deutsche meint, es ist zur größeren Hälfte die Macht, die ihm bisher versagte, nach der es ihn gelüstet. ... Deutschland muß als solches endlich eintreten in die Reihe der politischen Großmächte des Weltteils" (nach *Friedrich Meinecke* 1924, S. 464 und 1928, S. 505; vgl. auch die im Kern gleiche Auffassung von *Georg G. Gervinus*, wie er sie in seiner berühmt gewordenen Heidelberger Vorlesung von 1846/47 entwickelte).

2. Zur sozio-ökonomischen Stellung der Juden in der deutschen Gesellschaft des 19. Jahrhunderts

Doch bevor auf das Verhältnis des Nationalismus zu den Juden und dem Judentum näher eingegangen wird, sind einige Fakten zu den sozio-ökonomischen Begleiterscheinungen und Resultaten der deutschen Judenemanzipation in Erinnerung zu rufen, wie sie vor allem für das Kaiserreich den Arbeiten von *Esra Bennathan* (1965), *Werner E. Mosse* (1971 und 1976), *Reinhard Rürup* (1976), *Werner Sombart* (1911) und anderen zu entnehmen sind. Die *Zahl* der Juden im Gebiet des (späteren) Deutschen Reiches wuchs von ca. 220 000 im Jahr 1820 auf 380 000 im Jahr 1870 und auf 500 000 im Jahr 1900; sie erreichte ihr Maximum ungefähr 1925 mit 568 000. Allerdings ist dieses Wachstum seit 1890 praktisch nicht mehr Geburtenüberschüssen, sondern der Zuwanderung von Ostjuden geschuldet, deren Zahl sich zwischen 1890 und 1925 um fast 120 000 vermehrte (vgl. Bennathan 1965, S. 97). Demgegenüber blieb der *Anteil* der Juden an der Gesamtbevölkerung in der gesamten Zeit mit etwas mehr als einem Prozent konstant und nahm seit 1890 sogar leicht ab. Dem nichtprovinziellen Zeitgenossen mußte sich hier freilich ein anderer Eindruck aufdrängen, insofern sich die Juden zunehmend in den großen Städten – allen weit voran: Berlin (mit 126 000 jüdischen Einwohnern im Jahr 1905) – ballten; 1885 wohnte bereits ein Drittel aller preußischen Juden in den Großstädten und 1910 waren es sogar knapp 60 % (Rürup 1976, S. 45). – Hinsichtlich der *Berufs- und Erwerbsstruktur* der Juden hatten sich dagegen starke Veränderungen mit gravierenden Auswirkungen für deren sozio-ökonomische (und kulturelle) Position in der deutschen Gesellschaft vollzogen. Nach einer Aufstellung von Bennathan waren 1907 1,6 % der jüdischen Erwerbspersonen in der Land- und Forstwirtschaft beschäftigt (gegenüber 36,8 % der Gesamtbevölkerung), 27,1 % in der Industrie und im Handwerk, 62,6 % im Handel und Verkehr bzw. 51 % allein im Waren- und Produktenhandel, und schließlich 8,1 % im öffentlichen Dienst und den privaten Dienstleistungen; die entsprechenden Zahlen für die *Gesamt*bevölkerung betragen bei der Industrie und im Handwerk 42 %, dem Handel und Verkehr 13 % bzw. nur 5,4 % und den Dienstleistungen 6,5 % (1965, S. 104). Wie sich in diesen Zahlen schon andeutet, gab es unter den Juden praktisch kein Industrieproletariat (Mosse 1976, S. 80) und auch der früher so dominierende Nothandel kennzeichnete nur noch eine weiterhin abnehmende Minderheit von weit unter 10 % (vgl. Rürup 1976, S. 46). Umgekehrt waren die schon früher vorhandenen jüdischen Bankiers zahlenmäßig und insbesondere nach ihrer ökonomischen Potenz gewachsen und um eine beträchtliche Anzahl von Großkaufleuten (Warenhausbesitzer) und Industriellen vermehrt worden; so ergab sich eine Spitzengruppe von auch wirtschaftspolitisch einflußreichen Großkapitalisten, deren Angehörige trotz der vielfältigen Konkurrenzsituationen strukturell und personell miteinander verflochten waren. Mosse gibt denn auch für die Zeit vor dem

1. Weltkrieg der Behauptung ein Stück weit recht, „die Juden seien im deutschen Großkapital und besonders im mobilen Kapital der ‚innerste und am festesten organisierte konzentrische Kreis, um den die anderen sich gruppieren'" (1976, S. 79), und es kann auch nicht überraschen, daß um 1910 unter den hundert reichsten Leuten Preußens etwa dreißig Juden waren (a. a. O., S. 77). Überraschend ist eher der weit überdurchschnittliche Wohlstand der Juden insgesamt: Wie aus den Berechnungen Werner Sombarts bzw. Rudolf Meerwarths anhand der Steuerstatistiken von 48 deutschen Städten, darunter 20 Großstädten, hervorgeht, übertrafen jedenfalls die städtischen Juden, als Gruppe genommen, die übrigen Einwohner um durchschnittlich mehr als das Fünffache an Einkommen und Besitz[5]. – Kurz: Vor allem in der zweiten Hälfte des 19. Jahrhunderts waren die Juden überproportional häufig Träger der kapitalistischen Entwicklung und der Modernität überhaupt; als Gruppe, die noch zu Beginn des Jahrhunderts beruflich fast ausschließlich (und 1850 immerhin noch zur Hälfte) aus „kleinen Krämern und Hausierern" bestanden hatte (Jakob Lestschinsky 1932, S. 16 und 34), war sie – vor allem, aber eben nicht nur, wirtschaftlich – in eine hervorragende Stellung innerhalb der deutschen Gesellschaft eingerückt, auch wenn sich schon vor dem 1. Weltkrieg ein allmähliches Aufholen der übrigen Bevölkerung auf den verschiedensten Gebieten abzeichnete.

Es dürfte unmittelbar einleuchten, daß mit dieser Situation der Boden für vielfältige Konflikte zwischen Juden und Nichtjuden bereitet war. Da waren die Bauern, die sich durch ihre Abhängigkeit vom jüdischen Vieh- und Getreidehandel immer schon hintergangen fühlten, da waren die Angehörigen des alten Mittelstandes, die Handwerker und Ladenbesitzer, die mit der überlegenen Konkurrenz jüdischer Industrieller und Großwarenhäuser nicht mehr mithalten konnten, hier die kleineren Unternehmer, die, angewiesen auf Kredite, bei schlechter Auftragslage in die Abhängigkeit jüdischer Banken gerieten, dort das Bildungsbürgertum, denen durch das vermehrte Eindringen jüdischer Akademiker in die freien Berufe und auch in den Staatsdienst die Stellen knapp wurden; da waren die ehemals Wohlhabenden, die in Erwartung schneller Gewinne ihr Geld an jüdisch beherrschte Aktiengesellschaften ausgeliehen und mit deren Zusammenbruch im Gründerkrach verloren hatten, da war der verschuldete Adel, der seine Güter und Patrizierhäuser an reiche Juden verkaufen mußte, da waren die Kirchen, die mit der Wirkung der neuen, „unchristlichen" und „entsittlichenden" Kultur, die vielfach von Juden getragen wurde, um ihren gesellschaftlichen Einfluß fürchteten, da waren... Dem Antisemitismus lagen also mächtige ökonomische Motive zugrunde; und folglich ist es aus ihnen primär zu erklären, daß er seinen ersten Höhepunkt in der Depression nach den Gründerjahren erreichte, mit dem wirtschaftlichen Aufschwung seit Mitte der neunziger Jahre aber merklich abflaute (vgl. Paul W. Massing 1959).

Jedoch: Daß sich der Kampf der verschiedensten Gruppen nicht gegen

Viehhändler, Warenhausbesitzer, zersetzende Journalisten, Bankiers, Industriekapitäne *überhaupt*, sondern in erster Linie gegen die Juden unter ihnen richtete, verweist auf die Rolle von Identitätsfoki als conditio sine qua non auch des modernen Antisemitismus. Daß dies – unbeschadet der häufig anzutreffenden taktischen und manipulativen Beimischungen des Antisemitismus – der Fall ist, beweist indirekt die Haltung der Sozialdemokratie. Diese politische Bewegung, deren Mitglieder sich sozusagen als Privatpersonen vom herrschenden kulturellen Klima des Antisemitismus durchaus beeindrucken ließen, haben als *Sozialdemokratie* zwar auch gegen Juden gekämpft, aber genau nicht als Juden, sondern als Träger oder Profiteure des *Kapitalismus*. Die SPD war also nicht antisemitisch und sie konnte es nicht sein, denn ihr Identitätsfokus war weder das Christentum noch die Nation, sondern das internationale Proletariat. Die anfangs aufgestellte Behauptung von der entscheidenden, der Katalysatorrolle des Nationalismus für den modernen Antisemitismus dürfte auch nicht durch den Sachverhalt entkräftet werden, daß der zunächst auftretende, massenwirksame Antisemitismus der siebziger und achtziger Jahre wesentlich christlich motiviert bzw. legitimiert war, und daß dieser Antisemitismus jedenfalls nach der Zahl seiner Anhänger in Deutschland noch einige Zeit vorherrschte. Denn die Zukunft gehörte dem nationalen, in seiner dominierenden intellektuellen Strömung sehr bald rassenideologisch umgepolten Antisemitismus, der freilich oft christlich drapiert blieb. Um diesen Grundzusammenhang wenigstens plausibel zu machen, müssen jetzt die Punkte am Nationalismus als Vorstellungswelt und sozio-politische Realität bestimmt werden, an denen die anfängliche Emanzipationsfreundlichkeit in Feindschaft gegen die Juden und in ihren nationalen Ausschluß umschlägt.

3. Grundannahmen des Nationalismus und sozio-politische Auswirkungen des kontinentaleuropäischen Prinzips der Nation

Was ist Nationalismus, was ist Nation? Anthony D. Smith (1983, S. 20f.) stellt bei *Nationalismus überhaupt* eine Reihe von ihm allgemeinen *Grund*auffassungen fest, die bei den einzelnen Nationalismen um *zusätzliche* Annahmen ergänzt werden, die in mehr oder minder ausgefeilter Form der besonderen Situation des betreffenden Volks, der (den) als Nation beanspruchten Großgruppe(n) gerecht zu werden suchen. Die wichtigsten dieser nationalistischen Grundauffassungen sollen hier etwas modifiziert wiedergegeben werden:

1. Die Menschheit teilt sich von Natur aus in Völker auf, und jedes Volk hat einen besonderen Nationalcharakter, eine nur ihm eigene Begabung, durch deren Entfaltung es erst zur Menschheit als einem Konzert der Völker kommt.
2. Um zur wahren Freiheit und zur Selbstverwirklichung zu gelangen, müssen

sich die Menschen mit ihrem Volk, ihrer Nation identifizieren, und die daraus erwachsende Loyalität steht über allen anderen Loyalitäten.
3. Völker bzw. Nationen können sich nur in jeweils eigenen Staaten, unter eigenen Regierungen voll entwickeln; sie haben deshalb ein unveräußerliches Recht auf nationalstaatliche Selbstbestimmung.
4. Die Quelle aller legitimen politischen Macht ist die Nation, und die staatliche Macht hat in ihrem Handeln allein den Willen der Nation zu vollziehen.

Diese Allgemeinbestimmung des Nationalismus ist nun weniger in geistesgeschichtlicher Absicht als vielmehr für die *sozio-politischen Auswirkungen* seiner deutschen Version zu konkretisieren, wie sie vor und im Kaiserreich ausgebildet wurde und, mit verschobenen Gewichten, auch noch die NS-Zeit bestimmte. Da jedoch diese Auswirkungen hier kaum *in Reinheit* zu beobachten sind, und außerdem der französische Nationalismus (auch und gerade in der Reaktion auf ihn) auf dem Kontinent das politische Vorbild bis weit in das 20. Jahrhundert geblieben ist, soll sich die folgende Argumentation zunächst auf diesen Nationalismus beziehen.

Die französische Revolution, in der zuerst die Nation in einem strikteren Sinne, d. h. als Zusammenschluß aller Bürger zur „politischen Geschehenseinheit", als Verkörperung der „Einheit der volonté generale" (Heinz O. Ziegler 1931, S. 222) entstand, war politisch von zwei Grundprinzipien beherrscht – den Individual- oder Menschenrechten auf der einen, der Volkssouveränität auf der anderen Seite. Diese beiden Prinzipien standen von Anfang an in Spannung zueinander: Die *Menschenrechte* sind nämlich Rechte, die dem einzelnen *vor* und gegen jede politische Ordnung garantiert werden. Demgegenüber setzt die *Volkssouveränität* (da sie „nichts anderes ist" als deren „Ausübung") die „volonté generale", diese aber – die bezeichnenderweise mit der „volonté des tous" nicht identisch ist – den Gesellschaftsvertrag, und dieser wieder die *Hingabe des einzelnen* an das Kollektiv voraus: „Jeder von uns unterstellt gemeinschaftlich seine Person und seine ganze Kraft der obersten Leitung des Gemeinwillens, und wir nehmen als Körper jedes Glied als untrennbaren Teil des Ganzen auf" (Jean-Jacques Rousseau 1981, S. 288 und 280f.). Und dieser „Körper" Nation, der, durch den Gesellschaftsvertrag einmal geschaffen, dann auch sämtlichen empirischen Individuen gegenüber als vorgängig gilt, besitzt nicht nur einen souveränen, sondern auch unumschränkten Willen, wie vielleicht am klarsten bei Emmanuel J. Siéyès (1789) zum Ausdruck kommt: „Einerlei auf welche Weise eine Nation will, es genügt, daß sie will; alle Formen sind gut und ihr Wille ist immer das höchste Gesetz" (1924, S. 94). Ziegler, der die sich herausschälende Dominanz des nationalen Willens, die innere und äußere Durchsetzung der Nation als *„nationale Geltung und Macht"*, in den Vorgängen und im Umschlagen der Französischen Revolution im einzelnen verfolgt hat, kommt daher sowie unter Berücksichtigung entsprechender, späterer Prozesse im übrigen Europa zu dem allgemeinen

Schluß: „Im Konfliktfall erweist sich das individuelle Freiheitsstreben oder das demokratische Gleichgewichtspostulat als schwächer gegenüber der verpflichtenden Gewalt des nationalen Faktors. Der neue Kollektivismus ist die Realität, auf die es politisch ankommt" (1931, S. 131 und 134).

Es besteht also der folgende, in sich konsequente und spannungsvolle Sachverhalt: In der Nation bzw. dem nationalen Willen verschmelzen einerseits Volk und Staat; aus der Feststellung und Durchsetzung des Gemeinwillens folgt prinzipiell und auch in praxi das bestimmende Eindringen der Massen in die Politik – und umgekehrt: die umfassende politisch-staatliche Einbeziehung eines jeden Bürgers. Und andererseits führt die Nation als neuer politischer Körper eben nicht nur zur Dominanz des Gemeinwillens gegenüber den Freiheitsrechten der Bürger in jedem Konfliktfall, sondern auch zur *prinzipiellen* Beliebigkeit der Staats*form*: Die volonté generale als der *wahre* Wille des Volkes wird sich zwar „normalerweise" in demokratischen Abstimmungen äußern, sie *kann* aber auch in und durch die sich national verstehende Monarchie, die nationale Diktatur oder, wie im Faschismus, im Willen einer nationalen *Elite* zum Ausdruck kommen. Immer aber verlangt der Gemeinwille zu seiner Wirklichkeit die Freiheit der Bürger dahingehend, daß sie nach ihren Interessen und ihren Loyalitäten wenn nicht an der direkten Bildung dieses Willens, so zumindest nicht an ihrem Beitrag zu seiner Durchsetzung nach innen und außen gehindert werden. Und dazu müssen die Menschen zuallererst zu *Individuen* mit entsprechenden (Freiheits)Rechten werden, müssen sie also aus sämtlichen überkommenden Gemeinschaften, Korporationen u. ä. freigesetzt werden, die ihre oberste Loyalität, die an die Nation, verhindern oder auch nur gefährden könnten. Im Gefolge der Revolution wurden in Frankreich daher nicht nur die überkommenen korporativen, die territorialen u. ä. Zusammenschlüsse konsequent zerschlagen, sondern auch ein Gesetz verabschiedet, das künftige (Berufs)Koalitionen verbot.

4. Konsequenzen des nationalen Prinzips für die Zugehörigkeit der Juden zur deutschen Nation

Für die Emanzipation und Assimilation der Juden, aber auch für die Ausprägung des modernen Antisemitismus ergaben sich mit dieser Konzeption der Nation bzw. ihrer sozio-politischen Durchsetzung zwei wesentliche Konsequenzen. Nämlich *erstens* die Erwartung und die Forderung an die Juden, ihren bisherigen Identitätsfokus, den des auf den Messias wartenden auserwählten Volkes zugunsten der Nation aufzugeben. Wie Rürup bemerkt, hatten eigentlich sämtliche, also auch die nichtnationalistischen Emanzipationsvorstellungen darin übereingestimmt, „daß die korporativen Bindungen des Judentums aufgelöst, die Juden ‚individualisiert' werden müßten, um ihre Verschmelzung mit allen anderen Gliedern der bürgerlichen Gesellschaft zu ermöglichen" (1976, S. 8f., vgl. 33f.). Aber der Unterschied der neuen sozialen Erwartung liegt doch gerade im Vergleich mit den absolutistischen Emanzipationskonzepten auf der Hand; denn jetzt sollten sich die Juden nicht nur als sozio-ökonomische Minderheit, sondern als Gruppe überhaupt, als Volk mit einem eigenen Identitätsfokus aufgeben und als *einzelne Bürger* Teil der Nation werden. Wiederum war es nur konsequent, daß *Napoleon* die geistlich-politischen Führer des französischen Judentums zweimal (1806 und 1807) eine Erklärung abgeben ließ, in der unter anderem stand: „Heutzutage bilden die Juden keine Nation mehr, sie genießen vielmehr den Vorzug, in die Große Nation eingegliedert zu sein, was sie als eine politische Erlösung (!–B. E.) betrachten" (nach Alex Bein 1980, Bd. 2, S. 141).– Um nun zu den deutschen Verhältnissen zurückzukehren: Ganz überwiegend haben insbesondere die Juden des Kaiserreiches die Nation bejaht; das zeigen nicht nur offizielle Verlautbarungen[6], das zeigt mehr noch ihre rasch fortschreitende Assimilation – selbst in religiöser Hinsicht. Und es ist durchaus denkbar, daß wie u. a. sogar die Biographie von Theodor Herzl nahelegt, die Juden in der deutschen Nation aufgegangen wären, hätten nicht die verschärften antisemitischen Angriffe seit dem Ende der siebziger Jahre[7], hätte nicht vor allem der im Bürgertum verbreitete notorische Zweifel an der nationalen Loyalität der Juden diese zur Rückbesinnung auf ihren überkommenen Identitätsfokus und dessen Neuformulierung motiviert bzw. genötigt. Umgekehrt ist, trotz der gegenteiligen jüdischen Beteuerungen, das Fortbestehen dieses Grundzweifels nicht ganz unverständlich: Im Laufe von über hundert Jahren waren trotz aller Assimilation die Juden als eine eigene, eben auch: ethnisch-kulturelle Gruppe nicht oder nicht ganz verschwunden – ein Sachverhalt, der für die ostjüdischen Zuwanderer unübersehbar war. Doch auch bei den altansässigen, gewöhnlich wohlintegrierten Juden mußten schon ihre häufigeren übernationalen Geschäftsbeziehungen sowie ihre interne soziale Kohäsion den Argwohn der Nationalen wecken; und dieser Argwohn wurde zusätzlich dadurch gespeist, daß die Juden in überproportionalem Maß zur als undeutsch empfundenen „Goldenen Internationale" einerseits, der „Roten Internationale" andererseits gehörten.

Daß sich jedoch die Nationalen der Kaiserzeit wie auch späterhin nicht mit der ausdrücklichen Loyalität der Juden zur Nation begnügten, verweist auf eine *zweite* Konsequenz der Durchsetzung des nationalen Prinzips, nämlich die Problematisierung der *grundsätzlichen* Zugehörigkeit der Juden zur Nation – eben jenseits ihrer faktischen Loyalitätsgefühle. Wiederum war es seit den Debatten der französischen Nationalversammlung in der öffentlichen Meinung klar, daß es „keine Nation in der Nation" (Graf Clermont-Tonnère) geben dürfe. Nationalen Minderheiten blieb unter der Herrschaft dieses Prinzips nur übrig, entweder im Einklang mit der natürlichen Ordnung der Menschheit eine eigene Nation zu bilden oder sich unter Aufgabe ihrer Herkunftsnationalität zu Angehörigen des herrschenden Volks zu wandeln. Dementsprechend waren sich im Berliner Antisemitismusstreit auch die Hauptkontrahenten Heinrich von Treitschke und Theodor Mommsen in der Forderung an die Juden einig, ihr Sonderdasein aufzugeben; die Differenz beider Positionen lag hier nur darin, daß nach v. Treitschke die Juden in religiöser Hinsicht Juden bleiben konnten, aber Deutsche werden mußten, während sie nach Mommsen bereits Deutsche waren, aber um des Deutschtums willen auch Christen werden sollten (vgl. Bein 1980, Bd. 2, S. 201). Der sachliche Hintergrund dieser allgemein verbreiteten Haltung[8] läßt sich mit Christhard Hoffmann so zusammenfassen:

> „Das Judentum stand damit (d. h. mit seiner durch die Religion gegebenen Diasporasituation – B. E.) in deutlichem Widerspruch zu dem Ideal einer Einheit von Volk, Land und Staat, welches in dem Prozeß der deutschen Nationalstaatsbildung unumstritten war. Der Nationalstaat sollte die lokalen, regionalen und religiösen Partikularismen überwinden und ein einheitliches Staatsvolk schaffen. Vor diesem Ideal nationaler Homogenität erschien das Judentum – sofern es den Erwartungen einer raschen und vollständigen Assimilation nicht nachkam – häufig als Prototyp für mangelnde Integrationsbereitschaft, für Partikularismus und ‚Sonderexistenz'" (1989, in diesem Band, S. 24f.).

Die damit schon prinzipiell gegebene Zugehörigkeitsfrage wurde nun in Deutschland durch mehrere kulturelle Entwicklungen verschärft, die die Integration der Juden in die Nation zumindest gefährden, und, allgemeiner, das deutsch-jüdische Zusammenleben belasten mußten. Es setzte sich nämlich *erstens* eine objektivistische Auffassung der Nation durch: Herrschte in Frankreich, im Gefolge des verlorenen Krieges von 1870/71 (Elsaß-Lothringen!) und einer berühmten Schrift von Ernest Renan (1882) die Überzeugung vor: „Angehöriger der Nation ist, wer sich zur Nation bekennt", so dominierten in Deutschland Theorien, die auf objektive Faktoren abhoben: die Nation bilden Menschen gemeinsamer Abstammung und weit zurückreichender Geschichte, gemeinsamer Sprache und überlieferter Kultur. Damit wurde aber dem alten Gefühl der Nichtzugehörigkeit der Juden, ihrem traditionellen Verständnis als „dem Wesen nach Fremdlinge" mit eigener, „unglückseliger Nationalexistenz" (so der Jurist Friedrich Carl von Savigny 1816 und 1828) eine theoretische Fundierung verliehen, und die nicht ganz verschwundene nationale Scheidewand in den Augen der Gebildeten legitimiert. *Zweitens* kam es im Kaiserreich zu sozial immer erfolgreicheren, wenn sich auch oft widersprechenden *inhaltlichen* Festlegungen der nationalen Identität: „Die ‚Form' des endlich gewonnenen Nationalstaats sollte nun auch mit ‚Leben', d. h. mit deutschnationaler Kultur und Sitte, gefüllt werden" (Rürup 1976, S. 52). Solche Bemühungen[9], die den Nachgeborenen mehrheitlich borniert-überheblich oder schlicht lächerlich vorkommen, sind natürlich auf dem Hintergrund eines gesteigerten sozialen Bedürfnisses nach Einvernehmlichkeit über die kollektive Identität angesichts der Wirklichkeit eines Nationalstaats zu sehen, der aufgrund seiner uneinheitlichen, ja zerrissenen Vorgeschichte durch regionale und konfessionelle Gegensätze, zugleich aber auch, durchaus modern, durch Klassen- und selbst nationale Widersprüche gekennzeichnet war. – Antisemitische Brisanz erhielt diese Entwicklung freilich vor allem durch ihre Kreuzung bzw. Anreicherung mit der bereits älteren Tendenz, nicht nur das Bild des „Erbfeinds" Frankreich (und anderer Nationalitäten), sondern auch das der Juden zunehmend negativ, d. h. antithetisch zu den positiven Kernelementen der beanspruchten nationalen Identität auszumalen. Schon lange vor den eigentlichen Rassenlehren wurde eine wesensmäßige Unverträglichkeit von Juden und Nichtjuden behauptet: „Die besondere ‚asiatische, orientalische und südsyrische' Stammesverschiedenheit der ‚jüdischen Menschenrace' die von der ‚deutschen oder germanischen Race' prinzipiell verschieden sein soll, ist nicht eine Entdeckung der Physiologen, sondern eine Erfindung einer großen Zahl von Politikern, Historikern, Theologen u. a." (Eleonore Sterling 1969, S. 126). Dementsprechend wurden, in zeitgemäßer Fortführung eines mit dem Christentum in die Welt gekommenen „dualen Schematismus" (Hoffmann, in diesem Band S. 20f.), nicht nur in geistig-sittlicher[10], sondern in nationaler Hinsicht überhaupt Gegensätze aufgestellt[11], die nach ihrem inneren Charakter nicht mehr zu überbrücken waren. Hinzu kam eine sich über ganz Europa verbreitende, stets negativere körperlich-ästhetische Stilisierung der Juden, die einen unbefangenen wechselseitigen Umgang erschweren, wenn nicht gar unmöglich machen mußte. „Die ‚schlechten' Juden sind häßlich, widerlich, übelriechend, besonders ihre Nase macht sie sofort als Juden kenntlich" (Bein 1980, Bd. 2, S. 152).

Der Übergang von gerade dieser körperlich-ästhetischen Negativstilisierung zu den eigentlichen *Rassenideologien*, in denen die Juden vorzugsweise als von Natur aus und mithin als *unabänderlich* minderwertig, ja als die das Böse schlechthin verkörpernde „Gegenrasse" dargestellt wurden, ist natürlich höchst flüssig. Die Inhalte dieser mit der Autorität der Wissenschaft auftretenden Rassenlehren, ihre manichäische Radikalisierung sowie die Etappen ihrer sozial wirksamen Verbreitung als der *dritten* hier relevanten Entwicklung sind nicht mehr zu behandeln, doch sei abschließend und in Ergänzung der anfänglichen Grundthese noch folgendes betont: Für den Antisemitismus als gewollte Juden*vernichtung* kann seiner inneren Logik nach nicht der Nationalismus, sondern müssen die radikalen Rassenlehren verantwortlich gemacht werden. Zwar wurde durch ihn das deutsch-jüdische Zusammenleben in spezifischer Weise belastet, erhielt der sozio-ökonomisch und kulturell fundierte, konjunkturell angetriebene und wieder abgeschwächte Antisemitismus seine moderne Ausprägung und eine sich selbst tragende Verschärfung, doch wäre, wie selbst noch die (anfängliche) Judenpolitik der französischen Vichy-Regierung zeigt (vgl. François G. Dreyfus 1981), bei seiner *prinzipiellen*, empirisch wie immer durchlöcherten Hochschätzung eines *jeden* Volks die *äußerste*

I. Kontinuität und Diskontinuität des Antisemitismus 69

Handlungskonsequenz einer vermeintlichen Unmöglichkeit, die Juden in die Nation zu integrieren, ihre Verweisung außer Landes gewesen. Doch auch die manichäischen Rassenlehren, die ja nicht nur auf den tödlichen Ausschluß der Juden aus der Nation, sondern auf deren Sprengung selbst hinausliefen, konnten diese Wirkung nur durch Ereignisse und Prozesse entfalten, die mit ihnen unmittelbar nichts zu tun hatten: Erst im Gefolge eines verlorenen Weltkriegs und, mehr noch, der Weltwirtschaftskrise von 1929 konnte in Deutschland eine politische Bewegung an die Macht kommen, die den rassischen Antisemitismus als Herzstück ihrer Ideologie enthielt, ihn über die Gesetzgebung und mit den Mitteln einer modernen Diktatur allgemeinverbindlich machte, und so die Ausrottungskonsequenzen ziehen konnte. – Die für den Beitrag des überkommenen oder klassisch deutschen Nationalismus zu *diesem* Antisemitismus entscheidende Frage ist also weniger, inwieweit er die Entwicklung der Rassenideologien vorbereitete und ihre manichäische Zuspitzung sowie ihre soziale Verbreitung begünstigte, als vielmehr, wie stark er unter ihn aufreizenden, objektiv ungünstigen und als kränkend empfundenen Verhältnissen zum politischen Erfolg des Nationalsozialismus beigetragen hat bzw. dafür benutzt werden konnte.

5. Ausblick auf die Gegenwart

Es dürfte unstrittig sein, daß harter, rassischer Antisemitismus in der Bundesrepublik weder eine *soziale Rolle* spielt noch auf überhaupt absehbare Zeit spielen wird. Zu total ist die nicht nur wissenschaftliche, sondern vor allem praktische Selbstdesavouierung der Rassenlehren durch den ja von Deutschen begangenen Völkermord an den Juden, der sich nicht vergißt. Zu stark ist daher die sozial verbindliche (vgl. die Gesetzgebung 1982/85 zur „Auschwitzlüge"), aber auch sozial geteilte *Norm* des Anti-Antisemitismus, die judenfeindliche Äußerungen und Haltungen strikt und mit solchem öffentlichen Erfolg verpönt, daß der Antisemitismus über die Sache zahlenmäßig sehr geringer und politisch einflußloser Randgruppen einerseits, bloß privates Räsonnieren, lediglich versteckte Diskriminierung und heimliche Attentate auf jüdische Einrichtungen und Personen andererseits nicht hinauskommt; fraglich ist hier zunächst nur, ob diese Norm in ihren auch vorhandenen und gleichsam falschen philosemitischen Ausprägungen bzw. Obertönen angesichts des israelischen Nationalismus und seines Vorgehens gegen die Palästinenser in den kommenden Jahren (weiter) aufweichen und schließlich verschwinden wird. – Es ist aber auch die *sozio-kulturelle Konstellation entfallen*, die in der Vergangenheit den *nationalen* Antisemitismus im dargestellten Sinne erzeugte bzw. begünstigte: Obwohl die in der Bundesrepublik lebenden Juden wenigstens zum Teil hohe sozio-ökonomische Positionen innehaben, ist ihre Zahl schlicht zu klein, um mehr als vereinzelte oder lokale Judenfeindschaft zu erzeugen.

Außerdem, und wichtiger, hat der traditionelle deutsche Nationalismus durch die Taten und faktischen Ergebnisse der nationalsozialistischen Herrschaft einen fast tödlichen Schlag erlitten. Von den zahlreichen Sachverhalten, an denen sich seine Überwindung bzw. seine derzeit nur geringe Bedeutung zeigt, seien einige immerhin angesprochen: a) Während noch (und in manchen verfassungsrechtlichen Bestimmungen: erstmalig) die Weimarer Republik mit ihrer Betonung der Souveränität des Volkswillens direkter Ausdruck des „national-demokratischen" Prinzips war, hat sich mit der Verfassung der Bundesrepublik der eigentliche Gegenspieler dieses Prinzips (vgl. Ziegler 1931, S. 239), der *Rechtsstaat* mit seiner Selbstbindung durch den Primat der den einzelnen wie Minderheiten der verschiedensten Art schützenden Grundrechte sowie eine verfassungsmäßig weit getriebene Mediatisierung des Volkswillens durchgesetzt. b) Ist die Nation im klassischen Sinne bei der Mehrheit der Westdeutschen zwar noch als Wert anerkannt (wie sich etwa Umfragen über die Wünschbarkeit der Wiedervereinigung entnehmen läßt; vgl. u. a. Gerhard Herdegen 1987, S. 201f.), so stellt sie doch nur für Angehörige von wiederum kleinen, randständigen und als rechtsradikal eingestuften Gruppen einen Fokus der kollektiven Identität dar, der legitimerweise die oberste Loyalität der Bürger beanspruchen kann bzw. muß.

Ferner: c) Wohl nirgendwo auf der Welt dürfte die kollektive, die nationale Selbsteinschätzung, insbesondere bei den jüngeren und gebildeteren Generationen, so niedrig, um nicht zu sagen negativ ausfallen wie bei den Deutschen der Bundesrepublik. Das läßt sich nicht nur Umfrageergebnissen entnehmen (vgl. z. B. Werner Weidenfeld 1981, S. 50), sondern zeigt sich bereits sprachlich etwa daran, daß die ältere, positiv gemeinte Redewendung „echt deutsch" zugunsten des pejorativen „typisch deutsch" völlig verdrängt worden ist – auch wenn dieses neuerdings zunehmend zugunsten des neutrale(re)n „spezifisch deutsch" gemildert wird. Oder es zeigt sich daran, daß in positiv gemeinten Zusammenhängen gern der Sprung von der Region u. ä. („wir Hessen") nach (West)Europa bzw. der westlichen Welt überhaupt unter Ausklammerung der *nationalen* Ebene vollzogen wird, oder daß etwa, insbesondere auf der Seite der politisch Linken, „deutsch" als Wort und Sache gleichsam nur für *negative* Sachverhalte reserviert bleibt. d) Damit hängt natürlich die in diesem Ausmaß sonstwo ebenfalls kaum anzutreffende *Xenophilie*, die Liebe zum Fremden und zu Fremden, in ihren mannigfaltigen Ausprägungen (von der die früher hervorstechende Anglo- und Frankophilie inzwischen, wie es scheint, eher verblassende Varianten sind) sowie eine wirksame öffentliche *Perhorreszierung des Ethnozentrismus* eng zusammen[12], die eine Berufung auf den sachlichen Inhalt der Fremdenablehnung, also deren eigentliche Begründung, am liebsten gar nicht mehr zuläßt – ein Zustand, zu dem die großen Medien, die schulische Erziehung bzw. (vulgär)wissenschaftliche Disziplinen und Strömungen (wie die Vorurteilsforschung, die politische Pädagogik u. ä.) mit der notorischen Entlarvung solcher Begründungen als „Vorurteile" und na-

I. Kontinuität und Diskontinuität des Antisemitismus 71

türlich falsche „Feindbilder", die lediglich einer irregeleiteten Suche nach „Sündenböcken" usw. entsprängen, das Ihre nach Kräften beitragen[13]. – Kurz: Nationalstolz als die personale oder Innenseite der sozio-politischen Geltung der Nation, der sich *notwendig auch* in Ethnozentrismus, d.h. einer *geringeren* Schätzung des „Fremden" und eben *auch* in dessen wertbezogener Ablehnung äußert, ist in Westdeutschland – jedenfalls öffentlich sowie bei der Mehrheit der Angehörigen der (oberen?) Mittelschichten – zu etwas Negativem, zu einer Angelegenheit von „ewig Gestrigen", ja „Faschisten" geworden[14]; *sozial* zulässig erscheinen kollektiver Stolz und Fremdenablehnung allenfalls dann, wenn sie an einem Vergleich des Fremden mit der eigenen Region, dem eigenen (Quasi)Stamm („wir Bayern") festgemacht sind und damit andere Deutsche in den Vergleich einschließen. Die Kehrseite dieser gesamten Situation ist, wie könnte es anders sein, ein auffälliger *Mangel an Selbstbewußtsein*, eine sich gleichsam stets selbst entschuldigende Befangenheit gegenüber vor allem den westlichen Nationen, der/die sich u.a. in den so gern geübten kollektiven Selbstbezichtigungen (die sich übrigens, ohne daß jemand daran Anstoß nähme, nach ihren Inhalten oft genug widersprechen) oder der notorischen Sorge: „Was wird bzw. würde das Ausland dazu sagen?" zeigt, oder auch in dem *mehrheitlich unfreien* und, selbst noch im Auftrumpfen, von Minderwertigkeitsgefühlen geprägten Verhalten deutscher Urlauber im (westlichen) Ausland, deutscher Teilnehmer bei internationalen Zusammenkünften zum Ausdruck kommt.

Mag man auch die unter c) und d) skizzierten Sachverhalte beklagen, ja als das eigentliche deutsche Elend ansehen – im Hinblick darauf, daß sie allesamt der Neuentstehung eines massenwirksamen, eines virulenten Antisemitismus zumindest abträglich sind, wirken sie offensichtlich segensreich. Wie sich jedoch schon bei den letzten Bemerkungen andeutete, ist mit genau dieser Überwindung des Nationalismus ein *allgemeineres* Problem, eine auf lange Sicht schwerwiegende praktische Frage (wieder)entstanden, die schließlich ihre Schatten auch auf das deutsch-jüdische Verhältnis werfen dürfte. Dieses Problem, das seit etwa zehn Jahren unter dem Etikett der nationalen *Identität der (West-)Deutschen* thematisiert wird, läßt sich in Allgemeinheit so umreißen: Die uralte und auf Dauer nur um den Preis der Existenz des betreffenden Kollektivs selbst abweisbare Frage „Wer sind wir?", die mit der sozialen Existenz der Menschen überhaupt gegeben ist und deren Beantwortung kollektive Identität erst ermöglicht, besitzt sicher auch bloß kognitive, sozusagen rein *erfahrungs*wissenschaftlich lösbare Aspekte, mit deren alleiniger Klärung sich die Menschen umso mehr zufrieden geben, je mehr sie ihre kollektive Zugehörigkeit als rein *zweckrationalen* Sachverhalt, d.h. als lediglich der Verfolgung der je eigenen materiellen Interessen dienlich betrachten; so haben denn auch viele Deutsche der Nachkriegszeit ihr Verhältnis zur neuentstandenen Bundesrepublik bestimmt. Sobald aber die kollektive Zugehörigkeit auch *wert*rationale Elemente umfaßt und/oder „auf subjektiv *gefühlter* (affektueller oder traditionaler) *Zusammengehörigkeit* beruht" (Max Weber 1976, S. 21), gewinnt die Identitätsproblematik auch einen *nomischen* Charakter, durch den diese Zusammengehörigkeit erst ihre eigentliche Begründung findet und der sich in einer doppelten Frage so wiedergeben läßt: 1. „Was ist *uns wertvoll*", d. h. was wollen wir über das bloß Lebensdienliche und Angenehme hinaus?"; auf diese Fragestellung hebt natürlich die Definition der kollektiven Identität bei Habermas ab. Und 2. „Was *macht uns* wertvoll?; das aber ist die Frage nach einer *positiv* empfundenen Identität und nach deren Fokus als der Quelle dieser Positivität, nach einem kollektiv geteilten Selbstbewußtsein, das eine selbständige äußere Politik erst ermöglicht und legitimiert. – Für die Bundesdeutschen aber heißt das: Mit den Taten und faktischen Auswirkungen der NS-Herrschaft, mit der Teilung Deutschlands, mit den westalliierten Versuchen der Umerziehung und ihren späteren, erfolgreicheren Fortsetzungen unter deutscher Regie, und nicht zuletzt dank einer Demokratisierung, die (übrigens entgegen dem politischen Wollen eines Kurt Schumacher) in dem überkommenen Nationalismus nur ihren Feind sah und ihn, durch das Nichtzustandekommen der Wiedervereinigung noch faktisch bestärkt, dementsprechend perhorreszierte, ist die kollektive (west)deutsche Identität ganz unsicher, gestört und in ihrer Wertdimension eher negativ geworden[15] – und die bisher dafür angebotenen Lösungen haben sich teils verbraucht, teils als unzureichender Ersatz erwiesen. Dies gilt, wenn auch aus verschiedenen Gründen, für den Wiederaufbau bzw. das Wirtschaftswunder und den Antikommunismus genauso wie für die Orientierung am großen Vorbild US-Amerika (und einigen kleineren) oder das Selbstverständnis als Europäer im Zuge der primär wirtschaftlichen Einigung Westeuropas. Und ein im wesentlichen vergeblicher Lösungsversuch muß auch der Verfassungspatriotismus bleiben, der seit einiger Zeit der Bevölkerung vor allem von Linksliberalen als Fokus der kollektiven Identität angetragen wird; weil nämlich Demokratie und demokratische Rechte – wenn damit nicht mehr und *anderes* als bloß eine Staatsform bzw. Verfassungsqualität gemeint ist – doch keinen Identitätsfokus selbst, sondern nur *Mittel* für erst noch zu bestimmende kollektive Ziele darstellen, dürfte sich dieses Angebot in seiner Attraktivität denn auch auf Intellektuelle und prestigeorientierte Angehörige des politischen Betriebs beschränken.

Mit der Betrachtung möglicher, nichtnationaler Identitätsfoki der Westdeutschen eröffnen sich indes vielschichtige Fragen, die hier ebensowenig mehr erörtert werden können wie eine ganze Reihe von im Zusammenhang relevanten, spezifisch modernen Gegebenheiten und Prozessen, die den „kollektiven Sinn" der Menschen *überhaupt* schwächen[16], und so für viele Deutsche die *praktische* Frage nach einer positiven kollektiven Identität entscheidend mildern, ja (fast) gegenstandslos werden lassen. Es muß ferner die sicher stark von internationalen Entwicklungen abhängige Frage offenbleiben, ob auch künftig dieser Zustand einer eher negativen kollektiven Identität der Bundesdeutschen aufrechterhalten bleiben wird, oder ob – wie es wahr-

I. Kontinuität und Diskontinuität des Antisemitismus 73

scheinlicher ist – die schon jetzt beobachtbaren, vielfältigen „Suchbewegungen" (Karl-Rudolf Korte) in absehbarer Zeit und gleichsam schon unter dem Druck nachwachsender Generationen, für die die NS-Zeit immer mehr zur Welt der bösen *Fabel* wird, in einer (sub)kollektiven Bemühung um eine positive Identität münden werden. Und es ist auch nicht mehr zu erwägen, ob eine solche Identität auch einen neuen Fokus aufweisen oder auf eine Reaktivierung des – wie immer veränderten, in ethnischer Hinsicht etwa teils verengten, teils erweiterten – nationalen Identitätsfokus hinauslaufen wird; für die letztere Möglichkeit spricht immerhin der ungebrochen fortbestehende Nationalismus der *anderen* Völker Europas, der durch Spiegelungseffekte eine nationale Re- und Neudefinition zumindest begünstigt.

Auf *eine* mögliche, ja (bei einer nationalen Rededefinition) wahrscheinliche Konsequenz solcher verstärkten Bemühungen um eine positive kollektive Identität (die übrigens zu ihrer sozio-politischen Wirksamkeit nicht den Beifall der Bevölkerungs*mehrheit* finden müssen) ist jedoch noch hinzuweisen – nämlich die Entstehung eines *neuen*, breitenwirksamen Antisemitismus, an den sich dann freilich auch traditionale antisemitische Elemente anlagern dürften. Denn eine positive kollektive Identität erfordert auch eine „normale" kollektive Vergangenheit in dem *Minimal*sinne, daß es in ihr keine Ereignisse gegeben haben *darf*, welche die Wertigkeit des Kollektivs *auf Dauer* negativ festlegen; normal meint also hier gute und böse Taten, Edles und Gemeines, auszeichnende und beschämende Schicksale in der Bandbreite des auch bei *anderen* Kollektiven (Nationen usw.) Üblichen, und mithin moralisch (zumindest) Erträglichen. Konkret: Von dem, was sonst an Negativem in der deutschen Geschichte, auch und gerade in der Hitlerzeit, geschah, widersetzt sich wohl einzig die Judenvernichtung der Rückholung in die Normalität (wobei gar nicht entscheidend ist, ob dieses Geschehen tatsächlich einzigartig war oder nicht; entscheidend ist eben die soziale, die öffentliche Dominanz der einen oder anderen Auffassung). In dem Maße wie nun einerseits, auf deutscher Seite sich die Bemühungen verstärken werden[17], die Judenvernichtung – auch über entsprechende Vergleiche mit den Taten anderer (europäischer) Völker – in die Normalität zurückzuholen oder sie umgekehrt als dem deutschen Volk bzw. der westdeutschen Bevölkerung nicht *wirklich* zurechenbare Tat von (nichtdazugehörigen) Verbrechern oder Verrückten zu bestimmen (vgl. das offizielle Bewältigungsverfahren der DDR!) und damit in die *bloße* Vergangenheit zurückzudrängen, auf der anderen Seite aber die Mehrzahl der Juden bzw. der Staat Israel aus materiellen Interessen, aus Gründen der Legitimation der israelischen Politik sowie, langfristig vielleicht am wichtigsten, zur Wahrung der eigenen kollektiven Identität, der eigenen historischen Erfahrung an einer die (West)Deutschen *auf immer* verpflichtenden Einzigartigkeit (der Schuld) des Holocausts festhalten und sie immer wieder betonen, können die deutschen Bemühungen um die Normalität der eigenen Geschichte (und sei es durch Abspaltung) nicht voll gelingen, kann die bundesdeutsche Identitätsproblematik auf absehbare Zeit von innen her nicht befriedigend genug gelöst werden. Damit aber wird sich, so ist anzunehmen, ein schon jetzt vorhandener *sekundärer* Antisemitismus, d. h. ein primär unterschwelliger, sich bisher wohl selten ganz klar werdender Groll gegen die Juden, die „keine Ruhe" geben wollen, künftig vermehrt bilden bzw. qualitativ verstärken. Und wenn dieser sekundäre Antisemitismus auch sicher nicht die vehemente Massenwirkung des Kaiserreichs und der Weimarer Republik erreichen wird, so dürfte er doch die bloß private Ebene des derzeitigen Rest-Antisemitismus überschreiten und Bestandteil einer *sozialen* Bewegung werden – vielleicht damit aber auch seine Aufhebung in und durch öffentliche(n) Auseinandersetzungen finden, wie sie jetzt noch nicht geführt werden und geführt werden können.

Anmerkungen

1 Zur grundsätzlichen Kritik dieser immer noch populären Sichtweise nicht nur des Antisemitismus, sondern von „Vorurteilen" überhaupt, die wesentlich auf Theodor W. Adorno u. a. (1950) zurückgeht, siehe Klaus Roghmann 1966; S. 9 ff. und Bernd Estel 1983, S. 33 ff. und 56 ff. Vgl. auch die neuen, klar negativ ausfallenden empirischen Befunde zur Rolle von Individualfaktoren für Antisemitismus bei Hilde Weiss 1984, S. 83 ff.
2 Um es also möglichst scharf zu bezeichnen: Es geht in diesem Artikel – außer einer wirklichen Anerkennung der Rolle sozio-ökonomischer Spannungen – um den *spezifischen* Beitrag des Nationalismus als sozio-politisch erfolgreicher Bewegung zum modernen Antisemitismus im Sinne der Frage, *ob* bzw. *inwieweit* mit der Durchsetzung der modernen Nation in Deutschland nach deren *innerer* Logik die „Judenfrage" neu aufgerollt werden mußte und zwangsläufig oder erst in Verbindung mit *anderen* Elementen zum Ausschluß der Juden aus der Nation führte. Diese Frage ist aber ohne Berücksichtigung des französischen Nationalismus, wie er durch und nach der Revolution von 1789 zur nationalen Realität wurde, nicht zu behandeln. Denn nach ihrer politischen *Logik* bildeten im 19. Jahrhundert nicht, wie gewöhnlich und in interessierter Absicht angenommen wird, der westeuropäische („originäre") und der mittel- bzw. osteuropäische („sekundäre", „integrale") Nationalismus den eigentlichen Gegensatz, sondern der *kontinentaleuropäische* (mit Frankreich als Vorbild) versus den hier außer Betracht bleibenden *englischen* Nationalismus.
3 Sprachlich antiquiert, in der Sache aber sehr modern, bringt dieses Paul de Lagarde in einer kurzen Betrachtung darüber zum Ausdruck, „wie Nationen geboren werden": „Dadurch, daß ein Ideal verletzt, durch seine Verletzung als Ideal erkannt, und siegreich vertheidigt wird: daß dann um seine Vertheidiger Alle sich schaaren, welche dasselbe Heiligthum haben wie sie" (1886, S. 160).
4 Dieser Fokus der kollektiven Identität hat seinen wohl schönsten dichterischen Niederschlag bei Vergil gefunden, in dessen Äneis es in Abgrenzung zu den Begabungen und Bestimmungen anderer Völker heißt: „Tu regere imperio populos Romane memento; hae tibi erunt artes: Pacique imponere morem, parcere subiectis et debellare superbos". – Zur Polis als dem Identitätsfokus der alten Griechen siehe u. a. Christian Meier (1979).
5 1911, S. 219 ff. Den naheliegenden Einwand, die Berechnung des jüdischen Durch-

I. Kontinuität und Diskontinuität des Antisemitismus

schnittseinkommens bzw. -vermögens nach dem arithmetischen Mittel (und nicht nach dem Median) werde durch eine Reihe fraglos vorhandener Millionäre nach oben verzerrt und sei deshalb unzulässig, hat bereits Sombart selbst als sachlich unerheblich zurückgewiesen: „Es wird oft die Behauptung: die Juden seien viel reicher als die Christen, durch den Einwand zu widerlegen versucht: man lasse sich durch einzelne reiche Juden täuschen; die große Masse der Juden sei gar nicht reicher als die übrige Bevölkerung. Nun – aus den folgenden Ziffern geht hervor, daß dieser Einwand nicht berechtigt ist ... Man betrachte die Ziffern für Berlin und Mannheim! Sie weisen den sechs- bis siebenfachen Reichtum der gesamten jüdischen Bevölkerung im Vergleich mit den Christen nach. Besonders lehrreich sind auch die Ziffern für die oberschlesischen Städte oder für die Stadt Posen, wo die Juden etwa sechsmal so reich wie die übrige Bevölkerung sind: lehrreich, weil es sich hier um sogenannte ‚arme' Judenschaften handelt" (a.a.O., S. 217f.).

6 So hieß es z.B. im Jahresbericht des Vorsitzenden des „Centralvereins deutscher Staatsbürger jüdischen Glaubens" 1894: „Wir sind nicht deutsche Juden, sondern deutsche Staatsbürger jüdischen Glaubens.... Wir stehen fest auf dem Boden der deutschen Nationalität. Wir haben mit den Juden anderer Länder keine andere Gemeinschaft als die Katholiken und Protestanten Deutschlands mit den Katholiken und Protestanten anderer Länder". Auch die jüdischen Teilnehmer am Berliner Antisemitismusstreit 1878-80 versicherten, wie Bein in zionistischer Färbung feststellt, „immer wieder, daß sie national sich nur als Deutsche fühlten, mehr noch, daß sie Deutsche seien, ebenso wie die christlichen Deutschen... Sie zeigten sich nicht enttäuscht und verletzt darüber, daß man ihre nicht dem ‚germanischen Standard' entsprechende Gefühlswelt und Denkweise verurteilte, sondern leugneten vielmals, daß eine solche Andersartigkeit existiere" (a.a.O. 1980, Bd. 2, S. 256 und 251).

7 Herbert A. Strauss hat die widersprüchliche Zielsetzung der Mehrzahl dieser Angriffe auf die Formel gebracht, daß sie einerseits die vehemente Forderung enthielten, die (gesetzliche) Emanzipation der Juden rückgängig zu machen, und andererseits den Juden einen (vermeintlichen) Mangel an Bereitschaft zur Assimilation vorwarfen. Siehe auch seinen Beitrag: Der Holocaust als Epochenscheide der Antisemitismusgeschichte: historische Diskontinuitäten (in diesem Band).

8 Für die zwar anders begründete, dem Ergebnis nach aber gleiche Haltung der Sozialdemokratie ist wohl Otto Bauer, der größte sozialistische Theoretiker der Nation, am aufschlußreichsten. Den Kern seiner Affasssung, nach der die Juden zwar *noch* eine Nation bilden, aber als Kulturgemeinschaft (und schließlich, über „Wechselheiraten", auch als Naturgemeinschaft, als „Rasse") verschwinden werden (1907, S. 2 und 380f.), bilden die folgenden Sätze: „Der Prozeß der Assimilierung der Juden und das Erwachen der geschichtslosen Nationen haben dieselbe Ursache: die Umwälzung der alten Gesellschaft durch die kapitalistische Warenproduktion.... Mit der fortschreitenden Entwicklung des Kapitalismus und des modernen Staates werden auch die Juden des Ostens ebenso aufhören, eine eigene Nation zu sein, werden sie ebenso unter den Nationen aufgehen, wie die Juden des Westens in ihnen längst aufgegangen sind.... Historisch betrachtet, ist auch das Erwachen der Ostjuden zu neuem Kulturleben nichts als ein Vorläufer der schließlichen Assimilierung" (a.a.O., S. 376f.). Demzufolge lehnte Bauer die von ihm sonst für die verschiedenen Nationalitäten Österreich-Ungarns geforderte „nationale Autonomie" für die Juden ebenso ab wie die (deutsche) Sozialdemokratie insgesamt die seit etwa 1900 spürbar werdenden zionistischen Bestrebungen nach einem eigenen jüdischen Staat, den sie als bloß „kleinbürgerliche Utopie" und mithin als schädliche Ablenkung vom Klassenkampf begriff (vgl. Werner Jochmann 1977).

9 Es wäre einmal eine gründliche Untersuchung darüber zu wünschen, welche Individual-

und Gruppenmerkmale (in welcher Kombination) in den populärsten dieser Entwürfe als „echt deutsch" galten, und wie sich in ihnen spezifisch nationale Elemente mit solchen aus christlich-konservativen Auffassungen mischten. Jedenfalls müssen solche umfassend gedachten Festlegungen der nationalen Identität eine große Zugkraft gehabt haben, sonst wäre z. B. der Werbespruch eines Bierbrauers: „Der Deutsche treu zur Krone schwört, nicht minder er Gambrinus ehrt", unverständlich.

10 Hier nur ein Beispiel: „Die Verschiedenheit in der Auffassung ihrer Stellung zu Gott und Welt zwischen Deutschen – oder Ariern überhaupt – und Juden kann man wohl mit kurzen Worten dahin ausdrücken, daß der Arier es für seine Aufgabe hält, sich zu vervollkommnen, der Jude für die seinige, sich zu bereichern. Aus diesem Begriff seiner sittlichen Aufgabe entspringt bei dem Arier das Ehrgefühl, welches die Äußerung des sittlichen Idealismus in Geschmack und Gemüth ist. Dem Juden, welchem gegenüber sein Gott zur Abschließung eines unsittlichen Ausnahmevertrags sich herabgelassen hat, fehlt dieser sittliche Idealismus, den selbst sein Gott ihm nicht zeigt und welcher die Vortheile seines Gottesvertrags illusorisch machen würde. Wie sollte er sein Parasitenleben führen mit dem Hindernisse arischer Ehre im Leibe" (H. Naudh 1880; in Walter Boehlich 1965, S. 189).

11 Dafür ist wiederum von Treitschke, der ja auf die Auffassung des nationalgesinnten Bürgertums eine kaum zu überschätzende Wirkung gehabt hat, mit der folgenden Äußerung prototypisch, in der er eine eher positiv gemeinte Formel von Mommsen so umfunktioniert (um im heutigen Jargon zu reden): „Immer waren die Juden ‚ein Element der nationalen Dekomposition', auf ehrlich Deutsch: der nationalen Zersetzung". Allerdings zeigen genügend andere Aussagen, daß er nur einem Teil der Juden eine derart nationsabträgliche Wirkung zuschrieb (vgl. Boehlich 1965, S. 228), und daß er diese Wirkung eben noch nicht an einer unveränderlichen „jüdischen Natur" festmachte.

12 So war es auch nur in der Bundesrepublik möglich, daß – dann doch nicht gerade bei den Massen der Bevölkerung, wohl aber in der öffentlichen Diskussion – ein vor einigen Jahren gemachter Vorschlag Beifall fand, der den „menschlichen" Aspekt der Integration der Ausländer durch eine Aufforderung ungefähr folgenden Inhalts zu lösen suchte: Die Deutschen sollten es lernen, wie Italiener zu essen, wie Griechen zu lachen, wie Türken zu feiern usw. Man stelle sich einmal im Ernst die Reaktion vor, die eine entsprechende Aufforderung in irgendeinem anderen westlichen Land fände! Aber auch in den Augen früherer, noch nicht so fortgeschrittener deutscher Generationen hätte dies schlicht als Aufforderung dazu gegolten, zu Affen Europas zu werden.

13 Zur näheren Darstellung und Kritik dieser sozial„wissenschaftlichen" Vorgehensweisen, die objektiv gern auf einen *umgedrehten Rassismus* hinauslaufen, siehe Estel (1987).

14 Stolz auf die eigene Nation, jedoch vorwiegend oder gar ausschließlich in seiner bloß negativen Form der Ablehnung von Ausländern, dürfte damit – stark konjunkturabhängig – noch am ehesten bei den Angehörigen der Unterschichten, also bei Arbeitern (und dem Gros der Arbeitslosen) zu finden sein, die mit Türken, Jugoslawen usw. in teils realer, teils, und sicher mehrheitlich, nur scheinbarer Konkurrenz um Arbeitsplätze und sozio-ökonomischen Status überhaupt stehen.

15 Vgl. dazu u. a. die Diagnosen von Karl-Rudolf Korte (1985), Wolfgang J. Mommsen (1983) oder bereits Friedrich H. Tenbruck (1974) sowie die zugespitzten Selbstzeugnisse von Martin Walser (1979) und Dieter Wellershoff (1979).

16 Dazu gehören wesentlich a) die stets weitergehende *internationale Verflechtung* der Bundesrepublik in vor allem wirtschaftlicher und politischer Hinsicht (Rolle der EG, der multinationalen Konzerne, internationaler Abkommen usw.) und deren personale Auswirkungen (Denken in größeren Horizonten u. ä.), b) die mit der sozialen Differenzierung unvermeidbar einhergehende *Vermehrung des individuellen Rollenhaushalts* und

I. Kontinuität und Diskontinuität des Antisemitismus

der ihr entsprechenden Ausbildung von zum Teil länderübergreifenden *Teilidentitäten*, sowie c) die massenwirksamen Tendenzen der sozio-ökonomischen *Individualisierung* und personalen Individuierung (als positivem Ausdruck der Auflösung der alten sozialmoralischen Milieus), die sich zentral in einer vermehrten *Selbstorientierung* der Menschen äußern (vgl. dazu Ulrich Beck 1983).

17 Dafür ist übrigens der Historikerstreit schon als *Streit* ein Symptom.

Literatur

Adorno, Theodor W. u. a.: The Authoritarian Personality, New York 1950.
Bauer, Otto: Die Nationalitätenfrage und die Sozialdemokratie, Wien 1907.
Beck, Ulrich: Jenseits von Stand und Klasse?, in: *R. Kreckel* (Hrsg.): Soziale Ungleichheiten (Sonderband 2 der Sozialen Welt), Göttingen 1983, S. 35-74.
Bein, Alex: Die Judenfrage. Biographie eines Weltproblems, Stuttgart 1980, 2 Bde.
Bennathan, Esra: Die demographische und wirtschaftliche Struktur der Juden, in: *Werner E. Mosse* und *Arnold Paucker* (Hrsg.): Entscheidungsjahr 1932. Zur Judenfrage in der Endphase der Weimarer Republik, Tübingen 1965.
Boehlich, Walter (Hrsg.): Der Berliner Antisemitismusstreit, Frankfurt am Main 1965.
Dohm, Christian W.: Über die bürgerliche Verbesserung der Juden, Berlin und Stettin 1781/1783.
Dreyfus, François G.: Antisemitismus in der Dritten Französischen Republik, in: *Bernd Martin* und *Ernst Schulin* (Hrsg.): Die Juden als Minderheit in der Geschichte, München 1981.
Estel, Bernd: Soziale Vorurteile und soziale Urteile. Kritik und wissenssoziologische Grundlegung der Vorurteilsforschung, Opladen 1983.
–: Vorurteilsforschung und Modernität. Versuch einer Klärung, in: Sociologia internationalis, 25, 1987, S. 163-191.
Habermas, Jürgen: Zur Rekonstruktion des Historischen Materialismus, Frankfurt am Main 1976.
– (Hrsg.): Stichworte zur ‚Geistigen Situation der Zeit', 1. Band: Nation und Republik, Frankfurt am Main 1979.
Herdegen, Gerhard: Demoskopische Anmerkungen zum Geschichtsbewußtsein der Deutschen (West) im Kontext der deutschen Frage, in: *Werner Weidenfeld* (Hrsg.): Geschichtsbewußtsein der Deutschen. Materialien zur Spurensuche einer Nation, Köln 1987, S. 187-202.
Hoffmann, Christhard: Das Judentum als Antithese. Zur Tradition eines kulturellen Wertungsmusters (in diesem Band).
Jochmann, Werner: Die deutsche Arbeiterbewegung und der Zionismus, in: *Walter Grab* (Hrsg.): Juden und jüdische Aspekte in der deutschen Arbeiterbewegung, Tel Aviv 1977, S. 113-126.
Korte, Karl-Rudolf: Suchbewegungen: Wo ist der deutsche Standort?, in: *Werner Weidenfeld* (Hrsg.): Nachdenken über Deutschland, Köln 1985, S. 19-36.
Lagarde, Paul de: Deutsche Schriften, Göttingen 1886.
Lestschinsky, Jakob: Das wirtschaftliche Schicksal des deutschen Judentums. Aufstieg, Wandlung, Krise, Ausblick, Berlin 1932.
Massing, Paul W.: Vorgeschichte des politischen Antisemitismus, Frankfurt am Main 1959.

Meier, Christian: Die politische Identität der Griechen, in: *Odo Marquard* und *Karlheinz Stierle* (Hrsg.): Identität, München 1979, S. 371-406.
Meinecke, Friedrich: Die Idee der Staatsräson in der neueren Geschichte, München 1924.
–: Weltbürgertum und Nationalstaat. Studien zur Genesis des deutschen Nationalstaats, München und Berlin 1928.[7]
Mol, Hans: Identity and the Sacred, Oxford 1976.
Mommsen, Wolfgang J.: Wandlungen der nationalen Identität, in: *Werner Weidenfeld* (Hrsg.): Die Identität der Deutschen, München und Wien 1983, S. 170-192.
Mosse, Werner E.: Die Krise der europäischen Bourgeoisie und das deutsche Judentum, in: *ders.* und *Arnold Paucker* (Hrsg.): Deutsches Judentum in Krieg und Revolution 1916-1923, Tübingen 1971, S. 1-26.
–: Die Juden in Wirtschaft und Gesellschaft, in: *ders.* und *Arnold Paucker* (Hrsg.): Juden im Wilhelminischen Deutschland 1890-1914, Tübingen 1976, S. 57-113.
Renan, Ernest: Qu'est-ce qu'une nation? (zuerst 1882), in: *ders.*: Oeuvres complètes, Paris 1947, S. 887-903.
Roghmann, Klaus: Dogmatismus und Autoritarismus. Kritik der theoretischen Ansätze und Ergebnisse dreier westdeutscher Untersuchungen, Meisenheim 1966.
Rousseau, Jean-Jacques: Vom Gesellschaftsvertrag oder Grundsätze des Staatsrechts, (Amsterdam 1762) in: *ders.*: Sozialphilosophische und politische Schriften, München 1981.
Rürup, Reinhard: Emanzipation und Antisemitismus. Studien zur ‚Judenfrage' der bürgerlichen Gesellschaft, Göttingen 1975.
–: Emanzipation und Krise – Zur Geschichte der ‚Judenfrage' in Deutschland vor 1890, in: *Werner E. Mosse* und *Arnold Paucker* (Hrsg.): Juden im Wilhelmischen Deutschland 1890-1914, Tübingen 1976, S. 1-56.
Savigny, Friedrich C.: Stimmen für und wider neue Gesetzbücher, in: Zeitschrift für geschichtliche Rechtswissenschaft 3, Berlin 1816, S. 1ff., S. 22ff.
–: Vom Beruf unserer Zeit für Gesetzgebung und Rechtswissenschaft, Heidelberg 1828².
Siéyès, Emmanuel J.: Was ist der dritte Stand? (Paris 1789) Berlin 1924.
Smith, Anthony D: Theories of Nationalism, London (1971) 1983².
Sombart, Werner: Die Juden und das Wirtschaftsleben, München und Leipzig 1911.
Sterling, Eleonore: Judenhaß. Die Anfänge des politischen Antisemitismus in Deutschland (1815-1850), Frankfurt am Main 1969.
Tenbruck, Friedrich H.: Alltagsnormen und Lebensgefühle in der Bundesrepublik, in: *Richard Löwenthal* und *Hans-Peter Schwarz* (Hrsg.): Die zweite Republik. 25 Jahre Bundesrepublik – eine Bilanz, Stuttgart 1974.
Walser, Martin: Händedruck mit Gespenstern, in: *Jürgen Habermas* (Hrsg.), a. a. O. 1979, S. 39-50.
Weber, Max: Wirtschaft und Gesellschaft, Tübingen 1976⁵.
Weidenfeld, Werner: Die Frage nach der Einheit der deutschen Nation, München und Wien 1981.
Weiss, Hilde: Antisemitische Vorurteile in Österreich. Theoretische und empirische Analysen, Wien 1984.
Wellershoff, Dieter: Deutschland – ein Schwebezustand, in: *Jürgen Habermas* (Hrsg.), a. a. O. 1979, S. 77-114.
Ziegler, Heinz O.: Die moderne Nation. Ein Beitrag zur politischen Soziologie, Tübingen 1931.

Kollektive Erinnerungen und gesellschaftliche Lernprozesse

Zur Struktur sozialer Mechanismen der ‚Vergangenheitsbewältigung'

Max Miller

> „Who controls the past,"
> ran the Party slogan,
> „controls the future:
> who controls the present
> controls the past."
>
> Orwell (1949, S. 32)

I.

Ein Lernen aus der sozialen Vergangenheit setzt kollektive Erinnerungen voraus. Da selbst diejenigen, die eine vergangene Epoche persönlich erlebten, nur kleinere oder größere Ausschnitte davon selbst erfahren haben, ist jeder (nicht nur die Spätergeborenen), der aus jener Vergangenheit lernen möchte, auf kollektive Erinnerungen angewiesen; und dies gilt, a fortiori, für die Frage, ob nicht nur Einzelne sondern soziale Gruppen oder Gesellschaften aus ihrer sozialen Vergangenheit gelernt haben, denn dann scheinen nur noch die kollektiven Erinnerungen relevant zu sein. Im Zentrum der folgenden Überlegungen steht deshalb die Frage: Kann mit einer Theorie ‚kollektiver Erinnerungen' ein Beitrag geliefert werden zur Klärung des Gelingens oder Scheiterns gesellschaftlicher Lernprozesse in der Auseinandersetzung mit einer sozialen Vergangenheit?

Diese Frage wird im Verlaufe dieses Aufsatzes zwangsläufig in eine Erörterung einer ganzen Reihe grundlegender Teilfragen hineinführen. Damit soll jedoch nicht beansprucht werden, eine voll entfaltete Theorie zu liefern. Die Schwierigkeiten dieses Aufsatzes liegen vor allem darin, erst einmal einen Weg zu finden, der durch einschlägige psychologische und soziale Theorietraditionen hindurchführt und den Blick freigibt auf den hier intendierten theoretischen Zusammenhang zwischen kollektiven Erinnerungen und gesellschaftlichen Lernprozessen. Aber die folgenden Überlegungen sollen doch wenigstens so weit vorangetrieben werden, daß sich Grundlinien eines Modells über den Zusammenhang von kollektiven Erinnerungen und gesellschaftlichen Lernprozessen ergeben.

Im letzten Teil des Aufsatzes wird anschließend versucht, die analytische Kraft des entwickelten Erklärungsmodells einer ersten empirischen Bewährungsprobe zu unterziehen. Beispiele von Erinnerungen bestimmter gesellschaftlicher Teilgruppen der BRD an ihre nationalsozialistische Vergangenheit und Erinnerungen an vergangene Erinnerungen sollen daraufhin untersucht werden, ob hier kollektive Erinnerungen in einem systematischen Zusammenhang mit der Blockierung kollektiver Lernprozesse stehen und ob und inwieweit sich das Etikett ‚Blockierung' mit Rekurs auf das zuvor entwickelte theoretische Modell überzeugend rechtfertigen läßt.

Zunächst soll jedoch an der Problematik des ‚Nachkriegsantisemitismus' in der BRD die Relevanz einer Theorie kollektiver Erinnerungen für eine Klärung des Gelingens bzw. Scheiterns gesellschaftlicher Lernprozesse kurz verdeutlicht und ferner eine bestimmte ‚kollektive Mentalität' charakterisiert werden, für deren soziale Reproduktion ein blockiertes Lernen aus der sozialen Vergangenheit geradezu konstitutiv zu sein scheint.

II.

Nach dem Holocaust an den Juden im Nazi-Deutschland wäre ein wiederbelebter Antisemitismus, ein Nachkriegsantisemitismus in der BRD, ein sicheres Zeichen für einen blockierten kollektiven Lernprozeß. Aber wäre eine vom Antisemitismus weitgehend ‚gereinigte' BRD ein ebenso sicherer Beleg für einen gelungenen kollektiven Lernprozeß?

Seit dem Kriegsende bis in die jüngste Zeit hinein lassen sich antisemitische Einstellungen und Handlungen zumindest in bestimmten geographischen, institutionellen und subkulturellen Regionen der BRD beobachten.[1] Dennoch wird man trotz der hier und da aufflackernden offenen antisemitischen Äußerungen und Handlungen gegenüber den Juden oder jüdischen Institutionen gegenwärtig der BRD kaum einen gesellschaftlich und politisch relevanten und kollektiv durchsetzungsfähigen ‚Nachkriegsantisemitismus' zuschreiben können. Sofern dies von der neueren Antisemitismusforschung doch versucht wird, zeigen bereits die verwendeten Begriffe, daß ihr der intendierte Forschungsgegenstand zunehmend entgleitet.

In der BRD leben gegenwärtig ca. 30 000 Juden (0,05 % der Bevölkerung), d. h. „die Juden (sind), bis auf einen symbolischen Rest, aus der deutschen Gesellschaft verschwunden" (Broder 1986, S. 211). Sofern von einem Nach-

I. Kontinuität und Diskontinuität des Antisemitismus 81

kriegsantisemitismus überhaupt die Rede sein kann, scheint er ein „Antisemitismus ohne Juden" (Bergmann und Erb 1986, S. 224 und die dort zitierte Literatur) zu sein.

Aber nicht nur das kollektive Objekt, auch das kollektive Subjekt antisemitischer Äußerungen und Handlungen scheint sich zu verflüchtigen. Zwar gelangte die von der sozialliberalen Regierung Schmidt/Genscher in Auftrag gegebene ‚Sinus-Studie' im Oktober 1980 zu folgendem erschreckenden Ergebnis: „Insgesamt 13 Prozent der Wahlbevölkerung haben ein ideologisch geschlossen rechtsextremistisches Weltbild, dessen Hauptstützen ein nationalsozialistisches Geschichtsbild, Haß auf Fremdgruppen, Demokratie und Pluralismus sowie eine übersteigerte Verehrung von Volk, Vaterland und Familie sind." Aber selbst diese Ewiggestrigen haben offenbar den ‚Judenhaß' weitgehend aus ihrem reaktionären Weltbild abgespalten. Der Nachkriegsantisemitismus scheint ein „Antisemitismus ohne Antisemiten" (Bergmann und Erb 1986, S. 224 und die dort zitierte Literatur) zu sein. „Geblieben ist ein freischwebendes, antisemitisches Potential, ein platonischer Judenhaß sozusagen, ohne Juden auf der einen und ohne Antisemiten auf der anderen Seite" (Broder 1986, S. 211). Aber heißt das nicht, daß es den Antisemitismus in der BRD überall und doch nirgends gibt?

Die neuere Antisemitismusforschung ist mit Recht skeptisch, ob sich mit der Tabuisierung des Antisemitismus in der BRD auch schon das dem Antisemitismus zugrundeliegende Handlungspotential aufgelöst hat. Aber warum sollte dieses Handlungspotential seiner ‚Natur' nach etwas spezifisch ‚Antisemitisches' sein? Könnte jene kollektive Mentalität, die antisemitischen Handlungen zugrundeliegt, nicht genau so gut etwas anderes bewirken, das zwar nicht antisemitisch aber doch keinesfalls weniger verwerflich wäre? Lenkt die Suche nach antisemitischen Handlungsdispositionen in Form eines latenten oder gar platonischen Judenhasses in der Bevölkerung der BRD nicht eher von der Frage ab, wie und wodurch sich ein kollektives Handlungspotential bilden kann, das sich dazu eignet, moralisch verwerfliche Ziele zu verfolgen, die je nach Opportunität und gesellschaftlicher Akzeptanz antisemitisch oder auch nicht antisemitisch sein können und die doch alle eine gewisse ‚Familienähnlichkeit' aufweisen?

Ein solches kollektives Handlungspotential wird, um nur ein Beispiel zu nennen, sichtbar an der Art und Weise, wie sich Mitglieder der bayerischen Staatsregierung und offenbar ein großer Teil ihrer Wählerschaft Kontrollmöglichkeiten zur Eindämmung der Aids-Epidemie vorstellen.

In einer Sendung des Bayerischen Fernsehens vom 19. Februar 1987 über die Aids-Problematik sagte der bayerische Schulminister Hans Zehetmair über die Homosexuellen folgendes: „Es kann nicht um noch mehr Verständnis für Randgruppen gehen, sondern darum, sie auszudünnen ... Diese Randgruppe muß ausgedünnt werden, weil sie naturwidrig ist" (zit. nach ‚Spiegel', Nr. 10, 2. März 1987, S. 30). Auf einem Aids-Kolloquium der Evangelischen

Akademie Tutzing zitierte der Staatssekretär im bayerischen Innenministerium Peter Gauweiler – vielleicht um zu zeigen, wie gut er die deutsche Vergangenheit bewältig hat – sogar einen jüdischen Rabbiner, „der die Heimsuchung Aids als Folge eines moralisch-ethisch nicht vertretbaren Lebens sieht, als ‚Verletzung der Regeln des göttlichen Gesetzes'" (taz, 13. 11. 1987). Gauweiler hätte sich jedoch ebensogut berufen können auf den Erzbischof von München und Freising, Kardinal Friedrich Wetter, der den ‚Bayerischen Maßnahmenkatalog' lobte, denn „eheliche Treue und Enthaltsamkeit" müßten „wieder unerschütterliche Pfeiler sittlichen Verhaltens" werden. Aids habe „unsere Gesellschaft zu einem Offenbarungseid gezwungen" (zit. nach ‚Süddeutsche Zeitung' vom 12. 6. 1987, S. 20). Dieser ‚Bayerische Maßnahmenkatalog' enthält zwar keine unmittelbaren Anweisungen zur ‚Ausdünnung' bestimmter gesellschaftlicher Randgruppen, aber auch in der vorliegenden Form wird er von vielen Seiten als eindeutig verfassungswidrig beurteilt, u. a. von profilierten Rechts-Experten in Aids-Fragen wie Bruns (Bundesanwalt beim Bundesgerichtshof) (1987) und Frankenberg (1988); und man wagt kaum sich auszudenken, was in Bayern passieren könnte, wenn München dieselbe Rate von Aids-Kranken hätte wie San Francisco.

Worin liegt die ‚Familienähnlichkeit' zwischen allen diesen Beispielen: zwischen dem ‚alltäglichen' Antisemitismus im Dritten Reich, den gelegentlich in Erscheinung tretenden antisemitischen Aktionen in der BRD, der Aids-Politik im Freistaat Bayern und vielen weiteren ähnlichen Beispielen, die sich mühelos aus unterschiedlichen gesellschaftlichen Teilbereichen der BRD, z. B. der Innenpolitik (‚Asylantenpolitik', ‚institutionalisierter Gegenradikalismus, der allein auf den Linksterrorismus reagiert'), entnehmen ließen, ohne daß damit beansprucht würde, die ‚Verfassungswirklichkeit' der BRD insgesamt zu charakterisieren?

Man könnte einzelne moralische Eigenschaften anführen: Intoleranz (gegenüber Minoritäten), Opportunismus, Verantwortungsabstinenz, Unfähigkeit sich betroffen zu fühlen, autoritäre Fixierung, Pflichtauffassung mit weitgehendem Selbstzweckcharakter, Präferenz für das Machbare gegenüber dem Verantwortbaren etc. und sie alle, in Ralph Giordanos (1987) Worten, auf den „Verlust einer humanen Orientierung" zurückführen. Aber der Begriff einer ‚humanen Orientierung' ist nicht nur explikations- und rechtfertigungsbedürftig; er scheint darüber hinaus einerseits zu abstrakt zu sein, um innerhalb unterschiedlicher gesellschaftlicher Kontexte noch eine relevante und konkretisierbare Orientierungshilfe sein zu können; andererseits scheint er allzu konkret auf die Verhaltensweisen einzelner Individuen und ihre Persönlichkeitsstrukturen und nicht auf gesellschaftliche Strukturen bezogen zu sein. Auf diese Problematik soll gleich noch etwas näher eingegangen werden.

Zunächst bleibt jedoch folgendes festzuhalten: Mit der weitgehend erfolgreichen Tabuisierung des Antisemitismus blieb doch offenbar in vielen institutionellen und gesellschaftlichen Teilbereichen der BRD ein dem Antisemitis-

I. Kontinuität und Diskontinuität des Antisemitismus

mus zugrundeliegendes ‚kollektives Handlungspotential' mit einer ‚inhumanen Orientierung' erhalten. Im Nazi-Deutschland war der Antisemitismus bereits in der Form einer alltäglichen Stigmatisierung und Entrechtung der Juden (ein antisemitisches ‚Alltagsbewußtsein', ohne das jedoch die industrielle Massenvernichtung nicht möglich gewesen wäre) vielleicht der entsetzlichste Ausdruck dieser ‚inhumanen Orientierung'. Dennoch ist dieses ‚Handlungspotential' seiner ‚Natur' nach nichts spezifisch ‚Antisemitisches' und sicherlich auch nicht etwas, das im ‚Wesen der Deutschen' irgendwie verankert wäre. Aber die Deutschen hätten mehr als jede andere Nation die Gelegenheit und den Anstoß dazu gehabt, aus ihrer antisemitischen Vergangenheit zu lernen und dieses Handlungspotential kritisch zu reflektieren, soweit es in der BRD noch immer relevant und kollektiv durchsetzungsfähig ist. Nicht der Antisemitismus ist das Problem der BRD, sondern die Kommunikation über den Antisemitismus und seine gesellschaftlichen Bedingungen und die Kommunikation über diese Kommunikation und deren gesellschaftliche Bedingungen usw.. Im Zentrum dieser Kommunikationen stehen Erinnerungen und Erinnerungen an Erinnerungen; und ob und inwieweit dabei gelernt werden kann, hängt offenbar nicht zuletzt davon ab, welche Erinnerungen sich in diesen Kommunikationen kollektiv durchsetzen können. Die Hypothese liegt deshalb nahe, daß blockierte Lernprozesse in der Auseinandersetzung mit der Vergangenheit ganz allgemein (d. h. nicht nur in Bezug auf den Antisemitismus) in ihren kommunikativen Strukturen genau jene kommunikativen Strukturen reproduzieren, die einem vergangenen und bereits überwunden geglaubten inhumanen kollektiven Handlungspotential zugrundeliegen.

III.

In den heute noch durchaus aktuellen und hinsichtlich ihrer Konzeption lehrreichen Studien von Adorno et al. (1968) über den ‚autoritären Charakter' finden sich zumindest erste Anhaltspunkte für eine weiterführende Bestimmung jenes ‚Verlustes einer humanen Orientierung'.[2] In diesen Studien, die Ende der 40-er Jahre in den USA aufgrund von Tests und Interviews mit Amerikanern entstanden sind, werden Einzeluntersuchungen über den Antisemitismus schrittweise erweitert zur Untersuchung von „Beziehungen minoritätenfeindlicher Vorurteile zu weitergespannteren ideologischen und charakterologischen Konfigurationen" (Adorno et al. Bd. II, S. 209). Eines der vielfältigen und differenzierten Ergebnisse dieser Studien ist eine mehr oder minder starke Korrelation zwischen antisemitischen Einstellungen, konservativen politischen und ökonomischen Überzeugungen, potentiellem Faschismus, geringer Ich-Stärke und einer stark ethnozentrischen Vorurteilsstruktur.[3] In den empirischen Analysen und Interpretationen der Studien erscheint diese ethnozentrische Vorurteilsstruktur in diesem Syndrom von Charaktereigenschaften als der eigentliche Kern der ‚autoritären Persönlichkeit'. „Ethnozentrismus beruht auf einer verallgemeinernden und starren Unterscheidung zwischen Eigen- und Fremdgruppen. Er bedingt stereotyp negative Vorstellungen von Fremdgruppen, feindseliges Verhalten gegen sie und ebenso stereotyp positive Vorstellungen und untertäniges Verhalten der Eigengruppe gegenüber, sowie eine hierarchische, autoritäre Ansicht von den Beziehungen zwischen den Gruppen, wonach rechtens die Eigengruppe dominieren soll, die Fremdgruppen aber sich unterzuordnen haben" (a. a. O., Bd. I, S. 157). Die meisten Ethnozentriker vertreten darüber hinaus „konventionelle Werte", deren Hauptinhalt ein unkritischer Gehorsam, Konformismus und Loyalität gegenüber den Normen und Gesetzen der Eigengruppe sind (vgl. a. a. O., S. 154ff. und S. 380).

Dieser ethnozentrische Kern der ‚autoritären Persönlichkeit' entspricht in vielfacher Hinsicht der Form eines ‚konventionellen moralischen Bewußtseins', so wie dieses von Lawrence Kohlberg und seiner Schule in einer Reihe empirischer Studien (vgl. dazu zusammenfassend: Kohlberg 1986) beschrieben worden ist. Eine ‚konventionelle Moral' beinhaltet eine ‚law and order' Orientierung und setzt unter den Angehörigen einer sozial bzw. politisch-ökonomisch definierten Gruppe lediglich eine „mechanische Solidarität" (Durkheim 1930) bzw. die „konkrete Sittlichkeit eines eingelebten Normensystems" (Habermas 1976, S. 75) voraus. In der Ontogenese des moralischen Bewußtseins tritt eine ‚konventionelle Moral' als ein potentielles Übergangsstadium auf (vgl. dazu Kohlberg a. a. O.); analog dazu hat Habermas (1976) zu zeigen versucht, daß eine ‚konventionelle Moral' ein potentielles Übergangsstadium in der Evolution gesellschaftlicher Strukturen darstellt. In einer segmentären, vorindustriellen, nicht differenzierten Gesellschaft ist eine ‚konventionelle Moral' alles andere als eine ‚irrationale' Methode der sozialen Integration.[4] Ihre inhumanen und regressiven Züge gewinnt sie erst, wenn sie in einer modernen, differenzierten Gesellschaft die Perspektive definiert, aus der soziale Konflikte von den betroffenen gesellschaftlichen Gruppierungen zu lösen versucht werden.[5]

Man kann diese inhumanen und regressiven Züge vielleicht am ehesten erkennen, wenn moralische Überzeugungssysteme als Resultat der in einer sozialen Gruppe möglichen und kollektiv akzeptierten Formen eines Dissenses verstanden werden.[6/7] Eine konventionelle Moral setzt, in diesem Sinne, bereits eine komplexe ‚Logik der Argumentation' voraus: es kann innerhalb einer vorgegebenen normativ-moralischen Diskurswelt über die Relevanz empirischer und normativer Aussagen gestritten werden, weil die kollektive Akzeptanz empirischer Aussagen von der kollektiven Akzeptanz normativer Aussagen diskursiv entrelativiert werden kann. Auf der Ebene einer konventionellen Moral kann somit *innerhalb* einer vorgegebenen normativ-moralischen Diskurswelt zwischen ‚Sein' und ‚Sollen' diskursiv unterschieden werden.

I. Kontinuität und Diskontinuität des Antisemitismus

Wenn soziale Konflikte jedoch aus der Perspektive unterschiedlicher, potentiell antagonistischer konventioneller Wertsysteme oder normativer Codes (ausdifferenzierter gesellschaftlicher Teilsysteme) geführt werden, setzt ein koordinierter Dissens diskursiv eine Entrelativierung der Entrelativierungen voraus. Tatsachenbehauptungen müssen von normativen Aussagen und diese von normativen Diskurswelten entrelativiert werden.[8] Es muß zwischen ‚Sein‘ und ‚Sollen‘ relativ zu unterschiedlichen normativen Diskurswelten unterschieden werden. Ein koordinierter Dissens setzt dann voraus, daß beispielsweise gemeinsam unterschieden werden kann zwischen den jeweiligen intendierten und nichtintendierten Folgen von Entscheidungen, die in Abhängigkeit von den Normen relativ zu unterschiedlichen normativen Diskurswelten getroffen werden. Die Rationalität einer kollektiv akzeptierten Entscheidung hängt dann davon ab, inwieweit diese einen solchen koordinierten Dissens und entsprechende soziale bzw. institutionelle Entscheidungs- und Argumentationsstrukturen voraussetzt.

Vor diesem hier nur stichwortartig skizzierten Hintergrund erscheint der Ethnozentriker bzw. der Vertreter einer konventionellen Moral als jemand, der ständig moralisiert, aber doch zu keinem moralischen Diskurs fähig ist (vgl. dazu auch Adorno et al. a. a. O., Bd. 1, S. 154f.). Er wird nicht nur rigide auf seinen Normen und moralischen Prinzipien beharren, er wird sich auch in einem gesellschaftlichen Diskurs über seine ethnozentrisch verzerrte Wahrnehmung empirischer Sachverhalte nicht belehren lassen. Eine konventionelle Moral dient dann nur noch der forcierten und gegebenenfalls rücksichtslosen Verteidigung von partikularen Gruppeninteressen.

Wenn ein Legitimationsdruck durch eine Konfrontation mit der eigenen sozialen Vergangenheit entsteht, so können vielleicht einzelne Verbrechen zugegeben werden (vor allem dann, wenn eine personelle Kontinuität mehr und mehr abnimmt), aber in den kollektiven Erinnerungen werden sich genau so wie in aktuellen gesellschaftlichen Konflikten die Gruppenegoismen hinter der ethnozentrischen Gruppenmoral verstecken können. Genauso wie eine konventionelle Moral im Falle inkongruenter Gruppen- bzw. Systemperspektiven bei aktuellen gesellschaftlichen Konflikten keine diskursive Verständigung mehr zuläßt, werden auch im Falle einer Auseinandersetzung mit der Vergangenheit ethnozentrische Prozesse des Sicherinnerns einen gesellschaftlichen Dialog auf einen Gruppenmonolog reduzieren.

Bevor diese Überlegungen weiterverfolgt werden, soll jedoch zunächst kurz erörtert werden, inwieweit sich ein kommunikations- bzw. argumentationstheoretischer Ansatz im Kontext psychologischer und soziologischer Theorietraditionen zur Erklärung von individuellen und kollektiven Erinnerungen überhaupt rechtfertigen läßt.

IV.

Täter erinnern sich anders als ihre Opfer. Claude Lanzmanns Buch ‚Shoah' (1986) dokumentiert dies auf eine bedrückende Weise. Könnte somit der Schlüssel für ein Verständnis blockierter und nichtblockierter Lernprozesse in der Auseinandersetzung mit der Vergangenheit (auch dann, wenn es sich um eine soziale Vergangenheit handelt) nicht doch eher im subjektiven Erinnerungsvermögen der einzelnen Individuen als in kommunikativen Prozessen und den eventuell dadurch konstituierten kollektiven Erinnerungen liegen?

Neuere Untersuchungen zur Selbstbezogenheit des autobiographischen Gedächtnisses bestätigen eindrucksvoll die These von psychologischen Klassikern wie Freud (1901), Claparede (1911), Bartlett (1932) und Adler (1937), daß persönliche Erinnerungen in dem Maße selektiv und verzerrt sind, wie dies für die Aufrechterhaltung gegenwärtiger Einstellungen und Überzeugungen erforderlich ist.[10] Bereits in dem berühmten 68. Spruch aus Nietzsches' ‚Jenseits von Gut und Böse' heißt es ja: „Das habe ich getan', sagt mein Gedächtnis. ‚Das kann ich nicht getan haben' – sagt mein Stolz und bleibt unerbittlich. Endlich – gibt das Gedächtnis nach" (Nietzsche o. J., S. 625).

In einer Untersuchung von Read und Rosson (1982) wurde beispielsweise Versuchspersonen mit unterschiedlichen Einstellungen zur Kernenergie ein Text vorgelegt, der einen Bericht über einen Feuerbrand in der Kontrollzentrale des Reaktors im Kernkraftwerk Athens, Alabama, enthielt. Zwei Wochen später konnten sich die Versuchspersonen an zutreffende Informationen signifikant eher dann erinnern, wenn diese mit ihren pro- bzw. antinuklearen Einstellungen übereinstimmten; und sie zeigten eine starke Tendenz, falsche Behauptungen als zutreffend zu erinnern, wenn diese mit ihren pro- bzw. antinuklearen Einstellungen konsistent waren; d. h. Erinnungen sind tendenziell nicht nur selektiv, sondern auch verzerrt oder falsch, wenn sie dadurch mit den jeweiligen subjektiven Einstellungen und Überzeugungen in Übereinstimmung gebracht werden können.

Greenwald (1980, 1981) hat diese selektiven und verzerrenden Tendenzen des autobiographischen Gedächtnisses mit der Annahme einer „totalitären Ich-Organisation" (1980, S. 612) zu erklären versucht. Das ‚Ich' oder ‚Selbst' wird von ihm als ein System der Informationskontrolle zur Stabilisierung kognitiver und affektiver Strukturen aufgefaßt, d. h. als ein System, das u. a. durch einen geradezu rigiden Konservatismus („resistance to cognitive change") gekennzeichnet ist und das die Kosten einer zeitweilig inakkuraten Erinnerungsarbeit und Informationsverarbeitung durch interne Stabilisierungsgewinne und externe Anpassungserfolge mehr als ausgleicht: „the totalitarian-ego biases succeed intrapsychically because they preserve the cognitive organization in which they exist and ... they succeed behaviorally because they facilitate goal attainment via perseverance in goal seeking" (1980, S. 614). Man kann vielleicht sogar noch weitergehen und sagen, nicht nur die Erinnerungen un-

I. Kontinuität und Diskontinuität des Antisemitismus 87

terliegen tendenziell dem Diktat einer ‚totalitären' Ich-Organisation, sondern ganz allgemein die Heuristiken und Inferenzen von alltäglichen Informationsverarbeitungs- und Entscheidungsprozessen. Irrational scheinende Verhaltensweisen können als durchaus verständlich und als ‚rational' erscheinen, wenn sie dem höhergeordneten epistemischen Ziel der Aufrechterhaltung und Stabilisierung von Überzeugungen und Überzeugungssystemen zugeordnet werden (vgl. Tversky und Kahneman 1974, Nisbett und Ross 1980, Tversky und Kahneman 1981).[11]

Die Hypothese, daß blockierte Lernprozesse in der Auseinandersetzung mit der Vergangenheit in den kommunikativen Strukturen des Sicherinnerns genau jene kommunikativen Strukturen reproduzieren, die einem vergangenen und bereits überwunden geglaubten (jedoch nach wie vor aktuellen) kollektiven Handlungspotential zugrundeliegen, scheint damit individualpsychologisch unterlaufen werden zu können. Was sich in den subjektiven Erinnerungen reproduziert, ist ein System subjektiver Einstellungen und Überzeugungen; und soweit dieses System kollektiv geteilt wird, ergeben sich blokkierte Lernprozesse auf einer kollektiven Ebene.

Z. B. läge eine Blockierung dann vor, wenn geglaubt wird, man habe aus der Vergangenheit gelernt, obgleich die Erinnerungen nur in Übereinstimmung gebracht werden mit den aktuellen Einstellungen und Überzeugungen, die dazu noch mit den Einstellungen und Überzeugungen in der Vergangenheit identisch sind. Ein Beispiel dafür wäre etwa das in der BRD vielfach beobachtbare notorisch gute Gewissen, man habe den Nazi-Terror nicht zu verantworten, da man sich daran zu erinnern glaubt, daß er über Nacht über die Deutschen hereingebrochen sei, wobei es doch gerade diese Verantwortungsabstinenz verbunden mit einem notorisch guten Gewissen ist, die den Nazi-Terror nicht zuletzt ermöglicht hat.[12] Eine kollektive Blockierung wäre dann nichts weiter als ein Gleichklang der individuellen Blockierungen; und diese Aggregierung bzw. Summierung individueller Blockierungen zu einem kollektiven Gesamtresultat wäre bereits dadurch zu erklären, daß weitgehend identische Überzeugungen der einzelnen Individuen durch das ‚Ich' als einem System der Informationskontrolle gegen kritische Lernimpulse immunisiert werden.

Psychologische Erklärungsmodelle dieser Art setzen jedoch ein bestimmtes System von Einstellungen und Überzeugungen immer schon bereits voraus und sie thematisieren nur noch die Frage der Aufrechterhaltung und Stabilisierung dieses Systems und nicht mehr die Frage seiner Entstehung und seines möglichen Wandels im Laufe einer individuellen und kollektiven Biographie. Vor allem aber scheinen Erklärungsmodelle dieser Art einen eher pathologisch anmutenden Fall des Sicherinnerns und des ‚Lernens aus Erinnerungen' zum Normalfall zu stilisieren. Wenn die Interdependenz von subjektiven Erinnerungen und subjektiven Einstellungen nicht durchbrochen werden kann – und diese Erklärungsmodelle liefern keine theoretischen Konzepte für das Verständnis einer möglichen Entrelativierung von Erinnerungen und Einstellungen – so scheint prinzipiell nur noch ein blockierter Lernprozeß, ein Zirkel von Erinnerungen und Überzeugungen, denkbar zu sein. Die Frage ist deshalb, ob es nicht die individualistischen Grundannahmen dieser Erklärungsmodelle sind, die ein mögliches ‚Lernen aus Erinnerungen' grundsätzlich zu einem blockierten Lernprozeß zusammenschrumpfen lassen und auf deren Grundlage dann auch diese Blockierungen letztlich nicht überzeugend erklärt werden können. Diese individualistischen Grundannahmen kommen bereits in dem weitgehend artifiziellen Szenarium zum Ausdruck, auf das sich in der oben zitierten Untersuchung die Analyse des Sicherinnerns beschränkt. Erinnerungen werden hier, obgleich sie sich auf eine soziale Vergangenheit (die gemeinsame Kenntnisnahme eines Textes, die kollektiven Probleme der Kernenergie) beziehen, ausschließlich als individuelle, monologische Prozesse erhoben und analysiert. Die Vorstellung, daß jener Zirkel von Erinnerungen und der Aufrechterhaltung und Stabilisierung von Überzeugungssystemen durch kommunikative Prozesse aufgebrochen werden könnte, liegt jedoch zumindest bislang in der Regel jenseits psychologischer Experimente.

Natürlich kann auch ein einzelnes Individuum als einzelnes Individuum, ein ‚monologisches' Individuum, Einstellungen und Überzeugungen wechseln und es kann sich auf der Grundlage bereits existierender Wissensstrukturen kumulativ neues Wissen aneignen.[13] Aber der Wunsch, sich selbst im Selbstgespräch transparent zu machen und grundlegend zu verändern, bleibt so unerfüllbar wie in Büchners Novelle ‚Lenz' der Wunsch von Lenz, sich aus einer Perspektive hinter und über ihm selbst zu betrachten. Die Paradoxie einer Selbstreferenz wird von Maturana und Varela (1987) am Beispiel des blinden Fleckes veranschaulicht. Dort wo der Sehnerv in die Netzhaut austritt, ist das Auge für Licht unempfindlich, es ergibt sich ein entsprechendes visuelles Loch. Man kann dort nichts sehen; aber vor allem: „wir sehen nicht, daß wir nicht sehen" (a. a. O., S. 23). Alle auf das Selbst bezogenen, im Selbstgespräch gemachten Erfahrungen setzen bereits die Selektivität des Selbst voraus, und das ‚Ich' kann sich diese Selektivität nur innerhalb dieser Selektivität vorstellen.[14]

Ein einzelnes Individuum kann mit und für sich selbst, als einsame Monade, keine lernrelevanten Erfahrungen machen bzw. lernrelevante Erinnerungen haben, denn was es als relevant betrachtet, ist eine Funktion seiner bereits erworbenen Wissensstrukturen; und es kann diese Erfahrungsgrenzen nicht überschreiten, weil es diese Grenzen immer nur innerhalb dieser Grenzen erfahren kann. Das monologische ‚Ich' scheint in der Tat mit einer ‚totalitären Ich-Organisation' zusammenzufallen. Die Frage ist deshalb, ob eine Selbstüberschreitung dieses Systems der Informationskontrolle zur Stabilisierung kognitiver und affektiver Strukturen möglich ist, wenn dieses System einem Dialog mit anderen Ich-Systemen ausgesetzt wird, und ob und inwiefern dann durch bestimmte Dialogstrukturen eine solche Selbstüberschreitung wiederum blockiert werden kann.

V.

„Der einzelne ruft seine Erinnerungen mit Hilfe des Bezugsrahmens des sozialen Gedächtnisses auf. Mit anderen Worten, die verschiedenen Gruppen, in die die Gesellschaft zerfällt, sind in jedem Augenblick in der Lage, ihre Vergangenheit zu rekonstruieren. Aber zumeist, so haben wir gesehen, verformen sie sie zugleich mit den Rekonstruktionen" (Halbwachs 1925; 1985, S. 381). Maurice Halbwachs hat durchaus gesehen, daß das individuelle Bewußtsein die Vergangenheit „deformiert, weil man mehr Kohärenz in sie hineinbringen will" (a. a. O., S. 382), aber er versuchte, die Funktionsweise des individuellen Gedächtnisses von der Funktionsweise eines übergreifenden kollektiven Gedächtnisses her zu verstehen. Inspiriert von Durkheims Arbeiten zu einer soziologischen Theorie eines ‚Kollektivbewußtseins', versuchte Halbwachs zu zeigen, daß sich das kollektive Gedächtnis nicht aus einer bloßen Summe individueller Erinnerungen zusammensetzt, sondern daß vielmehr die individuellen Erinnerungen aus einem kollektiven Gedächtnis hervorgehen, das in Sprache, Orten, Gebäuden, Normen, Sitten und Institutionen festgeschrieben ist. Jedes historische Faktum wird schon bei seinem Eintritt in das individuelle Gedächtnis durch das kollektive Gedächtnis „in eine Lehre, einen Begriff, ein Symbol transponiert; es erhält einen Sinn, es wird zu einem Element des Ideensystems der Gesellschaft" (a. a. O., S. 389f). Dieses Ideensystem der Gesellschaft und mit ihm das kollektive Gedächtnis unterliegen einem historischen Wandel. Die ‚Geschichte' einer Gesellschaft ist letztlich nichts anderes als das jeweilige momentane Ergebnis der Auseinandersetzungen zwischen den unterschiedlichen sozialen Gruppen um jene kollektiven Überzeugungen und den damit kohärenten Erinnerungen, die im übergreifenden kollektiven Gedächtnis bewahrt werden sollen.

Diese Argumentationslinie ist in der Durkheim-Nachfolge vielleicht am konsequentesten von Bertaux und Bertaux-Wiame (1985) weiterentwickelt worden. Auch sie gehen davon aus, daß das autobiographische Gedächtnis den sozialen Bezugsrahmen eines kollektiven Gedächtnisses voraussetzt. Aber: „was könnte das heißen, ‚kollektives Gedächtnis'? Der Begriff läßt an das individuelle Gedächtnis denken. Aber dasselbe kollektiv? Wo sitzen die Erinnerungen, wo sind die Augen, das Gehirn, wo ist der Mund dieses Kollektivs? Ein ‚Kollektiv' hat nicht dieselbe innere Struktur wie das Individuum; wenn es tatsächlich ein ‚kollektives Gedächtnis' gibt, dann muß dieses sicher ganz anders als das individuelle Gedächtnis funktionieren" (a. a. O., S. 153). In ihren Untersuchungen zur französischen Arbeiterwegung, insbesondere zur Frage eines ‚kollektiven Arbeitergedächtnisses', entwickeln Bertaux und Bertaux-Wiame die Auffassung, daß zwar z. B. die Sitten, Gewohnheiten, Riten, Normen und Werte einer Kultur bzw. Subkultur und die im Lichte dieser sozialen Überzeugungen interpretierte Geschichte den Inhalt eines kollektiven Gedächtnisses bestimmen, das kollektive Gedächtnis selbst ist jedoch nichts anderes als ein „Netz sozialer Beziehungen" (a. a. O., S. 157). Der durch dieses Netz sozialer Beziehungen determinierte Zugang zu den kollektiven Erinnerungen determiniert die möglichen Inhalte des kollektiven Gedächtnisses. Selbst das Studium des ‚kollektiven Arbeitergedächtnisses' erwies sich als ein „sozio-politisches Rollenspiel: es wird weder von einem Spieler allein (der Arbeiterklasse) noch von zweien (Arbeiten und Intellektuellen) gespielt, sondern von dreien, wobei der dritte (die herrschende Klasse) der ist, der die Karten ausgibt" (a. a. O., S. 157).

Für Bertaux und Bertaux-Wiame wird somit das Netz sozialer Beziehungen, das den kollektiven Erinnerungen zugrundeliegt, primär bestimmt durch Klassenkonflikte; und was als Ergebnis diesere Klassenkonflikte im kollektiven Gedächtnis aufbewahrt bleibt, wird maßgeblich bestimmt durch die von der herrschenden Klasse eingesetzten Verfahren, Erinnerungen auszulöschen. Die Pariser Bourgeoisie hat 1871, nach dem Massaker an den Kommunarden, auf dem Montmartre nicht nur eine weiße Kathedrale im Zuckerbäckerstil „als Sühne für die Verbrechen der Kommune" erbauen lassen, diese „vielleicht revolutionärste Episode der französischen Geschichte" wurde auch „ein Jahrhundert lang in den Schulbüchern totgeschwiegen" (a. a. O., S. 159).

Man kann sicherlich berechtigte Zweifel darüber haben, ob nur die herrschende Klasse (die von Bertaux und Bertaux-Wiame pauschal als ‚Bourgeoisie' identifizert wird) und nicht auch z. B. die Arbeiter- bzw. Gewerkschaftsbewegungen Verfahren zur Auslöschung von Erinnerungen angewandt haben. Aber das von Halbwachs konzipierte und von Bertaux und Bertaux-Wiame fortentwickelte theoretische Modell eines kollektiven Gedächtnisses und kollektiver Erfahrungen führt doch zu einer interessanten soziologischen Erweitung der im Vorausgegangenen erörterten Problematik individueller Erinnerungen.

Zwar mag der einzelne glauben, seine Erinnerungen seien sein ganz persönliches Werk, ein exklusiver Ausdruck seines individuellen Ichs; aber soweit sich seine Erinnerungen an sozialen Überzeugungen (Sitten, Normen und Werten) orientieren, setzen sie bereits ein kollektives Gedächtnis voraus. Dessen Inhalte können zwar nur in den individuellen Gedächtnissen gespeichert werden, aber was sich als kollektives Gedächtnis durchsetzt, ist nicht eine Summe individueller Erinnerungen, sondern ist ein Ergebnis sozialer Auseinandersetzungen und Konflikte um soziale Überzeugungen und den damit kohärenten Erinnerungen. Erst auf der Ebene dieser kollektiven Auseinandersetzungen scheint es möglich zu sein, den Zirkel von Erinnerungen und Einstellungen/Überzeugungen zu durchbrechen, können sich die kollektiven Erinnerungen und damit auch die individuellen Erinnerungen an eine soziale Vergangenheit grundlegend verändern. Wenn jedoch, wie es Bertaux und Bertaux-Wiame am Beispiel der Bourgeoisie Frankreichs zu belegen versuchen, eine soziale Gruppe im Erinnerungsmonolog verharrt, wird sie die Verzerrungen und Verfälschungen ihrer kollektiven Erinnerungen nicht mehr wahrnehmen können.

I. Kontinuität und Diskontinuität des Antisemitismus

Dies führt zurück zu der im Vorausgegangenen bereits geäußerten generellen Vermutung, daß sich nur durch kollektive moralische Lernprozesse kollektive Erinnerungen und, in Abhängigkeit davon, individuelle Erinnerungen an eine soziale Vergangenheit grundlegend ändern können, und daß eine ethnozentrische bzw. konventionelle Moral solche Lernprozesse grundsätzlich blockieren wird. Ein ethnozentrisches System der Informationskontrolle zur Aufrechterhaltung und Stabilisierung gruppen- und systemspezifischer Einstellungen und Überzeugungen besitzt genau die strukturellen Voraussetzungen für eine fortlaufende Reproduktion des Zirkels von kollektiven Überzeugungen und kollektiven Erinnerungen.

Eine ethnozentrische oder konventionelle Moral ist eine Komponente eines gruppenspezifischen kollektiven Gedächtnisses; sie kann deshalb ihre Kontinuierung nur durch spezifische Interaktions- und Kommunikationsverhältnisse garantieren; und sofern sich Kommunikationen auf eine soziale Vergangenheit beziehen, wird sie kollektive Erinnerungsprozesse nicht nur restringieren, sondern sich in den kollektiven Erinnerungen selbst reproduzieren. Um somit zumindest in diesem vielleicht idealtypisch etwas vereinfachten Fall einer ethnozentrischen oder konventionellen Moral die sozialen Voraussetzungen für ein blockiertes ‚Lernen aus der Vergangenheit' zu verstehen, kommt es also letztlich darauf an, die kommunikativen bzw. argumentativen Strukturen zu analysieren, die den entsprechenden kollektiven Erinnerungen zugrundeliegen. Natürlich heißt dies nicht, daß schon allein eine Analyse von Kommunikations- und Argumentationsprozessen hinreichend erklären kann, warum Lernprozesse in der Auseinandersetzung mit der Vergangenheit gelungen oder gescheitert sind. Kollektive Erinnerungen sind eine Komponente aktueller sozialer Konflikte und setzen damit gesellschaftliche Interessen- und Machtkonstellationen voraus. Aber wenn Interessen- und Machtkonflikte auf dem Felde kollektiver Erinnerungen ausgetragen werden, geschieht dies in kollektiven Argumentationen; und die Frage ist dann, welche argumentativen Mechanismen sich durchsetzen können und inwieweit diese Mechanismen Lernprozesse oder blockierte Lernprozesse zur Folge haben.

VI.

Eine soziale Gruppe kann nur dann lernen, wenn der einzelne dazu in der Lage ist. Aber der einzelne kann dann etwas grundlegend Neues erlernen, wenn seine Lernprozesse eine integrative Komponente eines kollektiven Argumentationsprozesses darstellen.[15]

Das primäre Handlungsziel kollektiver Argumentationen besteht darin, eine gemeinsam zu identifizierende strittige Frage gemeinsam zu beantworten. Etwas kollektiv Strittiges soll mit Hilfe von kollektiv Geltendem in etwas kollektiv Geltendes überführt werden. Kollektive Argumentationen sind eine elementare, kommunikativ nicht mehr weiter hintergehbare, interpersonelle Methode zur Veränderung des kollektiv Geltenden, d. h. der sozial geteilten Meinungen und Überzeugungen.

Was im Verlaufe einer Argumentation an kollektiv geltenden Überzeugungen entwickelt wird, kann keine bloße Summierung individueller Überzeugungen sein. Zumindest im Hinblick auf die antagonistischen Überzeugungen, die eine Argumentation auslösten, wäre eine bloße Summierung absurd; und wenn nur eine Summierung möglich wäre, müßten Argumentationen hinsichtlich ihres primären Handlungsziels grundsätzlich scheitern. Was im Verlaufe einer wenigstens zeitweilig gelingenden Argumentation an kollektiv Geltendem entwickelt wird, überschreitet systematisch zumindest einen Teil der individuellen Überzeugungen von wenigstens einem Teil der daran Beteiligten; und dies gilt auch noch für Argumentationen, die schließlich aus kontingenten Gründen scheitern, denn sogar noch dann, wenn diese Argumentationen überhaupt nichts bewegten, konnten die Beteiligten zumindest die Erfahrung machen, daß ihre Überzeugungen nicht ausreichten, um eine strittige Frage kollektiv zu entscheiden. Kollektive Argumentationen besitzen offenbar zumindest ein Potential für die Konstitution jener Erfahrungen, die für eine Selbstüberschreitung des einzelnen Subjektes erforderlich sind. Kollektive Argumentationen können somit Lernprozesse im einzelnen Individuum und, davon abgeleitet, in einer sozialen Gruppe auslösen; eine soziale Gruppe, die aufgrund ihrer sozialen Strukturen ein argumentatives Lernen eher hemmt als fördert, wird jedoch sowohl auf der Ebene des Individuums als auch auf der Ebene der sozialen Gruppe Lernprozesse blockieren.

Auf einer sehr elementaren Ebene läßt sich ‚argumentatives Lernen' auf drei Kooperationsprinzipien einer kollektiven Argumentation zurückführen:

> „Das *Verallgemeinerungsprinzip* legt die Bedingungen fest, unter denen eine Aussage zum Bereich des kollektiv Geltenden zählt. Das *Objektivitätsprinzip* legt die Bedingungen fest, unter denen der Bereich des kollektiv Geltenden erweitert (oder eingeschränkt) werden kann. Und das *Wahrheitsprinzip* legt die Bedingungen fest, unter denen der Bereich des kollektiv Geltenden erweitert (oder eingeschränkt) werden muß. Eine Aussage zählt dann zum Bereich des kollektiv Geltenden, wenn sie von den Argumentierenden unmittelbar akzeptiert wird (Verallgemeinerungsprinzip); eine Aussage führt dann zur Erweiterung oder Einschränkung des kollektiv Geltenden, wenn sie von einem oder einigen der Argumentierenden nicht bestritten (d. h. ihre Negation nicht auf kollektiv Geltendes zurückgeführt) werden kann (Objektivitätsprinzip); und der Bereich des kollektiv Geltenden muß dann erweitert oder eingeschränkt werden, wenn das, was unter den an einer Argumentation Beteiligten kollektiv gilt, Widersprüche enthält (Wahrheits- bzw. Konsistenzprinzip)" (Miller 1986a, S. 28f.)[16]

I. Kontinuität und Diskontinuität des Antisemitismus

Blockierte kollektive Lernprozesse erscheinen folglich, zumindest auf einer elementaren Analyseebene, als Formen einer Argumentationspraxis, in der die Kooperationsprinzipien einer kollektiven Argumentation systematisch verletzt werden. Es lassen sich dabei, idealtypisch, drei Formen eines blockierten Lernens unterscheiden, die sich in der Empirie allerdings in verschiedenen Konfigurationen und von bloßen Ansätzen bis hin zu der im folgenden beschriebenen extremen Ausprägung manifestieren können.[17]

Im Falle eines *autoritären Lernens* können die Angehörigen einer sozialen Gruppe nur noch einen Lernprozeß durchlaufen, der sich in den kollektiv geltenden Meinungen und Überzeugungen der jeweiligen sozialen Gruppe vollendet und von der Autorität der Gruppe (bzw. den diese Gruppenautorität verkörpernden Personen) legitimiert wird. In dieser degenerierten Form eines kollektiven Lernens wird das Verallgemeinerungsprinzip von Argumentationen systematisch außer Kraft gesetzt; denn es ist schlichtweg undenkbar, daß in einer sozialen Gruppe das, was für die einzelnen Mitglieder spontan als fraglos und unmittelbar akzeptabel gilt, immer schon mit dem zusammenfällt, was von jener Autorität als gültig dekretiert wird.

Im Falle eines *ideologischen Lernens* gibt es zwar keine durch eine Autorität verbürgten unumstößlichen und positiven Gewißheiten. Aber für das ideologische Lernen steht von vornherein fest, daß bestimmte Antworten vor allem auf politisch-moralische Fragen falsch sein müssen. Und damit diese Gewißheit über die Falschheit bestimmter politisch-moralischer Standpunkte nicht mehr erschüttert werden kann, müssen kollektive Lernprozesse an einer bestimmten Stelle notfalls abgebrochen bzw. systematisch beschränkt werden. Auf der Ebene elementarer Lernmechanismen ist dies nur möglich, wenn das Objektivitätsprinzip von Argumentationen in solchen Problemkontexten außer Kraft gesetzt wird, d. h. wenn eine Aussage des Gegners (der den angeblich falschen politisch-moralischen Standpunkt vertritt) keine Veränderung des kollektiv Geltenden bewirkt, obgleich diese Aussage nicht bestritten (d. h. ihre Negation auf kollektiv Geltendes zurückgeführt) werden kann.

Im Falle eines *regressiven Lernens* werden bereits gemachte Erfahrungen dann, wenn erkannt wird, daß sie innerhalb des kollektiv Geltenden zu zentralen Widersprüchen geführt haben, hinsichtlich ihres Lernimpulses nachträglich entschärft. Dies erfordert eine Argumentationsweise, die Orwell (1949) als „doublethink" beschrieben hat; es ist die Gabe, gleichzeitig zwei einander widersprechende Ansichten zu hegen und beide gelten zu lassen. Mit anderen Worten, das Wahrheits- bzw. Konsistenzprinzip von kollektiven Argumentationen wird systematisch außer Kraft gesetzt.

Wie läßt sich nun dieses allgemeine Modell kollektiver Lernprozesse und blockierter kollektiver Lernprozesse auf der ‚Lernen aus der Vergangenheit', d. h. auf die Erzeugung bzw. Blockierung lernrelevanter kollektiver Erinnerungen anwenden?

Zunächst einmal ermöglicht der hier skizzierte argumentationstheoretische Ansatz eine explizite und präzise Bestimmung des Begriffs eines ‚kollektiven Gedächtnisses'. Ein gruppenspezifisches kollektives Gedächtnis umfaßt all das, was in einer sozialen Gruppe kollektiv gilt. Wie das ‚kollektiv Geltende' besitzt auch das ‚kollektive Gedächtnis' kein irgendwie geartetes Makro-Subjekt als Träger. Nur für einzelne Subjekte können Aussagen gelten bzw. nur einzelne Subjekte können sich erinnern. Aber was zum kollektiv Geltenden bzw. zum kollektiven Gedächtnis zählt und wie beides verändert und, über Lernprozesse, eventuell weiterentwickelt werden kann, hängt von kollektiven Argumentationen und den zugrundeliegenden Mechanismen ab. Empirisch beobachtbar sind dabei nur die interindividuellen, argumentativen Prozesse, in deren Verlauf ‚kollektiv Geltendes' bzw. ein ‚kollektives Gedächtnis' entsteht, sich reproduziert oder sich verändert.

Kollektive Erinnerungen sind der Teil eines kollektiven Gedächtnisses, der sich auf eine soziale Vergangenheit bezieht. Für kollektive Erinnerungen gilt sinngemäß alles das, was über das kollektiv Geltende gesagt worden ist. Zum Bereich der kollektiven Erinnerungen zählen zunächst einmal alle die Erinnerungen, die unmittelbar kollektiv akzeptiert werden (Verallgemeinerungsprinzip); eine Erinnerung führt dann zur Veränderung bzw. Erweiterung des Bereichs der kollektiven Erinnerungen, wenn sie nicht bestritten, d. h. ihre Negation nicht auf kollektiv Geltendes (z. B. andere Erinnerungen oder Methoden der historischen Forschung) zurückgeführt werden kann (Objektivitätsprinzip); und die kollektiven Erinnerungen müssen – wenn dies im Einzelfall überhaupt möglich ist – zumindest dann verändert bzw. erweitert werden, wenn das, woran sich eine soziale Gruppe kollektiv erinnert, zentrale Widersprüche enthält (Wahrheits- bzw. Konsistenzprinzip). Durch eine systematische Verletzung der Kooperationsprinzipien einer kollektiven Argumentation kann entsprechend die Erzeugung lernrelevanter kollektiver Erinnerungen blockiert werden.

VII.

Für jede soziale Gruppe auf der Ebene politischer Interessenverbände (z. B. die Beamten, Juristen, Ärzte, Journalisten etc.) ist dann, wenn sie durch eine Konfrontation mit ihrer sozialen Vergangenheit unter Legitimationsdruck gesetzt wird, folgendes die entscheidende Frage: Lassen ihre sozialen bzw. institutionellen Strukturen ein Verantwortungsbewußtsein zu, das eine vergangene soziale Katastrophe zumindest eher verhindert als gefördert hätte und das deshalb auch für die weitere Zukunft eine legitime gesellschaftliche Moral konstituiert? Aus der Perspektive einer ethnozentrischen bzw. konventionellen Moral kann diese Selbstprüfung nur affirmativ ausfallen, denn wie der Hauptmann zu Woyzeck sagte: „Moral, das ist, wenn man moralisch ist ..." (Büchner 1961, S.143), d. h. für eine ethnozentrische Moral fällt der morali-

I. Kontinuität und Diskontinuität des Antisemitismus

sche ‚point of view' mit den in einer sozialen Gruppe herrschenden Konventionen und Gesetzen zusammen. Da jedoch, wie im Vorausgegangenen bereits erörtert wurde, eine ethnozentrische bzw. konventionelle Moral in einer modernen, differenzierten Gesellschaft nur noch der Verteidigung partikularer Gruppeninteressen dienen kann, muß diese Selbstprüfung an Hand von Erinnerungen, wenn sie auf diese affirmative Weise gelingen können soll, einhergehen mit einer Blockierung lernrelevanter kollektiver Erinnerungen. Wenn dies durch autoritäre, ideologische und regressive Mechanismen geleistet werden kann, dann jedoch nur so, daß diese Blockierungen keinen intentionalen Charakter besitzen; vielmehr muß die entsprechende Argumentationspraxis den Angehörigen einer solchen sozialen Gruppe als etwas vollkommen ‚Natürliches' erscheinen.

Nur in Extremfällen (z. B. in totalitären Gesellschaften) werden autoritäre Mechanismen als Kommunikationsverbote, d. h. als eine explizite Verletzung des Verallgemeinerungsprinzips kollektiver Argumentationen, realisiert. Subtiler und effektiver ist das Verfahren, den Legitimationsdruck von der sozialen Gruppe und ihrer Moral auf ‚Außenseiter' (der jeweiligen sozialen Gruppe) und deren individuelle Mentalität abzuwälzen, d. h. Verbrechen der Vergangenheit werden in den Erinnerungen individualisiert und einer kleinen Anzahl monströser Täter zugeschrieben. Nicht das, was in einer Gruppe kraft einer ‚Gruppenautorität' kollektiv galt und eventuell noch immer gilt, sondern die individuelle Abweichung davon wird in den Erinnerungen zum Gegenstand der Kritik. Die autoritären Restriktionen einer konventionellen Moral entziehen sich der Kritik einfach dadurch, daß diese Moral zur kritischen Instanz für die Beurteilung eines unübersehbaren Unrechtes erhoben wird. Eine konventionelle Moral braucht immer Sündenböcke, um sich selbst in ihrer Integrität zu bestätigen. Es sind nicht eine bestimmte Gruppenmoral (von Juristen, Militärs, Ärzten etc.) und die ihr zugrundeliegenden sozialen und institutionellen Strukturen, es ist vielmehr das von dieser Gruppenmoral abweichende Verhalten einzelner, auf das die Verbrechen der Vergangenheit zurückgeführt werden. Ein krasses Beispiel dafür liefert die Art der Vergangenheitsbewältigung durch die bundesrepublikanische Justiz (vgl. Müller 1987 und Giordano 1987, S. 85 ff.). Die Rechtsprechung folgte generell dem von Filbinger erstaunt-ungläubig geäußerten Grundsatz, daß heute doch nicht Unrecht sein könne, was damals Recht war. Verurteilt wurden nur die ‚Exzeßtäter', „die Brüller, Treter und Schläger, die KZ-Bestie, der NS-Sado-Mörder" (Giordano 1987, S. 132), denen ein eigener, zusätzlicher ‚inhumaner' Beitrag zur Massenvernichtung nachgewiesen werden konnte. Wer seine Pflicht erfüllte oder im ‚Befehlsnotstand' handelte und damit die Funktionsfähigkeit des Vernichtungsapparates garantierte, wurde freigesprochen. Bis in die Gegenwart kann sich diese Art der Vergangenheitsbewältigung gegen eine Kritik dadurch immunisieren, daß die Gegenfrage gestellt wird, ob man sich damals selbst verantwortlicher verhalten hat oder hätte; und, in der Tat, es ist für den einzelnen immer schwierig, moralischer zu sein als die soziale Umwelt, in der er lebt und arbeitet. Es ist jedoch genau diese Individualisierung von Schuld, Mitschuld und Unschuld, die systematisch davon ablenkt, daß sich erst durch eine konventionelle, autoritäre Gruppenmoral das restriktive Verantwortungsbewußtsein und der scheinbare Zwang zur opportunistischen Anpassung bei den vielen einzelnen bilden konnte.

‚Individualisierende Erinnerungen' entlasten somit eine soziale Gruppe auf zweifache Weise von ihrer Verantwortung: durch sie wird alle Verantwortung auf einzelne Täter verschoben und die überwiegende Mehrheit der Gruppe rehabilitiert. ‚Individualisierende Erinnerungen' erfordern jedoch eine Ausgrenzung von Erinnerungen an eine kollektive Verantwortung; und diese Ausgrenzung entspricht genau der autoritären Verletzung des Verallgemeinerungsprinzips von kollektiven Argumentationen. Diese systematische Verzerrung von Erinnerungsdiskursen wird vor allem dann sichtbar, wenn versucht wird, die autoritären Restriktionen einer konventionellen Gruppenmoral und der damit kohärenten Erinnerungen zu thematisieren. Dann richtet sich die grundsätzliche Abscheu gegen Abweichler jeglicher Art, gegen diejenigen, die abweichende Erinnerungen kollektiv durchsetzen möchten. Diese Erfahrung machten z. B. Mitscherlich und Mielke (1949), als sie die medizinischen Dokumente des Nürnberger Ärzteprozesses veröffentlichten und daraufhin von den in der BRD führenden medizinischen Autoritäten Rein, Sauerbruch und Heubner folgendes öffentlich vorgeworfen bekamen: „‚geradezu unverantwortlich', ‚die Ehre deutscher Wissenschaftler, sie ist unantastbar', ‚vorbeigeredet', ‚den Charakter einer Dokumentation genommen',‚pure Verleumdung', ‚eine Ehrverletzung'" (zit. nach Hanauske-Abel 1987).

Eine konventionelle Gruppenmoral, die dahinter stehenden partikularen Gruppeninteressen und die damit kohärenten (im Sinne von entlastenden) kollektiven Erinnerungen können aber auch dadurch gegen eine Legitimationskritik immunisiert werden, daß eine solche Kritik von vornherein immer schon einem Ideologieverdacht verfällt. *Ideologische Mechanismen* der Ausfilterung unerwünschter Erinnerungen setzen eine systematische Verletzung des Objektivitätsprinzips kollektiver Argumentationen voraus. Ein konventionelles (ethnozentrisches, autoritäres) moralisches Bewußtsein wird eine solche Verzerrung von Erinnerungsdiskursen jedoch kaum mehr wahrnehmen können, weil es sich gegenüber anderen ‚Gruppenmoralen' ohnehin nur aufgrund einer Verletzung des Objektivitätsprinzips von kollektiven Argumentationen aufrechterhalten und stabilisieren kann.

Der ideologische Mechanismus, der in der Vergangenheitsbewältigung in der BRD wohl die größte Wirkung zeigte, liegt darin, unerwünschte Erinnerungen mit einem Verweis auf ihren angeblich antidemokratischen (rechtsextremistischen oder kommunistischen) Ursprung zu diskreditieren. Ein Beispiel dafür aus jüngster Zeit ist der Fall des Journalisten Werner Höfer. Bereits im Jahre 1962 erinnerte der damalige SED-Propagandachef Albert Norden an Höfers furchtbare Zeilen im ‚12-Uhr-Blatt' (BZ am Mittag). „Doch weil die Erinnerung an Höfers Vergangenheit aus der kommunistischen DDR kam und danach vorwiegend von der äußersten Rechten (sowie von der Springer-Presse) gepflegt wurde, gingen nur wenige der Sache gründlicher nach, nahmen die meisten dem Autor Höfer die Aus- und Widerreden ab" (Robert Leicht in ‚Die Zeit', 25. 12. 1987).

Autoritäre und ideologische Erinnerungsdiskurse haben in der BRD das ermöglicht, was Giordano treffend als die „zweite Schuld" der Deutschen, den „großen Frieden mit den Tätern", bezeichnet hat. Aber was ist mit den Erinnerungen an die Erinnerungen, mit der Bewältigung der Vergangenheitsbewältigung? Müßten nicht die gegenwärtig sich geradezu hektisch überschlagenden Wellen der Aufarbeitung der Vergangenheit und der Kritik an verzerrten kollektiven Erinnerungen in den Reihen der Politiker, Unternehmer, Juristen, Ärzten, Historiker, Journalisten etc. zwangsläufig einen gesellschaftlichen Lernprozeß auslösen?

Niemals zuvor konnte man von den Medien der BRD soviel über die Beteiligung von Personen, Institutionen und Verbänden der BRD am Nazi-Terror und über die anschließende Verschleierung dieser Vergangenheit erfahren. Alle diese Informationen bleiben jedoch auf eine seltsame Weise wirkungslos; nicht nur weil die vereinzelten institutionellen Distanzierungen gegenüber einzelnen Personen häufig nur Teil eines ‚Medienspektakels' sind, sondern vor allem weil in vielen gesellschaftlichen Institutionen der BRD offenbar eine selbstkritische kollektive Auseinandersetzung mit der Vergangenheit und den Erinnerungen an die Vergangenheit kein Desiderat darstellt. Es müßten ja die autoritären und ideologischen Mechanismen, die das Vergessen kollektiv legitimierten, in kollektiven Erinnerungsprozessen transparent und bewußt gemacht werden; dies würde jedoch zugleich einen Zwang zur Veränderung sozialer und institutioneller Strukturen und zur kritischen Reflexion konventioneller Normen und Konventionen mit sich führen.

Wenn es jedoch überhaupt einen Sinn ergibt, von einer kollektiven Identität der Deutschen in der BRD zu sprechen, so ist sicherlich eine wesentliche Komponente dieser Identität die Überzeugung, man habe aus der Vergangenheit selbstkritisch gelernt, d. h. einen uneingeschränkten Erinnerungsdiskurs zugelassen und folglich ein politisch-moralisches Verantwortungsbewußtsein entwickelt, das gesellschaftliche Katastrophen – wie die vergangene – ausschließt. Diesem Selbstbild widerspricht jedoch der empirisch nachweisbare und seit der ‚Studentenbewegung' in den 60er Jahren fortschreitend öffentlich dokumentierte Sachverhalt, daß in der Vergangenheit vielerorts Erinnerungsdiskurse autoritär und ideologisch beschränkt und Lernprozesse mehr oder weniger blockiert worden sind. Davon betroffene soziale Gruppen und Institutionen, denen die Kosten einer Auflösung dieses Widerspruchs und des dadurch möglicherweise erzwungenen sozialen Wandels zu hoch erscheinen, werden dann eventuell versuchen, diesen Widerspruch zu entschärfen bzw. zu verleugnen. Wenn nicht mehr verleugnet werden kann, daß die Vergangenheit verleugnet wurde, so kann dennoch geleugnet werden, daß dies jetzt und heute immer noch einen Anlaß für Lernprozesse darstellt. Wenn dies eine Selbsttäuschung ist, so kann sie nur gelingen, wenn die Erinnerungen an das Vergangene und die auf die Aktualität bezogenen Einstellungen und Überzeugungen, sobald ihre wechselseitig affirmative Beziehung kritisch wird, hinsichtlich ihrer Widersprüche neutralisiert werden können. Dies scheint genau das zu sein, was durch *regressive Mechanismen* der Erzeugung kollektiver Erinnerungen bewirkt werden kann. Unabweisbare und lernrelevante Erinnerungen werden dabei systematisch hinsichtlich ihres Lernimpulses entschärft, und die Gegenwart vermag als ein Resultat gelungener Lernprozesse zu erscheinen, auch wenn im Neuen (teilweise) nur das Alte unerledigt wiederkehrt.

Diese regressive Methode des Lernens aus der Vergangenheit zeigt sich beispielsweise an der folgenden Konstellation von Erinnerungsdiskursen und aktuellen Legitimationsdiskursen:

Von bestimmen politischen Gruppierungen in der BRD wird an den regelmäßig wiederkehrenden Gedenktagen der ‚politische Widerstand' etwa der Münchener Gruppe ‚Weiße Rose' als vorbildlich für ein verantwortungsbewußtes politisch-moralisches Handeln im Nazi-Deutschland gerühmt und fast als eine ‚Ehrenrettung' für die Deutschen verstanden; auf der anderen Seite wird jedoch der ‚zivile Ungehorsam' derjenigen, die Sitzblockaden vor Raketendepots veranstalten oder gegen Atomenergie und gegen eine Wiederaufbereitungsanlage demonstrieren, kriminalisiert. Der Widerspruch liegt darin, daß ein ‚Bruch der Legalität im Namen der Legitimität' einerseits als gewaltsamer politischer Widerstand im Hinblick auf das Nazi-Deutschland grundsätzlich moralisch akzeptiert wird (und sogar post festum und im Hinblick auf eine Verteidigung der grundgesetzlichen Ordnung der BRD rechtlich anerkannt wird, vgl. Absatz 4 in Art. 20 GG) und andererseits ebenso *prinzipiell* als öffentlicher und gewaltfreier ziviler Ungehorsam im Hinblick auf die BRD in seiner moralischen Berechtigung bestritten und als verfassungsfeindlich kriminalisiert wird.[18] Beiden, dem politischen Widerstand und dem zivilen Ungehorsam, liegt jedoch die Idee einer vom historischen Kontext nicht abhängigen, sondern universellen (z.B. naturrechtlich begründbaren) Unterscheidung zwischen Legalität und Legitimität zugrunde; und diese Unterscheidung ließe sich im Hinblick auf die BRD ersichtlich erst dann aufheben, wenn die BRD nachweislich in allen konkreten Mehrheitsentscheidungen die beste aller möglichen politischen Welten darstellte. Freilich, welche Formen eines politisch-moralischen Verantwortungsbewußtseins und welche konkreten Handlungsweisen den Titel ‚im Namen der Legitimität' verdienen, kann allenfalls diskursiv und auf eine historisch fallible Weise ermittelt werden und unterliegt den Veränderungen und Entwicklungen einer politischen Kultur (vgl. dazu auch Habermas 1983b). Wenn jedoch aus der Sicht eines ‚autoritären Legalismus' für die BRD der Unterschied zwischen Legalität und Legitimität *prinzipiell* eingezogen wird und etwa, wie in der jüngsten Vergangenheit, Aktionen der Friedensbewegung mit dem während der Terrorismusbekämpfung ausgebauten und aufgerüsteten staatlichen Kontroll- und Eingriffsapparat bekämpft werden, andererseits im sakralen Tempel der Vergangenheit in ritualisierten Erinnerungen ein politisch-moralisches Verantwortungsbewußtsein jenseits eines ‚autoritären Legalismus' gefeiert wird, so ergibt sich der oben genannte Widerspruch. Wird dies in einem gesellschaftlichen Diskurs thematisiert, so werden eventuell die Erinnerungen an die Vergangenheit erneut autoritär und ideologisch verzerrt. Ein Beispiel dafür liefert die unlängst ausgetragene Auseinandersetzung zwischen dem Arzt Hartmut Hanauske-Abel und Karsten Vilmar, dem Präsidenten der Bundesärztekammer und des Deutschen Ärztetages, über die Nazi-Vergangenheit und über die Formen der Vergangenheitsbewältigung der deutschen Ärzteschaft.[19]

Hanauske-Abels zentrale These in dieser Auseinandersetzung lautet: die reichsdeutschen Ärzte (von denen 45 % NSDAP-Mitglieder waren) haben auf den Nationalsozialismus nur auf der „kleinen Ebene der beruflichen Pflichterfüllung" reagiert, und es ist genau dieses restriktive Verantwortungsbewußtsein, das der anschließenden Verdrängung einer kollektiven Verantwortung für vergangene Verbrechen zugrundeliegt und das sich in der Gegenwart z. B. darin äußert, daß sich die deutsche Ärzteschaft (bzw. ihre Interessenverbände) nicht gegen eine Ausweitung der ‚Katastrophenmedizin' von zivilen Großunfällen auf eine an den ABC-Waffen orientierte „Medizinalisierung von Massenvernichtung wehrt, diese vielmehr wiederum zur akzeptierten Routine des ärztlichen Alltags wird" (Hanauske-Abel 1987a/b). In diesem Zusammenhang verwies Hanauske-Abel auf das politisch-moralische Verantwortungsbewußtsein der ‚Weißen Rose'; und er rief, im Sinne dieses politisch-moralischen Verantwortungsbewußtseins, zu Aktionen eines zivilen Ungehorsams gegen die ‚Katrastophenmedizin', soweit sie sich zum Handlanger einer nuklearen Kriegsführung degradiere, auf.

Vilmar (1987a) antwortete auf diese These u. a. folgendermaßen:

„Es läßt sich ... nicht leugnen, daß eine unbeschränkte Staatsmacht die erkannten Träger eines idealistischen, im Namen der Humanität geleisteten Widerstandes auslöschte und daß die Vorstellung der ‚Weißen Rose', jeder könne einen Beitrag zum Fall eines unmenschlichen Gewaltsystems leisten, eine zwar edle, aber nicht realisierbare Fiktion geblieben ist. Ich sehe deshalb keinen wahren Sinn darin, die ganz anders geartete Herausforderung, die als Folge der nuklearen Entwickung auf das ärztliche Ethos zugekommen ist, in irgendeine Verbindung mit der ‚Weißen Rose' zu bringen. Im Gegensatz zu diesen jungen Idealisten braucht ja eine ‚Widerstandsbewegung' heute nicht in ständiger Furcht vor Verhaftungen und Todesurteilen zu leben!"

Die Erinnerung daran, daß die Medizin im Nazi-Deutschland generell eine „Politik im Kleinen" (Hanauske-Abel) war, wird von Vilmar von der Legitimation einer ‚Katastrophenmedizin' *grundsätzlich* abgespalten.[20] Inwiefern handelt es sich jedoch hier, wie Vilmar meint, auf der Ebene einer politisch-moralischen Verantwortung um eine ganz anders geartete Herausforderung? Zugleich wird von Vilmar ein Verantwortungsbewußtsein, das sich heute unter den rechtsstaatlichen Bedingungen der BRD dieser Herausforderung kritisch stellt, durch verzerrte Erinnerungen an den Widerstand der ‚Weißen Rose' entwertet. Der autoritäre Mechanismus zeigt sich daran, daß was von der konventionellen Gruppenmoral abweicht nur als ‚Idealismus' und ‚nicht realisierbare Fiktion' verstanden wird und damit die Gruppenmoral und der Gruppenopportunismus und nicht der Widerstand rehabilitiert werden; wobei dann der zivile Ungehorsam heute noch zusätzlich entwertet wird, weil sich dieses Verantwortungsbewußtsein nicht mehr totschlagen lassen muß. Der ideologische Mechanismus zeigt sich an anderen Stellen von Vilmars Replik darin, daß Hanauske-Abels Interpretationen wegen dessen Zugehörigkeit zur Bewegung ‚Internationale Ärzte für die Verhütung des Atomkrieges' generell einem Ideologieverdacht unterworfen werden. Die zentrale Strategie in Vilmars Replik beruht jedoch darauf, den moralisch motivierten politischen Widerstand im Nazi-Deutschland zwar als idealistisch aber doch als legitim, den moralisch motivierten zivilen Ungehorsam im Nachkriegsdeutschland hingegen, zumindest soweit er die Ärzteschaft und ihre Verantwortung im Falle einer ‚Katastrophenmedizin' betrifft, als illegitim darzustellen.

Die Logik regressiver Mechanismen der Erzeugung kollektiver Erinnerungen besteht darin, grundlegende politisch-moralische Widersprüche durch eine differenzielle Kontextuierung zu normalisieren. Dies hat jedoch eine Abspaltung der Erinnerungsdiskurse von den auf die Aktualität bezogenen Legitimationsdiskursen zur Folge, und darin liegt die eigentliche moralische Regression der entsprechenden kollektiven Erinnerungen. Auch wenn in diesen Erinnerungen der Nazi-Terror verurteilt wird, blockieren sie dennoch – wie es Hanauske-Abel (1987b) hinsichtlich der Erinnerungen von Vilmar ausdrückte – eine Kritik an der „große(n) deutsche(n) Tradition von Obrigkeitsstaat und unzivilisiertem Gehorsam und stillschweigender alltäglicher Mittäterschaft".

VIII.

Walter Benjamin schrieb in seinen ‚Geschichtsphilosophischen Thesen':

> „Vergangenes historisch artikulieren heißt nicht, es erkennen ‚wie es denn eigentlich gewesen ist'. Es heißt, sich einer Erinnerung bemächtigen, wie sie im Augenblick einer Gefahr aufblitzt ... In jeder Epoche muß versucht werden,

die Überlieferung von neuem dem Konformismus abzugewinnen, der im Begriff steht, sie zu überwältigen" (Benjamin 1955, S. 270).

Anmerkungen

1 Vgl. z. B. aus jüngster Zeit den Bericht über die Terrorisierung des jüdischen Facharbeiters Georg Dangleterre im Hamburger Chemie-Werk Hermann Düllberg in ‚Die Zeit', Nr. 24, 5. 6. 1987, oder die Berichte über Skinheads, FAP und andere Neo-Nazis in Bremen und Hannover in der ‚taz' vom 20.6.1987 (Bremer Ausgabe) und vom 22.10.1987 oder die Ende 1985 ausgebrochene Kontroverse über Wiedergutmachungszahlungen des Flick-Konzerns an noch lebende ehemalige jüdische ‚Sklavenarbeiter', die der CSU-Abgeordnete und innenpolitische Sprecher der CSU-Landesgruppe im Deutschen Bundestag, Hermann Fellner, mit der Äußerung (gegenüber dpa) zu beeinflussen suchte, „daß die Juden sich schnell zu Wort melden, wenn irgendwo in deutschen Kassen das Geld klimpert" (vgl. dazu Lichtenstein 1986, S. 17).
2 Gegen diese Studien, die bereits 1950 veröffentlicht wurden, sind vielfach vor allem methodenkritische Einwände erhoben worden (vgl. z. B. Christie & Jahoda 1954, Heintz 1957 und Seeman 1981). Adorno (1969) hat zumindest einen Teil dieser Einwände akzeptiert, aber auch darauf hingewiesen, daß er und seine Mitautoren dieses „Werk, trotz seines großen Umfangs, als Pilotstudie, mehr als Exploration von Möglichkeiten, denn als Sammlung unwiderleglicher Resultate (betrachteten)".
3 Die neuesten Daten des IfD Allensbach über ‚Ausmaß und Formen des heutigen Antisemitismus in der BR Deutschland' (1987) bestätigen zumindest den von Adorno et al. festgestellten Zusammenhang zwischen antisemitischen Einstellungen und einer generellen ethnozentrischen Vorurteilsstruktur. „Untersucht man das Weltbild antijüdisch Gesinnter, so wird ein grundsätzlicher Mangel an Weltoffenheit und Toleranz, ein allgemeines tiefsitzendes Mißtrauen gegenüber anderen ethnischen Gruppen und Angehörigen anderer Nationen erkennbar" (IfD Allensbach 1987, S. 54).
4 Vgl. dazu die Analyse einer Landstreitigkeit unter Trobriandern (Papua Neu Guinea) in Miller (1987b).
5 Ob soziale Differenzierung in modernen Gesellschaften mit Klassenbildung, sozialer Schichtung oder der Differenz zwischen sozialen Teilsystemen (Politik, Wirtschaft, Wissenschaft, Religion etc.) gleichgesetzt werden kann bzw. ob diese Differenzierungskriterien selbst wiederum ein Ergebnis sozialer Evolution darstellen (vgl. dazu Luhmann, Hrsg. 1985), muß hier – wie viele andere entscheidende Fragen zum Zusammenhang zwischen Gesellschaft und Moral – offen bleiben.
6 Dies setzt jedoch voraus, daß es möglich ist, eine konventionelle Moral aus der Perspektive einer ‚rational höherstufigen' Moral einer ‚postkonventionellen Moral', zu beschreiben. So folgt in Kohlbergs (1986) Modell der ontogenetischen Moralentwicklung auf die ‚konventionelle Moral' eine ‚Vertragsmoral' und als letzte Stufe eine ‚prinzipiengeleitete Moral', die von Habermas (1983a) als ‚Diskursethik' und von Apel (1986) als eine „Diskurs- und Verantwortungsethik im Sinne der verallgemeinerten Gegenseitigkeit einer potentiell unbegrenzten Argumentationsgemeinschaft" zu begründen versucht worden ist. Wie läßt sich jedoch die Rationalität dieser Begründungen begründen? Vor allem Luhmann (1984, 1986a, b) hat sich dazu aus soziologischer Sicht sehr skeptisch geäußert; andererseits fällt bei Luhmann der Begriff ‚Moral' weitgehend mit

dem Begriff einer ‚konventionellen Moral' zusammen, so daß seine Kritik in der Sache wenig weiterführt.

7   In Miller (1986a,b) ist die Ontogenese des moralischen Bewußtseins in diesem Sinne theoretisch und empirisch analysiert worden. In einer Reihe von Fallstudien konnte gezeigt werden, daß die ontogenetische Entwicklung des moralischen Bewußtseins die Entwicklung einer ‚Logik der Argumentation', d. h. bestimmter kognitiver und kommunikativer Verfahren zur Erzeugung eines ‚koordinierten Dissenses', voraussetzt.

8   Man kann sich diese Problematik leicht an der ökologischen Diskussion über Risiken veranschaulichen. Sollen z. B. die Risiken von Kernkraftwerken relativ zu wirtschaftlichen, politischen, medizinischen oder ethischen Normen bemessen werden, und wie kann über die Relevanz dieser Normen kollektiv entschieden werden?

9   Vgl. dazu auch die Diskussion der Problematik ‚Legalität – Legitimität' innerhalb des Bereichs der Rechtsentwicklung in Habermas (1987).

10 Vgl. dazu auch den Forschungsüberblick von Strube und Weinert (1987).

11 Ein Beispiel von Elster (1986, S. 4f.): „The television programme, ‚Candid Camera', once recorded persons sitting on a bench in Central Park who suddenly saw a tree on the edge of their visual field walking towards them. Most reacted by shaking their heads as if waking from a bad dream, and then went back to whatever they were doing. The thing couldn't happen, so it didn't happen. This is more like a sound piece of Bayesian reasoning than like self-deception."

12 Vgl. dazu – pars pro toto – das Deutsche Ärzteblatt, 27/28 (1983), mit dem Titel ‚Die Gleichschaltung kam über Nacht'.

13 Z. B. kann es auf der Grundlage eines kognitiv und motivationell tief verankerten ‚Ethnozentrismus' ständig neue Feinde identifizieren; oder es kann, wenn es die Grundzüge der Arithmetik verstanden hat, eine unbegrenzte Anzahl neuer Berechnungen durchführen; oder es kann, wenn es das Prinzip der Legalität verstanden hat, einer unbegrenzten Anzahl positiver bzw. konventioneller Gesetze folgen.

14 Vgl. dazu auch Luhmanns Theorie sozialer Systeme (1984), in der dieses Paradox der Selbstreferenz des einzelnen (monologischen) Individuums auf die Ebene sozialer Systeme transponiert wird. Vgl. dazu auch die Kritik in Miller (1987c).

15 Diese Problematik ist in Miller (1986a,b; 1987a,b) in einer Reihe theoretischer und empirischer Studien extensiv behandelt worden. Im Rahmen dieses Aufsatzes kann darauf jedoch nur oberflächlich eingegangen werden.

16 Vgl. dazu auch die weiteren Explikationen und Begründungen und die empirischen Beispiele in Miller (1986a, S. 235 ff.).

17 Vgl. zum Folgenden die ausführliche Diskussion in Miller (1986a, S. 428 ff.).

18 Damit sollen nicht die wesentlichen und bereits angedeuteten Unterschiede zwischen dem politischen Widerstand der ‚Weißen Rose' im Nazi-Deutschland und einem zivilen Ungehorsam in der BRD verwischt werden (vgl. dazu auch die Beiträge in Glotz 1983). Der politische Widerstand etwa der ‚Weißen Rose' richtete sich gegen die Grundordnung einer totalitären Diktatur, während durch den zivilen Ungehorsam in der BRD die demokratische und parlamentarische Grundordnung nicht grundsätzlich in Frage gestellt und lediglich öffentlich und gewaltfrei der Protest von Minderheiten gegen *einzelne* zum Teil irreversible Mehrheitsentscheidungen zum Ausdruck gebracht wird.

19 Vgl. dazu Hanauske-Abel (1986, 1987a,b) und Vilmar (1987a,b). Die gesamte Auseinandersetzung ist in einer Sondernummer der Zeitschrift ‚Ärzte warnen vor dem Atomkrieg' (November 1987) dokumentiert worden.

20 Noch eklatanter als im Falle der ‚Katastrophenmedizin' läßt sich diese Abspaltung der Erinnerungsdiskurse von aktuellen Legitimationsdiskursen innerhalb der deutschen Medizin am Beispiel der ‚Gentechnologie' aufzeigen. Wie die ‚deutsche Chronik der Er-

kennung, Aussonderung und Vernichtung Andersartiger' von Müller-Hill (1984, S. 11 ff.) zeigt, war die Genetik bzw. Eugenik schon vor der Machtergreifung der Nazis ein bedeutendes Thema innerhalb der deutschen Medizin, Anthropologie, Psychiatrie und Justiz. Der Weg zu einer ‚rassenhygienischen Reinigungsarbeit' war bereits theoretisch und ansatzweise praktisch (z. B. im Hinblick auf die ‚minderwertigen' Neger und Mischlinge in der Kolonie Südwestafrika) beschritten worden und mußte von den Nazis nur noch auf die Juden (aber auch Sinti und Roma, Homosexuelle etc.) konzentriert und kollektiv akzeptabel gemacht werden. Die Verbrechen der Nazis konnten auf einer Wissenschaft aufbauen, die ihre humane Orientierung bereits verloren hatte. Diese ‚rassenhygienische Reinigungsarbeit' wird in den Erinnerungsdiskursen auch der deutschen Ärzteschaft heute durchweg verurteilt; zugleich wird dieser Erinnerungsdiskurs abgespalten vom aktuellen Legitimationsdiskurs über die ‚gentechnologische Optimierungsarbeit'. Diese teilt tendenziell mit der ‚rassenhygienischen Reinigungsarbeit' eine ‚sozialtechnologische Grundauffassung', eine negative Utopie: Menschenzüchtung soll an die Stelle institutioneller und gesellschaftlicher Reformen treten. Erste realisierte Ansätze: „Mindestens 200 Versuche mit lebenden menschlichen Embryonen im Frühstadium sind nach Schätzungen von Experten zur Schaffung des ersten ‚erfolgreichen' Retortenbabys vor mehr als neun Jahren notwendig gewesen" (Süddeutsche Zeitung, 10.12.1987, S. 15). Und woran in der BRD gegenwärtig u. a. gearbeitet wird, zeigt folgendes: Eine bei der Bundesärztekammer gebildete zentrale Ethik-Kommission, die über potentiell strittige Forschungsvorhaben entscheiden soll, hat 1986 vier Forschungsanträge genehmigt. In einem Fall werden „Eizellen von Hamstern mit menschlichen Samen in Verbindung gebracht. Ziel ist die Untersuchung der Eindringungsfähigkeit" (Süddeutsche Zeitung, a. a. O.; vgl. auch ‚taz', 9.12.1987, S. 2). Schon 1984 schrieb Müller-Hill (a. a. O., S. 7): „Die jüngste Wirkungsgeschichte dieser genetisch denkenden Humanwissenschaften ist wirr und voller Verbrechen wie nur ein böser Traum. Aus diesem Traum sind viele Genetiker, Anthropologen und Psychiater in den tiefen Schlaf der Erinnerungslosigkeit geglitten."

Literatur

Adler, A.: The Significance of Early Recollections, in: International Journal of Individual Psychology, 3, 1937, S. 283-287.
Adorno, Th.W.: Wissenschaftliche Erfahrungen in Amerika, in: Neue Deutsche Hefte, 16, 1969; wiederabgedruckt in: *W. Lepenies* (Hrsg.), Geschichte der Soziologie, Bd. 1, Frankfurt 1981, S. 299-336.
Adorno, Th.W., B. Bettelheim, E. Frenkel-Brunswik, N. Guterman, M. Janowitz, D.J. Levinson und *R. N.Sanford*: Der autoritäre Charakter – Studien über Autorität und Vorurteil, 2 Bde, Amsterdam 1968.
Apel, K. O.: Verantwortung heute, in: *Th. Meyer* und *S. Miller* (Hrsg.), Zukunftsethik und Industriegesellschaft, München 1986, S. 15-40.
Bartlett, F. C.: Remembering, Cambridge 1932.
Benjamin, W.: Illuminationen, Frankfurt 1955.
Bergmann, W., und *R. Erb*: Kommunikationslatenz, Moral und öffentliche Meinung – Theoretische Überlegungen zum Antisemitismus in der BRD, in: Kölner Zeitschrift für Soziologie u. Sozialpsychologie, 38, 1986, S. 223-246.

Bertaux, D., und *I. Bertaux-Wiame*: Autobiographische Erinnerungen und kollektives Gedächtnis, in: *L. Niethammer* (Hrsg.), Lebenserfahrung und kollektives Gedächtnis, Frankfurt 1985, S. 146-165.
Broder, H. M.: Antisemitismus – ja bitte!, in: *H. Lichtenstein* (Hrsg.), Die Fassbinder-Kontroverse oder das Ende der Schonzeit, Kronberg 1986, S. 210-219.
Bruns, M.: Aids: Statt Repression Aufklärung, in: ‚taz' vom 20.11.1987.
Büchner, G.: Gesammelte Werke, München 1961.
Christie, R., und *M. Jahoda* (Hrsg.): Studies in the Scope and Method of ‚The Authoritarian Personality', Glencoe, Ill., 1954.
Claparede, E.: Recognition and ‚me-ness', in: *D. Rapaport* (Hrsg.), Organization and Pathology of Thought, New York 1951.
Durkheim, E.: De la division du travail social, Paris 1930 (dt. Über die Teilung der sozialen Arbeit, F.a.M. 1978).
Elster, J.: Introduction, in: ders. (Hrsg.), The Multiple Self, Cambridge 1986, S. 1-34.
Frankenberg, G.: Aids-Bekämpfung im Rechtsstaat, Baden-Baden 1988.
Freud, S.: Zur Psychopathologie des Alltagslebens, Berlin 1901.
Giordano, R.: Die zweite Schuld oder von der Last Deutscher zu sein, Hamburg 1987.
Glotz, P.: (Hrsg.), Ziviler Ungehorsam im Rechtsstaat, Frankfurt 1983.
Greenwald, A.G.: The Totalitarian Ego, in: American Psychologist, 35, 1980, S. 603-618.
–: Self and Memory, in: *G. H. Bower* (Hrsg.), The Psychology of Learning and Motivation (Vol. 15), New York 1981, S. 201-236.
Habermas, J.: Zur Rekonstruktion des Historischen Materialismus, Frankfurt 1976.
–: Moralbewußtsein und kommunikatives Handeln, Frankfurt 1983a.
–: Ziviler Ungehorsam – Testfall für den demokratischen Rechtsstaat. Wider den autoritären Legalismus in der Bundesrepublik, in: *P. Glotz* (Hrsg.), Ziviler Ungehorsam im Rechtsstaat, Frankfurt 1983b, S. 29-53.
–: Wie ist Legitimität durch Legalität möglich?, in: Kritische Justiz, 20, 1987, S. 1-16.
Halbwachs, M.: Das Gedächtnis und seine sozialen Bedingungen, Frankfurt 1985.
Hanauske-Abel, H. M.: From Nazi Holocaust to Nuclear Holocaust: A Lesson to Learn?, in: The Lancet, August 1986, S. 271-273.
–: Medizin unter dem Nationalsozialismus, in: *T. Bastian, K. Bonhoeffer, N. Bramley* und *St. A. Schug* (Hrsg.), Gemeinsam Leben – Nicht gemeinsam Sterben!, Neckarsulm 1987a.
–: Die Unfähigkeit zu trauern: Erziehungsziel für junge deutsche Ärzte? Gegenrede wider Dr. K. Vilmars weit verbreitete Einlassungen, in: Ärzte warnen vor dem Atomkrieg (Sondernummer), November 1987b, S. 25-44.
Heintz, P.: Zur Problematik der Autoritären Persönlichkeit, in: Kölner Zeitschrift für Soziologie u. Sozialpsychologie, 9, 1957.
Institut für Demoskopie: Ausmaß und Formen des heutigen Antisemitismus in der BR Deutschland, Renate Köcher, Allensbach 1987.
Kohlberg, L.: A Current Statement on Some Theoretical Issues, in: *S. Mogdil* und *C. Mogdil* (Hrsg.), Lawrence Kohlberg – Consensus and Controversy, Philadelphia 1986, S. 485-546.
Köhler, O.: Schreibmaschinen-Täter – Journalisten im Dritten Reich und danach: eine vergessene Vergangenheit, eine unwillkommene Debatte, in: ‚Die Zeit', 15.1.1988, S. 33-34.
Lanzmann, C.: Shoah, Düsseldorf 1986.
Leicht, R.: Der Fall Höfer – Ausreden sind kein Ausweg, in: ‚Die Zeit', 25.12.1987.
Lichtenstein, H. (Hrsg.): Die Fassbinder-Kontroverse oder das Ende der Schonzeit, Kronberg 1986.

Luhmann, N.: Soziale Systeme, Frankfurt 1984.
–: Können wir alles, was wir dürfen?, unveröffentl. Manuskript, Bielefeld 1985.
–: Ökologische Kommunikation, Opladen 1986.
–: (Hrsg.) Soziale Differenzierung, Opladen 1985.
Maturana, H. R., und *F. J. Varela*: Der Baum der Erkenntnis, Bern 1987.
Miller, M.: Kollektive Lernprozesse – Studien zur Grundlegung einer soziologischen Lerntheorie, Frankfurt 1986a.
–: Learning How to Contradict and Still Pursue a Common End, in: *J. Cook-Gumperz, W. Corsaro* und *J. Streeck* (Hrsg.), Children's Worlds and Children's Language, Berlin 1986b, S. 425-478.
–: Argumentation and Cognition, in: *M. Hickmann* (Hrsg.), Social and Functional Approaches to Language and Thought, New York 1987a, S. 225-249.
–: Culture and Collective Argumentation, in: Argumentation (Dordrecht: Reidel), 1, 1987b, S. 127-154.
–: Selbstreferenz und Differenzerfahrung – Einige Überlegungen zu Luhmanns Theorie sozialer Systeme, in: *M. Schmid und H. Haferkamp* (Hrsg.), Sinn, Kommunikation und soziale Differenzierung – Beiträge zu Luhmanns Theorie sozialer Systeme, Frankfurt 1987c, S. 187-211.
Mitscherlich, A., und *F. Mielke*: Medizin ohne Menschlichkeit, Frankfurt 1978.
Müller, I.: Furchtbare Juristen, München 1987.
Müller-Hill, B.: Tödliche Wissenschaft, Hamburg 1984.
Nietzsche, F.: Werke in drei Bänden, hrsg. von *Karl Schlechta*, München o.J.
Nisbett, R., und *L. Ross*: Human Inference, Englewood Cliffs, N.J., 1980.
Orwell, G.: 1984, New York 1949.
Read, S. J., und *M. B. Rosson*: Rewriting History: The Biasing Effects of Attitudes on Memory, in: Social Cognition, 1, 1982, S. 220-255.
Seeman, M.: Intergroup Relations, in: *M. Rosenberg* und *R. H. Turner* (Hrsg.), Social Psychology, New York 1981, S. 378-410.
Stoldt, H. U.: Ein Davidstern für den ‚Jud‘, in: ‚Die Zeit‘, 5.6.1987.
Strube, G., und *F. E. Weinert*: Autobiographisches Gedächtnis: Mentale Repräsentation der individuellen Biographie, in: *G. Jüttemann* und *H. Thomae* (Hrsg.), Biographie und Psychologie, Berlin 1987, S. 151-167.
Tversky, A., und *D. Kahneman*: Judgement under Uncertainty: Heuristics and Biases, in: Science, 185, 1974, S. 1124-1131.
–: The Framing of Decisions and the Rationality of Choice, in: Science, 211, 1981, S. 543-558.
Vilmar, K.: Die ‚Vergangenheitsbewältigung‘ darf nicht kollektiv die Ärzte diffamieren – Interview mit Dr. Karsten Vilmar, in: Deutsches Ärzteblatt, 84, 1987a, S. 847-859.
–: Schlußwort: Erkenntnisse für Freiheit und Frieden, in: Deutsches Ärzteblatt, 84, 1987b, S. 1455-1456.
Voges, J.: Skinheads, Mollies und ein Mord, in ‚taz‘, 22.10.1987.

II. Ergebnisse der Umfrageforschung zum Antisemitismus

Sind die Deutschen antisemitisch?

Meinungsumfragen von 1946-1987 in der Bundesrepublik Deutschland

Werner Bergmann

I. Zur Datenbasis

Bevor das vorhandene Datenmaterial einer sekundären Analyse im Hinblick auf unsere spezifischen Fragestellungen unterzogen wird, sollen zunächst die Umfragen in ihrer inhaltlichen Ausrichtung und ihrer zeitlichen Verteilung von 1946-1987 kurz vorgestellt und zudem eine Reihe von Auswertungsproblemen angesprochen werden.

1. Umfragen zum Themenkreis Antisemitismus

Die sozialwissenschaftliche Beobachtung der Bevölkerungsstimmung in der amerikanischen Besatzungszone durch die amerikanische Militärverwaltung in Deutschland (OMGUS) schloß auch die Frage nach dem Fortbestand antisemitischer Einstellungen ein, so daß wir auch für die Zeit vor Gründung der Bundesrepublik über einige Daten verfügen (Merritt und Merritt 1970, OMGUS-Reports Nr. 49, 51, 68, 122, 175 im Zeitraum von 1946-1949). Diese Befragungen werden auch in der Phase der eingeschränkten Souveränität der Bundesrepublik von 1949-1955 vom Reaction Analysis Staff in der High Commission for Germany (HICOG) fortgeführt (die Durchführung der Umfragen lag beim neugegründeten Deutschen Institut für Volksumfragen – DIVO). Die Datensätze dieser mehr als hundert Surveys sind weitgehend verlorengegangen, es sind jedoch die Auswertungen in Form von 250 Reports erhalten geblieben, auf deren Datenmaterial die Analysen von Richard L. Merritt

II. Ergebnisse der Umfrageforschung zum Antisemitismus

(1977) basieren. Fragen zum Stand der „Vergangenheitsbewältigung" (Einschätzung des Nationalsozialismus, Kollektivschuldfrage, Judenverfolgung und Wiedergutmachung, Entnazifizierung usw.) bildeten einen zentralen Bestandteil dieser Befragungen.

Bereits kurz nach Gründung der BRD führt das Institut für Demoskopie in Allensbach (IfD) im Herbst 1949 die erste bundesweite Repräsentativumfrage speziell zum Antisemitismus durch, die als „diagnostischer Beitrag zur Innenpolitik" untertitelt ist. Sie bietet für uns das früheste, auch nach demographischen Variablen differenzierte Material zum Thema. Abgesehen von einigen wenigen routinemäßig in den folgenden Jahren vom IfD miterhobenen Fragen zum Antisemitismus und Nationalsozialismus (Jahrbuch der öffentlichen Meinung, Bde. I-III, 1947-1964) kommt es in den 50er Jahren zu einer weitgehenden Ausblendung dieses Themas in der Demoskopie.

Für die meisten der späteren Umfragen gilt, daß sie *ereignisbezogen*, d. h. in Reaktion zumeist auf antisemitische, aber zum Teil auch auf andere, vergangenheitsbezogene Ereignisse (Ausstrahlung des Holocausts-Films) in Auftrag gegeben und durchgeführt worden sind.[1]

So führt die antisemitische Schmierwelle im Winter 1959/60 zu den Befragungen „Antisemitische Äußerungen im Urteil der westdeutschen Bevölkerung" von Emnid (Januar 1960, im Auftrag der Bundeszentrale für politische Bildung) und „Reaktionen auf die antisemitische Welle im Winter 1959/1960" vom Institut für Sozialforschung Frankfurt (Januar 1960, vgl. Schönbach 1961) sowie zur Einschaltung einiger diesbezüglicher Fragen in Umfragen des IfD-Allensbach. Das Institut für Sozialforschung reagiert auch auf den Eichmann-Prozeß mit einer in zwei Wellen durchgeführten Repräsentativumfrage zu Beginn und nach Abschluß des Prozesses (Schmidt und Becker 1967). Diese Umfrage enthält eine Reihe von Items, die es erlauben, sie hier in die Antisemitismus-Umfragen einzureihen.

Einen gesonderten Untersuchungsaspekt bildet der Antisemitismus in einer international-vergleichenden Studie zum Rassismus und Ethnozentrismus, die im Auftrag der UNESCO 1961/62 unter Leitung von Melvin Tumin durchgeführt wird; sie stellt ebenfalls noch eine verspätete Reaktion auf die weltweite antisemitsche Welle vom Winter 1959/60 dar. Diese Studie blieb unveröffentlicht und ist erst 1980 von Badi Panahi in Verbindung mit seiner eigenen Umfrage zu diesem Themenkreis ausgewertet und in Teilen publiziert worden (Panahi 1980).

Trotz des Auschwitz-Prozesses und der „Verjährungsdebatten" gibt es abgesehen von einigen von Zeit zu Zeit wiederholten bzw. jeweils ereignisbezogen eingeschalteten Fragen des IfD (vgl. Jahrbuch der öffentlichen Meinung Bde. III-V, 1958-1973) bis in die 70er Jahre hinein keine größere Umfrage zu unserem Thema.[2] Ohne äußeren Anlaß – hier greift ausnahmsweise das Krise/Reaktion-Muster nicht –, aber auch ohne ersichtlichen wissenschaftsinternen Anstoß wird das Thema in den 70er Jahren von der akademischen Soziologie aufgegriffen: von Alphons Silbermann in seinem DFG-Projekt von 1972-1975 (Hauptbefragung durch Emnid 1974, Publikation der Ergebnisse 1976 und 1982) und von Badi Panahi in seiner Repräsentativerhebung zum „Rassismus, Antisemitismus und Nationalismus in der Bundesrepublik heute" von 1977/78 (publiziert 1980). Diese beiden Untersuchungen haben in der Soziologie bisher keine Folgestudien gefunden.

Die demoskopische Wiederaufnahme des Themas folgt Ende der 70er Jahre wieder markanten öffentlichen Ereignissen. Die Fernsehserie „Holocaust", die in der Bevölkerung eine völlig unerwartete Resonanz findet, wird von umfangreichen repräsentativen Begleituntersuchungen flankiert, in denen nach antisemitischen Tendenzen, nach Einstellungen zur Schuldfrage, zum Nationalsozialismus usw. gefragt wird (vgl. Ernst 1980). Hier sind es vor allem die Zentralen für politische Bildung, die sich von den Ergebnissen Fingerzeige für ihre Bildungsarbeit erhoffen und deshalb empirische Untersuchungen in Auftrag geben. Zu Beginn der 80er Jahre gibt es seitens der Politik offenbar einen Wissensbedarf über die Verbreitung und das Potential extremistischer politischer Einstellungen in der BRD. Die „Sinus-Studie" von 1979/80 – durchgeführt im Auftrag des Bundeskanzleramts – und die Extremismus-Studie des IfD-Allensbach von 1984 – im Auftrag des Innenministeriums – enthalten jeweils einige wenige Items, die für unseren thematischen Zusammenhang von Interesse sind (vgl. auch die Emnid-Information 9/10 von 1985 zu den „Einstellungen zum Verbot rechtsextremer Gruppen").[3]

Erst die Serie kleinerer „antisemitischer Vorfälle", insbesondere der Streit um die Aufführung des Theaterstücks „Der Müll, die Stadt und der Tod" von R. W. Fassbinder, bringt einen neuerlichen Schub von Antisemitismus-Umfragen hervor. Im Februar 1986 führt das IfD im Auftrag der Illustrierten „Stern" eine Repräsentativerhebung über „Deutsche und Juden vier Jahrzehnte danach" durch, die ihrerseits Stoff für weitere öffentliche Auseinandersetzungen bietet. Im März des gleichen Jahres gibt der Westdeutsche Rundfunk bei Emnid eine Repräsentativbefragung zum Thema „Antisemitismus" in Auftrag, die allerdings nur fünf Fragen umfaßte. Den vorläufigen Schlußpunkt bildet eine sicherlich auch durch die Waldheim-Affäre und die Ereignisse von 1985-86 in der BRD motivierte „Antisemitismus-Umfrage" des IfD-Allensbach vom Herbst 1987, an der auch das Zentrum für Antisemitismusforschung (Berlin) mitgearbeitet hat. Die Anlage der Studie wird wesentlich mitbestimmt durch das Interesse des Auftraggebers, der Antidefamation League B'nai B'rith (New York), an der Entwicklung eines längerfristig anwendbaren Indikatoren-Modells, das die Einschätzung der Verarbeitung und Veränderung antisemitischer Einstellungen im Längsschnitt ermöglichen soll.

Arbeiten, die das verfügbare empirische Material auswerten, sind rar. Bisher hat nur F. Weil die Daten von 1945-1980 in einem Aufsatz analysiert (Weil 1980; vgl. auch seine komparative Analyse für mehrere westliche Länder: Weil 1987), während sich A. J. Merritt und R. L. Merritt auf die Besatzungszeit (1970) bzw. auf die erste Phase der Bundesrepublik beschränken (R.L. Merritt 1977). – Die Analyse der Thematisierung des Antisemitismus in der Demoskopie und in den Sozialwissenschaften könnte ihrerseits ein Licht auf den Umgang mit der NS-Vergangenheit und auf die Tabuisierung des Antisemitismus in der politischen Kultur der BRD werfen. Doch soll dieser Aspekt an dieser Stelle hinter der inhaltlichen Auswertung des Datenmaterials zum Nachkriegsantisemitismus zurückstehen.

2. Auswertungsprobleme

Aus der aufgewiesenen Ergebnisbezogenheit, aus der Bindung an die Wünsche der Auftraggeber und aus dem geringen Anteil wissenschaftsinterner Untersuchungen zu unserem Thema ergeben sich negative Folgen für die Vergleichbarkeit der Daten. Friedhelm Neidhardt kritisiert m.E. zu Recht die „relativ chaotische Datenproduktion" in der Demoskopie, die durch disparate Begriffsverständnisse, abweichende Codierungsstrategien, unvergleichbare Frageformulierungen und Antwortkategorien sowie durch die Wahl unterschiedlicher Stichprobengrenzen zustande kommt (1987, S.20ff.), weil offenbar die Einzelheiten jeder neuen Umfrage immer ad hoc neu entschieden werden und Replikationen und Standardisierungen in der kommerziellen Umfrageforschung die Ausnahme sind.

Die genannten Probleme tauchen auch bei der Sekundäranalyse der Antisemitismus-Umfragen auf. So variieren die Stichproben sowohl in ihrem Einzugsbereich (US-Zone, BRD mit und ohne West-Berlin) wie in ihrem Altersaufbau (keine einheitlichen Unter- und Obergrenzen). Doch sind nicht nur die einbezogenen Altersgruppen verschieden, auch die Bildung von Altersgruppen erfolgt unterschiedlich, so daß Aussagen über kohortenspezifische Einstellungsausprägungen erschwert werden. Ähnlich diskrepant fallen die Kategorisierungen anderer demographischer Variablen, etwa Bildungsabschlüsse, Berufsgruppen und Wohnortgröße, aus. Eine direkte Mehrfachverwendung derselben Frage über die Zeit finden wir nur beim IfD-Allensbach, allerdings nicht immer in größerer zeitlicher Dichte wiederholt. Finden sich gleiche oder ähnliche Frageformulierungen, so wird die Auswertung durch differente Antwortvorgaben erschwert (dichotome ja/Nein-Vorgaben, verschieden abgestufte Ratingskalen oder Vorgaben ohne klare dimensionale Ordnung).

Jede der Studien enthält so zwar eine Menge an Einzelinformationen, die jedoch nur sehr bedingt miteinander vergleichbar sind, so daß es eine Überkomplexität von Daten gibt, die jedoch immer nur für sich selbst stehen und fast alle Versuche der Generalisierung und Trendbestimmung sowie der gegenseitigen Kontrolle und Validierung unmöglich machen (vgl. Neidhardt 1987, S.20). So sind die folgenden Versuche der Generalisierung und Trendbestimmung unter den genannten Vorbehalten zu lesen.

Da es zum Thema Antisemitismus bisher keine Panel-Untersuchung gibt, die uns über die individuellen Einstellungsänderungen Auskunft geben könnte, können wir nur über durchschnittliche Veränderungen auf der Aggregatebene Aussagen machen. Zu diesen Trendaussagen kann man einmal kommen, indem man identische (oder zumindest ähnliche) Fragen und ihre Antworten zu verschiedenen Zeitpunkten mit nicht-identischen Stichproben miteinander vergleicht, zum anderen indem man mit den Daten eines Querschnitt-Designs unter Benutzung der Altersstufen-Differenzen einen zeitlichen Längsschnitt simuliert (Helmreich 1977, S. 11 ff.). Beide Auswertungsmöglichkeiten sollen im folgenden genutzt werden.

II. Ergebnisse und Trends

Aus der Vielzahl von möglichen Fragen an das Material wählen wir mit Bezug auf unsere theoretischen Fragen (vgl. Bergmann/Erb 1986) drei Fragekomplexe aus: die Frage von Einstellungswandel und Kommunikationslatenz, die Frage eines Formwandels und einer neuen Dynamik des Nachkriegsantisemitismus und in ähnlicher Perspektive die Frage der Beziehung von Antisemitismus und Antizionismus.

1. Einstellungswandel oder Kommunikationslatenz?

Überblickt man alle Studien von 1946 bis heute und folgt der Auffassung von Weil (1980, S. 136), dann hat die Stärke antisemitischer Einstellungen kontinuierlich und in größerem Umfang abgenommen. Die in den ersten Jahren nach dem Krieg noch überraschend offen geäußerten antisemitischen Ressentiments verstummen bald. – Dennoch gehen die Meinungen über die Stärke und den Wandel antisemitischer Einstellungen bis heute auseinander. Die einen glauben der demoskopisch belegbaren Abnahme des Antisemitismus und sehen das schnelle Verstummen antisemitischer Äußerungen als einen Lernprozeß an.[4] Die anderen möchten nicht an diesen Lernprozeß, jedenfalls nicht in diesem Umfang, glauben und nehmen stattdessen an, daß die öffentlich-politische Tabuisierung nur die Äußerung antisemitischer Einstellungen (Kommunikationslatenz) verhindert und nicht eine wirkliche psychische Einstellungsänderung herbeigeführt hat. Die demoskopisch erhobenen Werte gäben entsprechend der sozialen Wünschbarkeit ein geschöntes Bild. Ist nun aber in der Befragungssituation das Tabu wirksam, so ergibt sich das Problem, durch Befragung dennoch Daten zu gewinnen, die Hinweise auf die *Kommunikationslatenz* von Einstellungen bei gleichzeitiger *psychischer Präsenz* geben können.[5] Zunächst sollen nun die Ergebnisse über Stärke und Verbreitung von Antisemitismus diskutiert werden, bevor wir uns dem Latenzproblem zuwenden.

Das Fehlen einer wiederholt angewandten Antisemitismus-Skala schränkt

II. Ergebnisse der Umfrageforschung zum Antisemitismus 113

die Vergleichbarkeit der Daten stark ein, da weder geklärt ist, welche Antworten als Zeichen für Antisemitismus gelten sollen noch wie man graduell „harte Antisemiten" von „gemäßigten" und von Nicht-Antisemiten abgrenzen soll. Interessant ist nun, daß zwar die Antworten auf identisch wiederholte Fragen tatsächlich einen kontinuierlichen Rückgang antisemitischer Ressentiments anzeigen, während in denjenigen Arbeiten, die mittels einer Skala oder mittels einer Clusteranalyse Einstellungsgruppen bilden, kein Rückgang im Umfang der antisemitischen Bevölkerungsanteile festzustellen ist. Betrachten wir zunächst die letztgenannten Arbeiten.

Die frühen OMGUS-Studien kommen auf der Basis einer Guttman-Skala mit acht Fragen, die sich direkt oder indirekt auf Einstellungen zu Juden beziehen, zu folgendem Ergebnis: 20% mit geringer Vorurteilungsneigung, 19% Nationalisten, 22% Rassisten, 21% Antisemiten und 18% „harte" Antisemiten (Report Nr. 49, durchgeführt Dez. 1946). Die Wiederholung dieser Studie im April 1948 zeigt einen geringen Rückgang auf 19% Antisemiten und 14% „harte" Antisemiten (Report Nr. 122). Mit dem Hinweis auf mögliche Einwände gegenüber einigen Frageformulierungen werden allerdings die Werte dahingehend korrigiert, daß ungefähr 20% der Bevölkerung als deutlich antisemitisch, 30% als indifferent und 50% als nicht-antisemitisch eingeschätzt werden (ebd.). Da von mir die Berechtigung dieser drastischen Korrektur nicht nachgeprüft werden kann, bleibt letztlich offen, ob man für die frühe Nachkriegszeit von 20% oder eher von fast 40% Antisemiten ausgehen muß. Hier kann möglicherweise die Selbsteinschätzung der Befragten in der IfD-Umfrage von 1949 (und die Wiederholung der Frage im Jahre 1952) einen Hinweis geben:

Wie ist überhaupt Ihre Einstellung gegenüber den Juden?[6]

	Demonstrativ antisemitisch	Gefühlsmäßig ablehnend	Reserviert	Tolerant	Demonstrativ freundlich	kein Urteil
1949:	10%	13%	15%	41%	6%	15%
1952:		34%	18%	23%	7%	18%

Die 1949-Umfrage bestätigt die korrigierte Version von 1948 insoweit, als auch hier ungefähr 20% der Befragten als klar antisemitisch gelten können, während knappe 50% sich tolerant bis philosemitisch geben. Wertet man die Gruppe der „Reservierten" und einen Teil der „Urteilslosen" als eher „leicht"-antisemitisch, so lassen sich die Diskrepanzen zwischen den erhobenen Werten und der korrigierten Fassung veringern. Man hätte also mit 20-25% klaren Antisemiten, einer Gruppe von ca. 30% leicht-antisemitischen bis indifferenten Personen und knappen 50% nicht-antisemitischen Personen zu rechnen. – Der drastische Anstieg antisemitischer Einstellungen und die entsprechende Abnahme toleranter im Jahre 1952 weist auf zweierlei hin: 1) eine gradlinige, kontinuierliche Abnahme antisemitischer Einstellungen von 1945 an hat es nicht gegeben; 2) diese Einstellungen sind anscheinend keine ganz stabile Größe, sondern können ereignisbezogen stark variieren.[7] Die hohen Werte vom Dez. 1952 stehen möglicherweise im Zusammenhang mit der Wiedergutmachungsdiskussion, in der große Teile der Bevölkerung eine ablehnende Haltung eingenommen haben (im Aug. 1952 halten 44% die Wiedergutmachung an Israel für überflüssig, 24% für richtig, aber für zu hoch; nur 11% stimmen vorbehaltslos zu, IfD, Jahrbuch, Bd. I, 1956, S. 130).

Erst im Jahre 1974 unternimmt Alphons Silbermann (vgl. 1976, 1982) wieder einen Versuch, den Anteil der Antisemiten in der BRD zu bestimmen. Mittels des Skalierungsverfahrens von Rensis A. Likert bildet er Gruppen nach dem Grad der Zustimmung zu den 20 antisemitischen Statements seiner „Antisemitismus-Skala" (1982, S. 34). Sein Ergebnis:

Ablehnung	23,6%
schwache Zustimmung	46,4%
mittlere Zustimmung	25,6%
starke Zustimmung	4,5%

Mit der Begründung, daß Extremwerte in Befragungen seltener angekreuzt werden, als es der tatsächlichen Meinung entspricht, bildet Silbermann eine Gruppe von 30,1% mit starker Zustimmung, indem er die Gruppe der mittleren und der starken Zustimmung zusammenfaßt. Stimmte diese Klassifizierung im groben mit den ungünstigen Befunden der IfD-Umfrage von 1952 überein, so kommt Silbermann in der Synopse dreier Antisemitismusmaße (die genannte Skala, ein Distanzparameter und die Messung der Verhaltensorientierung) zu einer etwas günstigeren Einschätzung: die stark antisemitische Gruppe wird auf etwa 20%, die tolerante auf 30% veranschlagt, während ca. die Hälfte der Bevölkerung zumindest „Reste antisemitischer Einstellungen" aufweisen soll (1982, S. 63 u. Tab. 21).[8] Damit liegen die Ergebnisse in der Nähe derjenigen der OMGUS-Umfrage von 1948 und der IfD-Umfrage von 1949, allerdings mit einer etwas ungünstigeren Schätzung des Anteils an nicht-antisemitisch Eingestellten. – Die IfD-Umfrage von 1986 ermittelte über eine Clusteranalyse (basierend auf 19 Antworten auf vorgegebene Items, wobei pro positiver/neutraler Nennung zwei Punkte gegeben wurden, so daß 38 Punkte = 100% positive bzw. neutrale Einstellung bedeuten) eine ähnliche Gruppierung wie die von Silbermann aus dem Jahre 1976 (vgl. Anm. 8): mit

II. Ergebnisse der Umfrageforschung zum Antisemitismus 115

nur 11,08 Nennungen von den möglichen 38 hob sich ein Cluster von 15,3 % der Befragten mit stark antisemitischer Einstellung deutlich von allen anderen ab. Drei weitere Cluster mit Nennungen zwischen 21.21 bis 22.16 bildeten die Gruppe mit schwach negativer Einstellung (29,5 % der Befragten). Schwach positive Einstellung zeigten 13,1 % (27.05 Nennungen), eine ausgeprägt positive Einstellung 42,1 % (Nennungen von 29.33 bis 32.35). Innerhalb des antijüdischen Blocks von 15 % macht das IfD noch einen „harten antisemitischen Kern" von rund 8 % der Bevölkerung aus (1986, S. 54), der in seinem Umfang ungefähr den 4,5 % derer entspricht, die in der Umfrage Silbermanns starke Zustimmung zu den Items der Antisemitismusskala bekundet hatten (s. o.). Auch wenn insgesamt die Werte der IfD-Umfrage günstiger ausfallen als die der früheren Umfragen, so ist von 1946 bis heute allenfalls ein „moderate decline in prejudice" (Weil 1980, S. 142) festzustellen, der überdies nicht völlig kontinuierlich verläuft (vgl. das Jahr 1952). Muß man die These, daß der Antisemitismus in der BRD stark zurückgegangen sei (vgl. Weil 1980, S. 136), also ablehnen oder kann dieses Ergebnis nicht auch darauf beruhen, daß sich angesichts des Fehlens einer geeichten Antisemitismusskala die Maßstäbe der Klassifizierung verändert haben; etwa daß heute bereits die Zustimmung zu „weicheren" Fragen als Zeichen für eine antisemitische Einstellung verbucht wird. Macht also das Fehlen eines einheitlichen Meßinstruments die Aussage über Konstanz oder Abnahme des Vorurteils letztlich unmöglich, so machen diese Gruppierungsversuche doch deutlich, daß bis heute ein nicht geringer Teil der Befragten als antisemitisch zu bewertende Antworten gibt.
Einen deutlichen Rückgang antisemitischer Einstellungen zeigt eine seit vielen Jahren identisch wiederholte Frage nach der *sozialen Distanz* gegenüber den Juden:

Würden Sie sagen, es wäre besser [ist für Deutschland] besser, keine Juden im Land zu haben?

	1952	1956	1958	1963	1965	1983	1987[9]
besser	37 %	26 %	22 %	18 %	19 %	9 %	13,1 %
nein	19 %	24 %	38 %	40 %	34 %	43 %	66,8 %
unentschieden/egal	44 %	50 %	40 %	42 %	47 %	48 %	20,1 %

(IfD 1986, Tab. 13. u. Jahrb. II, S. 126)

Die Zahlen zeigen wohl eine kontinuierliche Abnahme der sozialen Distanz, aber auch ihr geringes Tempo in den späten 50er und frühen 60er Jahren und einen hohen Anteil an Unentschiedenen bis 1983 (die stark abweichenden Zahlen für 1987 sind möglicherweise der abweichenden Frageformulierung geschuldet). Ein anderes Distanzmaß, die Akzeptanz von Gruppenmitgliedern ethnischer oder sozialer Gruppen als Nachbarn / Arbeitskollegen oder im Freundeskreis, zeigt für die Juden kaum noch eine Veränderung: die Ablehnung als Arbeitskollegen und Nachbarn liegt 1975 bei 16%, 1981 bei 14%, 1986 ebenfalls bei 14%, 1987 bei 13%; die Akzeptanz im Freundeskreis lag 1975 und 1981 bei 41%, 1987 bei 48,4% (IfD, Jahrbücher VI, S. 26f. und VIII, S. 79; IfD 1987, Tab. 4). – Diese Daten belegen die Abnahme-These, d. h. es hat sich ein teils kontinuierlicher, teils aber auch schubweiser (zwischen 1952 und 1956 sowie Ende der 60er Jahre) Einstellungswandel vollzogen.

Die Abnahme-These läßt sich auch im Querschnittvergleich der Altersgruppen nachweisen, da die beiden jüngeren Altersgruppen (16-29 u. 30-44 Jahre) in der neuesten Umfrage deutlich geringere Zustimmung zu antisemitischen Items aufweisen. Als „Leute, die keine Juden mögen" bezeichnen sich 3,0 bzw. 3,2% der jüngeren Altersgruppen gegenüber 5,2% der 45-59jährigen und 11,8% der über 60jährigen (IfD 1987, Tab. 1a, vgl. dort auch die Tabellen zur sozialen Distanz, zur Sympathieeinschätzung, zu negativen Stereotypen usw.). Hier hat offenbar eine erfolgreiche politische Sozialisation stattgefunden, denn in der IfD-Umfrage von 1949 zeigten gerade die jüngeren Jahrgänge deutlich negativere Einstellungen als die Ältesten (1949, S. 39); sie haben diese bis heute zum überwiegenden Teil auch nicht geändert, d. h. es haben nur wenig individuelle Lernprozesse stattgefunden, stattdessen sind die neuen Alterskohorten auf kollektiver Ebene anders sozialisiert worden. Es ist jedoch bislang umstritten, ob sich in der politischen Sozialisation (um das 15. Lebensjahr herum) erworbene Einstellungen lebenslang durchhalten oder ob liberale Werthaltungen im Lebenszyklus mit zunehmenden Alter abnehmen. Insofern kann aus diesen Daten nicht ohne weiteres auf ein tendenzielles Verschwinden des Antisemitismus geschlossen werden (vgl. Hoffmann-Lange 1987, S. 384). – Während insgesamt die Messungen der Verbreitung von Antisemitismus in der BRD – trotz der positiven Entwicklung – eher noch ein nicht geringes Potential aufweisen, werden öffentliche antisemitische Aktionen und Äußerungen in sehr hohem Maße abgelehnt; für die Bestrafung judenfeindlicher Aktivitäten plädieren 1987 81,5% der Befragten (1949: 41%), während sie von 10,1% abgelehnt wird (1949: 43%; vgl. IfD 1949, S. 19f.; 1987, Tab. 14). In der IfD-Umfrage von 1986 sind 89% für die Bestrafung von Friedhofschändungen, 6% möchten diese nicht so wichtig nehmen. Ebenso werden judenfeindliche Äußerungen von Politikern zu 71% abgelehnt (15% haben nichts dagegen, Tab. 32), wohingegen im Privaten auch scharfe antisemitische Äußerungen toleriert werden:

> „Einmal angenommen, ein Bekannter von Ihnen sagt, die Juden sollen alle aus unserem Land ausgewiesen werden. Wenn der das wirklich ernst meint, könn-

ten Sie sich vorstellen, weiterhin mit ihm befreundet zu sein, oder wäre das kaum möglich?"

Könnte ich mir vorstellen: 40%
Kaum möglich: 26%
Unmöglich zu sagen: 34%

(IfD 1986, Tab. 31)

Diese Differenz von „privatem Antisemitismus" und öffentlichen Anti-Antisemitismus könnte nun als ein Hinweis auf die Tabuisierung und Latenz des Antisemitismus in der BRD genommen werden, wonach weniger ein durchgreifender Einstellungswandel stattgefunden hätte als vielmehr nur die Abdrängung des Vorurteils in die Latenz. Diese wiederum ist in Meinungsumfragen natürlich kaum direkt zu „erfragen", dennoch können einige Daten in Richtung auf Latenz hin interpretiert werden.

Bereits die sehr unterschiedliche Beurteilung der öffentlichen und privaten Äußerung gibt einen Hinweis darauf, daß die Norm der Ablehnung des Antisemitismus nicht für alle sozialen Sphären gleich starke Geltung besitzt, daß Antisemitismus als private Meinung durchaus akzeptiert werden kann. D. h. in der Befragungssituation könnte die öffentliche Norm des Anti-Antisemitismus wirksam sein und entsprechend die Resultate verfälschen.[10] In den Umfragen äußern die Befragten häufig die Vermutung, daß es eine verdeckte breitere Zustimmung zum Antisemitismus und eine Meinungsrepression gebe. So nehmen 30% der Gegner der antisemitischen Schmierwelle von 1959/60 an, daß diese Aktionen „von größeren Kreisen, von vielen" gebilligt werden (Schönbach 1961, Tab. 9). In der IfD-Studie von 1987 bejahen 20,4% zum Thema „Juden" das Statement: „Darüber sollte man nichts sagen, da kann man sich nur die Finger verbrennen", wobei die Älteren (über 60 Jahre) mit 30,1% und die tendenziell antisemitisch Eingestellten (im Pretest 40%, IfD 1987) die Tabuisierung besonders deutlich empfinden. Sehr viel stärker wird die Meinungsrepression im öffentlichen Raum beobachtet: 66% stimmen im Pretest der Aussage zu „Viele unserer Politiker können gar nicht ihre wahre Meinung zur Politik Israels sagen, weil das sofort Ärger gibt", nur 16% lehnen sie ab. Unter den tendenziell antijüdisch Eingestellten stimmen sogar 91% zu und nur 2% lehnen sie ab. Dieses Tabu gilt jedoch nicht nur für die herausgehobene Prominenz. So sind 39,8% der Meinung, „daß viele sich nicht trauen, ihre wirkliche Meinung über Juden zu sagen", während 22,7% von sich sagen, daß ihnen „das ganze Thema ‚Juden' irgendwie unangenehm" ist und 15,3% dem Statement zustimmen: „Was ich über Juden denke, sage ich nicht jedem" (IfD 1987, Tab. 12a). Die Annahme eines latenten, doch weiter verbreiteten Antisemitismus ist offenbar in der Bevölkerung häufig anzutreffen. Doch beruht sie auf tatsächlichen Erfahrungen oder ist sie Ausdruck einer „pluralistic ignorance" (vgl. Fields/Schuman 1976; Banton 1986; Bergmann

1988), d. h. einer verzerrten Wahrnehmung der Meinungsverteilung, die teils auf Projektionen der eigenen Meinung, teils auf einer pessimistischen Einschätzung des Meinungsklimas und teils auf dem Festhalten früherer Erfahrungen eines weit verbreiteten Antisemitismus (conservative bias) beruht. Bereits die Differenzierung von Selbstzuschreibung (15,3%) und Fremdzuschreibung" (39,8%) in bezug auf die Kommunikationsrepression weist in Richtung „pluralistic ignorance", da man den anderen etwas unterstellt, was für einen selbst jeweils nicht gelten soll. Die Ansicht, „daß viele sich nicht trauen", wird sowohl von denen geäußert, die sich tatsächlich in ihrer Meinungsäußerung unterdrückt fühlen, wie auch von denen, die selbst dieses Tabu nicht spüren, die aber befürchten, daß der Antisemitismus weiter verbreitet ist, als allgemein zugegeben wird (die Selbsteinschätzung „Finger verbrennen" zeigt den typischen Alterseffekt: 14,4% der 16-29jährigen, 30,1% der über 60jährigen, die Fremdeinstufung jedoch kaum: 36,5% zu 44,7%). Auch die Emnid-Umfrage von 1986 (Tab. 4) zeigt, daß die Judenfeindlichkeit von denen am höchsten eingeschätzt wird, die sich am deutlichsten gegen antisemitische Aktionen und Äußerungen wenden – in dieser pessimistischen Sicht liegt angesichts des geringen manifesten Antisemitismus in der BRD das Argument der Kommunikationslatenz nahe. Fazit: Ein Kommunikationsverbot für antisemitische Einstellungen wird in großem Umfang gesehen, vor allem, was den öffentlich-politischen Raum angeht und hier in stärkerem Maße von eher antijüdisch Eingestellten. Eine Wirkung dieses Verbots im Sinne eines massenhaft unterdrückt weiterbestehenden Antisemitismus scheint es über das demoskopisch Erfaßte hinaus nicht zu geben. Nicht ausgeschlossen ist damit natürlich die Annahme, daß der Antisemitismus in Form *psychischer Latenz* weiter verbreitet ist, da diejenigen, die von sich selbst nicht wissen, daß sie antisemitische Einstellungen haben, sich auch nicht durch ein Kommunikationsverbot behindert fühlen, da ihr Bewußtsein nicht nach Kommunikation drängt. Diese Form des Antisemitismus ist demoskopisch nicht faßbar.

2. Traditioneller oder „neuer" Antisemitismus nach 1945

Wie Bernd Marin überzeugend gezeigt hat, hat nach 1945 ein Wandel des Antisemitismus stattgefunden. Er hat seine Funktion als politische Ideologie verloren, existiert aber als ein diffuses, offiziell unterdrücktes Vorurteil weiter, was jedoch seine politische Verwendung in Form von Andeutungen etc. keineswegs ausschließt (1979). Die Frage ist nun, ob wir es heute in der BRD und Österreich mit der Fortexistenz und Ausdünnung des traditionellen Antisemitismus zu tun haben – mit oder ohne Einschluß der rassistischen Variante – oder ob es neue Motive bzw. Konfliktpunkte gibt, etwa der Täter/Opfer-Zusammenhang nach dem Holocaust, Wiedergutmachungsforderungen etc., die dem Antisemitismus eine neue Basis und Dynamik geben.
    Nimmt man die Zustimmung zu jüdischen Stereotypen als Indikator für die

Stärke eines tradierten Antisemitismus, so ist bei den jüngeren Jahrgängen heute ein starker Rückgang sowohl der Stereotypisierungsbereitschaft generell, aber auch der negativen Stereotypisierung festzustellen. Der Generationsbruch liegt zwischen den heute 45-59jährigen und denen über 60 Jahre, auch wenn die erstgenannten wiederum noch negativer urteilen als die beiden jüngeren Kohorten (vgl. IfD 1987, Tab. 8a). Da auch die Schulbildung eine wichtige Rolle in der Abnahme des Vorurteils spielt und die Zahl der höheren Bildungsabschlüsse zunimmt, ist mit einer Abnahme zu rechnen.

Vor allem der religiöse Antisemitismus scheint heute nur noch marginal zu sein. Dem Statement: „Man hört manchmal, die Juden hätten deshalb soviel Schwierigkeiten, weil Gott sie dafür bestraft, daß sie Jesus Christus gekreuzigt haben" stimmen noch 8% der Befragten zu, 75,7% lehnen es ab (Silbermann hat 1974 noch höhere Werte erhoben, 1982, Tab. 11). Die Zustimmung konzentriert sich bei den Älteren, den schlechter Ausgebildeten, auf dem Dorf und in den katholischen Landesteilen (IfD 1987, Tab. 9b).

Für den rassischen, wirtschaftlichen und politischen Antisemitismus hat Silbermann (für 1974) folgende Verteilungen ermittelt:

	rassisch	wirtschaftlich	politisch
starke Zustimmung	7,7%	13,1%	5,3%
schwache Zustimmung	22,9%	32,9%	14,9%
mittlere Haltung	34,2%	34,9%	36,7%
schwache Ablehnung	22,6%	15,5%	30,9%
starke Ablehnung	12,6%	3,6%	12,3%

(1982, Tab. 9, 17, 20)

Leider gibt es bei Silbermann keine Auswertung nach dem Alter der Befragten. Die Erhebung der Stereotypen in der jüngsten IfD-Umfrage zeigt ebenfalls einen negativen Schwerpunkt in den wirtschaftsbezogenen Merkmalen, sie zeigt jedoch auch einen starken Alterseffekt:

	insgesamt	16-29 Jahre	über 60 Jahre
Erfolgreich im Geschäftsleben	74,8%	65 %	81 %
gerissen, schlau	42,4%	33,3%	55,5%
geldgierig, raffgierig	27,8%	17,9%	42,5%

(Tab. 8a – IfD 1987)

Demgegenüber fallen politische Stereotypen wie „machthungrig" mit 18,5% und „verschwörerisch" mit 11,3% stark ab; rassistische Stereotypen sind nicht erhoben worden (ebd.). Für die wirtschaftlichen Stereotypen „Geschäftstüchtigkeit/Unehrlichkeit", „Geiz" und (geldgestützten) „Einfluß" läßt sich im Längsschnitt der Umfragedaten von 1949 bis heute und auch im Querschnittvergleich der Altersgruppen in der jüngsten Umfrage zwar eine abnehmende Tendenz feststellen, doch bleibt dieser Vorurteilskomplex noch relativ weit verbreitet. Während etwa das „Ausbeuter-Stereotyp" des Juden von 34 % im Jahre 1960 über 25 % im Jahre 1965 auf 14 % im Jahr 1986 zurückgeht (vgl. IfD Jahrbücher III, S. 216, IV, S. 95 und IfD 1986, Tab. 25), bleiben andere Stereotypen stabil:

	1960	1961	1965	1986	1987
Geiz	23 %	20 %	27 %	20,1 %	
Berechnung	30 %		30 %	31 %	
Erfolg im Geschäftsleben			56 %	54 %	74,6 %
Geldgier/Beherrschen des Geschäftslebens			44 %	42 % 25 %	27,8 %

(Daten: IfD, a.a.O. u. 1987, Tab. 8a)

Trotz des Rückgangs liegen die Stereotypen im wirtschaftlich-politischen Bereich mit ca. 20-30 % der Befragten immer noch sehr hoch, wenn auch niedriger als in Österreich, Frankreich und den USA (vgl. IfD 1986, Tab. 25). Überraschend und bezeichnend zugleich ist es auch, daß im Pretest (IfD 1987, Tab. 73) 43 % angeben, daß man über die *schlechten* Eigenschaften der Juden spricht, wenn man über *die* Juden spricht (über die *guten* Eigenschaften sagen nur 8 %), dies, obwohl in den Eigenschaftslisten die positiven Eigenschaften, wie Fleiß, Tapferkeit, Religiosität, Intelligenz usw., hohe Werte erhalten. Obwohl man die Zustimmung zu den genannten Items nicht als verläßlichen Hinweis auf antijüdische Ressentiments ansehen kann, vor allem da wir keinen Hinweis auf die affektive Besetzung des Stereotyps bei den einzelnen Befragten besitzen, so belegen die Daten doch den Fortbestand des traditionellen Judenbildes in Teilen der Bevölkerung.

Im internationalen Vergleich läßt sich eine *grundlegende* Differenz des deutschen Nachkriegsantisemitismus auf der Ebene der Stereotypisierung gegenüber dem in Österreich, Frankreich und den USA nicht ausmachen. Dennoch gibt es einige Abweichungen, die auf eine Sonderentwicklung hindeuten. Die durchgehend am niedrigsten ausfallenden negativen Werte sowie die gegenüber den USA und Frankreich niedrigeren positiven Bewertungen jüdischer Eigenschaften deuten m. E. auf zweierlei hin: 1) Bis zu einem gewissen Grad hat man versucht, aus den Folgen des Antisemitismus im Nationalsozialismus zu lernen, so daß die öffentliche Tabuisierung und die politische Sozialisation nicht völlig ohne Effekt geblieben sind. 2) Es fehlt in der BRD an den Kontakt- und damit auch an den Konfliktmöglichkeiten mit der jüdischen

Minderheit, so daß im Positiven wie im Negativen die Stereotypen wenig Bekräftigung erfahren – anders als in den USA und Frankreich, wo der Ausschlag nach beiden Seiten größer ist. Politischer Antisemitismus hat in der BRD bezogen auf den jüdischen Einfluß im Lande selbst keine reale Basis (vgl. Weil 1980, S. 144). Insofern die beiden genannten Aspekte in Richtung auf eine Austrocknung des traditionellen Antisemitismus hinweisen[11], könnte dieser in Zukunft eher von dem besonderen historischen Verhältnis von Deutschen und Juden geprägt werden. – Gibt es nun Anzeichen für einen „neuen" Antisemitismus im Zusammenhang mit dem „Nichtvergehen der Vergangenheit" und der „Schuldzumutung"?

Die Quelle eines spezifisch deutschen Nachkriegsantisemitismus gewönne seine Triebkraft aus der Diskrepanz zwischen der Schuldabwehr und dem Konfrontiertsein mit diesbezüglichen Ansprüchen seitens anderer Nationen, insbesondere der Juden, die man als Störung und Einmischung empfindet (man denke an die Reaktionen auf „Bitburg" und an den Waldheim-Solidaritätseffekt in Österreich). Die von den Amerikanern vorgebrachte Kollektivschuldthese ist von den Deutschen von Anfang an abgelehnt worden. Zwischen Nov. 1945 und Januar 1948 bleibt die Ablehnung der kollektiven Verantwortung für den 2. Weltkrieg ziemlich konstant hoch bei 70-80 % (vgl. Merritt/Merritt 1970) und sinkt erst in den 50er Jahren bis auf 50 % (Mai 1959, vgl. IfD-Handbuch III, S. 146). Andererseits gibt es doch auch eine weitverbreitete partielle Anerkenntnis von Mitschuld an der Judenverfolgung: 63 % fühlen 1946, daß die Deutschen insgesamt teilweise für die Handlungen des Hitler-Regimes die Schuld tragen, weil sie es unterstützt haben (ebd., S. 149). Eine wirkliche Akzeptanz von Schuld und Verantwortung blieb jedoch in den 50er Jahren gering: 1951 akzeptieren 4 % eine Kollektivschuld, 21 % sehen einige Verantwortung und akzeptieren Wiedergutmachung, 63 % lehnen beides ab (Merritt 1977, S. 99 – in bezug auf die Judenverfolgung sind die Werte kaum günstiger: 5 % Akzeptanz, 29 % bedingte Akzeptanz, 59 % sehen für sich keine Schuld).[12] Stattdessen sehen 21 % die Schuld teilweise bei den Juden selbst. Diese Schuldprojektion nimmt zwar bis 1961 auf 12 % und 1962 auf 10 % ab, doch bleibt die Ablehnung einer kollektiven Mitschuld auch 1961 noch „überwältigend":

„Wenn jemand Sie fragen würde, ob Sie sich selbst als Deutscher irgendwie mitschuldig fühlen an den Judenvernichtungen – was würden Sie sagen?"

Nein, fühle mich als Deutscher nicht mitschuldig	88 %
Etwas, zum Teil, indirekt, bleibt an uns hängen	2 %
Ja, fühle mich mitschuldig als Deutscher...	6 %
Andere, keine Angabe	4 %

(IfD III, 1961, S. 229)

Im Rahmen der Rezeption der Holocaust-Fernsehserie ist 1979 auch die Schuldfrage wieder gestellt worden. Die Zahlen zeigen eine gestiegene Zustimmung zur Mitschuld und zugleich ein Abnehmen einer klaren Ablehnung zugunsten einer unentschiedenen Haltung:

„Alle Deutschen, die während der Zeit des Nationalsozialismus erwachsen waren, tragen Schuld an dem, was damals geschah."

	vor Ausstrahlung	Holocaust-Seher
stimmt	16%	22%
stimmt nicht	31%	24%
unentschieden	53%	54%

(Ernst 1980, Tab. 13b)

Auch die jüngste Allensbach-Studie zeigt, daß eine persönliche Schuld gegenüber Juden weitgehend abgelehnt wird: 83,4% – ohne nennenswerte Differenz zwischen den Altersgruppen (IfD 1987, Tab. 12a). Möglicherweise ist jedoch die Schuldfrage falsch gestellt, worauf auch die Ablehnung einer Kollektivschuld seitens dezidierter Gegner des Nationalsozialismus nach 1945 hinweisen könnte. So erfährt die Aussage: „Mich beschämt, daß Deutsche so viele Verbrechen an Juden begangen haben", mit 60,9% weit höhere Zustimmung als die Schuldfrage (ebd.) und zwar gleichermaßen in allen Altersgruppen. Wenn man zudem sieht, daß sowohl die Anerkennung der Berichte über Konzentrationslager und Judenverfolgung als wahr (79,2%) wie auch die Einschätzung des nationalsozialistischen Staates als eines Verbrecherregimes (1979: 71%; 1964: 54%, IfD VIII, S. 191) sehr weit verbreitet sind, dann scheint sich über die Jahrzehnte doch ein gewisser Wandel eingestellt zu haben, wobei der Einstellungswandel der Älteren jedoch gering ausfällt (24,4% der über 60jährigen hält „vieles für übertrieben dargestellt", was die KZs betrifft, IfD 1987, Tab. 15). Zweifel an der Lernfähigkeit, insbesondere der Älteren, läßt aber die nach wie vor verbreitete Schuldabwehr durch Projektion einer Mitschuld an Haß und Verfolgung auf die Juden aufkommen, die mit 21,6% dem Wert von 1951 entspricht! Die Altersgruppe der über 60jährigen hält die Juden sogar zu 35,2% für mitschuldig (die 16-29jährigen zu 12,9%; IfD 1987, Tab. 12a).

Mit den großen Prozessen (Eichmann, Auschwitz) und der anstehenden Verjährungsfrage (1965 u. 1969) nehmen die Forderungen nach dem „Schlußstrich" unter die NS-Vergangenheit zu. Während 1962 nur 14% der Meinung sind, es wäre besser auf den Eichmann-Prozeß zu verzichten, sagen es beim Auschwitz-Prozeß bereits 39%. In einer IfD-Umfrage von 1965 wenden sich 52% gegen eine weitere Verfolgung nationalsozialistischer Verbrechen, wobei teils formale Argumente (Verjährung 40%, Beweisnot 54%), teils Schuldabwehr durch Gegenvorwürfe (66%) und zum Teil nationalistische Argumente (Aufhören mit der Nestbeschmutzung 57%) vorgebracht werden (vgl. Schmidt/Becker 1967, S. 118; IfD IV, S.165). Diese Schlußstrichtendenz steigt von 1958 (34%) bis 1969 (67%) stark an und bleibt dann – abgesehen von der Rezeptionsphase des Holocaust-Films (1979: 47%) – auf diesem Niveau (1978: 62%; 1986: 66%; 1987: 66,9% – vgl. IfD 1986, Tab.43, 1987, Tab.16). Zwar ist diese Tendenz bei den über 60jährigen mit 74% am weitesten verbreitet, doch findet man sie auch bei den 16-29jährigen zu 59% (IfD 1986, Tab.43). – In einer Emnid-Umfrage von 1986 werden nun die Zustimmung zum Schlußstrich (Meinung 2:60%) und die Ablehnung (Meinung 1:40%) mit Antworten zum Einfluß der Juden, zur Bewertung von Judenwitzen, zur Judenfeindlichkeit in der BRD und über judenfeindliche Politikeräußerungen korreliert. Dabei zeigen sich zwischen den beiden Meinungsgruppen klare Differenzen: Die Meinung 2 ist eher verknüpft mit einem generellen Herunterspielen des Antisemitismus in der BRD und zugleich mit der Annahme eines zu großen Einflusses der Juden.[13] Diejenigen, die die Vergangenheit ruhen lassen wollen, sind – obwohl tendenziell eher antisemitisch als die andere Meinungsgruppe – so an dem Herunterspielen interessiert, weil die Existenz eines Antisemitismus immer wieder Unruhe schaffen und die Frage nach der Vergangenheitsbewältigung neu stellen würde – gerade auch, wenn man an den besonderen Einfluß der Juden in der Welt glaubt. Wird dieses Ruhebedürfnis gestört – etwa in Bitburg durch „die Juden" –, dann kann es zu antijüdischen Reaktionen kommen.

Wenn man sich in Deutschland schwergetan hat und bis heute schwertut, die Verbrechen des Dritten Reiches und die daraus folgende Verpflichtung anzuerkennen, dann müssen gerade Wiedergutmachungsansprüche, die Bestrafung der Täter und etwa die besonderen Beziehungen zu Israel (siehe Abschnitt 3) auf Widerstand stoßen und können neues Ressentiment gegenüber den „unversöhnlichen" Juden entstehen lassen (für „nachtragend und unversöhnlich" halten die Juden immerhin 25,5%, IfD 1987, Tab.8a).

Eine kollektive Verantwortlichkeit gegenüber den Leiden und Verlusten der Juden wurde von der Bevölkerung zu 59% nicht akzeptiert, dennoch waren 1951 68% für eine Hilfe für die jüdischen Opfer (21% dagegen), wenn die Juden auch erst an letzter Stelle auf der Liste der Opfer rangierten (Merritt 1977, S.101). Auch die IfD-Umfrage von 1949 zeigt mit 54% eine hohe Zustimmung zur „Pflicht der Wiedergutmachung" gegenüber den noch lebenden deutschen Juden (31% Ablehnung). Die Verantwortung sollte jedoch offenbar auf diejenigen begrenzt werden, die nachweislich gelitten haben (vgl. IfD 1986, Tab.40: 23% gilt für alle Juden, 57% nur für die, die gelitten haben, 20% unentschieden). Im Pretest von 1987 lehnen von den „tendenziell antisemitisch Eingestellten" 42% eine besondere Verantwortung überhaupt ab und akzeptieren auf keinen Fall eine Verantwortung für alle Juden. Entsprechend dieser *Begrenzungsstrategie* hat die Zahlung von Wiedergutmachung an den

Staat Israel von Anfang an hohe Ablehnung erfahren: 1952 halten 44 % die Zahlungen für überflüssig, 24 % halten sie für zu hoch, 11 % stimmen zu und 21 % sind unentschieden (IfD I, S. 130). 1966 sind 46 % für die Einstellung der Wiedergutmachung (IfD IV, S. 204). Zwar ist die Ablehnung heute auf 27,9 % zurückgegangen (von den über 60jährigen lehnen 37,3 % Wiedergutmachung weiterhin ab, IfD 1987, Tab. 13 a) und eine moralische Verpflichtung zur Wiedergutmachung wird 1979 immerhin von 45 % anerkannt (17 % Ablehnung, 38 % unentschieden; Ernst 1980, Tab. 13 a), doch besteht bei vielen Deutschen der Eindruck, daß die Israelis „mit den Schuldgefühlen der Deutschen ein Geschäft machen" (51 %; 28 % sind unentschieden und nur 21 % sagen „es stimmt nicht", Tab. 42 IfD 1986; ähnliche Zahlen für 1987 mit deutlichem Alterseffekt). Daß 94 % der „tendenziell antijüdisch Eingestellten" im Pretest 1987 dieser „Ausbeutungsthese" zustimmen, deutet auf einen aktuellen „wunden Punkt" im Verhältnis von Deutschen und Juden/Israelis.

Die 1987 in die IfD-Umfrage aufgenommene Liste von Vermutungen, „was die Juden über uns Deutsche denken" zeigt ebenfalls, daß die Befragten den Juden ein hohes Interesse an der fortgesetzten Erinnerung an die Schuld der Deutschen zusprechen. Das Statement: „Wir müssen die Deutschen immer an ihre Schuld erinnern", findet bei 46,9 % der Befragten Zustimmung, das Statement „Wir müssen den Deutschen immer wieder sagen, daß es mit Wiedergutmachungszahlungen allein nicht getan ist" bei 39,8 % (IfD 1987, Tab. 18 a). Ein großer Teil der Bevölkerung sieht sich so in eine Art „Dauerschuld" versetzt, da „die Juden" aus ihrer Sicht auf dem Wachhalten der Erinnerung zu bestehen scheinen. Diese Vermutung steht in Spannung zu dem eigenen Wunsch, endlich einen Schlußstrich unter die Vergangenheit zu ziehen. Daß die Juden diesem Wunsch stattgeben könnten, glauben nur 24,5 % der Deutschen („Wir sollten den heutigen Deutschen nicht immer Vorwürfe machen, sie haben es nicht verdient"). Diese Spannung und damit eine mögliche Quelle neuer antisemitischer Ressentiments besteht weitgehend unabhängig von Alter und Bildung der Befragten, da sowohl für die „Schlußstrich-Frage" wie für die genannten „Vermutungen" entweder kaum Alterseffekte auftreten oder – wenn sie auftreten – die Werte für die jüngeren Jahrgänge auch sehr hoch liegen (57,8 % der 16-29jährigen sind für einen Schlußstrich, IfD 1987, Tab. 16). D. h. man muß mit einem längeren Fortbestand dieser Spannung rechnen.

3. Antisemitismus/Antizionismus

Als Kollektivsubjekt, das Wiedergutmachung verlangt, das die Erinnerung wachhält, das Vorwürfe erhebt, erscheint der Staat Israel, mit dem auch nichtisraelische Juden in Deutschland immer wieder identifiziert werden. Gibt es entsprechend ein neues Zielobjekt für den Antisemitismus, differieren die Einstellungen gegenüber den Juden und Israelis, lassen sich demoskopisch Anzeichen eines „linken Antizionismus" ausmachen?

II. Ergebnisse der Umfrageforschung zum Antisemitismus

Die Einstellungen zu Israel im Kontext des arabisch-israelischen Konflikts und im Kontext der bilateralen Beziehungen von Israel und der BRD differieren und sind nicht in gleicher Weise mit Antisemitismus in Beziehung zu bringen. – Die Sympathieverteilung im arabisch-israelischen Konflikt folgt in Deutschland der Entwicklung in den anderen westlichen Staaten:[14] von 1965 bis 1978 kann Israel deutlich höhere Sympathiewerte verbuchen als die arabische Seite (vgl. Wolffsohn 1984, Tab. 1), während mit dem Libanonkrieg ein großer Sympathieverlust eintritt, so daß sich nach einem kurzen pro-arabischen Ausschlag (1982: pro-Israel: 20%, pro-arabisch: 26%, vgl. IfD VIII, S. 649) die Sympathien für beide Seiten die Waage halten und der Anteil derjenigen ohne Sympathien für beide Seiten stark zunimmt (51% weder/noch; 15% unentschieden im Jahre 1983, ebd.). Der Sympathieverlust Israels resultiert nicht aus dem Anwachsen eines Antizionismus, sondern eher aus der Veränderung der Kräfteverhältnisse im Nahen Osten: so stieg die Sympathie für Israel von 24% im Jahre 1965 in der Bedrohungssituation des Juni-Krieges von 1967 auf 55%, während die Sympathie für die Ägypter von 15% auf 6% absank (vgl. IfD IV, S. 473). Die Sympathien für ein Israel in der „Goliath-Rolle" gingen wieder auf 19% im Jahre 1983 zurück. D. h. die Einstellung der Deutschen zu Israel erweist sich in bezug auf den arabisch-israelischen Konflikt als flexibel und situationsabhängig und als relativ wenig ideologisch geprägt. Eine ideologische Verknüpfung von Antisemitismus und anti-israelischer Haltung findet sich nur auf der extremen Rechten. Während die Anhänger der großen Parteien in großem Umfang auf der Seite Israel standen (62-67%), wählten die Anhänger der NPD im Juni 1967 jeweils zu 25% die arabische und die israelische Seite und waren am häufigsten auf keiner der beiden Seiten (46% weder/noch gegenüber 20-26% bei den anderen Parteien; vgl. IfD IV, S. 473). Im Jahre 1983 weicht allerdings das Votum der Anhänger der *Grünen* ebenfalls deutlich ab, indem nur 10% die israelische, aber 36% die arabische Seite wählen (SPD: 16 zu 18%, CDU: 13 zu 21%, vgl. IfD VIII, S. 648). Muß diese Parteinahme gegen Israel als Ausdruck eines „linken Antizionismus" gewertet werden, der im Grunde nur ein versteckter Antisemitismus ist? – Eine in der gleichen Umfrage von 1983 gestellte Frage, die eher den bilateralen Aspekt und die Frage einer besonderen deutschen Verantwortung in den Vordergrund rückt, läßt hier m. E. nur die Antwort „nein" zu.

„Wir dürfen die guten Beziehungen zu Israel nicht über alles stellen. Die arabischen Länder sind für unsere Erdölversorgung wichtig. Deshalb dürfen wir uns wegen Israel nicht mit diesen Ländern verfeinden!"

Bevölkerung insgesamt	Politische Orientierung				
	SPD	CDU	FDP	Grüne	
52%	49%	58%	48%	31%	Zustimmung

"Es ist für die Bundesrepublik auch heute noch wichtig, für ein besonders freundschaftliches Verhältnis zu Israel zu sorgen. Wir haben zuviel Schuld gegenüber den Juden auf uns geladen."

Bevölkerung insgesamt	Politische Orientierung				
	SPD	CDU	FDP	Grüne	
18%	21%	16%	13%	21%	Zustimmung

(IfD VIII, S. 648)

Die Motive für die Bevorzugung der arabischen Seite liegen bei den Anhängern der *Grünen* offenbar nicht in einer anti-israelischen Einstellung, sie schließen vielmehr eine Position der Verantwortung gegenüber Israel in einem Maße ein, das man bei den eher opportunistischen Anhängern der anderen Parteien nicht findet.

Die IfD-Umfrage von 1987 bietet ein ähnliches Bild. Die Aufschlüsselung der 10-20% der Befragten, die Israel sehr scharf kritisieren ("Sie nehmen ihren Nachbarn Land weg ohne jedes Recht": 21,3%; "Ein Staat, der über Leichen geht": 18% u. a., Tab. 19), zeigt keine ausgeprägten Differenzen entlang der Parteipräferenzen. Die Wähler der *Grünen* weichen insofern von allen anderen ab, als sie sowohl den positiven Israel-Stereotypen (fleißiges Volk, gute Armee u. ä.) wie einigen negativen deutlich weniger zustimmen.[15] Auch die deutlich geringere Übertragung alter antisemitischer Vorurteile auf Israel (versteckter Einfluß in der Welt, religiöser Fanatismus, „auf diesem Volk lastet ein Fluch") deutet eher daraufhin, daß eine anti-israelische Einstellung eher dem Einschluß Israels in eine allgemeine antijüdische Einstellung geschuldet ist als einem spezifischen „linken" Antizionismus. Dies bestätigen auch die Ergebnisse des (nicht-repräsentativen) Pretests (IfD 1987), in dem „tendenziell antijüdisch Eingestellte" (rechte, traditionelle Antisemiten) auch am deutlichsten anti-israelisch und pro-palästinensisch sind (50% für eine Unterstützung des palästinensischen Kampfes um ihre Heimat gegenüber 32% in der Normalbevölkerung; 49% lehnen eine kulturelle Zusammenarbeit mit Israel ab, 7% sind es in der Normalbevölkerung). Auch die Sympathie/Antipathietests und die Messung der sozialen Distanz, die für Juden und Israelis nahezu identische Werte aufweisen, zeigen auch für beide Gruppen den typischen Alterseffekt, d. h. die Zunahme der Antipathie und der sozialen Distanz in den Altersgruppen von 45-59 und besonders in der über 60 Jahre (vgl. IfD 1987, Tab. 2a und 3a).[16]

Nicht antizionistische Kritik, sondern ein Streben nach Normalisierung in den bilateralen Beziehungen scheint das vorherrschende Moment in der westdeutschen Bevölkerung zu sein. So wollen 1986 57% der Bevölkerung die Beziehung zu Israel nicht von der Vergangenheit und den Ereignissen im Dritten Reich bestimmt sehen, während 28% eine besondere Verpflichtung akzeptieren (IfD 1986, Tab. 41; 1963 sahen bei anderer Frageformulierung noch 38%

eine besondere Verpflichtung aus der Vergangenheit resultieren, IfD IV. S. 470). Dieser Normalisierungswunsch ist die auf Israel bezogene Variante der „Schlußstrich-Tendenz". So überrascht nicht, wenn gerade die „Antisemiten" Israel zu 88% als einen „Staat wie andere auch" behandelt sehen wollen (gegenüber 52% der Normalbevölkerung; IfD, Pretest 1987, Tab. 51). Wie kommt es, daß bei diesem Bemühen um Normalität dennoch nur 20,7% dem Statement zustimmen: „Israel ist ein Staat wie jeder andere auch" (und zwar ohne Unterschied in allen Altersgruppen! – IfD 1987, Tab. 19a)? Worin besteht die Anomalität? – Die Betonung der Normalität ist möglicherweise nur der Ausdruck eines Wunsches, über dessen derzeitige Unerfüllbarkeit kaum Zweifel bestehen. Der Eindruck, die Israelis nutzten die Schuldgefühle der Deutschen aus und die deutschen Politiker dürften ihre wahre Meinung zu Israel nicht sagen (65% im Pretest, IfD 1987), zeigt das bestehende Sonderverhältnis an. Vor allem die 1987 gestellte Projektionsfrage „Was vermuten Sie: was denken die Juden über uns Deutsche?" macht sichtbar, daß die Befragten keinesfalls annehmen, daß von seiten der Juden ein normales Verhältnis zu den Deutschen angestrebt wird (vgl. S. 124). Nur jeweils 30,1% bzw. 24,5% unterstellen den Juden, daß sie versöhnungsbereit sind bzw. daß sie den Deutschen keine weiteren Vorwürfe machen wollen. Nur 19% nehmen an, daß die Juden von den Deutschen meinen, „daß diese nicht mehr und nicht weniger gegen sie hätten als andere Völker auch" (IfD 1987, Tab. 18). Auch wenn man die Ebene staatlicher Beziehungen von der der Bevölkerungsmeinung unterscheiden muß, so zeigt sich an dieser – durchaus realistischen Einschätzung der Vorbehalte auf israelischer/jüdischer Seite –, daß der gewünschten Normalität nicht nur keine reale entspricht, sondern daß die Deutschen dies auch wissen. Dieses „Vorenthalten" der Normalität, diese Verhinderung des „Schlußstrichs" kann eine stete Quelle für Konflikte und das Fortbestehen antijüdischer Ressentiments bilden – jedenfalls solange, wie nicht die notwendige Inkongruenz der Perspektiven von Juden/Israelis und Deutschen allgemein akzeptiert wird.

Anmerkungen

1 Eine Ausnahme bildet das IfD-Allensbach, das in seinen Umfragen immer wieder einzelne, z. T. identisch formulierte Fragen zu den Themenkreisen Juden, Israel, Einschätzung der NS-Zeit usw. hat kontinuierlich mitlaufen lassen. Vgl. die Jahrbücher der öffentlichen Meinung I-VIII, 1949-1983.
2 Eine kleinere, nicht-repräsentative Untersuchung über „Völker und Rassen im Urteil der Jugend" hat Werner J. Cahnman 1965 an Münchener Schulen durchgeführt.
3 In diesem Zeitraum hat Emnid im Jahre 1981 in einer repräsentativen Umfrage die Frage nach der „Akzeptanz pogromistischer Judenwitze" gestellt (vgl. Emnid-Info Nr. 11-1981) und Schüler haben in Baden-Württemberg eine nicht-repräsentative Befragung über antisemitische Einstellungen bei Schülern durchgeführt (vgl. Roth 1986).

4 Eine Stütze hätte diese Auffassung in den empirischen Ergebnissen einer Studie von G. Lederer, die einen *dramatischen* Einstellungswandel in bezug auf Autoritarismus bei Jugendlichen in der BRD im Vergleich zu den USA und Österreich belegen (1983).
5 Die Vertreter der „Latenzposition" könnten noch weiter gehen und annehmen, daß der Antisemitismus sogar psychisch latent ist und nur in bestimmten Situationen ans Licht kommt, so daß er letztlich mit dem Instrumentarium der Demoskopie überhaupt nicht erfaßt werden könnte. Diese Annahme ist hier nicht zu überprüfen, sie stellt eine Art letzter Auffanglinie der „Latenzposition" dar.
6 In der IfD-Umfrage von 1987 zählen sich selbst nur noch 5,8% zu den Leuten, „die keine Juden mögen" (Tab. 1a).
7 So steigt etwa die Zustimmung zur Bestrafung judenfeindlicher Aktivitäten aufgrund der antisemitischen Schmierwelle von 46% im Jahre 1958 auf 78% im Januar 1960 (vgl. IfD III, S. 219). Ebenso variiert die Sorge vor dem Rechtsradikalismus in der BRD ereignisbedingt (vgl. Emnid-Info Nr. 9/10-1985).
8 In der ersten Veröffentlichung der Ergebnisse wird noch eine andere Gruppierung vorgenommen: 15-20% ausgeprägte Antisemiten, 30% latenter Antisemitismus und ca. 50% ohne antisemitische Einstellungen (A. Silbermann und H. Sallen 1976, S. 720).
9 In der IfD-Umfrage von 1987 wurde eine etwas abweichende Frageformulierung verwendet: „Für uns Deutsche wäre es besser, wenn alle Juden nach Israel gingen". Auch in der IfD-Umfrage von 1986 geht möglicherweise der höhere Wert auf die veränderte Fragestellung zurück: „Kürzlich sagte jemand: ‚Am besten wäre es, wenn alle Juden nach Israel gingen, denn das ist ihr Land!' Würden Sie da zustimmen oder nicht zustimmen?" Zustimmen: 20%, nicht zustimmen: 56%, unentschieden: 24% (Tab. 21).
10 Vgl. dazu Volker Berbüsse, Die ‚eigentliche Wahrheit' als kulturelle Norm, in: Bulletin des Leo Baeck Instituts, 78, 1987, S. 17-34.
11 Für eine Ausdünnung des traditionellen Antisemitismus spricht auch Silbermanns Analyse der Vorurteilsquellen, die von 67,3% der Befragten bei den Eltern und der Familie lokalisiert wurden, während auf die Schule 17,6%, auf die Medienberichterstattung 4,3% und auf negative Erfahrungen mit Juden 2,6% entfielen (1982, S. 112). In den Familien wird nun aber eine antisemitische Einstellung von den Jüngeren kaum noch beobachtet: nur 4,5% der 16-29jährigen stimmen dem Item zu: „In meiner Familie war man früher sehr gegen die Juden eingestellt", während es in den Altersgruppen von 30-44 Jahren 8,5%, von 45-59 Jahren 10,7% und von über 60 Jahren 17% sind (IfD 1987, Tab. 12b). Hinzu kommt, daß die Eltern hinter der Schule und den Medien mit ca. 37% als Informanten über die Juden und ihre Geschichte erst an dritter Stelle rangieren (vgl. Roth 1986, S. 60).
12 Die Judenverfolgung ist insgesamt in den Familien kein vorrangiges Thema: 21% der Eltern und 18% der Jugendlichen geben an, darüber miteinander gesprochen zu haben (IfD III, 1957, S. 70).
13 81% derjenigen, die den Juden einen zu großen Einfluß zuschreiben, sind in der Gruppe zu finden, die die Judenfeindlichkeit in der BRD eher gering einschätzen – diese 81% machen jedoch nur ca. 1/9 aller Befragten aus (Emnid 1986).
14 Diese Tatsache spricht gegen die psychologisierende Deutung (vgl. A. und M. Mitscherlich, M. Postone u. a.) der deutschen Sympathien für Israel als maskierte reale Schuldgefühle. Ebensowenig kann die angebliche antizionistische Wendung der jüngeren Deutschen seit Mitte der 60er Jahre als Reaktion auf die Schuld der Eltern und als Opposition gegen diese verstanden werden, da auch hier die internationale Dimension des Einstellungswandels nicht berücksichtigt wird. Vgl. dazu auch Weil 1980, S. 146, Fußnote 30.
15 Auch die der „neuen Linken" unterstellte antiimperialistische Motivation läßt sich in bezug auf Israel nicht nachweisen. Die These von der Abhängigkeit Israels von den

Amerikanern findet bei den Wählern der *Grünen* mit 26,6 % deutlich geringere Zustimmung als bei denen der anderen Parteien: um die 40% (IfD 1987, Tab. 19 a).

16 Die Begleituntersuchung zum Holocaust-Film kommt zu anderen Ergebnissen. Die jüngeren Altersgruppen schätzen die Israelis ebenso positiv ein wie ihre bundesdeutschen Landsleute, während bei den älteren ein negatives Bild der Israelis gezeichnet wird, das mit dem Bild des Juden identifiziert wird. Die Jüngeren sollen dagegen ihr negatives Judenstereotyp nicht auf die Israelis übertragen (Ernst 1980, S. 527). – Für die Vorurteilsdimensionen „Affekt" und „Verhaltensdisposition" (soziale Distanz) läßt sich diese altersspezifische Einstellungsdifferenz gegenüber Juden und Israelis nicht belegen.

Literatur

Banton, Michael: Pluralistic Ignorance as a Factor in Racial Attitudes, in: New Community, 13/1, 1986, S. 18-26.

Bergmann, Werner/Rainer Erb: Kommunikationslatenz, Moral und öffentliche Meinung. Theoretische Überlegungen zum Antisemitismus in der BR Deutschland, in: Kölner Zeitschrift für Soziologie u. Sozialpsychologie, 38/2, 1986, S. 223-246.

Bergmann, Werner: Public Beliefs about Anti-Jewish Attitudes in West Germany: A Case of „Pluralistic Ignorance", in: Patterns of Prejudice, 22/3, 1988, S. 15-21.

Cahnman, Werner J.: Völker und Rassen im Urteil der Jugend. Ergebnisse einer Untersuchung an Münchener Schulen, München 1965.

Emnid-Institut: Antisemitische Äußerungen im Urteil der westdeutschen Bevölkerung, Repräsentativbefragung, Bielefeld 1960.

–: Zur Akzeptanz pogromistischer Judenwitze, Informationen Nr. 11-1981.

–: Einstellungen zum Verbot rechtsextremer Gruppen, Informationen Nr. 9/10 – 1985.

–: Antisemitismus. Repräsentativbefragung im Auftrag des WDR, Bielefeld 1986.

Ernst, Tilman: „Holocaust" in der Bundesrepublik, in: Rundfunk und Fernsehen, 28/4, 1980, 509-533.

Fields, James M./Howard Schuman: Public Beliefs About the Beliefs of the Public, in: Public Opinion Quarterly, 40, 1976, S. 427-448.

Helmreich, Richard: Strategien zur Auswertung von Längsschnittdaten, Stuttgart 1977.

Hoffmann-Lange, Ursula: Eliten als Hüter der Demokratie? Zur Akzeptanz demokratischer Institutionen und freiheitlicher Werte bei Eliten und Bevölkerung in der Bundesrepublik, in: *D. Berg-Schlosser/Jakob Schissler* (Hrsg.), Politische Kultur in Deutschland, Politische Vierteljahresschrift, Sonderheft 18, 1987, S. 378-491.

Institut f. Demoskopie Allensbach: Ist Deutschland antisemitisch? Ein diagnostischer Beitrag zur Innenpolitik Herbst 1949, Allensbach.

–: Jahrbuch der öffentlichen Meinung 1947-1955, hrsg. v. *E. Noelle/E. P. Neumann*, Allensbach 1956.

Institut f. Demoskopie: Jahrbuch der öffentlichen Meinung Bd. II, 1957.

–: Jahrbuch der öffentlichen Meinung Bd. III 1958-1964, Allensbach.

–: Jahrbuch der öffentlichen Meinung Bd. IV 1965-1967, Allensbach.

–: Jahrbuch der öffentlichen Meinung Bd. V 1968-1973, Allensbach.

–: Allensbacher Jahrbuch für Demoskopie Bd. VI 1974-1976.

–: Allensbacher Jahrbuch für Demoskopie Bd. VIII 1978-1983.

–: Deutsche und Juden vier Jahrzehnte danach. Eine Repräsentativbefragung im Auftrag des „Stern", R. Köcher, Allensbach 1986.
–: Antisemitismus. Eine Repräsentativuntersuchung der Verbreitung antisemitischer Einstellungen, Allensbach 1987 (dazu: Pretest 1987).
Lederer, Gerda: Jugend und Autorität. Über den Einstellungswandel zum Autoritarismus in der BR Deutschland und den USA, Opladen 1983.
Marin, Bernd: Ein historisch neuartiger ‚Antisemitismus ohne Antisemiten'? in: Geschichte und Gesellschaft, 5, 1979, S. 545-569.
Merritt, Anna/Richard L. Merritt (Hrsg.): Public Opinion in Occupied Germany. The OMGUS Surveys, 1945-1948, Urbana 1970.
Merritt, Richard L.: Digesting the Past: Views of National Socialism in Semi-Sovereign Germany, in: Societas, 7/2, 1977, S. 93-119.
Neidhardt, Friedhelm: Forschung über Meinungsforschung, in: ZA-Information, 21, November 1987, S. 18-28.
Noelle-Neumann, Elisabeth/Erp Ring: Das Extremismus-Potential unter jungen Leuten in der BR Deutschland 1984, Bonn 1985.
Panahi, Badi: Rassismus, Antisemitismus, Nationalismus... in der Bundesrepublik heute. Eine empirische Untersuchung, Frankfurt a. M 1980.
Roth, Rainer A.: 40 Jahre nach dem Holocaust. Umfrage über antisemitische Einstellungen bei deutschen Schülern, in: Tribüne, 25, Heft 100, 1986, S. 59-72.
Schmidt, Regina/Egon Becker: Reaktionen auf politische Vorgänge. Drei Meinungsstudien aus der Bundesrepublik, Frankfurt a. M. 1967 (Kap. III. Eichmann-Prozeß).
Schönbach, Peter: Reaktionen auf die antisemitische Welle im Winter 1959/1960, Frankfurt a. M. 1961.
Silbermann, Alphons/Herbert A. Sallen: Latenter Antisemitismus in der BR Deutschland, in: Kölner Zeitschrift f. Soziologie u. Sozialpsychologie, 28, 1976, S. 706-723.
Silbermann, Alphons: Sind wir Antisemiten? Ausmaß und Wirkung eines sozialen Vorurteils in der BR Deutschland, Köln 1982.
Sinus-Institut: 5 Millionen Deutsche: „Wir sollten wieder einen Führer haben". Die Sinus-Studie über rechtsextremistische Einstellungen bei den Deutschen, Reinbek b. Hamburg 1981.
Tumin, Melvin: Intergroup Attitudes of Youth and Adults in England, France and Germany, UNESCO 1962 (unveröffentlicht).
Weil, Frederick, D.: The Imperfectly Mastered Past: Anti-Semitism in West Germany Since the Holocaust, in: New German Critique, 20, 1980, S. 135-153.
–: The Extent and Structure of Anti-Semitism in Western Populations Since the Holocaust, in: *Helen Fein* (ed.), The Persisting Question. Sociological Perspectives and Social Contexts of Modern Antisemitism (Vol. I of Current Research on Antisemitism, hrsg. von H. A. Strauss/W. Bergmann), Berlin, New York 1987, S. 164-189.
Wolffsohn, Michael: Deutsch-israelische Beziehungen im Spiegel der öffentlichen Meinung, in: Aus Politik und Zeitgeschichte B 46-47/1984, S. 19-30.

Umfragen zum Antisemitismus

Ein Vergleich zwischen vier Nationen*

Frederick D. Weil

Bei der Analyse des Antisemitismus in westlichen Gesellschaften ist es wichtig, zwischen verschiedenen Formen der Feindseligkeit gegenüber Juden zu unterscheiden, denn wird die Form falsch bestimmt, kann das Phänomen mißverstanden werden. Daher scheint es angebracht, mit einigen theoretischen Vorbemerkungen zu beginnen (einige der folgenden Argumente werden in Weil 1983 weiterentwickelt). Wir können drei Formen der Feindseligkeit gegenüber Juden unterscheiden: (a) „traditionelles" Volksvorurteil und religiöse Diffamierung; (b) „modernen" nationalistischen Rassismus und Ethnozentrismus oder politischen Antisemitismus; und (c) Feindseligkeiten, die aus einem direkten Konflikt zwischen Gruppen entstehen, meistens Streitigkeiten über materielle Güter, doch manchmal auch über politische Zielsetzungen, insbesondere dort, wo Juden die Assimilation an nationale Gesellschaften gesucht oder erreicht haben. Diese drei Formen können folgendermaßen charakterisiert werden:
– Der traditionelle Antisemitismus hat seinen Ursprung in der Diffamierung, die sich aus dem Konflikt zwischen der frühen christlichen Kirche und der jüdischen Gemeinschaft sowie aus den beiderseitigen Bemühungen, die Grenzen zwischen den jeweiligen Anhängern aufrecht zu erhalten, entwickelte. Aus diesen Anfängen entstand bis zum Mittelalter eine Reihe von Vorurteilen und Stereotypen in der volkstümlichen Vorstellung vom Juden-

---

*Aus dem Englischen übersetzt von Annette Roeder. Wir danken dem Zentrum für Antisemitismusforschung, TU Berlin, für die Übernahme der Übersetzungskosten.

tum, die jedoch eher auf der Segregation der Juden von der nichtjüdischen Gesellschaft als auf einem direkten Konflikt zwischen beiden gründeten.
- Dieser „traditionelle" Antisemitismus unterscheidet sich vom politischen Antisemitismus, der verbunden ist mit den ethnozentrischen Aspekten der modernen Staatenbildung und den Unsicherheiten, die bei Bevölkerungsgruppen auftreten, die im Prozeß der Industrialisierung verdrängt wurden. Moderner Antisemitismus ist weltlich begründet und stützt sich auf etwas andere Stereotypen als die der mittelalterlichen Volkskultur (vgl. Trachtenberg 1943), – obwohl ein Rest des „traditionellen" Antisemitismus die Juden weiterhin besonders anfällig für die Rolle des Sündenbocks bei volkstümlichen Demagogen bleiben ließ.
- Schließlich scheint es vom analytischen Gesichtspunkt her sinnvoll, zwischen den konfliktbezogenen Aspekten der Spannung zwischen Gruppen und den vorurteilsbezogenen Aspekten zu unterscheiden (wobei natürlich klar ist, daß sie empirisch nicht zu trennen sind). Denn während eine Auseinandersetzung, die frei ist von Vorurteilen, in der Regel durch Verhandeln und Vermittlung gelöst werden kann, widersetzt sich ein mit Vorurteilen überlagerter Konflikt solchen Lösungen. Daher scheint es wenig sinnvoll, „traditionellen" oder „modernen" Antisemitismus in erster Linie als Ausdruck von Gruppen-Konflikten zu analysieren (vgl. Rosenberg 1967; Rürup 1975), sondern vielmehr im Hinblick auf Vorurteile, Stereotypisierung und die Suche nach dem Sündenbock. Wie wir sehen werden, soll dies jedoch nicht besagen, daß antisemitische Vorurteile die direkte Ursache jeglicher Verfolgung oder Diskriminierung von Juden sind, – Vorurteile sind oft die direkte Ursache dafür, daß in Zeiten, in denen aus anderen Gründen nach einem Sündenbock gesucht wird, Juden als Zielscheibe *herausgepickt* werden; man kann aber festhalten, daß Konflikte nicht notwendig eine wichtigere Ursache darstellen. Man könnte z. B. die Art der Spannung zwischen Juden und Nichtjuden in der Zeit der Urbanisierung und Industrialisierung vergleichen mit Spannungen zwischen bestimmten nichtjüdischen Gruppen in derselben Periode, etwa verschiedenen ethnischen Gruppen in den Vereinigten Staaten oder in Österreich. Es ließe sich weiter argumentieren, daß die *Überlagerung* durch Vorurteile und nicht einfach ein Interessenkonflikt die Spannungen so scharf und einige Probleme in den Beziehungen zwischen Gruppen so schwer lösbar werden ließen (vgl. hierzu jedoch die wichtige Analyse ethnischer Erfolgsraten von Schwarzen und Weißen in den Vereinigten Staaten durch Lieberson 1980, die in gewisser Hinsicht diese Unterscheidung überbrückt).

„Traditioneller" und „moderner" Antisemitismus sind historische, nicht abstrakte Formen, doch wie bei den meisten dieser historischen Typen kann man Überreste früherer Formen in den späten Perioden finden. Man könnte sagen, daß ungefähr seit der jüdischen Emanzipation bis zu den Nachwirkungen des Holocaust der Einfluß traditioneller Formen abgenommen hat und die Bedeutung moderner und politischer Formen wächst; dies hängt zusammen mit der zunehmenden Säkularisierung der westlichen Gesellschaften, der allmählichen Austrocknung der vornehmlich ländlichen Reservoire traditioneller Ansichten im Prozess der Industriealisierung und der Politisierung der breiten Massen im Verlaufe der Staatenbildung und der Klassenkämpfe. Die nationalsozialistische Politik selbst beschleunigte den Verfall traditioneller Formen, da sie deren soziale Basis weiter unterminierte (vgl. Schoenbaum 1963). Dennoch, der Holocaust zusammen mit der entscheidenden Niederlage des Nationalsozialismus setzte der weiteren Entwicklung des radikal politischen Antisemitismus ein Ende. Dank seiner Niederlage war die Hauptfolge des Nazismus die Diskreditierung des „modernen" Antisemitismus in seinen nationalistischen und rassistischen Ausprägungen. In den meisten der westlichen Gesellschaften nach 1945 erwarten wir daher nicht, radikalen politischen Antisemitismus in größerem Umfang vorzufinden, – und man kann davon ausgehen, daß gerade in den früheren Achsenmächten offene Äußerungen von politischem Antisemitismus in dem Maße delegitimiert sind, in dem liberal-demokratische politische Lebensformen allgemein akzeptiert werden.

Für die westlichen Gesellschaften seit dem Holocaust sind drei Hauptrückstände an Antisemitismus zu erwarten, die den oben dargestellten Formen entsprechen. (1) Ein geringer Grad an traditionellem Antisemitismus ist vor allem für die relativ kleinen, von der industriellen Entwicklung und der Säkularisierung am wenigsten betroffenen Sektoren zu erwarten. Desgleichen ist der religiöse Antisemitismus – da er von den meisten der christlichen Staatskirchen nun offiziell abgelehnt oder abgeschwächt wurde – an die Ränder der christlichen Welt verdrängt worden; dies trifft insbesondere auf Westeuropa zu, weniger auf die Vereinigten Staaten, wo der Einfluß der dissidenten Kirchen sehr groß ist.[1] (2) Politischer Antisemitismus wird heute wahrscheinlich in einer schwächeren Ausprägung auftreten, der zufolge Juden zuviel Einfluß hätten oder die nationale Loyalität spalteten; doch niemand wird behaupten, daß sie die Nation verraten oder das Blut der Rasse vergiftet hätten, – und Juden können nicht mehr so leicht zum Sündenbock für politische oder wirtschaftliche Probleme gemacht werden. (3) Feindseligkeiten, die auf Konflikten zwischen Gruppen basieren, sind in erster Linie in Ländern zu erwarten, in denen Juden noch in Interaktion mit nichtjüdischer Bevölkerung leben. So wird man z. B. in der Bundesrepublik, wo wenige Juden leben, kaum in größerem Umfang Gruppenkonflikte antreffen, obwohl dort ein Rest an antisemitischen Vorurteilen zurückgeblieben ist. In den Vereinigten Staaten mögen Auseinandersetzungen zwischen Gruppen ausgeprägter sein, doch wird dort der Grad an Vorurteilen aufgrund des fehlenden historischen „Traditionalismus" und der langen Geschichte demokratischer Politik niedriger sein (vgl. Halpern 1956).

In diesem Aufsatz sollen Ausmaß und Struktur des Antisemitismus in vier westlichen Gesellschaften analysiert werden: der Bundesrepublik, den Verei-

nigten Staaten, Frankreich und Österreich, wobei das Hauptgewicht auf den beiden ersten liegt. Folgende Fragen sollen dabei angesprochen werden:
- Inwieweit gibt es heute in der Bundesrepublik und in Österreich noch radikalen Antisemitismus, vergleichbar mit dem der Nazis?
- Wenn der Antisemitismus in jenen Ländern zurückgegangen ist, was ist dann die Ursache dieses Rückgangs, und wie lassen sich derzeitige Ausprägungen mit denen in Ländern wie den Vereinigten Staaten und Frankreich vergleichen, die eine längere Geschichte als liberale Demokratien haben, zugleich aber einen beträchtlichen Grad an Antisemitismus im Laufe ihrer Geschichte erlebt haben?
- In welchen Sektoren der Gesellschaft werden am ehesten antisemitische Ansichten vertreten, und gibt es Anzeichen dafür, daß sie politisch mobilisiert werden? Kommen eher andere Gruppen als die Juden als Zielscheibe für Diskriminierung, Vorurteile und auf Konflikten basierende Feindseligkeiten oder als Sündenbock in Frage?
- Inwieweit sind Spannungen zwischen Juden und anderen Gruppen tatsächlich das Produkt von Interessenkonflikten, inwieweit sind sie auf Vorurteile oder auf die Suche nach einem Sündenbock zurückzuführen? Und muß ein hoher jüdischer Bevölkerungsteil gegeben sein, damit Spannungen zwischen Gruppen eher die Form von Konflikten als die von Vorurteilen oder der Suche nach dem Sündenbock annehmen?

I. Tendenzen des volkstümlichen Antisemitismus seit dem Holocaust

Die Ursachen des Holocaust können hier nicht ausführlich dargestellt werden, doch läßt sich sagen, daß der systematische Massenmord nur möglich war als die Tat (1) eines modernen säkularen Staates und (2) eines Staates, der sich radikal gegen die liberale Demokratie wandte. Die Kirche wollte sich nie am Genozid beteiligen (vgl. Baron 1952-80; Parkes 1969, 1976; Ruether 1979), und feindselige Bevölkerungsgruppen kamen nie über lokale Pogrome hinaus. Liberale Demokratien schienen – solange sie an der Macht waren – überall sicheren Schutz vor solchen Extremen zu gewähren (trotz ihrer Unfähigkeit, vor populären Vorurteilen und Diskriminierungen minderer Schwere zu schützen, wie sie von Autoren des 19. Jahrhunderts wie Tocqueville oder Marx beobachtet wurden). Überdies war mit der Zerstörung der liberal-demokratischen Bürgerrechte und vor allem unter der Bedingung politischer Unterdrückung die volle Unterstützung der Bevölkerung für die Durchführung eines solchen Massenmordes nicht einmal notwendig, – noch scheint es eine solche uneingeschränkte Unterstützung im nationalsozialistischen Deutschland gegeben zu haben (vgl. z. B. Baum 1982 zur Frage der „moralischen Indifferenz"; und Steinert 1967 zu Meinungsbildern im Nationalsozialismus). Man kann vielmehr argumentieren, daß der Kausalzusammenhang zwischen volkstümli-

II. Ergebnisse der Umfrageforschung zum Antisemitismus

chem Antisemitismus und der Massenvernichtung im Holocaust ein indirekter war: Ein ausreichend großer Teil der Bevölkerung war einer liberal-demokratischen Regierungsform gegenüber gleichgültig oder feindselig eingestellt, und nachdem dieses politische System zerschlagen war, war der neue Staat in der Lage, Verbrechen zu begehen, die die Bevölkerung selbst nicht begehen konnte. Wenn auch säkularisierter und sogar politischer Antisemitismus innerhalb der Bevölkerung einen wichtigen Faktor darstellte (und darstellt), so waren seine extremsten Folgen doch abhängig davon, daß eine Gruppe an die Macht kam, die sich radikal der Verfolgung und Vernichtung der Juden verschrieb, auch wenn ihre Machtbasis nicht direkt auf der Unterstützung dieser Intention gründete (diese Argumentation ist ausführlicher dargestellt in Weil 1980; vgl. auch Bracher 1970; Lepsius 1978; Reichmann 1951).

Obwohl ich die Bedeutung des politischen Bereichs betone, können die Veränderungen in der westlichen politischen Kultur nach 1945 hier nicht im Detail untersucht werden. Hier mag die Feststellung genügen, daß westliche Nationen sich zwar in ihrem Festhalten an liberalen und demokratischen Werten unterscheiden, diese Werte in den meisten Ländern aber recht ausgeprägt sind, und ihr Anstieg in post-faschistischen Ländern beeindruckend war (vgl. Weil 1981, 1982, 1987a, 1987c, unveröffentlicht; zur Bundesrepublik vgl. auch Almond u. Verba 1963, 1980; Verba 1965; Dahrendorf 1969; Conradt 1980; für die Vereinigten Staaten vgl. auch Smith 1980, 1982; Davis 1975, 1980; Nunn et al. 1987, vgl. Sullivan et al. 1982). So akzeptierten z. B. die meisten Westdeutschen die Niederlage des Nationalsozialismus, und es gibt dort fast keine öffentliche Unterstützung für seine Wiederbelebung, zumindest nicht in seiner alten Form. Die Zuschreibung einer Kollektivschuld aber ist immer abgelehnt worden. Und zur Zeit stellen rechtsradikale Bewegungen kaum eine ernstzunehmende Bedrohung für die meisten anderen westeuropäischen und die nordamerikanischen liberalen Demokratien dar (vgl. Lipset u. Raab 1978; Lipset 1981a, 1981b; Husbands 1981), obwohl der wachsende Einfluß der Front National in Frankreich, die Beständigkeit der MSI in Italien und der erneute Rechtsrutsch der FPÖ in Österreich beunruhigend sind. Ebenso unterstützt eine überwiegende Mehrheit der Westdeutschen die Bonner Regierung, und eine etwas geringere aber wachsende Zahl von Westdeutschen unterstützt auch bürgerliche Freiheiten in konkreten Konflikten. So haben sich die Bundesdeutschen und die Bürger anderer post-faschistischer Staaten in ihrer politischen Orientierung weitgehend den älteren liberalen Demokratien angenähert. Diese Länder haben begonnen, ein Reservoir demokratischer Tradition aufzubauen, von dem man annimmt, daß es einige ältere Demokratien davor bewahrt hat, zur Zeit der Großen Depression zusammenzubrechen.

Die Meinung der Westdeutschen zu politisch motivierten Verbrechen gegen Juden ist weitgehend denselben Tendenzen gefolgt wie ihre Ansichten zum Nationalsozialismus. Solche Verbrechen werden in zunehmendem Maße delegitimiert, doch die Schuld daran (oder an ihren Folgen) wurde mehr und mehr abgelehnt. In den Jahren 1949 und 1958 wurden Westdeutsche befragt, ob „Personen, die sich heute in Deutschland antisemitisch betätigen, von Gerichten bestraft werden sollten oder nicht"; die Zahl derer, die mit „ja" antworteten, stieg in diesem Zeitraum von 41 auf 46%.[2] Der Anteil stieg weiter auf 78%, als dieselbe Frage im Jahre 1960 gestellt wurde, wobei jedoch das Wort „antisemitisch" durch „judenfeindlich" ersetzt wurde.[3] Ungefähr vergleichbare Fragen zeigen also einen eindeutigen Trend hin zu der Bereitschaft, politische antisemitische Verbrechen zu verurteilen.

Andererseits haben Westdeutsche in zunehmendem Maße eine Kollektivschuld an den Naziverbrechen zurückgewiesen. Während bei einer im Jahre 1949 durchgeführten Umfrage 65% der Befragten glaubten, daß durch die Nazi-Propaganda antisemitische Gefühle in Deutschland verstärkt worden seien, gab eine sehr viel geringere Prozentzahl an, daß sie selbst so beeinflußt worden wäre. 21% sagten, sie standen dieser Propaganda wohlwollend gegenüber (27% empfanden sie als „abstoßend"). Und nur 7% reagierten positiv darauf, daß Juden den gelben Davidstern tragen mußten (50% empfanden den Anblick als schlimm). Zwölf Jahre später, 1961, während des Prozesses gegen Adolf Eichmann, der von einem israelischen Gericht wegen Massenmordes zum Tode verurteilt wurde, führte man eine Reihe von Umfragen durch. Während 67% der befragten Westdeutschen sich für ein Todesurteil oder lebenslange Zwangsarbeit aussprachen (15% drängten auf Berücksichtigung mildernder Umstände), stimmte andererseits eine Mehrheit (59%) folgender Aussage bezüglich des Prozesses zu: „Ich persönlich hatte nichts damit zu tun und will auch nichts mehr davon hören". Und 88% der bei einer 1961 durchgeführten Erhebung Befragten bestritten, daß sie „als Deutsche/r sich überhaupt mitschuldig an der Judenvernichtung fühlen", nur 8% bekannten sich zu einem gewissen Gefühl kollektiver Schuld. Eine große Mehrheit behauptete jedoch, daß viele der Deutschen damals nicht gewußt hätten, was mit den Juden geschah (72% im Jahre 1961 und 77% 1979). Und während 1949 noch 31% der Westdeutschen es ablehnten, daß „Deutschland verpflichtet ist, den überlebenden deutschen Juden Entschädigung zu zahlen", stimmten 1966 46% der Forderung zu, „der Wiedergutmachung an den Juden endlich ein Ende zu setzen; sie haben schon zuviel bekommen". Es zeigt sich also eine steigende Tendenz, eine Kollektivschuld oder die Verantwortung für vergangene (erwiesene) Verbrechen abzuweisen. In diesem Punkte fiel ein Vergleich mit den Österreichern jedoch positiv für die Westdeutschen aus. In einer 1973 in Österreich durchgeführten Umfrage wiesen 76% die Aussage zurück, daß „insbesondere die Österreicher sich für die Juden einsetzen sollen, da unter Hitler Österreicher an Verbrechen gegen Juden beteiligt waren".

Doch die Zurückweisung einer Kollektivschuld ist nicht einfach mit Antisemitismus gleichzusetzen. Im Gegenteil, letzterer hat in der Bundesrepublik seit den frühen 50er Jahren stetig abgenommen, obwohl es Anzeichen dafür

II. Ergebnisse der Umfrageforschung zum Antisemitismus

gibt, daß er in den frühen 50er Jahren angestiegen sein könnte. Abbildung 1 zeigt einige dieser Trends. Der offensichtliche Anstieg antisemitischer Tendenzen in den frühen 50ern wird deutlich bei der offenen Frage, „Was ist Ihr Gesamteindruck von Juden?" und darin, daß eine Zunahme des Antisemitismus *wahrgenommen* wurde. Seit jener Zeit sind diese und andere Indikatoren für Antisemitismus – und in einigen Fällen auch Ethnozentrismus – zurückgegangen. Dies trifft für die Ansicht zu, daß Deutsche – oder die meisten Deutschen – „fähiger und begabter sind als andere Völker", für die Abneigung, einen Juden/eine Jüdin zu heiraten sowie für die Frage: „Würden Sie sagen, daß es Deutschland ohne Juden besser geht?". Derselbe Abwärtstrend zeigt sich auch für den deutlichsten politischen Ausdruck von Antisemitismus, für den Daten vorliegen: die Überzeugung, daß Juden oder jüdische Organisationen einen zu großen Einfluß auf nationale politische Fragen ausüben. Ähnliche Ergebnisse erbrachte eine Erhebung in einer Oberschichtstichprobe im Jahre 1965 (jeweils 100 Ärzte, Anwälte, katholische und protestantische Geistliche wurden befragt). 11 % des kombinierten Samples antworteten, daß der Zentralrat der Juden in Deutschland zu großen politischen Einfluß habe. Doch bezeichnenderweise gaben 16 % der Ärzte und 18 % der Anwälte gegenüber nur 3 % der katholischen und 6 % der protestantischen Geistlichen diese Antwort. Zieht man in Betracht, daß der Klerus Interesse daran haben könnte zu behaupten, daß eine andere Religion keinen starken Einfluß habe, so ist die Tatsache, daß andere Elite-Gruppen etwas stärker antisemitisch sind als die breite Masse ein negativer Befund für die Toleranz der Westdeutschen (vgl. Dahrendorf 1969; Zapf 1965, bietet eine kritische Betrachtung der westdeutschen Eliten in der Mitte der 60er Jahre).

Einige dieser Daten können mit ähnlichen Erhebungen aus anderen Ländern verglichen werden. In einigen Fällen zeigen sich vergleichbare Tendenzen, während in anderen lediglich isolierte Daten-Punkte vorliegen. Tabelle 1 gibt eine Auswahl von Umfrageergebnissen wieder, wobei die Bundesrepublik mit den Vereinigten Staaten, Frankreich und Österreich verglichen wird.

Die Fragen in Teil 1 von Tabelle 1 betreffen im allgemeinen den politischen Antisemitismus, den ich als die gefährlichste Form ansehe. Bei der Frage, ob Juden zuviel Macht besitzen, wird deutlich, daß die Westdeutschen keineswegs am antisemitischsten sind. Vielmehr weisen die vier Länder in etwa den gleichen Grad an Antisemitismus auf. In den USA stieg die Antwort „zuviel Macht" von 41 % in den späten 30ern auf gut über die Hälfte in der Mitte der 40er Jahre und sank dann wieder auf einen Tiefpunkt von 11 % im Jahre 1964. Während der Nachwirkungen der drastischen Erhöhung des Ölpreises durch die arabischen Staaten im Jahre 1974 nahm die Zustimmung kurzfristig zu, doch fiel sie dann bis 1977 wieder auf 20 %, ein Wert, um den sie bis zu den späten 80ern schwankte, – sogar während des zweiten Ölpreis-Schocks im Jahre 1979. Tatsächlich wurden, wie Lipset und Schneider (1979) feststellten, weder die Juden noch Israel als die Hauptverursacher der wirtschaftlichen und politischen Probleme betrachtet, die Amerika in Verbindung mit dem Ölpreisanstieg hatte. Vielmehr hielt man die Ölgesellschaften, die arabischen Länder und den Präsidenten für verantwortlich; dennoch war die Überzeugung verbreitet, daß Juden und zionistische Organisationen zu den Gruppierungen zählten, die zuviel Einfluß auf die amerikanische Nah-Ost-Politik ausübten. Und wann immer die Frage nach „zuviel Macht" der Juden in einer Liste mit anderen Gruppen auftauchte, figurierten die Juden sowohl in den USA als auch in Frankreich am unteren Ende der Skala. Die Daten folgen in der Bundesrepublik, in Österreich und in Frankreich einem ähnlichen Muster, obwohl zu wenige Umfragen vorhanden sind, um bezüglich dieser Trends völlig sicher zu sein.

Man könnte argumentieren (wie es Lipset und Schneider (1978) tun), daß die Frage nach jüdischem Einfluß nicht ein reines Maß für Antisemitismus darstellt, da sie eine evaluative oder empirische Komponente enthält, nämlich ob Juden proportional zu ihrem Bevölkerungsanteil mehr Macht haben. Für die Frage nach der Bereitschaft, für einen jüdischen Kandidaten der eigenen Partei zu stimmen und, zu einem etwas geringeren Maße, für die Frage nach der zweifelhaften jüdischen Loyalität oder „Nationalität" dagegen kann dieser Einwand nicht gelten.[4] Die Antworten von Westdeutschen auf diese Fragen sind sehr viel stärker antisemitisch als die von Amerikanern; sie sind aber *nicht* ausgeprägter antisemitisch als die anderer Europäer. In etwa gilt dasselbe für die weniger deutlich politischen Fragen nach jüdischem Einfuß in der Geschäftswelt oder danach, ob es zu viele Juden im Land gäbe und ob Juden Unruhe stifteten, – obwohl nicht für alle Länder vergleichbare Daten vorliegen.

Diese Angaben sind zu spärlich, um verläßliche Schätzungen bezüglich des Antisemitismus in den vier Ländern vorzunehmen. Doch grobe Berechnungen lassen erkennen, daß die Westdeutschen einen etwas höheren Grad an politischem Antisemitismus aufweisen als die Amerikaner, doch einen etwas niedrigeren als die Österreicher (s. Weil 1987b: Tabelle 2). Einige britische Umfragen aus den späten 50ern zeigen für Großbritannien ebenfalls einen etwas höheren Grad an Antisemitismus als für die USA, doch einen für Europa niedrigen Grad. Man könnte sagen, daß diese Daten zwischen post-faschistischen und langfristig liberalen Demokratien trennen, daß auch 25 Jahre nach dem Sieg über den Nationalsozialismus die Folgen des politischen Antisemitismus noch sichtbar waren. Aber politischer Antisemitismus ist nach dem 2. Weltkrieg in allen Ländern zurückgegangen, – am stärksten den USA in den späten 40ern und 50ern und etwas später auch in Europa.

Eine 1986 in denselben vier Ländern durchgeführte vergleichende Umfrage, die die Illustrierte *Stern* veröffentlichte, verstärkt diesen Eindruck (s. Tabelle 2). Danach zeigen die Amerikaner im allgemeinen den niedrigsten Grad an Antisemitismus und die Österreicher den höchsten, während die Westdeutschen und die Franzosen in der Regel dazwischen liegen. Es gibt einige Ausnahmen. Wie wir bereits zeigten, glaubt in allen vier Ländern derselbe Anteil der Befragten, daß Juden „zuviel Einfluß" hätten (doch das Verhältnis von „gerade genug" und „weiß nicht" ist je nach Land unterschiedlich). Die aufschlußreichsten Antworten erbrachte die Frage, ob ein prominenter Politiker zurücktreten müsse, wenn er sagt, daß es keinem Juden erlaubt sein solle, eine wichtige Stellung innezuhaben, oder ob er wenigstens seine Behauptung zurücknehmen müsse. Der Anteil der kombinierten liberalen Antworten (zurücktreten oder zurücknehmen) ist in den USA, der Bundesrepublik und Frankreich in etwa gleich, – bei über 70%; in Österreich dagegen liegt er sehr viel niedriger (56%). Und der Anteil der antisemitischen Antwortkategorie (ein Politiker ist berechtigt, dies zu sagen) ist in Österreich ungefähr doppelt so hoch (40%) wie in den anderen drei Ländern. Aber die drei liberalen Länder unterscheiden sich auf charakteristische Weise. Westdeutsche neigen eher zu der Antwort, der Politiker müsse zurücktreten, als die Bevölkerung anderer Länder. Dies mag teilweise auf einen Skandal zurückzuführen sein, der sich einige Monate vor der Umfrage ereignet hatte; Wilderich von Spee, Bürgermeister von Korschenbroich und Mitglied der CDU, mußte zurücktreten, nachdem er gesagt hatte, „einige reiche Juden müßten erschlagen werden, um die Defizite der Stadt zu tilgen". Doch allgemeiner mag dies auf eine besondere Sensibilität der erst in jüngerer Zeit liberalisierten politischen Kultur der Bundesrepublik verweisen, die eine deutlichere und formellere Ablehnung des Antisemitismus im öffentlichen Bereich fordert. Denn in den ansonsten liberaleren USA gaben 10% mehr Befragte an, daß ein Politiker berechtigt sei, sich antisemitisch zu äußern. Man könnte argumentieren, daß Amerikaner eher an die Heftigkeit einer offenen ethnischen Auseinandersetzung gewöhnt seien und daß sie ein dickeres Fell haben entwickeln müssen. Vielleicht ist die Orientierung der Amerikaner eher „politisch" als „juristisch". Sie erwarten von ethnischen Gruppen, die beschimpft werden, daß sie selbst auf Rücktritt oder Widerruf drängen, doch sie erwarten nicht, daß das Gesetz dies verlangt.

II. Die Struktur des Antisemitismus in westlichen Ländern seit dem Holocaust

Studien in den Vereinigten Staaten haben ergeben, daß einige sozio-demographische Faktoren in der amerikanischen Bevölkerung mit einer stärkeren Ausprägung des Antisemitismus zusammenhängen (Selznick u. Steinberg 1969; Lipset u. Schneider 1978; Martire u. Clark 1982). Ihre Ergebnisse können als Bezugspunkt in einem Vergleich von Strukturen des Antisemitismus in der Bundesrepublik und in anderen Ländern dienen. In den USA sind insbesondere die Gebildeteren weniger antisemitisch, und kein anderes Maß für sozialen Status (z.B. Einkommen, Beruf) kann diese Beziehung erklären. Darüber hinaus ist der Rückgang antisemitischer Tendenzen in Amerika zu großen Teilen auf einen steigenden Grad formaler Bildung innerhalb der Bevölkerung zurückzuführen. Auch das Alter spielt eine wichtige Rolle. Im allgemeinen sind die jungen Amerikaner weniger antisemitisch als die alten und ältere Liberale sind weniger antisemitisch als ältere Konservative (ideologische Überzeugungen spielen bei den jüngeren keine Rolle).

Die meisten Untersuchungen zum Antisemitismus in der Bundesrepublik weisen bezüglich des Alters und der Bildung Muster auf, die denen der amerikanischen Studien gleichen. In einer im Jahre 1974 in der Bundesrepublik durchgeführten Erhebung (Sallen 1977; Silbermann 1982) zeigte sich, daß die Personen mit einem Universitätsabschluß auf einer allgemeinen Skala ganze 35 Prozentpunkte weniger antisemitisch waren als diejenigen, die nur eine Volksschulbildung ohne Lehre hatten, und die Befragten unter 30 Jahren waren 18 Prozentpunkte weniger antisemitisch als diejenigen über 55. Auch in Österreich sind die jungen Leute erheblich weniger antisemitisch als die alten. In Frankreich dagegen scheint das Alter wenig Einfluß auf Antisemitismus zu haben. Man könnte vermuten, daß die jüngeren Generationen in der Bundesrepublik und in Österreich weniger antisemitisch sind als die alten, da sie nicht unter einem faschistischen Regime aufgewachsen sind, und daß andererseits in Frankreich kein Unterschied zwischen den Generationen besteht, da dort kein solcher Regimewechsel stattgefunden hat (mit Ausnahme der Vichy-Regierung zur Zeit des Krieges), doch ist dies keine ausreichende Erklärung für den Generationsunterschied in den Vereinigten Staaten. Ich glaube, daß der Faktor eines Regimewechsels eine wichtige Rolle gespielt hat (vgl. Weil 1987a), doch offensichtlich müssen noch andere Faktoren mit herangezogen werden.

Dies Ergebnis bekräftigt noch einmal, wie wichtig es ist, solche Daten innerhalb eines vergleichenden Rahmens zu interpretieren. In einer im gleichen Zusammenhang stehenden Untersuchung (Weil 1985) habe ich gezeigt, daß der Einfluß der Bildung auf politischen Antisemitismus nicht – wie allgemein angenommen (vgl. z. B. Hyman u. Wright 1979) – universell ist, sondern vielmehr erheblich über Raum und Zeit variiert. Tabelle 3 veranschaulicht diesen Punkt. Während die besser gebildeten in einigen Ländern und in bestimmen historischen Perioden bezüglich einiger Werte liberaler sind, trifft dies unter anderen Bedingungen nicht zu.[5] Die Frage ist hier, welche Faktoren den Einfluß der Bildung auf politischen Antisemitismus bestimmen. Selznick und Steinberg (1969) postulieren, daß der liberalisierende Einfluß der Bildung in den Vereinigten Staaten ein Effekt der „offiziellen" Aufklärungskultur sei. Diese Hypothese wurde erweitert und in einer Vier-Länder-Studie auf die Vereinigten Staaten, die Bundesrepublik, Frankreich und Österreich bezogen. Die Ergebnisse zeigen, daß dieser Einfluß abhängig ist von zwei Determinanten der Aufklärungskultur: von der Dauer, die ein Land eine liberal-demokratische Regierungsform gehabt hat, und von dem Grad an „Traditionalismus" oder religiösem Pluralismus in diesem Land. So hat in den Vereinigten

Staaten, einem Land mit einer alten liberalen Demokratie, mit einem kleinen traditionellen Sektor und starkem religiösem Pluralismus, die Bildung den größten Einfluß auf die Reduzierung des politischen Antisemitismus. In Österreich, einer noch jungen liberalen Demokratie mit einem großen traditionellen Sektor und einer religiös homogenen Bevölkerung, dagegen hat Bildung den geringsten Einfluß. Und in der Bundesrepublik und in Frankreich, die in dieser Beziehung gemischte Fälle sind, hat sie einen mittleren Effekt. Diese Schlußfolgerung wird durch Erhebungen in osteuropäischen Ländern bestätigt, die ergaben, daß dort die Bildung keinen oder einen entgegengesetzten Einfluß auf antisemitische Einstellungen hat (Radio Free Europe/ Radio Liberty 1980, S. 17-18). Frühere Forschungsarbeiten (Weil 1981, 1982) haben gezeigt, daß der Einfluß der Bildung auf Toleranz gegenüber politischer Opposition in der Bundesrepublik seit den späten 60er Jahren wahrscheinlich zugenommen hat, wobei ich annehme, daß dies auf die Verzögerung der Institutionalisierung liberaler Werte (durch das Schulsystem) in einer postfaschistischen Demokratie zurückzuführen ist. Es besteht also Grund zu der Annahme, daß in der Bundesrepublik und in Österreich, je länger der Übergang zur liberalen Demokratie zurückliegt, der Einfluß der Bildung auf eine Reduzierung des politischen Antisemitismus wachsen wird und daß Toleranz in den dominanten Sozialisationsagenturen strukturell stärker verankert sein wird.

Die meisten Untersuchungen lassen auch erkennen, daß andere periphere Segmente westlicher Gesellschaften dazu neigen, die am ausgeprägtesten antisemitischen zu sein, genauso wie sie dazu neigen, politisch am wenigsten tolerant oder liberal zu sein: die Bewohner ländlicher Gebiete, das Kleinbürgertum und manchmal auch Arbeiter (besonders wenn sie nicht in der Gewerkschaft sind), die Bewohner von Randgebieten (z. B. des Südens der USA oder der Bundesrepublik) und – wie bereits gesagt – die Alten und wenig Gebildeten. Diese demographischen Muster weisen einige Ähnlichkeiten mit der sozialen Basis der Unterstützung für die Nazis in den 20er und 30er Jahren auf (vgl. die derzeitigen Diskussionen über dieses Thema z. B. in Falter 1979, 1980; Falter et al. 1987; Lipset 1981a; Hamilton 1982; Childers 1983). Andererseits haben Untersuchungen der Vereinigten Staaten seit dem 2. Weltkrieg auch erbracht, daß – obwohl Antisemitismus in den peripheren Segmenten der amerikanischen Gesellschaft stärker vertreten ist und obwohl er mit bestimmten identifizierbaren Konfigurationen autoritärer Werte verbunden ist – Antisemitismus *kein* bedeutendes Element irgendeiner konservativen politischen Bewegung darstellt, die es geschafft hat, eine große Anhängerschaft zu gewinnen – von den Anhängern McCarthys über die John Birchers hin zur neuen christlichen Rechten und von Goldwater über George Wallace bis zu Reagan (vgl. Selznick u. Steinberg 1969; Lipset u. Raab 1978; Martire u. Clark 1982). Tatsächlich argumentiert Lipset (1981a, 1981b), daß neuere wirtschaftliche Schwierigkeiten in westlichen Gesellschaften deshalb keine größere politische und ethnozentrische Reaktion zur Folge hatten, weil das demographische Reaktionspotential weitgehend durch eben die Modernisierungsprozesse ausgetrocknet worden sei, gegen die es traditionell gerichtet war. Ich dagegen würde vor zu optimistischen Schlußfolgerungen warnen, die auf dem Rückgang der Bevölkerungssegmente mit reaktionärem Potential basieren, da zukünftige Verwerfungen, die zur Zeit *mächtige* Gruppen betreffen, vielleicht ähnliche politische Reaktionen hervorrufen könnten.

Andererseits lassen Erhebungen aus der letzten Periode schwacher politischer Radikalisierung auf dem rechten Flügel in der Bundesrepublik während der späten 60er Jahre beunruhigende Erscheinungsformen politischen Antisemitismus erkennen, als die Nationaldemokratische Partei (NPD) bei der Bundestagswahl von 1969 beinahe die für eine Vertretung im Bundestag notwendige 5%-Hürde nahm. Nur 11% der Befragten, die in der Erhebung von 1969 ihre Meinung äußerten, glaubten, daß „die Juden hier schon wieder zuviel Macht und Einfluß haben" (19% glaubten, daß dies teilweise wahr sei und 69% waren nicht dieser Meinung). Doch wurde diese Position von 36% derer eingenommen, die sagten, sie würden die NPD wählen, und von 23% der Befragten, die das Wahlergebnis der NPD begrüßten. Noch bei einigen anderen Gruppen ließ sich ein überdurchschnittlicher Grad an Antisemitismus feststellen: bei denen, deren wirtschaftliche Situation sich im vorausgegangenen Jahr verschlechtert hatte (18%: s. Lipset 1967); bei Flüchtlingen oder Vertriebenen aus den Ostgebieten (16%); denjenigen, die mit der Leistung der Regierung unzufrieden waren (15%); denjenigen, die dafür waren, daß die kommunistische Partei in der Bundesrepublik verboten werden sollte (14%); und – bezeichnenderweise – bei denjenigen, die für eine Beendigung der Kriegsverbrecherprozesse eintraten (17%) oder die glaubten, daß „die Gastarbeiter uns eher schaden als nützen" (20%).

Kann man aus diesen Ergebnissen schließen, daß politischer Antisemitismus in der Bundesrepublik immer noch floriert? Es stellen sich hier drei Fragen: (a) Ist politischer Antisemitismus weit verbreitet? (b) Nimmt er im Laufe der Zeit zu oder ab? (c) Können wir einen kohärenten politischen Antisemitismus identifizieren, der verbunden ist mit einer radikalen politischen Ideologie in der breiten Öffentlichkeit? Die ersten beiden Fragen wurden bereits weitgehend negativ beantwortet. Um eine Antwort auf die dritte Frage zu finden, wurde eine Faktorenanalyse mit einer Reihe von ideologischen Fragen aus der zitierten Erhebung von 1969 durchgeführt. Drei die Antworten zusammenfassende Faktoren wurden extrahiert, die folgendermaßen bezeichnet werden können: politische Orientierung der Mehrheit, nationalsozialistische Ideologie und völkische Ideologie. Die Ergebnisse zeigten, daß zu jener Zeit eine nationalsozialistische Ideologie tatsächlich noch als erkennbare Konfiguration von Einstellungen fortbestand, obwohl nur ein sehr kleiner Teil der Bevölkerung noch daran festhielt, und daß – neben den Vorurteilen gegen Gastarbeiter und jenen Themen, die aus der Zeit des Naziregimes übriggeblieben waren (Kriegsverbrechen und die Verjährungsfrage) – Antisemitismus ein bedeutendes Element in diesem Meinungsbündel darstellt. Doch stand diese Ideologie nicht in Beziehung zu den politischen Hauptströmungen in der Bundesrepublik oder zu den abgeschwächteren Formen einer patriotischen oder völkischen Ideologie (den beiden anderen Faktoren). Noch waren das Sympathisieren mit der neo-faschistischen NPD oder mit antikommunistischen Tendenzen Hauptkomponenten dieser traditionellen nationalsozialistischen Ideologie, da keine dieser beiden Tendenzen auf diesem Faktor lud. Diese Ergebnisse unterstützen Niethammers These (1969), daß der westdeutsche Neo-Faschismus der 60er Jahre einen anderen Charakter hatte als der Nazismus der 20er bis 40er Jahre, da er nicht mehr eng mit rassistischen Theorien verbunden war, sondern sich eher auf Antikommunismus gründete.

So scheint ein kohärenter, radikal politisierter Antisemitismus in der Bundesrepublik so etwas wie ein historisches Relikt geworden zu sein. Sobald diese historische nationalsozialistische Ideologie in Betracht gezogen wird, scheint der zeitgenössische westdeutsche Neo-Faschismus kaum noch eine antisemitische Komponente zu enthalten. Ebensowenig unterscheiden sich die Anhänger irgendeiner der großen Parteien von den anderen Gruppierungen durch ein stärkeres Festhalten an politischem Antisemitismus. Im Gegensatz dazu weisen die Anhänger der rechtsgerichteten dritten Partei in Österreich (der FPÖ) einen bedeutend höheren Grad an politischem Antisemitismus in fast allen Erhebungen auf (Marin 1983; Dr. Fessel-Umfrage von 1976). In Frankreich dagegen ist bei den Wählern der großen Parteien ein höheres Maß an politischem Antisemitismus im allgemeinen nicht festzustellen; dies gilt nur mit gewissen Einschränkungen für die Kommunisten.

III. Antisemitismus im Kontext von Gruppenbeziehungen

Ich habe bereits darauf hingewiesen, daß einige Elemente sichtbarer Feindseligkeit gegen Juden eher das Produkt von Konflikten zwischen Gruppen sein könnten als antisemitische Vorurteile oder das Suchen nach einem Sündenbock. Halperns Bericht über die Vereinigten Staaten (1956) folgend, könnte man argumentieren, daß dort, wo die historische Kontinuität von agrarischen Orientierungen „durchbrochen wurde" und wo die Kräfte der Staatenbildung die Staatsbürgerschaft eher in ideologischen als in ethnischen Begriffen definierten (vgl. Grew 1978), wahrscheinlich weder traditionelle noch moderne politische Formen des Antisemitismus Fuß fassen werden. In einem solchen Fall würde die übliche Art der Spannung zwischen Juden und anderen Gruppen vielmehr die Form von Gruppenkonflikten annehmen, vielleicht im Kontext von pluralistischer Politik.

Eine einfachere Art, antisemitischen Konflikt von antisemitischen Vorurteil zu unterscheiden, ist festzustellen, ob der Grad an Konflikten zwischen Gruppen je nach der Präsenz von Juden in einem Land variiert. Denn wenn auch für die Existenz von antisemitischen Vorurteilen Juden nicht gegenwärtig sein müssen (vgl. z.B. Marin 1979), kann man sich doch Gruppenkonflikte schwer vorstellen, ohne daß beide Seiten, Juden und andere Gruppen, vertreten sind. Folglich müßte aggressiver Antisemitismus in Ländern, in denen viele Juden leben (vor allem in den Vereinigten Staaten, doch zu einem geringeren Maße auch in Frankreich), ausgeprägter sein als in Ländern, in denen wenige Jugen leben, wie z.b. der Bundesrepublik oder Österreich. Es ist nicht einfach, diese Theorie an den vorliegenden Daten zu überprüfen, doch die *Stern*-Umfrage von 1986 liefert unterstützendes Material. Während ungefähr der gleiche Anteil von Befragten glaubte, daß Juden in ihrem jeweiligen Land „zuviel" Einfluß hätten, gingen die Meinungen darüber, „wieviel" Einfluß Juden in jedem Land haben, weit auseinander. Vorstellungen über den tatsächlichen Einfluß variieren mehr oder weniger entsprechend dem prozentualen Anteil von Juden an der Bevölkerung. 55% der Amerikaner glaubten, daß Juden sehr viel Einfluß hätten; 37% der Franzosen, 32% der Österreicher und 26% der Bundesdeutschen waren ebenfalls dieser Ansicht. Man könnte argumentieren, daß dort, wo Juden tatsächlich Macht haben, viele Nichtjuden in der Lage sind, diese Macht als etwas anzusehen, mit dem man sich auseinandersetzen muß, ohne sie für unrechtmäßig erklären zu wollen. Unter solchen Bedingungen könnte es Auseinandersetzungen zwischen Juden und Nichtjuden über bestimmte Ziele geben, ohne daß notwendig eine Beziehung zwischen diesen Auseinandersetzungen und antisemitischen Vorurteilen bestünde.

Dies ist kein Beweis für die Annahme, daß in Ländern mit einem großen jüdischen Bevölkerungsanteil „konfliktbezogener" Antisemitismus vergleichsweise bedeutender ist als „vorurteilsbezogener" Antisemitismus. Die Sowjetunion und Argentinien haben z.B. große jüdische Bevölkerungsgruppen, und dennoch sind in diesen Ländern antisemitische Vorurteile wahrscheinlich relativ verbreitet. Trotzdem wird es nützlich sein, Konflikte und Vorurteile von Juden und Nichtjuden in den Vereinigten Staaten genauer zu betrachten, wo eine große jüdische Bevölkerungsgruppe eine wichtige Rolle in Gesellschaft und Politik spielt und wo es uns die vorliegenden Daten ermöglichen, Beziehungen zwischen Gruppen genauer zu analysieren.

Die meisten Historiker, die sich mit dem amerikanischen Judentum im 20. Jahrhundert befaßt haben, stimmen darin überein, daß von der Zeit des New Deal bis mindestens Mitte der 60er Jahre viele Juden überzeugte Anhänger der Demokratischen Partei und in fast allen Bereichen liberal gesinnt waren und daß sich ihr durchschnittlicher sozio-ökonomischer Status von einem gemäßigt hohen zu einem sehr hohen Niveau entwickelte (Ladd 1981; Kahan 1981). Ihre gesellschaftlichen und politischen Bündnisse wurden durch diese Positionen bestimmt. Juden neigten dazu, mit gebildeten, liberalen Nichtjuden mit höherem Status in sozialen Fragen übereinzustimmen, dies betraf etwa die religiöse Toleranz (Trennung von Staat und Kirche), Toleranz gegenüber abweichenden Geschlechterrollen (Frauenarbeit, Verhütung) und – zunehmend – Opposition gegen militärische Verwicklungen der Vereinigten Staaten in der Dritten Welt. Ebenso unterstützten sie die Bürgerrechtsbewegung, und es bestand ein politisches Bündnis zwischen jüdischer und schwarzer Führung. Liberale der Oberschicht neigten ebenso wie die der Schwarzen dazu, im Nah-Ost-Konflikt mit Israel zu sympathisieren. Da Juden trotz ihres zunehmend höheren Status im allgemeinen ökonomisch liberale Positionen einnahmen, tendierten sie auch zu einer gewissen Übereinstimmung mit den in den Städten lebenden katholischen Volksgruppen, den politischen Verbündeten in der New-Deal-Koalition. Mit der offiziellen Milderung der Ansichten der Kirche gegenüber dem Judaismus nach dem zweiten Vatikanischen Konzil nahmen auch die theologisch begründeten Spannungen mit Katholiken ab. Gesellschaftlich und politisch am weitesten entfernt waren die amerikanischen Juden wahrscheinlich von dem Gegenpol dieser Gruppen, nämlich dem Typus des nicht-städtischen, konservativen, weißen, fundamentalistischen Protestanten der untersten Mittelschicht, die im Norden der Vereinigten Staaten häufig Republikaner waren, im Süden dagegen Demokraten.

Seit den späten 60er Jahren scheinen sich die jüdischen Positionen und Bündnisse gewandelt zu haben. Einige Erhebungen zeigen, daß amerikanische Juden seit Mitte der 70er bis zu den späten 80er Jahren politisch weniger liberal geworden sind. Auf die in den *General Social Surveys* von 1972 und 1977 gestellte Frage nach der eigenen politischen Position antworteten 52 % der befragten Juden, daß sie liberal seien (35 % gaben an, sie seien gemäßigt, und 13 %, sie seien konservativ). Doch als im Jahre 1987 die New York Times/CBS News-Erhebung die Frage wiederholte, gaben nur noch 38 % an, sie seien liberal (44 % antworteten, sie seien gemäßigt, und 16 %, sie seien konservativ).[6] Umfragen haben ebenso erbracht, daß die Zahl der Juden, die die Demokratische Partei wählen oder sich mit ihr identifizieren, seit den späten 60er Jahren zurückgegangen ist (Himmelfarb 1981, 1985). Und auf der Ebene der sozialen Elite waren viele der prominentesten amerikanischen Neokonservativen jüdischen Intellektuelle (vgl. Lipset 1987). Das bedeutet jedoch nicht, daß auf der Ebene der breiten Masse Juden zu den Konservativen der amerikanischen Gesellschaft geworden sind. Selbst an den zitierten Fragen gemessen, gehören die Juden weiterhin zu den liberalsten und am ausgeprägtesten demokratischen Gruppen in Amerika – vielleicht sind sie die liberalste und demokratischste weiße Gruppe überhaupt – und nach anderen Kriterien scheinen sie – wie wir sehen werden – ganz und gar nicht weniger liberal geworden zu sein.

Ob sich jüdische Positionen seit den späten 60er Jahren nun gewandelt haben oder nicht, es ist wahrscheinlich, daß das Muster jüdischer Bündnisse mit anderen Gruppen sich verändert hat. Die ersten Anzeichen eines Wandels wurden in der Mitte der 60er Jahre sichtbar, und zwar im innenpolitischen wie auch außenpolitischen Bereich. Juden waren stark in der Bürgerrechtsbewegung engagiert. Als diese sich zur Black-Power-Bewegung wandelte und nach der Mitte der 60er Jahre Weiße aus Führungspositionen ausschloß, waren Juden unverhältnismäßig stark davon betroffen. Es hatte seit längerem Konfliktzonen zwischen Juden und Schwarzen auf Gemeindeebene gegeben (vgl. Rose 1981), vor allem in Wohngebieten, die die Schwarzen von Juden übernommen hatten, in denen Juden aber noch geschäftlich und beruflich tätig waren. Manchmal vermieteten Juden Wohnungen an Schwarze und unterhielten Geschäfte in zunehmend schwarzen Wohnvierteln. Dies war eine langfristige Entwicklung, doch der latente Konflikt zwischen den Gemeinschaften kam während des New Yorker Lehrerstreiks 1969 offen zum Ausbruch. Die Lehrergewerkschaft, in der die Juden stark vertreten waren, sah sich unerwartet von schwarzen Gruppen angegriffen, die sich gegen „jüdische Hegemonie" im Bildungswesen wandten und sich für eine „Gemeindekontrolle" über Schulen in schwarzen Wohnbezirken aussprachen. Die Auseinandersetzungen zwischen Schwarzen und Juden über diese Themen weiteten sich von der kommunalen auf die nationale Ebene aus, als es um die Frage der *affirmative action* bei Zulassungen zu und Einstellungen in Colleges ging. Die Schwarzen verlangten den Abbau traditioneller Diskriminierungsstrukturen, und während Juden im allgemeinen ihre Bestrebungen in dieser Richtung unterstützt hatten, erinnerte sie die Politik der *affirmative action* zu sehr an die Quotensysteme, die früher dazu gedient hatten, Juden auszuschließen. Juden hatten in der amerikanischen Gesellschaft ihre Erfolge nach Leistungskriterien erreicht und sie spürten, daß ihre Zugangswege bedroht waren. Die Schwarzen fürchteten, daß ihnen die Wege des Weiterkommens nach Leistung verschlossen bleiben würden, wenn sie ihnen nicht zunächst einmal kompensatorisch eröffnet würden.

Schwarze und Juden begannen, auch bei außenpolitischen Fragen unterschiedliche Meinungen zu vertreten. Mit dem Ende der Bürgerrechtsphase der Schwarzen Bewegung wuchs das Interesse der schwarzen Führer, eine deutliche schwarze Position in der Außenpolitik zu entwickeln, wobei sie vor allem gute amerikanische Beziehungen zu und Hilfe für afrikanische Nationen betonten. Dies hätte nicht in Konflikt zu jüdischen außenpolitischen Positionen stehen müssen, die im allgemeinen liberal waren, hätte nicht Israel Beziehungen zu dem rassistischen südafrikanischen Regime aufgenommen und sich dadurch in Auseinandersetzungen mit einigen afrikanischen Staaten verwickelt, wie Uganda (in diesem Fall war dies wohl hauptsächlich durch Ugandas Diktator Idi Amin verursacht), – und wenn nicht amerikanische Schwarze ihr Interesse an afrikanischer Politik auf eine Unterstützung der arabischen (insbesondere der palästinensischen) nationalistischen Bestrebungen ausgeweitet hätten, zum Nachteil der nationalistischen Bestrebungen Israels. Die unterschwelligen Spannungen flammten erneut auf, als der Vertreter der Vereinigten Staaten in den Vereinten Nationen, Andrew Young, sich heimlich mit PLO-Führer Yassir Arafat traf. Dies widersprach der Regierungspolitik, und

II. Ergebnisse der Umfrageforschung zum Antisemitismus 147

Präsident Carter zwang Young zurückzutreten. Doch viele Juden sahen in diesem Treffen Youngs mit Arafat Anzeichen eines schwarzen Antisemitismus, und viele Schwarze glaubten, daß hinter den Kulissen Juden auf den Rücktritt Youngs gedrängt hatten und sahen darin Zeichen jüdischer Machenschaften und jüdischen Rassismus. Ähnliche Spannungen traten einige Jahre später, während der Präsidentschaftskandidatur von Jesse Jackson (1984) auf. Juden hatten lange den Verdacht gehegt, daß Jackson antisemitische Ansichten vertrat, und sie sahen diesen Verdacht bestätigt, als Jackson in der Annahme, er spreche inoffiziell, offen antisemitische Verleumdungen äußerte und diese dann veröffentlicht wurden. Jackson weigerte sich auch, dem schwarzen Muslim-Anführer Louis Farrakan seine Unterstützung zu entziehen, selbst nachdem dieser in einer Rundfunk-Predigt Hitler gepriesen und den Judaismus eine „Gossen-Religion" genannt hatte. Wieder glaubten Schwarze, daß Juden ihre gewählten Führer angriffen, und glaubten Juden, daß Schwarze jüdische Interessen verletzten.

Auch die politischen und sozialen Bestrebungen zwischen Juden und weißen Nichtjuden in den Vereinigten Staaten scheinen sich seit den späten 60er Jahren verändert zu haben, wenn auch vielleicht nicht in dem Maße wie die Beziehungen zwischen Juden und Schwarzen. Wie bereits festgestellt, standen in der Zeit vor den späten 60ern Juden in Fragen der Innen- und Außenpolitik wahrscheinlich gebildeten, städtischen, liberalen, nordamerikanischen Protestanten am nächsten und unterschieden sich am stärksten von den weniger gebildeten, nicht-städtischen, konservativen, fundamentalistischen Protestanten aus dem Süden der Vereinigten Staaten; auch katholischen Volksgruppen standen sie nahe. Durch die späten 80er Jahre hindurch sind diese sozio-politischen Distanzen in bezug auf viele innenpolitische Fragen unverändert geblieben. Juden stimmen weiterhin mit liberalen Protestanten überein und sind anderer Ansicht als fundamentalistische Protestanten in Fragen der religiösen Toleranz und der Trennung von Staat und Kirche (z. B. Gebete in der Schule), der politischen Toleranz, der Geschlechterrollen und in einigen (nicht allen) Fragen der Rassendiskriminierung und der sexuellen Moral. Dennoch, einige Themen – wie *affirmative action*, Abtreibungsgesetze und Nicht-Diskriminierung von Homosexuellen – haben die amerikanischen Juden, genauso wie weiße Protestanten und Katholiken, in liberale und konservative Lager gespalten.

Der größte Wandel in den sozialen und politischen Beziehungen zwischen Juden und weißen Nichtjuden hat sich vermutlich im außenpolitischen Bereich vollzogen. Die Liberalen in der amerikanischen Außenpolitik hatten schon lange eine Konfrontation meidende Haltung gegenüber kommunistischen Ländern und Unterstützung für die Entwicklung und Unabhängigkeit der Dritten Welt befürwortet. Und seit der Mitte der 60er Jahre traten sie auch zunehmend gegen Interventionen ein. In der Zeit vor dem Nah-Ost-Konflikt von 1967 neigten die Liberalen in der Außenpolitik dazu, Israel zu unterstützen, da sie es als eine der wenigen erfolgreichen postkolonialen nationalen Befreiungsbewegungen ansahen, aus der sich ein Staat entwickelt hatte – einen demokratischen „dritten Lösungsweg" zwischen kommunistischer und rechter Diktatur, – und gleichzeitig als einen geplagten regionalen *underdog*. Doch nach dem Sechs-Tage-Krieg verlagerten sich die Sympathien in der liberalen Außenpolitik in Richtung der Palästinenser und der arabischen Länder. Dieser Wandel vollzog sich in einer Zeit wachsender Opposition gegen eine Einmischung Amerikas in Vietnam, und einige der Opponenten dieses Krieges hörten auf, Israel als *underdog* zu betrachten, sondern sahen in ihm vielmehr einen verlängerten Arm des amerikanischen „Imperialismus" in der Dritten Welt. Auch die meisten der liberalen Juden standen Israels Außenpolitik zunehmend kritisch gegenüber; dennoch behielten sie – bis auf wenige Ausnahmen – ihre weitgehend unterstützende Haltung bei. So öffnete sich eine Kluft zwischen liberalen Nichtjuden und Juden in Fragen der Außenpolitik. Sie wurde noch größer, da sich die Haltung der Sowjetunion gegenüber dem Nahen Osten parallel zu der der amerikanischen Liberalen änderte und die Sowjetregierung sich ihrer eigenen jüdischen Bevölkerung gegenüber restriktiver verhielt. Gleichzeitig begannen viele nicht-arabische Länder der Dritten Welt, insbesondere die mit der Sowjetunion verbündeten, Israel zu verurteilen und die PLO zu unterstützen. Diese Entwicklungen trieben einen noch größeren Keil zwischen amerikanische Juden und die traditionellen Orientierungen des außenpolitischen Liberalismus: Unterstützung der Länder der Dritten Welt und einen die Konfrontation mit den Ländern des Ostblocks vermeidenden Kurs. Für Israel eintretende Juden fanden sich nun häufig in Opportunitätsbündnissen mit antikommunistischen Konservativen wieder, mit denen sie in innenpolitischen Fragen wenig gemein hatten. Das seltsamste dieser Bündnisse wurde mit fundamentalistischen Protestanten geschlossen, die Israel kräftig unterstützten, – nicht nur um sich gegen die von der Sowjetunion unterstützten arabischen Staaten zu stellen, sondern auch weil sie im Aufbau eines jüdischen Staates das notwendige Vorspiel für das zweite Kommen Christi sahen!

Es ist offensichtlich, daß durch die Verlagerung der politischen und sozialen Bündnisse amerikanischer Juden viele scheinbare Äußerungen von Feindseligkeit gegen Juden lediglich politische Meinungsverschiedenheiten oder Interessenkonflikte und nicht Vorurteile widerspiegeln. Wir würden von in einer Erhebung Befragten nicht erwarten, daß sie von ihren politischen Verbündeten sagen, sie hätten „zuviel Macht" oder sie würden nicht für sie stimmen. Doch würden sie wahrscheinlich antworten, daß ihre politischen *Gegner* zuviel Macht haben und daß sie nicht für sie stimmen würden. Die Meinung, daß die Gegner in der Außenpolitik „illoyal" seien, mag über die Grenzen einer pluralistischen Politik hinausgehen, doch könnte sie Konflikte zwischen Gruppen reflektieren – sicher mit einem unzureichenden Verständnis von liberaler Demokratie – und nicht antisemitische Vorurteile.

II. Ergebnisse der Umfrageforschung zum Antisemitismus

Um festzustellen, ob einige Erhebungen eher Konflikte zwischen Gruppen als Vorurteile messen, wurden anhand der beiden umfangreichsten amerikanischen Umfragen zu diesem Thema, die 1964 und 1981 durchgeführt wurden[7], Faktorenanalysen mit Indikatoren für Antisemitismus vorgenommen. Die Ergebnisse (s. Tabelle 4) lassen erkennen, daß es tatsächlich möglich ist, eine „Konflikt"-Dimension von einer „Vorurteils"-Dimension des Antisemitismus zu unterscheiden. Die Fragen laden auf den vorhergesagten Faktoren und diese Struktur blieb von 1964 bis 1981 recht stabil. Der erste Faktor, der „Vorurteil" genannt wurde, setzt sich hauptsächlich aus einigen traditionellen Stereotypen über jüdisches Cliquenwesen und unfaire Geschäftspraktiken zusammen. Die Anschuldigung, daß Juden sich ihrem Land gegenüber illoyal verhalten würden, lädt auch auf diesem Faktor. Diese Meinung wird manchmal als moderne, politische Form des Vorurteils intrpretiert, doch korreliert sie hier mit traditionellen Stereotypen. Auch die Meinung, daß „Juden mit ihren Ideen immer für Ärger sorgen", lädt auf diesem Faktor, während sich ihre Ladung im Jahre 1964 auf zwei Faktoren aufteilte. Der zweite Faktor, der mit „Konflikt" bezeichnet wurde, setzt sich zusammen aus der Meinung, daß Juden zuviel Einfluß im Staat und in der Wirtschaft hätten, der Auffassung, sie versuchten in Bereiche einzudringen, in denen sie nicht erwünscht sind, und schließlich aus dem Eintreten für die arabischen Staaten gegen Israel im Nah-Ost-Konflikt. Und der dritte Faktor, „Soziale Distanz" genannt, besteht aus der Abneigung dagegen, daß ein Jude/ eine Jüdin in die Familie einheiratet, dem Widerwillen gegen jüdische Nachbarn oder der Ablehnung, einen jüdischen Präsidentschaftskandidaten der eigenen Partei zu wählen. Die Abneigung, einen Juden zu wählen, wird wiederum häufig als ein Element von politischem Antisemitismus interpretiert, doch hier korreliert sie stärker mit typischen Maßen der sozialen Distanz. Ein Element läßt sich nicht gleichbleibend über die Jahre einem einzelnen Faktor zuordnen, nämlich die Ansicht, daß die Leidensgeschichte der Juden in ihrer Ablehnung Jesu begründet sei. In der Erhebung von 1964 lud diese Frage auf dem Vorurteils-Faktor, in der von 1981 auf dem Faktor „Soziale Distanz". Dieses Ergebnis stimmt mit der Feststellung überein, daß religiöser Antisemitismus nicht mehr eindeutig mit modernem politischen Antisemitismus oder mit den Überresten traditioneller Volksvorurteile verbunden ist (Weil 1985), obwohl er im 18. und 19. Jahrhundert die „Brücke" gewesen sein mag, über die Juden zur Zielscheibe säkularer Feindseligkeiten wurden (Katz 1980). Dennoch bleibt, wie wir in Kürze sehen werden, religiöser Antisemitismus ein wichtiger Faktor in bestimmten Bereichen der amerikanischen Gesellschaft.

Wenn manche Spannungen zwischen Juden und Nichtjuden eher Konflikte zwischen Gruppen – Konflikte, die in Folge von Veränderungen von Gruppeninteressen und -positionen entstehen – als Vorurteile widerspiegeln, dann müßten soziale Gruppen in charakteristischer Weise auf Umfrage-Indikatoren für Konflikt und für Vorurteil reagieren. Wir können die in Tabelle 4 wiedergegebenen Faktoren benutzen, um Veränderungen in Gruppenmeinungen über eine gewisse Zeit zu untersuchen. Tabelle 5 zeigt im oberen Feld einige durchschnittliche Faktorenwerte für ethnische und religiöse Gruppen und im unteren Feld nichtstandardisierte Regressionskoeffizienten für die Gruppen (bei Kontrolle des Bildungsstatus).

Die Ergebnisse stimmen weitgehend mit dem zuvor gegebenen historischen Abriß überein. Weiße fundamentalistische Protestanten und Schwarze weisen bei diesen Indikatoren das höchste Maß an Antisemitismus auf, aber ihre Werte variieren von Faktor zu Faktor. So ziehen weiße Fundamentalisten über den gesamten Zeitraum von 1964 bis 1981 eine größere soziale Distanz vor und hatten im Jahre 1964 überdurchschnittlich starke Vorurteile gegen Juden.[8] Doch im Jahre 1981 zeigten sie nur noch ein durchschnittliches Maß an Vorurteilen und könnten, was den Konflikt-Faktor betrifft, Juden gegenüber etwas wohlgesonnener geworden sein.[9] Dieses Muster entspricht der bereits erwähnten wachsenden Unterstützung für Israel unter Fundamentalisten. Auch Schwarze weisen überdurchschnittliche Werte bei den Antisemitismus-Faktoren auf, doch treten diese Werte bei anderen Faktoren auf. Wie bei weißen Fundamentalisten stieg ihr Wunsch nach sozialer Distanz, doch anders als weiße Fundamentalisten erreichten sie überdurchschnittliche Werte für den Vorurteils-Faktor über die gesamte Periode von 1964 bis 1981, und ihre konfliktbezogenen Gefühle nahmen erheblich zu. Der Anstieg dieser Konfliktgefühle entspricht den bereits erwähnten zunehmenden Auseinandersetzungen zwischen beiden Gruppen. Im Gegensatz dazu weichen nicht-fundamentalistische Weiße in den meisten Faktoren nur geringfügig vom Bevölkerungsdurchschnitt ab. Gelegentlich scheinen sie Juden gegenüber freundlicher gesonnen als der Durchschnitt, doch die meisten dieser Unterschiede schwinden bei Kontrolle des Bildungsgrades.

Einige Untersuchungen stärken die Vermutung, daß niedriger Bildungsstand den in bestimmten sozialen Gruppen, wie weißen Fundamentalisten oder Schwarzen, gemessenen Antisemitismus teilweise erklären könnte: Bildung ermöglicht den Zugang zur Subkultur der „Aufklärung", die traditionelle Vorurteile reduziert (vgl. z. B. Selznick und Steinberg 1969). Aus anderen Studien geht jedoch hervor, es sei unwahrscheinlich, daß Bildung Antisemitismus mindert, wenn dieser ein Ausdruck von Konflikten zwischen Gruppen oder von Distanz ist: Die Leute kennen im allgemeinen ihre eigenen Interessen und ihre soziale Distanz zu anderen Gruppen, ob sie nun hoch oder wenig gebildet sind (Jackman und Muha 1984). Im vorliegenden Fall berühren die im unteren Feld von Tabelle 5 gegebenen Vergleichswerte für den Bildungsgrad die Werte für Antisemitismus bei weißen Fundamentalisten und Schwarzen nur unwesentlich. Einige Studien haben vielmehr gezeigt, daß es seit den späten 60er Jahren die gebildeteren – und jüngeren – unter den Schwarzen sind, die den höchsten Grad an Antisemitismus aufweisen (Lipset u. Schneider 1978; Martire u. Clark 1982). Dieses Muster weicht tatsächlich

II. Ergebnisse der Umfrageforschung zum Antisemitismus 151

von der Mehrheit der Studien ab, denn – wie wir gerade gesehen haben – verschwinden die meisten positiven oder negativen Faktoren für die Antisemitismus-Faktoren bei nicht-fundamentalistischen Weißen (sie werden statistisch unbedeutend), sobald der Bildungsgrad berücksichtigt wird. Diese Ergebnisse bieten eine zusätzliche Unterstützung für die These, daß der unter weißen Fundamentalisten und Schwarzen gemessene Antisemitismus ein Ausdruck von Konflikten zwischen Gruppen und von sozialer Distanz ist. Handelte es sich lediglich um Vorurteile, würde die Theorie vorhersagen, daß Bildung dem Antisemitismus entgegenwirke, doch dies ist nicht der Fall.

Wir können dieses Muster differenzierter weiterverfolgen, indem wir eine Erhebungsfrage aus jeder Antisemitismus-Dimension mit umfassenderen multivariaten Modellen untersuchen. Die hierfür ausgewählten Fragen sind die folgenden: Verhalten sich Juden Israel gegenüber loyaler als gegenüber den Vereinigten Staaten? Haben Juden zuviel Macht? Würde man einen jüdischen Präsidentschaftskandidaten der eigenen Partei ablehnen? Tabelle 6 zeigt zunächst die grundlegende bivariate Beziehung zwischen diesen Indikatoren und dem Bildungsgrad, der Kohorte (das Jahr, in dem der Befragte 21 wurde), der Rasse und der Religiosität (Fundamentalisten beider Rassen gegenüber „gemäßigten" Konfessionen). Die Aufschlüsselungen spiegeln die oben und in vorhergehenden Untersuchungen gewonnenen Ergebnisse wider. Die besser gebildeten und jüngeren Kohorten sind durchgängig weniger antisemitisch, doch diese Effekte nahmen im allgemeinen von 1964 bis 1981 ab. Schwarze weisen dieselbe historische Bewegung hin zu höheren Graden an Antisemitismus auf, die wir schon zuvor gesehen haben, doch nun bei allen drei Indikatoren. Und religiöse Fundamentalisten (beider Rassen) neigen eher dazu zu glauben, daß Juden sich Amerika gegenüber nicht loyal verhalten, und sie sind weniger dazu bereit, für einen jüdischen Kandidaten zu stimmen. Doch, wie schon zuvor, neigen sie weniger dazu zu sagen, daß Juden viel Macht haben.

Diese Variablen wurden in multivariaten Tabellen kombiniert, die mit loglinearen Modellen analysiert wurden. Die Effektparameter der endgültig angepaßten Modelle zeigt Tabelle 7.[10] Im allgemeinen bleiben die grundlegenden Korrelationen, die in den bivariaten Tabellen dargestellt wurden, auch bei Kontrolle anderer Variablen bestehen, doch werden einige bedeutsame neue Muster sichtbar.

Das wichtigste der neuen Ergebnisse betrifft ethnische und generationsbezogene Unterschiede. In neueren Studien wurde festgestellt, daß seit den 70er Jahren junge Schwarze begangen, höhere Grade an Antisemitismus aufzuweisen. Dies bedeutet eine Veränderung gegenüber früheren generationsbezogenen Unterschieden bei Schwarzen und langfristigen generationsbezogenen Unterschieden bei Weißen. In diesen Fällen sind die Jungen weniger antisemitisch. Diese generationsbezogene Umkehrung bei Schwarzen wird in Tabelle 7 deutlich, doch mit einer wichtigen Modifikation. Bei allen Fragen der 1964 durchgeführten Erhebung sind sowohl junge Schwarze als auch junge Weiße weniger antisemitisch. Wie vorausgesagt, sind jüngere Schwarze für die meisten Fragen von 1981 ausgeprägter antisemitisch. Doch ein zweites Muster überlagert das erste im Jahre 1981. Bei einigen der in der Erhebung von 1981 gestellten Fragen weisen sowohl die jüngsten als auch die ältesten Kohorten den höchsten Grad an Antisemitismus auf. Dies wird am deutlichsten bei Schwarzen, aber es trifft bei einer Frage auch auf Weiße zu. Anders gesagt, im Jahre 1981 waren die *mittleren* Generationen sowohl von Schwarzen als auch von Weissen weniger ausgeprägt antisemitisch. Dies sind die Generationen, die in der Zeit direkt vor und während der Bürgerrechtsbewegung erwachsen wurden (sie wurden zwischen und 1963 21 Jahre alt). Die Kohorten-Theorie betont die Bedeutung historischer Ereignisse, die in der späten Adoleszenz oder im frühen Erwachsenenalter stattfinden, für die Formung von Einstellungen, die das ganze Leben über stabil bleiben. Alterskohorten neigen dazu, diese historischen Eindrücke mit sich zu tragen, es sei denn, spätere Vorkommnisse überlagern die prägenden Ereignisse. So könnten wir dieses zweite generationsbezogene Muster den „Bürgerrechts-Effekt" nennen, insbesondere bei Schwarzen, bei denen dieses Muster am ausgeprägtesten ist. Die Zeit der Bürgerrechtsbewegung kann als ein historisch außergewöhnliches Zwischenspiel verbesserter Kooperation zwischen Schwarzen und (liberalen) Weißen angesehen werden, in einer Geschichte, die ansonsten durch viele Auseinandersetzungen zwischen den Rassen charakterisiert ist. Da Juden zu den heftigsten weißen Verfechtern der Bürgerrechtsbewegung zählten, könnten Schwarze, die in einer Zeit wachsender Kooperation zwischen Schwarzen und liberalen Weißen erwachsen wurden, sich eine weniger durch Konflikte (oder Vorurteile) geprägte Meinung von Juden gebildet haben als Schwarze, die in einer Periode größerer Konflikte aufwuchsen.[11]

Neuere Studien haben ebenfalls ergeben, daß, während die Gebildeteren beider Rassen vor den späten 60er Jahren ein geringeres Maß an Antisemitismus zeigten – ein Muster, das bei Weißen für die meisten Indikatoren bestehen bleibt –, gebildetere Schwarze nach den späten 60er Jahren einen höheren Grad an Antisemitismus aufwiesen. Doch kommt von dieser bildungsbezogenen Umkehrung in Tabelle 7 wenig zum Vorschein. Gebildetere Schwarze sind nur bei der Frage nach der Loyalität von Juden gegenüber den Vereinigten Staaten stärker antisemitisch als weniger gebildete Schwarze, nicht aber bei den Fragen nach der Macht von Juden oder der Kandidatur von Juden. Und diese Bildungs-Umkehrung bestand sowohl 1964 als auch 1981. Folglich weist einiges darauf hin, daß antisemitische Tendenzen bei Schwarzen vielleicht nicht in dem Maße durch Bildung vermindert werden wie bei Weißen, obwohl diese Umkehrung nicht bei allen Indikatoren auftritt. Es gibt jedoch keinen Beleg dafür, daß diese Umkehrung zu einem bestimmten historischen Zeitpunkt stattfand. Man könnte versuchen, diese Ergebnisse im Sinne der „Dimensionalität" der Indikatoren zu interpretieren, doch wäre diese Deutung wahrscheinlich höchst unsicher. Die Analyse zusätzlicher Variablen könnte in diesem Fall weiteres Licht auf die Ergebnisse werfen.

Bis hierher habe ich die Einstellungen von Nichtjuden gegenüber Juden analysiert, ohne viel auf die Haltungen von Juden selbst einzugehen. Doch Beziehungen zwischen Gruppen sind reziprok. Wenn es Spannungen zwischen Juden und anderen Gruppen gibt, dann sollten die Ursachen auf beiden Seiten gesucht werden.[12] Es gibt zwei Hauptarten, diese wechselseitigen Einstellungen zu untersuchen. Die erste betrifft das Ausmaß, in dem verschiedene Gruppen bezüglich gemeinsamer Angelegenheiten differieren. Dies könnte als die „Problem-Distanz" zwischen ihnen bezeichnet werden. Wenn die Probleme eher gesellschaftspolitischer als nur ideologischer Natur sind oder besser, wenn sie eher auf Nullsummen-Spiele als auf Nichtnullsummen-Spiele hindeuten, dann können die Problem-Distanzen als Indikatoren für Interessenkonflikte zwischen Gruppen interpretiert werden. Die zweite Methode der Untersuchung von Gruppenbeziehungen ergänzt die Studie des Antisemitismus bei Nichtjuden durch die Untersuchung der Vorurteile oder Konflikthaltungen bei Juden, die gegen andere Gruppen gerichtet sind.

Die 1964 und 1981 durchgeführten Umfragen zum Antisemitismus enthalten eine Reihe von Fragen, die es uns ermöglichen, die Problem-Distanz zwischen Juden und verschiedenen nichtjüdischen Gruppen zu untersuchen. Unglücklicherweise wurden zwar die meisten Antisemitismus-Indikatoren in der späteren Erhebung repliziert, jedoch nur eine kleine Zahl der anderen Fragen. Eine Reihe wichtiger neuer Fragen wurde eingeführt, doch da diese in der Erhebung von 1964 nicht gestellt wurden, ist es nicht möglich, festzustellen, ob Gruppen sich einander genähert oder weiter voneinander entfernt haben.

Tabelle 8 faßt die Positionen von Juden und anderen Gruppen bezüglich einiger sozialer Fragen zusammen. Die Ergebnisse zeigen, daß im Jahre 1964 Juden sehr viel liberaler, pro-israelischer und säkularisierter als andere Gruppen waren.[13] Diese Unterschiede nahmen bis 1981 ab, doch waren sie immer noch groß. In den meisten Punkten näherte sich der Rest der Bevölkerung jüdischen Einstellungen an, während die Juden sich langsamer veränderten. Im allgemeinen ist die Problem-Distanz zwischen Juden und weißen Fundamentalisten sowie Schwarzen am größten und zwischen Juden und Weißen ohne religiöse Präferenz am geringsten. Doch wie zuvor variiert die Problem-Distanz von unterschiedlichen sozialen Gruppen je nach Item. So zeigt sich die größte und historisch stabilste Distanz zu weißen Fundamentalisten und Schwarzen im allgemeinen bei den Fragen nach der Religiosität und der Toleranz gegenüber Atheisten und in geringerem Maße auch bei der Skala anti-liberaldemokratischer Tendenzen. Es ist anzunehmen, daß die Kontrolle des Bildungsgrades Unterschiede bezüglich der Toleranz und Demokratie stark reduzieren würde, wahrscheinlich aber nicht die bezüglich der Religiosität. Die Differenz zwischen Schwarzen und Juden auf der Xenophobie-Skala ging drastisch zurück und es ist wahrscheinlich, daß in der Zeit von 1964 bis 1981

Schwarze mehr als Juden eine sehr viel positivere Meinung zu Minderheitenrechten entwickelt haben (die Erhebungsfragen sind nicht identisch). Doch bezüglich der Unterstützung von Israel entfernten sich Schwarze weiter von Juden, während weiße Fundamentalisten sich ihnen näherten. Insgesamt spiegeln Problem-Distanzen zwischen Juden und anderen Gruppen die vorher beschriebenen Muster des Antisemitismus wider. Die Problem-Distanzen bei Fragen der Politik waren über die Jahre etwas weniger beständig als die Problem-Distanzen bei Fragen der Ideologie oder der Toleranz. Folglich könnte man wieder argumentieren, daß einige der wechselnden Spannungsgrade zwischen Juden und anderen Gruppen seit den späten 60er Jahren tatsächlich eher sich verändernde Interessenkonflikte als einfach nur Vorurteile reflektierten.

Die zweite oben genannte Methode der Untersuchung von Gruppenbeziehungen besteht darin, nicht nur die Haltung von nichtjüdischen Gruppen gegenüber Juden zu analysieren, sondern auch die Einstellungen von Juden gegenüber verschiedenen nichtjüdischen Gruppen. Bisher sind weiße Fundamentalisten und Schwarze die auffälligsten nichtjüdischen Gruppen, die wir untersucht haben. Doch da Umfragen zu Einstellungen gegenüber Rassen in großer Menge vorliegen, wohingegen Erhebungen über Fundamentalisten selten sind, werde ich aus praktischen Gründen die folgende Untersuchung auf die Einstellungen von Schwarzen und Juden zueinander beschränken.

Tabelle 9 zeigt für die Jahre 1964 bis 1981 die Grade an Antisemitismus bei Schwarzen im Vergleich zu den Antisemitismus-Werten von weißen Nichtjuden. Es handelt sich um dieselben Indikatoren, die wir bereits zuvor analysiert haben, und sie sind entsprechend den in Tabelle 4 aufgestellten Dimensionen des Antisemitismus gruppiert. Sie folgen dem bereits bekannten Muster, doch sie sind hier etwas detaillierter dargestellt. Wieder läßt sich der stärkste Anstieg von Feindseligkeit von seiten Schwarzer gegenüber Juden in der Konflikt-Dimension verzeichnen und nicht bezüglich der Vorurteile oder der sozialen Distanz. Doch dort, wo antisemitische Tendenzen – unabhängig von der Dimension – zugenommen haben, scheinen sie eher auf politische Spannungen als auf im strengen Sinne sozio-ökonomische Spannungen zu verweisen. Folgende Indikatoren zeigen den stärksten Anstieg: jüdischer Einfluß in den Vereinigten Staaten, jüdischer Einfluß auf die Wirtschaft, Ablehnung jüdischer Kandidaten, jüdische Loyalität gegenüber Amerika und die Tendenz von Juden, in Bereiche einzudringen, in denen sie nicht erwünscht sind. Tabelle 10 zeigt die andere Seite der Medaille in den Gruppenbeziehungen: Ausmaß des Rassismus von Juden in den Jahren von 1972 bis 1986 im Vergleich zum Rassismus weißer Nichtjuden. Die Daten stammen aus den *General Social Surveys*, die vom *National Opinion Research Center* an der University of Chicago durchgeführt wurden. Da die Anzahl der befragten Juden gering ist, wurden, um den Umfang der Stichprobe zu vergrößern, sieben Umfragen aus den Jahren 1972 bis 1978 zusammengefaßt und sechs Umfragen für den Zeitraum 1980-86. Da es noch nicht möglich war, eine dimensionale Analyse dieser Items durchzuführen, sind sie einfach nach dem abnehmenden Grad an Rassismus bei Juden aufgelistet.

Wie beim nichtjüdischem Antisemitismus variieren die Grade des Rassismus bei Juden erheblich von Frage zu Frage, und wie zuvor sind diese Unterschiede sehr aufschlußreich. Diese Schwankung kann unter dem Gesichtspunkt des absoluten Grades an jüdischem Rassismus betrachtet werden oder unter dem der Differenz des Verhältnisses zwischen jüdischen und nichtjüdischen Werten. Beide Betrachtungsweisen ergeben dasselbe Bild.[14] Bezieht sich die Frage auf *affirmative action* oder auf einen Nullsummen-Streit zwischen Interessen von Juden und Schwarzen, weisen Juden einen höheren Grad an Rassismus auf. Betrifft die Frage dagegen Diskriminierung, soziale Distanz oder Unterstützung von Minderheiten, ist die Ausprägung rassistischer Feindseligkeit bei Juden schwächer.

Diese Muster werden in den absoluten Werten für jüdischen Rassismus deutlich. Negative jüdische Meinungen über Schwarze sind dann am häufigsten (über 40%), wenn die Frage *affirmative action* betrifft oder Situationen, die sich nachteilig für Juden selbst auswirken könnten: obligatorischer Einsatz von Schulbussen, ein zu starkes Vorwärtsstreben von Schwarzen, eine Vorzugsbehandlung von Schwarzen durch die Regierung, schulische Integration in Gebieten mit hauptsächlich schwarzen Schülern und eine erzwungene Politik des Verbots der rassischen Diskriminierung beim Verkauf oder der Vermietung von Häusern. Am seltensten sind die negativen Meinungen von Juden (unter 15%) bei Fragen zur Diskriminierung, sozialen Distanz oder Unterstützung von Schwarzen in Form von *non-affirmative action*: Einladung von Schwarzen zum Essen, Schulintegration, für einen schwarzen Präsidentschaftskandidaten stimmen, Ehen zwischen Partnern unterschiedlicher Rasse und Ausgaben der Regierung für Schwarze. Die Quotienten von jüdischem Rassismus im Vergleich zum Rassismus bei weißen Nichtjuden spiegeln diese Unterschiede wider, wie wir in Tabelle 10 sehen können. In prozentualen Unterschieden ausgedrückt, heißt dies, daß Juden in beiden Zeitspannen im Durchschnitt um 10 Punkte liberaler waren als weiße Nichtjuden. Beide Gruppen mögen über diesen Zeitraum geringfügig liberaler geworden sein – eine Analyse der jüdischen Daten läßt für keine der Fragen einen statistisch bedeutenden Wandel erkennen, doch kann dies auf die kleine Stichprobe zurückzuführen sein, – aber der Unterschied zwischen Juden und Nichtjuden bleibt bei allen Fragen über den gesamten Zeitraum nahezu identisch. Bezüglich der absoluten Werte und des Verhältnisses jüdisch/weiß-nichtjüdisch zeigen Juden also das höchste Maß an rassischer Feindseligkeit, wenn Interessen von Schwarzen und von Juden in Konflikt zueinander geraten – insbesondere hinsichtlich der *affirmative action*-Politik –, und sie weisen die geringste rassische Feindseligkeit auf, wenn es um Fragen der Diskriminierung, der sozialen Distanz oder der Unterstützung von Minoritäten (*non-affirmative action*) geht.

Zusammengenommen bieten diese Analysen eine eindrucksvolle empirische Bestätigung für das im historischen Abriß zu Beginn dieses Abschnitts entworfene Bild der Gruppenbeziehungen in Amerika. Wie in den meisten der empirischen Studien zeigen die Daten ein höheres Maß an antisemitischem Vorurteil für die älteren und weniger gebildeten Gruppen der Bevölkerung. Doch es war auch möglich, konfliktbezogene Elemente der Spannung zwischen Gruppen von in den Bereich des Vorurteils fallenden Elementen zu unterscheiden, und hierbei unterschieden sich die Gruppen so, wie es in Anbetracht ihrer sich wandelnden Interessen vorauszusehen war. In den frühen 80er Jahren hatten sich weiße Fundamentalisten in Fragen des Konflikts den Juden etwas angenähert, während sich die Schwarzen erheblich von ihnen entfernt hatten. Und dort, wo es möglich war, jüdische Meinungen über nichtjüdische Gruppen zu analysieren – in diesem Fall rassenbezogene Einstellungen –, spiegelten sich dieselben Gruppenkonflikte wider. Wenn es um Vorurteile geht, zeigen sich Juden recht liberal (vielleicht weil sie einen hohen Bildungsstatus haben), doch wenn ihre Interessen in Konflikt mit denen anderer Gruppen geraten, verhärten sich ihre Ansichten. Ein Bereich der Gruppenbeziehungen konnte mit den vorliegenden Daten nur schwer erfaßt werden: die Beziehungen zwischen Juden und weißen Liberalen, insbesondere im Bereich der Außenpolitik. Es wäre wertvoll, Daten zu erheben, die eine Untersuchung dieser Frage ermöglichten (Lipset u. Schneider 1978 bieten eine knappe Analyse).

IV Zeitgenössischer Antisemitismus im Überblick

Die vorausgehenden Darstellungen und Analysen zum Antisemitismus in westlichen Ländern können folgendermaßen zusammengefaßt werden:
  Für die Gegenwart ist zwischen politischem Antisemitismus und anderen Formen, vor allem sozialem, ökonomischem und religiösem Antisemitismus, zu unterscheiden. Obwohl letztere sich störend und manchmal nachteilig auf die Lebenschancen und Lebensbedingungen von Juden ausgewirkt haben, ist allein der politische Antisemitismus wirklich gefährlich gewesen.
  Radikaler politischer Antisemitismus war, ehe die Nazis an die Macht kamen, wahrscheinlich unter der deutschen Bevölkerung *nicht* weit verbreitet, und es ist anzunehmen, daß er auch unter ihrer Herrschaft nicht vorherrschend war (vgl. Steinert 1967 zu Ergebnissen von Umfragen aus der Zeit des Nazi-Regimes; s. Massing 1949; Pulzer 1964; Tal 1971, 1975; Rürup 1975; Rosenberg 1967; Bracher 1970 zu Belegen bezüglich der Erfolge, aber auch der Grenzen des deutschen Antisemitismus vor der Nazizeit). Der Holocaust war daher *nicht* das direkte Ergebnis eines volkstümlichen Antisemitismus, sondern vielmehr der Machtübernahme einer radikalen Bewegung, ein Ergebnis, das anders erklärt werden muß – hauptsächlich durch die Schwäche liberaldemokratischer Überzeugungen. Folglich war nicht zu erwarten, und es hat sich

auch nicht erwiesen, daß die Bevölkerung der Bundesrepublik nach dem Krieg radikalen politischen Antisemitismus vertreten würde. Sie ist ausgeprägter antisemitisch als die amerikanische Bevölkerung, aber im Vergleich zu den übrigen europäischen Nationen nimmt sie eine mittlere Position ein.

In allen untersuchten Ländern sind die Trends in den absoluten Werten und Strukturen des Antisemitismus ermutigend. Der Antisemitismus ist insgesamt zurückgegangen, und die Strukturen, die diesen Rückgang unterstützen, verstärken sich weiter. Insbesondere die Bildung scheint langsam eine Reduzierung des Antisemitismus zu ermöglichen, wozu sie nicht immer und überall in der Lage gewesen ist. Neue Generationen sind weniger mit Vorurteilen behaftet und in gewissen Maße weniger feindselig gegen Juden als ältere Generationen. Darüber hinaus ist politischer Antisemitismus nicht mit den größeren Parteien dieser Länder verbunden, mit Ausnahme von Österreich und, bis zu einem gewissen Grade, Frankreich; er beschränkt sich vielmehr auf politische Randgruppen, die wenig Gefolgschaft haben.

Der Hauptgrund für diesen Wandel in der strukturellen Basis des Antisemitismus in der Bundesrepublik liegt darin, daß sich hier die politische Kultur stark der Kultur von Ländern mit einer sehr viel älteren liberaldemokratischen Tradition genähert hat. Institutionen haben in dieser Hinsicht den politischen Wandel der Nachkriegszeit nachvollzogen (es gibt Belege, daß dies mit Verzögerung geschah), und sowohl die Schulen als auch die direkte Erfahrung der liberaldemokratischen Praxis führen nun neue Generationen hin zu größerer ethnischer und religiöser Toleranz. Sieht man die andere Seite der Medaille, so ist der politische Antisemitismus zurückgegangen aufgrund seiner Verbindung zu dem alten, diskreditierten historischen Nazi-Regime; und er ist nur schwach mit dem in der Bevölkerung anzutreffenden Neofaschismus verbunden. Es war nicht möglich, die politische Landschaft Österreichs hier genauso gründlich zu untersuchen, doch wir haben festgestellt, daß der Rückgang des politischen Antisemitismus dort sehr viel schwerfälliger vonstatten ging. Zieht man das Ausmaß des Rückgangs in den Vereinigten Staaten und in Frankreich mit in Betracht, scheint aber die Annahme sinnvoll, daß die Reduzierung auch in Beziehung zur allgemeinen Liberalisierung von den 50er bis zur Mitte der 70er Jahre steht.

Ein letzter Grund für diesen Rückgang ist das Austrocknen der traditionalistischen Quellen für antisemitische Vorurteile. Einerseits haben die Kirchen sich in ihren Ansichten gemäßigt, andererseits ist der Anteil der religiösen und traditionellen Sektoren in westlichen Bevölkerungen zurückgegangen. (Die amerikanische christliche Religiosität hat sehr viel weniger abgenommen als die europäische, doch war erstere nie eine so wichtige Quelle für Antisemitismus wie letztere. Vgl. dennoch die Debatte in Glock und Stark 1966 sowie Middleton 1973.) Diese weitere Reduzierung des traditionellen Antisemitismus berührt die mögliche Zukunft des politischen Antisemitismus, da antisemitische Vorurteile häufig die *Selektion* von Zielen für modernen nationalistischen Ethnozentrismus bestimmt haben (s. Katz 1980).

Aus diesen Gründen ist es heute sehr viel wahrscheinlicher als in der Vergangenheit, daß Spannungen zwischen Juden und Nichtjuden der Ausdruck eines einfachen Konfliktes zwischen Gruppen sind und sich durch Verhandlungen und Vermittlung mindern lassen, und es ist weniger wahrscheinlich, daß Juden als Sündenbock für Probleme gewählt werden, mit deren Ursachen sie wenig zu tun haben. In Ländern, in denen nur noch wenige Juden leben – vor allem in der Bundesrepublik – besteht wahrscheinlich zu wenig Kontakt zwischen Juden und Nichtjuden, als daß viele Konflikte entstehen könnten. Doch wenn die Häufigkeit von Kontakten dort nicht für den Rückgang von Vorurteilen verantwortlich ist, so spielen dabei andere Gründe, die wir untersucht haben, eine Rolle. In Ländern, in denen viele Juden leben – vor allem den Vereinigten Staaten – ist vieles, was wie ein antisemitisches Vorurteil erscheint, tatsächlich auf Konflikte zwischen Gruppen zurückzuführen. Dies trifft z. B. auf Interessenkonflikte zwischen Juden und Schwarzen bezüglich ethnischer Quotenregelungen zu und vielleicht auf Konflikte zwischen Juden und außenpolitisch Liberalen hinsichtlich Israels. Eine solche Situation ist sehr viel förderlicher für die Verminderung der Feindseligkeit gegenüber Juden, da die Lösung von Konflikten in liberalen Demokratien leichter zu bewerkstelligen ist als der Abbau von Vorurteilen. Dennoch sind in Österreich, wo viele aus der Sowjetunion kommende Juden Station machen, um nach Israel oder und in andere westliche Länder auszureisen, und in Frankreich, wo viele der jüngst eingetroffenen Juden Immigranten aus der fremden Kultur Nordafrikas sind, die Rollen des Kontaktes und Konfliktes vielleicht sehr viel komplexer, doch es ist nicht möglich, diese Faktoren in diesem kurzen Artikel zu berücksichtigen.

Das Problem des Antisemitismus ist in westlichen Ländern seit dem Holocaust nicht gänzlich verschwunden. Doch berücksichtigt man die hier gegebenen Belege, so ist die Annahme sinnvoll, daß Erneuerungen des Antisemitismus in absehbarer Zukunft wahrscheinlich nicht so bedrohlich sein werden wie zur Zeit der Jahrhundertwende, geschweige denn so gefährlich wie der Antisemitismus der Nazizeit. Aber trotzdem besteht weiterhin die Gefahr, daß in Krisenzeiten nach einem Sündenbock gesucht werden wird. Ich habe die These vertreten, daß das Ausmaß von Feindseligkeit gegenüber bestimmten Gruppen in normalen Zeiten nicht sehr hoch sein muß, damit die Krise in eine Tragödie mündet, wenn Vorurteile durch eine radikale politische Bewegung mobilisiert werden. Wie auch immer – die Suche nach Sündenböcken hat sich vielleicht von den Juden auf andere ethnische Minderheiten verlagert, insbesondere auf die Gastarbeiter in Europa und auf die Schwarzen und die ausländischen Arbeiter in Amerika. Andererseits weisen einige Studien einen Rückgang von ethnischen Vorurteilen in den Vereinigten Staaten und in Europa nach. Vielleicht liegt die größte Hoffnung darin, daß Spannungen zwischen Gruppen sich eher auf Konflikte beschränken lassen, über die verhandelt werden kann, als auf Vorurteile, die, insbesondere in Krisenzeiten, nur schwer abzubauen sind.

Anmerkungen

1 „Staatlich" und „dissident" werden hier im traditionellen Sinne gebraucht: Ersteres verweist auf die katholische Kirche und die in letzter Zeit als „national" anerkannten Kirchen und letzteres auf die nichtstaatlichen Kirchen und Sekten. In dieser Hinsicht ist die amerikanische Kultur – wie Lipset (1963) argumentiert – stark geprägt von der Tatsache, daß die Amerikaner eine Nation von (religiösen) Dissidenten sind (vgl. auch Überlegungen zu diesem Muster in den Darstellungen von Erhebungen bei Glock und Stark 1966 sowie Quinley und Glock 1983).

2 Vollständige Zitate der Quellen dieser und anderer Umfragen finden sich in Weil 1980 u. 1981 sowie in den Anmerkungen zu Tabelle 1 (s. unten).

3 Im Jahre 1970 wurde die Bevölkerung Hessens nach ihrer Meinung bezüglich einer Aussage befragt, die eher Äußerungen als Handlungen betraf, nämlich: „Man sollte die Juden natürlich nicht öffentlich beschimpfen, doch Gefängnis ist eine zu harte Strafe für antisemitische Äußerungen": 60 % stimmten zu, und 32 % waren anderer Meinung.

4 Juden selbst machten traditionell eine „nationale" Komponente in ihrer Identität geltend, doch in der Gegenwart, die in dieser Hinsicht durch Nationalismus gekennzeichnet ist, spielen Beschuldigungen der Illoyalität eine zentrale Rolle im politischen Antisemitismus.

5 Da dies zutrifft, kann die psychodynamische Interpretation des Effekts von Bildung zurückgewiesen werden (vgl. z. B. Adorno et al. 1950; Lipset 1981a; Kohn 1969). Diese Interpretation mag unter einigen historischen und kulturellen Bedingungen gelten, doch ist sie nicht universell. Es war nicht möglich, dies auf der Basis von Daten für ein einziges Land zu behaupten, da man argumentieren könnte, daß Studenten mit gewissen psychologischen Prädispositionen nach höherer Bildung streben könnten als andere (vgl. Plant 1965); man kann dagegen nicht von ihnen erwarten, daß sie ihr Land oder eine historische Periode wählen – zumindest nicht als Folge ihrer psychologischen Prädispositon. Auch die Interpretation, daß Bildungseffekte lediglich Klasseninteressen widerspiegeln, muß abgelehnt werden, da diese Effekte auch bei Kontrolle der Klassenvariablen stark bleiben. So kann man schlußfolgern, daß der Effekt von Bildung auf politischen Antisemitismus als eine Form von Sozialisation interpretiert werden muß.

6 In den zusammengefaßten Umfragen von 1972-77 wurden 233 Juden befragt (s. Ladd 1981) und die Erhebung von 1987 enthielt eine durch *oversampling* vergrößerte Stichprobe von 437 Juden.

7 Die Erhebung von 1964 wurde vom National Opinion Research Center (NORC) durchgeführt (s. Selznick und Steinberg 1969). Die Umfrage von 1981, die die von 1964 weitestgehend replizierte, wurde von Yankelovich durchgeführt (s. Martire und Clark 1982).

8 Die von weißen Fundamentalisten beim Vorurteils-Faktor erreichten Werte gingen über diesen Zeitraum etwas zurück und die für soziale Distanz erfaßten Werte stiegen an. Es gibt vielleicht eine technische Erklärung für diese Veränderungen. In der späteren Erhebung verlagerte sich das Item „Juden lehnten Jesus ab" vom Vorurteils-Faktor auf den Faktor „Soziale Distanz". Da Religion eine zentrale Frage für Fundamentalisten ist, könnte die Verschiebung in den Einstellungen weitgehend auf diese Veränderung in der Zusammensetzung der Faktoren zurückzuführen sein.

9 Dies hängt davon ab, ob „andere Weiße Protestanten" oder „Weiße einer anderen/ ohne Religion" von den Regressionen ausgeschlossen sind.

10 Einige Interaktionseffekte im unteren Teil von Tabelle 7 (z. B. „Rasse-Bildung"). Diese weisen darauf hin, daß die Zwei-Variablen Effekte bei den Kategorien der drit-

ten Variable variieren. Eine Interaktion von Rasse und Bildung z. B. läßt erkennen, daß der Bildungsstand die Antworten von Schwarzen anders beeinflußt als die Antworten von Weißen. Da laut Definition die Effektparameter durch die Kategorien jeder Variable hindurch die Summe Null bilden, werden – um Platz zu sparen – redundante Kategorien für Interaktionseffekte ausgelassen (z.B. tauchen Weiße bei dem Interaktionseffekt Rasse-Bildung nicht auf). Auch log-lineare Modelle wurden den Tabellen, die für einen Zeitabschnitt zusammengefaßt wurden, angepaßt, wobei das Jahr als Variable behandelt wurde. Diese Methode erlaubt, explizit zu prüfen, ob Korrelationen sich im Laufe der Zeit verändert haben. Diese Ergebnisse werden nicht in Tabelle 7 dargestellt, sondern im Text diskutiert.

11 „U-förmige" Alterskurven sind recht selten in veröffentlichten Arbeiten zur Meinungsforschung (eine Ausnahme bildet meine eigene Untersuchung bundesdeutscher Kohorten, die unter Hitler aufwuchsen: Weil 1987). Daher sollte ihnen wohl, wenn sie konsistent bei einigen Indikatoren auftauchen, besonderer Glauben geschenkt werden.

12 Diesen Fehler beging Sartre (1948) in seiner Studie des Antisemitismus. Er argumentierte, daß alle jüdischen Charakteristika das Produkt von aus der dominierenden nichtjüdischen Kultur stammenden Kräften seien. Antisemitismus wäre dann die reflexive Feindseligkeit von Nichtjuden gegegenüber den negativen Charakteristika einer Gruppe, die sie selbst geprägt hatten. Katz (1961) kritisiert diese Position heftig, indem er darauf verweist, daß man eine recht große Autonomie von Gruppenkulturen annehmen müsse. Interaktion von Gruppen betrifft sicher beide Gruppen, doch bestimmt sie nicht völlig die Charakteristika selbst des schwächeren Partners.

13 Die in diesem Abschnitt dargestellten Ergebnisse wurden durch eine log-lineare Analyse bestätigt.

14 Rangkorrelationen zwischen absoluten Werten und Differenzen zwischen Juden und weißen Nichtjuden sind sehr stark.

Abbildung 1: *Trends im Antisemitismus und Ethnozentrismus in der Bundesrepublik Deutschland*

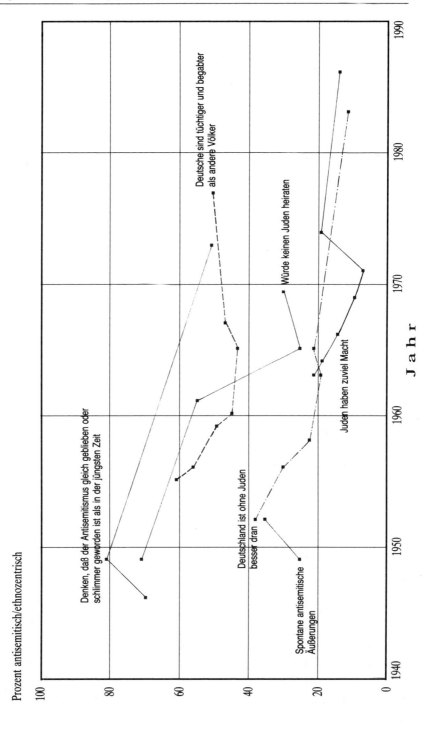

Tabelle 1: *Trends im Antisemitismus in vier westlichen Ländern*
Teil 1: Politischer Antisemitismus

Jahr	37-38	46	49	50	52	56	60	61	62	63	64	66	67	68	69	71	73	74	75	76	77	78	79	81	82	86	87
1. Haben Juden zuviel Macht? (% Ja-Antworten)																											
USA	41	55	-	34	-	-	-	-	17	-	11	-	-	-	-	-	-	-	37	26	19	-	17	20	-	15	21
BRD	-	-	-	-	-	-	-	-	-	20	18	13	-	-	9	6	-	18	-	-	-	-	-	-	-	13	-
Ö	-	-	-	-	-	-	-	-	-	-	-	-	-	-	-	-	-	-	-	28	-	-	-	-	-	13	23
F	-	-	-	-	-	-	-	-	-	-	-	-	-	-	24	-	-	-	-	-	-	-	-	-	-	13	-
2. Haben Juden zuviel Macht im Geschäftsleben? (% Ja-Antworten)																											
USA	47	43	-	-	-	-	-	-	47	-	26	-	-	-	-	-	-	-	-	-	-	-	-	33	-	-	-
BRD	-	-	-	-	-	-	-	-	-	-	-	-	-	-	-	-	-	60	-	-	-	-	-	-	-	-	-
Ö	-	-	-	-	-	-	-	-	-	-	-	-	-	-	-	-	-	-	-	54	-	-	-	-	-	-	-
F	-	-	-	-	-	-	-	-	-	-	-	-	-	-	-	-	-	-	-	-	-	-	-	-	-	-	-
3. Würde für einen Juden in der eigenen Partei stimmen (% Nein-Antworten)																											
USA	46	-	-	49	-	-	22	23	-	17	-	-	13	-	8	-	-	-	-	-	-	-	-	-	-	-	-
BRD	-	-	-	-	-	-	45	-	-	-	-	-	-	-	-	-	-	-	-	-	-	-	-	-	-	-	-
Ö	-	-	-	-	-	-	-	-	-	-	-	-	-	-	-	-	-	-	-	-	-	24	-	-	-	-	-
F	-	-	-	-	-	-	-	-	-	-	-	50	-	-	-	-	-	-	-	-	-	-	-	-	-	-	-

Tabelle 1 Forts.: *Trends im Antisemitismus in vier westlichen Ländern*
Teil 1 Forts.: Politischer Antisemitismus

Jahr	37-38	46	49	50	52	56	60	61	62	63	64	66	67	68	69	71	73	74	75	76	77	78	79	81	82	86	87
4. Zweifelhafte jüdische Loyalität/Nationalität (% Ja-Antworten)																											
USA	–	–	–	–	–	–	–	–	–	–	30	–	–	–	–	–	–	34	26	–	27	–	29	29	30	–	28
BRD	–	–	–	–	–	–	–	–	–	–	–	–	–	–	–	–	–	55	–	–	–	–	–	–	–	–	–
Ö	–	–	–	–	–	–	–	–	–	–	–	–	–	43	–	–	–	–	–	–	–	–	–	–	–	–	–
F	–	43	–	–	–	–	–	–	–	–	–	19	–	–	–	–	–	–	–	–	–	9	–	–	–	–	–
5. Gibt es im Land zu viele Juden? (% Ja-Antworten)																											
USA	–	–	–	–	–	–	–	–	–	–	–	–	–	–	–	–	–	–	–	–	–	–	–	–	–	–	–
BRD	–	–	–	–	37	29	–	–	–	18	–	–	–	–	–	–	–	–	–	–	–	–	–	–	–	–	–
Ö	–	–	46	–	–	–	–	–	–	–	–	–	–	–	–	–	21	–	–	16	–	–	–	–	–	–	15
F	–	–	–	–	–	–	–	–	–	–	–	13	–	–	–	–	–	–	–	–	–	–	–	–	–	–	–
6. Juden machen Schwierigkeiten (in einigen Fällen: mit ihren Ideen) (% Zustimmung)																											
USA	–	–	–	–	–	–	–	–	–	–	10	–	–	–	–	–	–	–	–	–	–	–	–	–	–	–	–
BRD	–	–	–	–	–	–	–	–	–	–	–	–	–	–	–	–	–	–	–	–	–	–	–	–	–	–	–
Ö	–	–	–	–	–	–	–	–	–	–	–	–	–	–	–	–	–	29	–	–	–	15	9	–	–	–	–
F	–	–	–	–	–	–	–	–	–	–	–	–	–	–	–	–	–	–	–	–	–	–	–	–	42	–	–

Tabelle 1 Forts.: *Trends im Antisemitismus in vier westlichen Ländern*
Teil 2: Sozialer und religiöser Antisemitismus

Jahr	37-38	46	49	50	52	56	60	61	62	63	64	66	67	68	69	71	73	74	75	76	77	78	79	81	82	86	87

7. Können Sie einen Juden am Aussehen erkennen? (F: Sind Juden eine eigene Rasse?)

	37-38	46	49	50	52	56	60	61	62	63	64	66	67	68	69	71	73	74	75	76	77	78	79	81	82	86	87
USA	-	-	-	-	-	-	-	-	-	-	43	-	-	-	-	-	-	-	-	-	-	-	-	-	-	-	-
BRD	-	-	-	-	-	-	-	-	-	-	-	-	-	-	-	-	-	45	-	-	-	-	-	-	-	-	-
Ö	-	-	-	-	-	-	-	-	-	-	-	-	-	-	-	-	38	-	-	-	-	-	-	-	-	-	-
F	-	-	-	-	-	-	-	-	-	-	-	7	-	-	-	-	-	-	-	-	-	-	-	-	-	-	-

8. Werden Juden für den Mord an Jesus von Gott heute bestraft? (% Ja-Antworten)

	37-38	46	49	50	52	56	60	61	62	63	64	66	67	68	69	71	73	74	75	76	77	78	79	81	82	86	87
USA	-	-	-	-	-	-	-	-	-	-	20	-	-	-	-	-	-	-	-	-	-	-	-	-	-	-	-
BRD	-	-	-	-	-	-	-	-	-	-	-	-	-	-	-	-	-	28	-	-	-	-	-	-	-	-	-
Ö	-	-	-	-	-	-	-	-	-	-	-	-	-	-	-	-	-	-	-	-	-	-	-	-	-	-	-
F	-	-	-	-	-	-	-	-	-	-	-	8	-	-	-	-	-	-	-	-	-	-	-	-	-	-	-

9. Würden Sie einen Juden heiraten? (oder: Ihr Kind einen Juden heiraten lassen?) (% Nein)

	37-38	46	49	50	52	56	60	61	62	63	64	66	67	68	69	71	73	74	75	76	77	78	79	81	82	86	87
USA	-	-	-	57	-	-	-	-	-	-	56	-	-	-	21	-	-	-	61	-	-	-	-	42	-	-	-
BRD	-	-	70	-	-	-	-	54	-	-	-	-	-	-	29	-	-	-	-	-	-	-	-	-	-	-	-
Ö	-	-	-	-	-	-	-	-	-	-	-	-	-	-	-	-	35	-	-	37	-	-	-	-	-	-	-
F	-	-	-	-	-	-	-	-	-	-	-	37	-	-	16	-	-	-	-	-	-	16	-	-	-	-	-

Tabelle 1 Forts.: *Trends im Antisemitismus in vier westlichen Ländern*
Teil 2 Forts.: Sozialer und religiöser Antisemitismus

Jahr	37-38	46	49	50	52	56	60	61	62	63	64	66	67	68	69	71	73	74	75	76	77	78	79	81	82	86	87
10. Kennen Sie Juden, haben Sie Kontakt zu Juden?																										
USA	–	–	–	–	–	–	–	–	–	–	84	–	–	–	–	–	–	–	–	49	–	46	–	80	–	–	87
BRD	–	–	–	–	–	–	–	–	–	–	–	–	–	–	–	–	–	32	–	–	–	–	–	–	–	–	–
Ö	–	–	–	–	–	–	–	–	–	–	–	–	–	–	–	–	40	–	–	–	–	–	–	–	–	–	10
F	–	–	–	–	–	–	–	–	–	–	–	–	23	–	–	–	–	–	–	–	–	–	–	–	–	–	–

Abkürzungen: USA = Vereinigte Staaten von Amerika
BRD = Bundesrepublik Deutschland
Ö = Österreich
F = Frankreich

Quellen:
Bensimon und Verdes-Leroux, 1970; Bichlbauer und Gehmacher, 1972; Erskine, 1965-66; Dr. Fessel, 1976 (survey); Gallup, 1976, 1980; Hyman und Wright, 1979; Institut für Demoskopie Allensbach, *Jahrbücher*; Marin, 1979, 1983; Martire und Clark, 1982; Marx, 1967; Quinley und Glock, 1983; *New York Times / CBS News Polls*, 1987; Rosenfeld, 1982; Sadoun, 1967; Sallen, 1977; Selznick und Steinberg, 1969; Silbermann, 1981, 1982; Smith und Dempsey, 1983; Sondages, 31, 1-2 (1969): 114; Stember, 1961, 1966; Weiss, 1977-78.

Tabelle 2: *Ebenen des Antisemitismus in vier westlichen Ländern*
(Antisemitische Einstellungen *fett gesetzt*)

	USA	Deutschland	Österreich	Frankreich
„Finden Sie alles in allem den jüdischen Einfluß hier im Land zu groß, zu gering oder gerade richtig?"				
Zu groß	**15**	**13**	**13**	**13**
Zu gering	7	5	3	3
Gerade richtig	68	31	33	56
Unentschieden	10	51	51	29
„Kürzlich sagte jemand: ‚Am besten wäre es, wenn alle Juden nach Israel gingen, denn das ist ihr Land.' Würden Sie da zustimmen oder nicht zustimmen?"				
Zustimmen	**9**	**20**	**24**	**17**
Nicht zustimmen	87	56	40	65
Unentschieden	4	24	36	18
„Wenn ein hoher Politiker fordert, Juden sollten hier im Land keine wichtigen Posten bekommen: Finden Sie, der muß dann zurücktreten oder diese Aussage wenigstens zurücknehmen, oder kann ein Politiker so etwas ruhig sagen?"				
Muß zurücktreten	19 ⎤71	28 ⎤71	12 ⎤56	12 ⎤77
Aussage zurücknehmen	52	43	44	65
Kann das ruhig sagen	**24**	**15**	**40**	**14**
Keine Angabe	5	14	4	9
„Mit manchen Leuten lebt man ja gern in einem Haus, bei anderen kann man sich das weniger vorstellen, weil sie ganz andere Lebensgewohnheiten haben als man selbst." Was würden Sie über jüdische Nachbarn denken?				
Sie sind gute Nachbarn	91	52	37	85
Sie sind nicht so gut	**7**	**22**	**30**	**10**
Weiß nicht	2	26	33	5
„Juden kann man oft nicht vertrauen."				
Zustimmung	**12**	**11**	**20**	**12**
Quelle: „Der Stern", 1986				

II. Ergebnisse der Umfrageforschung zum Antisemitismus

Tabelle 3: *Der Einfluß von Schulbildung auf antisemitische Einstellungen in vier westlichen Ländern*

	Juden haben zuviel Macht (% Ja-Antworten)							
	USA				BRD		Frankreich	Österreich
	1945	1952	1964	1981	1966	1974	1969	1976
Non HS Grad	59%	38%	19%	25%	13%	19%	19%	23%
HS Grad	61	32	7	21	14	16	26	33
College Grad	53	26	5	17	14	8	23	29
Total	58%	34%	12%	20%	13%	18%	24%	28%
Gamma	−.08	−.21	−.47	−.15	.04	−.23	.10	.20

	Würde für einen Juden in der eigenen Partei stimmen (% Nein-Antworten)							
	USA				BRD		Frankreich	
	1952	1960	1969	1981*	1960		1966	
Non HS Grad	51%	32%	15%	46%	45%		51%	
HS Grad	46	18	4	34	42		47	
College Grad	43	17	3	23	44		41	
Total	49%	22%	8%	34%	44%		50%	
Gamma	−.15	−.32	−.60	−.33	−.05		−.18	

	Zweifelhafte jüdische Loyalität/Nationalität (% Ja-Antworten)							
	USA				BRD		Frankreich	Österreich
	1952*	1964	1981			1974	1966	1968
Non HS Grad	13%	41%	37%			58%	20%	42%
HS Grad	12	23	27			51	18	41
College Grad	10	11	24			41	17	34
Total	12%	30%	28%			55%	19%	40%
Gamma	−.11	−.58	−.32			−.19	−.06	−.09

* Die Frageformulierung weicht grundlegend von den anderen in dieser Reihe ab.
Non HS Grad = Kein High-School-Abschluß
HS Grad = High-School-Abschluß
College Grad = College-Abschluß

Tabelle 4: *Faktorenanalysen*
Antisemitismus in Meinungsumfragen, USA 1964 und 1981

	Faktoren					
	Vorurteil		Konflikt		Soziale Distanz	
	1964	1981	1964	1981	1964	1981
Fragwürdige Geschäfte	.74	.73	.17	.13	.07	.07
Gerissene Geschäftsleute	.70	.74	.30	.02	.11	.15
Juden sind unehrenhaft	.68	.50	.10	.14	.12	.06
Juden sind illoyal	.66	.51	.23	.16	.00	.10
Kümmern sich nicht um andere	.63	.65	.33	.21	.08	.17
Juden halten fest zusammen	.47	.49	.31	.24	.16	.02
Juden machen Schwierigkeiten	.44	.63	**.47**	.05	.11	.18
Zuviel Macht	.17	.18	.77	.76	.07	.18
Zuviel Macht im Geschäftsleben	.26	.21	.67	.76	.07	.08
Juden drängen sich vor	.22	.15	.59	.47	.16	.33
Unterstützung Israels oder der Araber	.04	.15	.37	.42	-.02	-.17
Keinen Juden heiraten	.10	.05	-.04	.09	.79	.74
Nicht für einen Juden stimmen	.21	.19	.09	.22	.70	.64
Keinen jüdischen Nachbarn	.03	.10	.36	.07	.46	.57
Juden haben Jesus zurückgewiesen	**.44**	.17	-.04	-.21	.10	**.50**
Eigenwert	**4.60**	**3.93**	**1.19**	**1.34**	**1.08**	**1.21**

Tabelle 5: *Einfluß von sozialen Gruppen und von Erziehung auf Antisemitismus-Faktoren, 1964-1981*
(Faktoren von Tabelle 4)

	Antisemitismus-Faktoren					
	stärkere Vorurteile		schärferer Konflikt		größere soziale Distanz	
Soziale Gruppen	Mittlere Faktorwerte					
	1964	1981	1964	1981	1964	1981
Schwarze	.42	.50	−.05	.28	−.39	.17
Weiße Katholiken	−.21	−.04	.03	.09	−.12	−.18
Weiße Fundamentalisten	.20	.06	−.04	−.23	.22	.50
Andere weiße Protestanten	−.11	−.14	.02	−.01	.13	−.14
Andere Weiße/ ohne Religionszugehörigkeit	−.08	−.14	.04	−.14	−.06	−.07
Eta	.22**	.20**	.03	.15**	.20**	.24**
Bildungs- und soziale Gruppen	Nicht-standardisierte Regressionskoeffizienten					
	1964	1981	1964	1981	1964	1981
(Konstant)	.71**	.67**	.58**	−.07	−.18*	.23
Schwarze	.36**	.52**	−.19*	.42**	−.31**	.21
Weiße Katholiken	−.15	.03	−.02	.23*	−.05	−.12
Weiße Fundamentalisten	.19*	.06	−.14	−.10	.29**	.52**
Andere weiße Protestanten	.01	−.05	.01	.13	.19*	−.08
Andere Weiße/ ohne Religionszugehörigkeit	—	—	—	—	—	—
Bildungsniveau (3 Ebn.)	−.47**	−.37**	−.32**	−.03	.07*	−.14**
Adjusted R^2	.14	.09	.04	.02	.04	.06
** = $p < .01$; * = $.01 < p < .05$						

Tabelle 6: Der Einfluß von Hintergrundmerkmalen
Zu drei Indikatoren des politischen Antisemitismus: Teil 1

	Bivariate Analysen					
	Juden loyaler gegenüber Israel als gegenüber USA		Juden haben zuviel Macht		Ablehnung eines jüdischen Kandidaten	
	1964	1981	1964	1981	1964	1981
Total	30%	28%	11%	21%	45%	34%
Bildung						
Primary	41%	36%	16%	25%	46%	44%
Secondary	23	27	6	21	46	35
Universität	12	24	5	17	38	23
Tau_b	−.22**	−.09**	−.15**	−.06*	−.03+	−.14**
Kohorte						
nach 1965	—	27%	—	18%	—	33%
1949-1965	27%	25	7%	21	44%	31
1933-1948	25	30	7	28	41	36
1918-1932	37	36	15	22	51	44
vor 1918	48	—	21	—	50	—
Tau_b	.14**	.04+	.14**	.06*	.07**	.05*
Rasse						
Schwarz	32%	39%	10%	37%	30%	40%
Andere	31	27	11	17	47	33
Tau_b	.01	.08**	−.02	.16**	−.11**	.05+
Religiosität						
Fundamentalistisch	41%	36%	10%	17%	58%	47%
Gemäßigt	27	25	11	21	41	32
Tau_b	.12**	.06*	−.02	−.04	.15**	.12**

** = $p < .01$ * = $.01 < p < .05$ + = $.05 < p < .10$

II. Ergebnisse der Umfrageforschung zum Antisemitismus

Tabelle 7: *Der Einfluß von Hintergrundmerkmalen Zu drei Indikatoren des politischen Antisemitismus: Teil 2*

	Log-Lineare Modelle: Einfluß-Parameter					
	Juden loyaler gegenüber Israel als gegenüber USA		Juden haben zuviel Macht		Ablehnung eines jüdischen Kandidaten	
	1964	1981	1964	1981	1964	1981
Bildung						
Primary	.20	.05	.32	—	—	.20
Secondary	-.04	-.04	-.09	—	—	.03
Universität	-.16	-.02	-.23	—	—	-.23
Kohorte						
nach 1965	—	—	—	-.12	—	.13
1949-1965	-.07	—	-.17	-.05	-.04	-.13
1933-1948	-.16	—	-.19	.03	-.10	-.12
1918-1932	.03	—	.09	.13	.10	.12
vor 1918	.19	—	.27	—	.04	—
Rasse						
Weiß	-.08	-.09	—	-.22	.20	.02
Nicht-Weiß	.08	.09	—	.22	-.20	-.02
Religiosität						
Fundamentalistisch	.14	.11	—	-.10	.07	.08
Gemäßigt	-.14	-.11	—	.10	-.07	-.08
Rasse – Bildung						
Nicht-Weiß Primary	-.19	-.15	—	—	—	—
Secondary	-.06	.03	—	—	—	—
Universität	.25	.12	—	—	—	—
Kohorte-Rasse						
nach 1965 Nicht-Weiß	—	—	—	.09	—	.19
1949-1965 Nicht-Weiß	—	—	—	-.08	—	-.07
1933-1948 Nicht-Weiß	—	—	—	-.24	—	-.14
1918-1932 Nicht-Weiß	—	—	—	.23	—	.03
vor 1918 Nicht-Weiß	—	—	—	—	—	—
Religiösität-Rasse						
Fundamentalistisch/Weiß	—	—	—	.12	.08	—

Unstandardized effect parameters from final fitted log-linear models.
Gedankenstrich (—) bedeutet p > .05
Die anderen Einfluß-Parameter sind signifikant auf dem .01 Niveau.

Tabelle 8 *Problem-Distanz zwischen Juden und verschiedenen sozialen Gruppen Ausgewählte Probleme**

	1964							1981					
	Tot	J	Bl	Ca	Fn	Pr	Other	Tot	J	Bi	Ca	Fn	Pr	Other**
Skala: anti-liberal-demokratische Einstellung													
Niedrig	34	67	-46	32	-43	-29	-27	54	72	-34	-16	-39	-20	-10
Mittel	40	23	23	15	19	18	15	32	20	18	14	20	13	9
Hoch	26	10	23	17	24	10	12	14	8	16	2	19	7	1
Erfahren Minderheiten zuviel Aufmerksamt													
Zu wenig	30	67	-11	-39	-48	-42	-37	21	22	39	-3	-11	-12	-3
Weiß nicht	12	5	5	6	13	4	9	21	22	39	-3	-11	-12	-3
Zu viel	58	28	6	34	36	38	27	44	41	-35	4	21	11	8
Toleranz gegenüber Atheisten													
Toleranter	45	80	-51	-29	-49	-32	-27	76	86	-25	-2	-26	-10	-5
Weniger tolerant	55	20	51	29	49	32	27	24	14	26	2	26	10	5
Xenophobis-Skala													
Niedrig	39	59	-32	-17	-28	-15	-14	24	31	-9	-6	-20	-11	2
Mittel	46	34	9	12	16	10	8	56	56	-6	2	-3	8	-4
Hoch	16	7	23	5	12	6	6	24	31	-9	-6	-20	-11	2
Unterstützung Israels oder der Araber im Nah-Ost-Konflikt													
Israel	24	—	-76	-71	-72	-67	-68	51	95	-63	-54	-38	-51	-49
Neutral/Weiß nicht	69	—	68	65	65	59	62	46	5	58	52	37	47	46
Araber	7	—	8	6	6	8	6	3	1	5	3	1	4	3
Skala: Religiöse Überzeugung													
Niedrig	31	82	-62	-58	-62	-43	-37	31	—	-60	-57	-65	-47	-26
Mittel	35	16	30	23	13	19	7	28	—	3	23	4	14	0
Hoch	34	2	32	35	49	24	30	41	—	58	34	61	34	26
Schulgebete													
Dagegen	—	—	—	—	—	—	—	29	68	-54	-43	-58	-44	-29
Dafür	—	—	—	—	—	—	—	63	24	54	43	61	47	22
durchschnittl. Differenz			-46	-40	-50	-37	-35			-29	-25	-36	-27	-17

* Die Tabelle zeigt die Prozentangaben für das Gesamtsample und für Juden/ die Differenzen zwischen den anderen sozialen Gruppen und den Juden in Prozent (Wo die jüdischen Antworten für ein Jahr fehlen, sind die eines anderen Jahres benutzt worden).
** Aufschlüsselung der sozialen Gruppen:
  Tot = Total   Fn = Weiße protestantische Fundamentalisten
  J = Juden   Pr = Andere weiße Protestanten
  Bl = Schwarze   Other = Andere Weiße/Ohne Religionszugehörigkeit
  Ca = Katholiken

II. Ergebnisse der Umfrageforschung zum Antisemitismus

Tabelle 9: *Antisemitismus bei Schwarzen und Weißen, 1964-1981**

	Schwarze			Weiße			Schwarz/Weiß Ratio	
	1964	1981	Diff.	1964	1981	Diff.	1964	1981
Vorurteilsfaktor								
Juden verwenden fragwürdige Praktiken	58%	38%	-20%	40%	20%	-20%	1.5	1.9
Jüdische Geschäftsleute zu gerissen	45	35	-11	34	18	-16	1.3	1.9
Juden keine ehrenwerten Geschäftsleute	35	30	-5	27	14	-13	1.3	2.1
Juden sind loyaler gegenüber Israel	32	39	7	30	27	-3	1.1	1.4
Juden kümmern sich nicht um andere	43	35	-8	24	14	-10	1.8	2.5
Juden halten fest zusammen	48	48	0	53	39	-14	.9	1.2
Juden machen Schwierigkeiten	16	18	2	10	8	-2	1.6	2.3
Durchschnitt	40%	35%	-5%	31%	20%	-11%	1.3	1.8
Konfliktfaktor								
Juden haben in den USA zuviel Macht	9%	38%	29%	11%	17%	6%	.8	2.2
Jüdische Macht im Geschäftsleben	18	43	25	29	31	2	.6	1.4
Juden dringen ein, wo sie nicht erwünscht sind	18	24	6	18	15	-3	1.0	1.6
Unterstützen die Araber im Nahen Osten	9	6	-3	7	4	-3	1.3	1.5
Durchschnitt	14%	28%	14%	16%	17%	1%	.9	1.6
Faktor: Soziale Distanz								
Das Kind sollte keinen Juden heiraten	46%	45%	-1%	59%	42%	-17%	.8	1.1
Gegen einen jüdischen Kandidaten	30	41	11	47	33	-14	.6	1.2
Ablehnung von Juden als Nachbarn	6	9	3	7	5	-2	.9	1.8
Durchschnitt	27%	32%	5%	38%	27%	-11%	.7	1.2
Juden haben Jesus zurückgewiesen	27%	26%	-1%	20%	9%	-11%	1.4	2.9
N	244	127		1670	915			

* Die Basis der Prozentuierung schließt die Befragten „ohne Meinung" ein. Die Items sind nach den Faktoren von Tabelle 4 gruppiert.

Tabelle 10: *Einstellungen von Juden und weißen Nicht-Juden gegenüber Schwarzen 1972-78 bis 1980-86**

	Juden			weiße Nicht-Juden			Juden/ Nicht-Juden Ratios	
	72-78	80-86	Diff.	72-78	80-86	Diff.	72-78	80-86
Gegen „School Busing"	78%	72%	-6%	83%	77%	-6%	.9	.9
Schwarze üben zuviel Druck aus	51	41	-10	72	62	-10	.7	.7
Gegen Vorzugsbehandlung	48	46	-2	56	57	1	.9	.8
Schulintegration: Mehrheit Schwarze	46	50	4	42	45	3	1.1	1.1
Gegen „Open housing"	45	41	-4	63	53	-10	.7	.8
Für getrenntes Wohnen	26	16	-10	40	28	-12	.7	.6
Regierung gibt zuviel für die Schwarzen	16	10	-6	27	22	-5	.6	.5
Schulintegration: zur Hälfte Schwarze	16	19	3	20	19	-1	.8	1.0
Gegen Heiraten zwischen den Rassen	15	9	-6	35	30	-5	.4	.3
Gegen einen schwarzen Kandidaten	11	9	-2	20	15	-5	.6	.6
Gegen Schulintegration	4	2	-2	14	10	-4	.3	.2
Keinen Schwarzen zum Essen einladen	3	2	-1	13	10	-3	.2	.2
Durchschnitt	30%	26%	-4%	40%	35%	-5%	.8	.7
N	252	159		9068	5565			

* Die Basis der Prozentuierung schließt Befragte „ohne Meinung" ein. Die Items sind in absteigender Reihe nach dem Grad der Ablehnung gegenüber Schwarzen in den Jahren 1972-78 geordnet.

Quelle: General Social Surveys, 1972-1986.

Literatur

Adorno, Theodor, et al.: The Authoritarian Personality, New York 1950.
Almond, Gabriel, und Sidney Verba: The Civic Culture, Princeton 1960.
Almond, Gabriel, und Sidney Verba (Hrsg.): The Civic Culture Revisited, Boston 1980.
Baron, Salo W.: A Social and Religious History of the Jews, Second Edition, Volumes I-XVII, New York 1952-1980.
Baum, Rainer C.: The Holocaust and the German Elite, Totowa, N.J. 1982.
Bensimon, Doris, und Jeannine Verdes-Leroux: Les Français et le Problem Juif. Analyse secondaire d'un sondage de l'IFOP, in: Archives de Sociologie des Religions, 29, 1970.
Bichlbauer, Dieter, und Ernst Gehmacher: Vorurteile in Österreich, in: Kölner Zeitschrift für Soziologie und Sozialpsychologie, 24, 4, 1972, S. 734-746.
Bracher, Karl-Dietrich: The German Dictatorship, New York 1970.
Childers, Thomas: The Nazi Voter: The Social Foundations of Fascism in Germany. 1919-1933, Chapel Hill 1983.
Conradt, David P.: Changing German Political Culture, in: Gabriel Almond und Sidney Verba (Hrsg.), The Civic Culture Revisited, Boston 1980, S. 212-272.
Dahrendorf, Ralf: Society and Democracy in Germany, Garden City, NY, 1969.
Davis, James A.: Communism, Conformity, Cohorts, and Categories: American Tolerance in 1954 and 1972-73, in: American Journal of Sociology, 81, 3, 1975, S. 941-513.
Davis, James A.: Conservative Weather in a Liberalizing Climate: Change in Selected NORC General Social Survey Items, 1972-78, in: Social Forces, 58, 4, 1980.
Erskine, Hazel Gaudet: The Polls: Religious Prejudice, Part 2: Anti-Semitism, in: Public Opinion Quarterly, 29, 4, 1965/66, S. 649-664.
Falter, Jürgen W.: Wer verhalf der NSDAP zum Sieg? in: Aus Politik und Zeitgeschichte, 14, B28-29, 1979, S. 3-21.
Falter, Jürgen: Wählerwanderungen vom Liberalismus zu (rechts-)extremen Parteien. Ein Forschungsbericht am Beispiel des NSDAP-Aufstiegs 1928-1933, in: Lothar Albertin (Hrsg.), Politischer Liberalismus in der Bundesrepublik Deutschland, Göttingen 1980, S. 92-124.
Falter, Jürgen, Thomas Lindenberger und Siegfried Schumann: Wahlen und Abstimmungen in der Weimarer Republik: Materialien zum Wahlverhalten 1919-1933, München 1987.
Gallup, George H. (Hrsg.): The Gallup International Public Opinion Polls: France 1939, 1945-1975, New York 1976.
Gallup, George H. (Hrsg.): The International Gallup Polls Public Opinion 1978, Wilmington: Scholarly Resources 1980.
Glock, Charles, und Rodney Stark: Christian Beliefs and Anti-Semitism, New York 1966.
Grew, Raymond (Hrsg.): Crises of Political Development in Europe and the United States, Princeton 1978.
Halpern, Ben: The American Jew: A Zionist Analysis, New York 1956.
Hamilton, Richard F.: Who Voted for Hitler? Princeton 1982.
Himmelfarb, Milton: Are Jews Becoming Republicans? in: Commentary (August) 1981, 72, S. 27-31.
Himmelfarb, Milton: Another Look at the Jewish Vote, in: Commentary (December), 1985, 80, S. 39-44.
Husbands, Christopher T.: Contemporary Right-Wing Extremism in Western European Democracies: A Review Article, in: European Journal of Political Research, 9, 1981, S. 75-99.

Hyman, Herbert, und *Charles Wright*: Education's Lasting Influence on Values, Chicago 1979.
Jackman, Mary, und *Michael J. Muhta*: Education and Intergroup Attitudes: Moral Enligenment, Superficial Democratic Commitment, or Intellectual Refinement? in: American Sociological Review, 49, 1984, S. 751-769.
Kahan, Arcadius: Jewish Life in the United States: Perspectives from Economics, in: *Joseph B. Gittler* (Hrsg.), Jewish Life in The United States: Perspectives from the Social Sciences, New York 1981, S. 237-270.
Katz, Jacob: Exclusiveness and Tolerance: Studies in Jewish-Gentile Relations in Medieval and Modern Times, Oxford 1961.
Katz, Jacob: From Prejudice to Destruction: Anti-Semitism 1700-1933, Cambridge, Mass. 1980.
Kohn, Melvin: Class and Conformity, Homewood, Ill., 1969.
Ladd, Carl Everett, Jr.: Jewish Life in the United States: Social and Political Values, in: *Joseph B. Gittler* (Hrsg.), Jewish Life in The United States: Perspectives from the Social Sciences, New York 1981, S. 123-172.
Lepsius, M. Rainer: From Fragmented Party Democracy to Government by Emergency Decree and National Socialist Takeover: Germany, in: *Juan J. Linz* und *Alfred Stephan* (Hrsg.), The Breakdown of Democratic Regimes: Europe, Baltimore 1978, S. 34-79.
Lieberson, Stanley: A Piece of the Pie: Blacks and White Immigrants since 1880, Berkeley 1980.
Liepelt, Klaus: Anhänger der neuen Rechtspartei: ein Beitrag zur Diskussion über das Wählerreservoir der NPD, in: Politische Vierteljahresschrift, 2, 1967, S. 237-271.
Lipset, Seymour M.: The First Nation, New York 1963.
Lipset, Seymour M.: Political Man, Baltimore 1981a (2. Aufl.).
Lipset, Seymour M.: The Revolt Against Modernity, in: *Per Torsvik* (Hrsg.), Mobilization: Center-Periphery Structures and Nation Building, Bergen 1981 b.
Lipset, Seymour M.: Neoconservatism: Myth and Reality. The First Ernst Fraenkel Lecture, John F. Kennedy Institute, Free University of Berlin. June, 1987.
Lipset, Seymour M., und *Earl Raab*: The Politics of Unreason, Chicago 1978 (2. Aufl.).
Lipset, Seymour M., und *William Schneider*: Anti-Semitism and Israel: A Report on American Public Opinion. Manuscript for the American Jewish Committee. 1978.
Marin, Bernd: Ein historisch neuartiger ‚Antisemitismus ohne Antisemiten'? Beobachtungen und Thesen am Beispiel Österreichs nach 1945, in: Geschichte und Gesellschaft, 5, 1979, S. 545-569.
Marin, Bernd: Umfragebefunde zum Antisemitismus in Österreich 1946-1982: SWS-Meinungsprofile aus: Journal für Sozialforschung 23. Jg. (1983), in: *John Bunzl* und *Bernd Marin*, Antisemitismus in Österreich, Sozialhistorische und soziologische Studien, Innsbruck 1983., S. 225 ff.
Martire, Gregory, und *Ruth Clark*: Anti-Semitism in the United States. A Study of Prejudice in the 1980s, New York 1982.
Marx, Gary T.: Protest and Prejudice: A Study of Belief in the Black Community, New York 1967.
Massing, Paul W.: Rehearsal for Destruction: A Study of Political Anti-Semitism in Imperial Germany, New York 1949.
Middleton, Russell: Do Christian Beliefs Cause Anti-Semitism? in: American Sociological Review, 38, 1973, S. 33-52.
Niethammer, Lutz: Angepaßter Faschismus. Politische Praxis der NPD, Frankfurt 1969.
Nunn, Clyde Z. et al.: Tolerance for Nonconformity, San Francisco 1978.
Parkes, James: The Conflict of the Church and the Synagogue: A Study in the Origins of Antisemitism, New York 1969 (1934).

II. Ergebnisse der Umfrageforschung zum Antisemitismus

Parkes, James: The Jew in the Medieval Community: A Study of his Political and Economic Situation, New York 1976 (1938).
Plant, Walter T.: Longitudinal Changes in Intolerance and Authoritarianism for Subjects Differing in Amount of College Education over Four Years, in: Genetic Psychology Monographs, 72, 1965, S. 247-287.
Pulzer, Peter G. J.: The Rise of Political Anti-Semitism in Germany and Austria, New York 1964.
Quinley, Harold E., und *Charles Y. Glock*: Anti-Semitism in America, New Brunswick 1983, (2. Aufl.).
Radio Free Europe/ Radio Liberty: Stereotypes Projected to Jews, Blacks, and Gypsies by East Europeans and Austrians. Mimeograph 1980.
Reichmann, Eva: Hostages of Civilization: The Social Sources of National Socialist Anti-Semitism, Boston 1951.
Ruether, Rosemary: Faith and Fratricide: The Theological Roots of Anti-Semitism, New York 1974.
Rose, Peter I.: Blacks and Jews: The Strained Alliance, in: Annals of the American Academy of Political and Social Science, 454, 1981, S. 55-69.
Rosenberg, Hans: Große Depression und Bismarckzeit, Berlin 1967.
Rosenfeld, Geraldine: The Polls: Attitudes toward American Jews, in: Public Opinion Quarterly, 46, 1982, S. 431-443.
Rürup, Reinhard: Emanzipation und Antisemitismus, Göttingen 1975.
Sadoun, Roland: Le Problem Juif, in: Sondages: Revue Française de l'Opinion Publique 29, 2, 1967, S. 69-90.
Sallen, Herbert A.: Zum Antisemitismus in der Bundesrepublik Deutschland, Frankfurt a. M. 1977.
Sartre, Jean-Paul: Anti-Semite and Jew, New York 1948.
Schoenbaum, David: Hitler's Social Revolution: Class and Status in Nazi Germany, 1933-1939, Garden City, NY, 1963.
Selznick, Gertrude, und *Stephen Steinberg*: The Tenacy of Prejudice. Anti-Semitism in Contemporary America, New York 1969.
Silbermann, Alphons: Sind wir Antisemiten? Ausmaß und Wirkung eines sozialen Vorurteils in der Bundesrepublik Deutschland, Köln 1982.
Smith, Tom W.: General Liberalism and Social Change in Post World War II America: A Summary of Trends, in: Social Indicators Research, 10, 1980, S. 1-28.
Smith, Tom W., und *Glenn R. Dempsey*: The Polls: Ethnic Social Distance and Prejudice, in: Public Opinion Quarterly, 47, 1983, S. 584-600.
Steinert, Marlis G.: Hitler's War and the Germans, Athens, Ohio 1967.
Stember, Charles Herbert: Education and Attitude Change, New York 1961.
Stember, Charles Herbert: Jews in the Mind of America, New York 1966.
Sullivan, John L. et al.: Political Tolerance and American Democracy, Chicago 1982.
Tal, Uriel: Religious and Anti-Religious Roots of Modern Antisemitism, New York, Leo Baeck memorial lecture, no. 14, 1971.
Tal, Uriel: Christians and Jews in Germany: Religion, Politics and Ideology in the Second Reich, 1870-1914, Ithaca NY 1975.
Trachtenberg, Joshua: The Devil and the Jews: The Medieval Conception of the Jew and its Relation to Modern Antisemitism, New Haven 1943.
Verba, Sidney: Germany: The Remaking of Political Culture, in: *Lucian W. Pye* und *Sidney Verba* (Hrsg.), Political Culture and Political Development, Princeton 1965, S. 130-170.
Weil, Frederick D.: The Imperfectly Mastered Past: Anti-Semitism in West Germany since the Holocaust, in: New German Critique, 20, 1980, S. 135-153.

Weil, Frederich D.: Post-Fascist Liberalism: The Development of Political Tolerance in West Germany since World War II. Ph. D. dissertation. Harvard University 1981.

Weil, Frederick D.: Tolerance of Free Speech in the United States and West Germany, 1970-79: Analysis of Public Opinion Survey Data, in: Social Forces, 60, 4, 1982, S. 973-993.

Weil, Frederick D.: Anti-Semitism in the Context of Intergroup Relations: A Comparative-Historical View. Paper presented at the American Sociological Association's Annual Meeting, Detroit 1983.

Weil, Frederick D.: The Variable Effects to Education on Liberal Attitudes: A Comparative-Historical Analysis of Anti-Semitism using Public Opinion Survey Data, in: American Sociological Review, 50, 4, 1985, S. 458-474.

Weil, Frederick D.: Cohorts, Regimes, and the Legitimation of Democracy: West Germany since 1945, in: American Sociological Review, 52, 3, 1987a, S. 308-324.

Weil, Frederick D.: The Extent and Structure of Anti-Semitism in Western Populations since the Holocaust in: *Helen Fein* (Hrsg.), The Persisting Question: Sociological Perspectives and Social Contexts of Modern Anti-Semitism, Berlin, New York 1987b, S. 164-189.

Weil, Frederick D.: Is/Was There a Legitimation Crisis? Comparative Evidence from Seven Countries. Paper presented at the Annual Meeting of the American Sociological Association. August 1987c, Chicago.

Weil, Frederick D.: Political Culture, Liberal Democracy, and Regime Change: A Renewd Approach with Empirical Evidence (unveröffentlicht).

Weiss, Hildegard: Antisemitismus: Inhalte und Ausmaß antijüdischer Einstellungen in der Wiener Bevölkerung, Teile I, II & III, in: Journal für angewandte Sozialforschung, 17/3, 1977, S. 13-26; 17/4, 1977, S. 12-22; 18/1, 1978, S. 9-16.

Zapf, Wolfgang: Wandlungen der deutschen Elite. Ein Zirkulationsmodell deutscher Führungsgruppen 1919-1961, München 1965.

III. Antisemitismus in der politischen Kultur

1. Gesellschaftliche und institutionelle Verarbeitungsprozesse

Entstehung, Bedeutung und Funktion des Philosemitismus in Westdeutschland nach 1945

Frank Stern

Eleonore Sterling schrieb 1965 in einem seither kaum mehr beachteten Artikel: „Der Philosemitismus – ähnlich wie auch der Antikommunismus – gehört zum Bekenntnischarakter der noch nicht verwirklichten deutschen Demokratie" (Sterling 1965, S. 30). Nun läßt sich sicherlich darüber streiten, wieweit die deutsche Demokratie 1965 verwirklicht war und wieweit sie in der zweiten Hälfte der 80er Jahre verwirklicht sein mag. Doch nicht darum soll es hier gehen, sondern um die Metamorphose eines gesellschaftlichen Phänomens, das Entstehung und Entwicklung der Bundesrepublik von Anbeginn begleitet hat: Wandlungen in Einstellungen und Verhaltensweisen, die in der gesellschaftlichen Realität, im individuellen und kollektiven Bewußtsein Juden betreffen. Dreierlei soll hierbei von vornherein mitbedacht sein. *Erstens* kann das gesellschaftliche Denken über Juden nicht auf einen modellhaften „ismus" reduziert werden, was sowohl auf Antisemitismus als auf Philosemitismus zutrifft. *Zweitens* verbietet sich aus historischer Sicht die Rückkopplung antisemitischer Vorkommnisse etwa der 80er Jahre einzig und allein mit dem rassistischen Vernichtungsantisemitismus des Dritten Reiches. Und *drittens* ist die Geschichte des Nachkriegs auch die Geschichte des westdeutschen Philosemitismus, eines Syndroms, dem entscheidendere Bedeutung zukommt, als sich aus der vorhandenen Literatur oftmals entnehmen läßt.

I.

Das Ende der NS-Herrschaft mit der militärischen Kapitulation im Mai 1945 war zugleich das Ende des Antisemitismus als eines bürokratisch organisierten Völkermordens. Ein weiteres Kapitel in der Geschichte des Antisemitismus,

III. Antisemitismus in der politischen Kultur (1) 181

das in seiner kulturellen Gegenwart auch für künftige Generationen unauslöschlich ist, war abgeschlossen. Dies bedeutete ebenfalls das Ende des Antisemitismus als herrschender Staatsideologie. Der Vernichtungsantisemitismus war in den Augen der Welt und im Selbstverständnis der in Deutschland am Neubeginn Arbeitenden ein zu sühnendes Verbrechen gegen die Menschlichkeit. Er mußte der Vergangenheit angehören, über ihn war Gericht zu halten. Und das erfolgte in Nürnberg sowie in vielen Folgeprozessen. Aber der Antisemitismus war bis 1945 gleichermaßen Bestandteil des vorherrschenden gesellschaftlichen Bewußtseins gewesen. Er hatte die soziale Psyche geprägt, er war Erziehungsziel, Kulturanspruch, Norm des Alltags und auch soziales Verhalten. Er war das schlechthin Bestimmende im Verhältnis zum Juden, sei es in konkreten sozialen Beziehungen der eingebildeten höheren Gattung zur niederen, sei es als abstraktes Selbstverständnis der Mitglieder des faschistischen Gemeinwesens, was nicht unbedingt des konkreten Juden bedurfte.

In der auf den Mai 1945 folgenden Periode erleben wir in Deutschland einen komplizierten Prozeß, eine Metamorphose des Antisemitismus oder exakter der deutschen Haltungen zu Juden. Diese Wandlungen erfolgen in gesellschaftlicher Dimension *nicht primär* als Reaktion auf die individuellen und kollektiven Erfahrungen während der vergangenen zwölf Friedens- und Kriegsjahre. Sie sind vielmehr primär Bestandteil der neuen sozialökonomischen, politischen und geistig-kulturellen Rahmenbedingungen sowie der Erfahrungen im gesellschaftlichen Alltag. Sie bilden einen Stützpfeiler in der geistigen Brücke, die aus den NS-Jahren in die Adenauer-Ära hinüberragt und mit der die umfassende politische, ökonomische, kulturelle und geistige Krise des Nachkriegs überwunden werden soll.[1]

Der NS-Antisemitismus wird zunächst mit einem flächendeckenden Tabu belegt, unter schärfste Strafe gestellt. Es erfolgt die öffentliche Abrechnung mit den Verbrechen Deutscher von Seiten der Sieger. Zeitungen, Radio und Wochenschauen geben dem Grauen Bilder und Namen. Die individuelle Ahnung über Vorgänge in jenen Lagern nahebei oder im Osten, die persönliche Erfahrung, das zur Kenntnis genommene Gerücht, die verschwiegene oder partikulare Teilhabe am Vernichtungswissen und die praktizierte Durchführung der Vernichtung werden öffentlicher Gegenstand, aber nicht als kollektiver Aufschrei, als aktive gesellschaftliche Abrechnung mit der gerade überwundenen verbrecherischen Gegenwart. Ein Beispiel: Die Weimarer Bürger werden von Soldaten der 3. US-Armee durch das zwei Tage zuvor befreite KZ-Buchenwald geführt. Die Fotos über diesen Gang zeigen betroffene, starre und abgewandte Gesichter: „It was when the civilians began repeating ‚We didn't know! We didn't know!' that the ex-prisoners were carried away with wrath. ‚You did know,' they shouted. ‚Side by side we worked with you in the factories. At the risk of our lives we told you. But you did nothing.'" (Bourke-White 1946, S. 74). Stephan Hermlin berichtet aus Frankfurt, wie Bürger, die vor Erhalt von Lebensmittelkarten Dokumentarfilme über Dachau und

Buchenwald anzusehen haben, reagieren: „Im halben Licht des Projektisapparates sah ich, wie die meisten nach Beginn des Films das Gesicht abwandten und so bis zum Ende der Vorstellung verharrten. Heute scheint mir, das abgewandte Gesicht sei die Haltung von Millionen geworden und geblieben. Das unglückliche Volk, dem ich angehörte, war sentimental und verhärtet zugleich, sich erschüttern zu lassen, das Erkenne-dich-selbst war nicht sein Teil" (Hermlin 1985, S. 46). Karl Jaspers charakterisiert in seiner Heidelberger Universitätsvorlesung zur Schuldfrage vom Wintersemester 1945/46 einfühlsam verbreitete moralische Haltungen und deutsche Gemütszustände. Er beklagt eine neue Selbstgerechtigkeit und die Ableitung einer Legitimität aus der bloßen Tatsache des Überlebens, des Gelittenhabens und fügt hinzu: „Zu allen Weisen des Trotzes gehört ein aggressives Schweigen. Man entzieht sich, wo die Gründe unwiderleglich werden. Man zieht sein Selbstbewußtsein aus dem Schweigen als der letzten Macht des Ohnmächtigen. Man zeigt das Schweigen, um den Mächtigen zu kränken. Man verbirgt das Schweigen, um auf Wiederherstellung zu sinnen" (Jaspers 1946, 1986, S. 130 u. 204).

Nun ist Schweigen sicherlich keine meßbare Größe, aber es umschreibt jenen Sachverhalt, den M. Moskowitz, Mitarbeiter der amerikanischen Militärregierung in Deutschland, und andere Beobachter ebenfalls konstatierten: „The German people's deadly sin was – and is *today* – acquiescence" (Moskowitz 1946, S. 11). In einem Beitrag zum 40. Jahrestag des 8. Mai 1945 charakterisierte der Literaturwissenschaftler Hans Mayer derartige Haltungen im Nachkriegsdeutschland als Amnesie: „So wurden Krieg und Drittes Reich entweder beschwiegen oder hoffnungslos zersplittert durch individuelle Anekdoten. Wer das in jenen ersten Jahren eines Nachkriegs bewußt erlebt und auch noch an den Nachkrieg um 1920 zurückzudenken vermochte, fand vor allem die Wiederholung erschreckend." Und er fragt, wie das geschehen konnte, „alles Sprechen als stillos, geschmacklos, taktlos zu deklarieren" (Mayer 1985, S. 3). Es war eine Form des Schweigens, die sich mit Begriffen wie „unfaßbare Katastrophe", „vor dem Nichts stehen", „Schicksalsschlag" umhüllte und dessen redselige Kehrseite jene Anekdoten waren, deren Kern auf die familiäre Feststellung hinauslief: ‚Papa war im Krieg.'[2]

Aber anekdotische Redseligkeit und beredtes Schweigen bedeuteten nicht, daß das Ensemble antijüdischer Stereotype aus dem individuellen und kollektiven Bewußtsein verschwunden war, unbeachtet blieb. Der nicht selten weitergeflüsterte antisemitische Trotz paarte sich zunehmend mit Sprachlosigkeit, die den Antisemitismus genauso verhüllte wie alles, was irgendwie mit Juden zusammenhing. Relikte antijüdischen Denkens und Handelns aus den Jahrzehnten vor dem Januar 1933 dämmerten auf in neuen und erstmaligen Begegnungen mit Juden und jüdischen Themen.

Julius Posner, der sich als Angehöriger der britischen Truppen 1945/46 in Deutschland aufhält, skizziert den Umgang Deutscher mit jüdischen Überlebenden und dabei zu beobachtenden Reaktionen in einem 1947 in Jerusalem veröffentlichten Bericht. Er schreibt: „Die Stellung der Deutschen zu den Juden, die wieder unter ihnen zu leben genötigt sind, ist keineswegs einheitlich; und dann hat sie sich, wie die Haltung des deutschen Volkes in vielen anderen Dingen, in der Zeit verändert, in der ich dort war" (Posner 1947, S. 109). Jene Veränderungen in den ersten eineinhalb Jahren vollzogen sich unter der politischen Oberhoheit der Besatzungsmächte. Sie waren aufgrund der gesellschaftlichen und der historisch für Deutschland einmaligen politisch-administrativen Struktur unter militärischer Besatzung wesentlich örtlich, regional und zonal bestimmt. Als unmittelbare Reaktion aus der deutschen Bevölkerung findet man in vielen Schilderungen, Berichten, Zeitungsartikeln und Erinnerungen das Gefühl der Scham. Etwas Beschämendes wird wahrgenommen, wie ein Schock bricht die Wirklichkeit der Vernichtungs- und Konzentrationslager in Bildern und Berichten in den Alltag der Besiegten.[3] Man war, so Posner, recht fassungslos. „Das mag merkwürdig erscheinen, da die Endlösung ja nur den letzten Schritt in einer Verfolgung darstellt, die 1933 begonnen hat. Es ist aber ein Unterschied, ob man Gesetze liest, oder hört, daß die Juden aus der eigenen Stadt nun wohl alle weggegangen sind, ob man den Kopf beim Anblick eines gelben Sterns schüttelt und ein wenig seufzt, oder ob man jene Zahlen liest und jene Photos sieht, die dem Volk im Frühjahr 45 gezeigt wurden" (Posner 1947, S. 109). In individuellen, privaten, aber auch administrativen Gesten und konkreten Hilfen für überlebende Juden taucht hier sehr bald der Begriff der Wiedergutmachung auf. 12000 bis 15000 deutsche Juden waren es, die zwischen April und Juli 1945 aus Untergrund, Ehen mit Nichtjuden und Lagern auftauchend ihren Mitbürgern gegenüberstanden. Deutsche hatten ihre ersten Erfahrungen mit jüdischen Soldaten und Offizieren der Besatzungsarmeen.

Längst bevor die neuen Informationsmedien Verbreitung finden, spricht man am Biertisch mit gewohnter Aggression über die jüdischen *Displaced Persons* (DPs), jene Fremden, die ja noch nicht einmal so seien wie die „unseren" und malt die vermeintlich nun doch wieder drohende „Überfremdung" an die Wand. Daneben aktualisiert sich die Erinnerung an den jüdischen Nachbarn und Freund von einst, die vielleicht empfundene Mißbilligung der SA-Pogrom-Rowdies, findet die Ahnung Nahrung, welches Verhalten die Besatzer von Deutschen gegenüber Juden erwarten könnten, und wird die Einsicht bestimmend, sich im Nachkrieg einrichten zu müssen. All dies verbindet sich zu einem merkwürdigen Konglomerat. Antisemitische Stereotype, anti-antisemitische Normsetzungen, post-faschistische Wahrnehmungen der eigenen wirklichen oder eingebildeten Erfahrung mit Juden mischen sich mit den in der entstehenden literarischen und politischen Öffentlichkeit verbreiteten Klischees.

Es reicht folglich nicht aus, Kontinuitäten im Nachkriegsantisemitismus statistisch zu erfassen, weil dabei eine wesentliche sozialpsychologische Dimension übersehen werden kann. Denn trotz einer solchen Kontinuität entsteht kurze Zeit nach der endgültigen Kapitulation und dem Beginn der militärischen Besetzung in der Bevölkerung eine sich verbreiternde Haltung, bei Berührung mit alliierten Instanzen und Juden eine betont pro-jüdische Haltung zu zeigen. „Im Sommer 45 gehörte es zum guten Ton zu meinen, daß für die Juden etwas zu geschehen habe" (Posner 1947, S. 110).

II.

Begegnet uns also einerseits in nicht unerheblichem Maße die individuelle und gesellschaftliche Berührung von Deutschen und Juden, so treffen wir andererseits in diesem Interregnum von verklingendem Dritten Reich, sich formierender Besatzungsherrschaft und aufstrebender neuer Staatlichkeit in vielfacher Form „den" Juden in abstracto. Er wird vorgestellt, behauptet, gradlinig aus der braunen Vergangenheit oder der Weimarer Republik stereotyp erinnert. Wobei positive und negative Merkmale der die Juden betreffenden Teile der sozialen, kulturellen und ideologischen Sozialisation sich überschneiden, überlappen. Gegensätzliches schließt sich nicht aus:

▷ Das *ökonomische* antijüdische Stereotyp verbindet sich mit der Hoffnung, gerade Juden könnten aufgrund ihrer besonderen ökonomischen „Veranlagung" den Wiederaufbau Deutschlands schneller voranbringen. Posner berichtet über eine typische Unterhaltung im Herbst 1945. Eine Deutsche hatte aus Vorkommnissen in den Besatzungsarmeen und aus der Presse den Eindruck gewonnen, daß hinsichtlich des Antisemitismus auch bei diesen nicht alles zum Besten stünde. Sie sagt zu Posner: „Ihr solltet alle wiederkommen. Du wirst sehen: für die nächsten Jahrzehnte wird Deutschland das Land sein, in dem Juden am besten leben können. Wir haben die Sache hinter uns, die anderwärts noch nicht überwunden ist. Es wäre auch gut für uns, wenn Ihr wiederkämt. Ihr werdet das Geschäft schon wieder in Gang bringen. Und dann habt Ihr doch jetzt jedes Recht und jede Möglichkeit, hier eine große und auf jeden Fall privilegierte Rolle zu spielen." Auf Posners Einwand, daß wohl viele Deutsche kaum damit einverstanden wären, den ehemaligen jüdischen Besitz, an den sie sich gewöhnt hätten, zurückzugeben, räsonniert die Deutsche: „... vielleicht wäre es doch besser so, daß nicht allzuviele kämen" (Posner 1947, S. 112).

▷ Ähnlich verschiebt sich das *politische* antijüdische Stereotyp. Die Juden unterstellte weltverschwörerische „Eigenart" macht sie in den Augen vieler Deutscher um so geeigneter, eine Mittlerrolle zu den Besatzungsorganen einzunehmen. „The files of the Special Branch sections of Military Government are stuffed with documents submitted by Germans in support of their claims to political reliability. These almost invariably refer to past social and business relations with Jews" (Moskowitz 1946, S. 8). Diese originäre Frühform des „Persilscheins" mischt sich mit Bemühungen, Juden in den Aufbau kommunaler Organe einzubeziehen.

▷ Einen bleibenden Stellenwert erringt in dieser Zeit das *kulturelle* Stereotyp. Das in wahrem Crescendo erklingende Lob des jüdischen Beitrags zu deutscher Kultur, Wissenschaft und Wirtschaft wird zu einem festen Topos in der politischen Kultur. Allerdings erfolgt diese Stilisierung und Neutralisierung der Juden als Kulturträger sehr bald in einer Atmosphäre allgemeinem Antiintellektualismus (Sterling 1965, S. 30). Sie steht überdies in deutlichem Gegensatz zu der Tatsache, daß weitestgehend davon Abstand genommen wird, die Überlebenden in einem kollektiven politischen Appell um Rückkehr zu bitten. Abgesehen davon erfolgt eine selektive Idealisierung. Zwar wird von Walther Rathenau gesprochen, nicht aber von Rosa Luxemburg. Vom jüdischen Beitrag zu deutschen Revolutionen ist genausowenig die Rede wie von der Rolle jüdischer Arbeiter, Handwerker oder Gewerbetreibender. Auch jüdische Rechtsanwälte, Bankiers oder Großunternehmer tauchen in diesen philo-jüdischen Lobeshymnen selten oder gar nicht auf. Die Inhalte des Philosemitismus waren eben durch und durch respektabel.

▷ Dies traf gleichermaßen zu auf die Ebene *sozialer* Beziehungen. Mit einem Juden befreundet zu sein, oder derartige Beziehungen aus der Erinnerung zu rekonstruieren, rückte den Betreffenden quasi automatisch an die Seite der Sieger, ließ ihn vermeintlich zu den ehemaligen NS-Parteigenossen auf Distanz gehen und der Vorteile teilhaftig werden, die den moralisch Lauteren ja nun jetzt zustehen könnten. „One saw many German homes celebrating the return of one or more Jewish members of the family... Friends, neighbors, and acquaintances were invited and they came with gifts and presents. The return from abroad of the Jewish wife of a highly placed public official was made practically a gala occasion" (Moskowitz 1946, S. 8).

Indem man nicht mehr Antisemit war, gehörte man zum neuen, anderen Deutschland, von dem ja zunehmend die Rede war. Indem man sich ostentativ dem Opfer zugesellte, hoffte man, dessen jetzige Vorteile mitgenießen zu können. Indem man betonte, Juden seien auch Menschen, meinte man, selbst zum Humanisten zu werden. Indem man sich in das religiöse Büßergewand hüllte, glaubte man, die braune Weste weißgewaschen zu haben. Wenn man nicht so recht wußte, wie man sich als Anti-Nazi darstellen sollte, konnte man ja zumindest Philo-Semit sein...[4] Sich aus einem gesellschaftlichen Raum vergangenheits- und gegenwartsbestimmter spontaner Entwicklungen herauskristallisierend nahm die Haltung zu Juden zunehmend den Charakter eines unterschiedslos, ja stereotyp alles Jüdische positiv wertenden gesellschaftlichen Phänomens an. Und was nicht in dieses überhöhte Bild vom Juden, von jüdischer Eigenart und jüdischem Beitrag paßte, fiel schlicht unter Amnesie. Philosemitisch zu reagieren, wurde – wo auch immer es angebracht schien – ein *politischer Stil*.⁵

Daß 1945/46 vielen Deutschen sehr schnell klar wurde, daß „neue Zeiten"⁶ gekommen waren, neue Machthaber, neue Verhältnisse individueller und kollektiver sozialer Legitimation, war einer der Gründe dafür, daß die Tabuisierung des Antisemitismus weitestgehend akzeptiert wurde. Zugleich kann man den entstehenden Philosemitismus jedoch nicht einfach als Reaktion auf die antisemitischen Jahre oder sich ergebende antijüdische Vorkommnisse betrachten. Er entsteht zunächst im Alltag der Nachkriegszeit und kommt erst in der Folgezeit auf der Ebene ideologischer Tätigkeit zur Geltung. Auf diese doppelte Dimension des Philosemitismus ist insofern einzugehen, als sich eine schematische Interpretation des Philosemitismus als einfache Umkehrung des Antisemitismus oder Nebenprodukt der *Umerziehung* verbietet. Einerseits gehörte für viele Deutsche im unmittelbaren Existenzkampf zur Anpassung an die neuen gesellschaftlichen Bedingungen auch eine *opportune* Anpassung des Bildes vom Juden und der individuell geäußerten Einstellungen zu Juden. Andererseits gab es natürlich auch eine *im Grundlegenden nicht-antisemitische Haltung*, die aus christlichen, humanistischen und antifaschistischen Quellen gespeist wurde und jetzt den Umständen entsprechend verstärkte Öffentlichkeit erfuhr. Das Ringen von einzelnen Persönlichkeiten, Publizisten, aktiven Christen bei der Entwicklung einer auf Gleichberechtigung und gegenseitiger Anerkennung basierenden projüdischen Haltung führte mit Unterstützung der amerikanischen Militärregierung 1946/47 zu einem Prozeß der Gründung von Gesellschaften für christlich-jüdische Zusammenarbeit, die allerdings relativ schnell ein Dasein am Rande der politischen Kultur führten.⁷ Demgegenüber wurden seit 1950 mit der „Woche der Brüderlichkeit" philosemitische Rituale bundesweit institutionalisiert.

III.

Die Besatzungsmächte, insbesondere die Vertreter der USA, drangen in der Frage der künftigen Haltung zu Juden in Deutschland auf eine entschiedene Änderung, forderten eine grundlegende Abkehr von überkommenden Haltungen. Das begann sich mit zahlreichen Aussagen deutscher Persönlichkeiten zu decken. Denn worin vor allem sollte sich das zu schaffende neue demokratische Deutschland von seiner Vergangenheit unterscheiden, wenn nicht in dieser maßgeblichen moralischen Frage. In der sich entwickelnden Wechselwirkung von alliierten Demokratievorstellungen und deutschem Erneuerungsstreben sind einige Aspekte zu unterscheiden. Zunächst ist jener aus Scham, schlechtem Gewissen und vermeintlich Unfaßbarem entstehende „gute Ton" zu nennen. Des weiteren gehören hierzu die Wahrnehmung und

III. Antisemitismus in der politischen Kultur (1)

Reaktionsweise auf die Hilfe, die Besatzungsorgane überlebenden Juden gewähren. Ein dritter Aspekt betrifft den Umgang der deutschen Verwaltungsorgane mit Juden und Fragen, die irgendwie mit der „Endlösung der Judenfrage" und deren Handhabung durch das deutsche Beamtentum zusammenhängen. Nicht zuletzt wird in der Haltung Deutscher zu Juden und Juden betreffenden Fragen aber auch eine Form der unmittelbaren Bewältigung der Alltagsnöte, der aktuellen und perspektivistischen Einrichtung im deutschen Nachkrieg reflektiert.

Entsprechend widersprüchlich waren die vielerorts in Deutschland, verstärkt natürlich im Umkreis von DP-Camps, sich entwickelnden individuellen und institutionellen Kontakte zwischen Deutschen und Juden. Die Unterstützung, die die Juden wirklich oder in der Einbildung vieler Deutscher von den Besatzungsmächten erhielten, der Kampf um die Rückgabe von Wohnungen und Mobiliar oder später die Beschlagnahme von Wohnungen ehemaliger Nazis, die Unterstützung bei der Versorgung oder bei beginnender, vornehmlich selbständiger Berufstätigkeit verbunden mit der anlaufenden Entnazifizierung waren Anlässe genug, alte und neue Vorurteile gegen Juden zu verbinden. Die späteren, zum Teil juristischen Auseinandersetzungen, um Eigentumstitel, Rückgabe, Restitution oder „Wiedergutmachung" werden in diesen ersten Monaten mehr oder weniger vorprogrammiert. Hier entsteht und zwar berechtigterweise ein fundamentales Mißtrauen auf jüdischer Seite und es setzt sich eine bürokratische, obrigkeitsstaatliche Haltung auf deutscher Seite gegenüber den überlebenden Opfern fort. Nicht selten waren es dieselben deutschen Beamten, die jüdischen Besitz jetzt zurückgeben sollten, den sie vor einiger Zeit „arisiert" hatten. Die Ambivalenz in der Reaktion auf die unmittelbare Vergangenheit, die sich ja erst in späteren Jahren wirklich als Vergangenheit darstellte, war verbunden mit einer ebensolchen Ambivalenz hinsichtlich der unmittelbaren Gegenwart.[8]

Drei übergreifende gesellschaftliche Faktoren beeinflußten in diesem Zusammenhang die Entwicklung der Haltung zu Juden: *Erstens* die Tatsache, daß der Antisemitismus eben nicht mehr verordnete Staatsideologie war, die deutsche Beamtenschaft damit auch nicht mehr qua amtlicher Loyalität und Berufsethos wichtiger sozialer Träger des Antisemitismus sein sollte. *Zweitens* die unübersehbare Tatsache, daß mit der Aufdeckung der praktischen faschistischen Konsequenzen dieses staatlichen Antisemitismus, des Vernichtungsantisemitismus, der Rassismus gegen Juden offiziell und damit normativ diskreditiert war. Mit der anlaufenden „Entnazifizierung" durch die alliierten Behörden ergab sich hieraus die Welle von Amtsentlassungen, Verhaftungen, Internierungen und Prozessen. *Drittens* existierte jedoch gleichzeitig auf den verschiedenen Ebenen der kommunalen, regionalen und Länderverwaltung ein staatlicher Apparat weiter, der sich sehr schnell auf Druck antifaschistischer Gruppierungen, einzelner Bürger, jüdischer Repräsentanten, dann der Besatzungsmächte und eingesetzter Staatsbeauftragter mit den Belangen der

Verfolgten und Opfer des NS-Regimes zu befassen hatte. Erneut war damit, wenn auch unter veränderten politischen Machtverhältnissen, ein *unmittelbares* Verhältnis von deutscher Staatlichkeit und „Judenfrage" hergestellt. Das postfaschistische Verhältnis Deutscher zu Juden und jüdischen Themen war damit aus dem Bereich der Meinungen und Einstellungen, der individuellen Beziehungen sehr schnell in den institutionellen Bereich verlängert worden. Es gehört somit zu den Entwicklungsaspekten, die untrennbar mit der Herausbildung eines neuen deutschen Staates verbunden sind. In der Verbindung von öffentlicher Verwaltung, staatlichen Organen und jüdischem Neubeginn liegt folglich ein strukturelles Element, das die Haltung zu Juden genauso prägt wie die Reaktionen der jüdischen Minderheit. Soziale und ökonomische Faktoren im deutsch-jüdischen Verhältnis sowie deren vielschichtige Wahrnehmung erhielten auf dieser staatlichen Ebene ihre strukturelle Qualität. Im Nachkriegsalltag entstandene philosemitische Haltungen verzahnen sich mit der administrativ-staatlichen und politischen Ebene vor der Gründung der Bundesrepublik.

Aufgrund der allgemeinen Lebenssituation ist jedoch nicht zu übersehen, daß im Frühjahr und Sommer 1945 eher noch das traditionelle ökonomische Vorurteil gegen Juden aktiviert wurde. Nicht das Elend in den Lagern, die Leiden der Überlebenden, die Veröffentlichung der deutschen Verbrechen, die Gründe für die Situation der Überlebenden, nicht Schuld und Verantwortung wurden reflektiert, gesehen wurde nur der Lebensmitteltransport, der durch die Stadt fuhr und den man erst im DP-Lager entlud. Die sich etablierenden jungen Nachkriegsmedien mußten auf Unmut, Gerüchte, Reaktionen der Bevölkerung eingehen. Die „Süddeutsche Zeitung" argumentierte in ihrer dritten Ausgabe (12.10.1945) dagegen, daß Deutschland angeblich schon wieder „verjudet" sei. Und im neugegründeten „Tagesspiegel" konnten die Berliner Anfang Dezember unter der Überschrift „Juden in Deutschland. Auswanderung oder Assimilation" einen Artikel lesen, in dem nur wenige Monate nach dem Ende des NS-Regimes die Lösung des „jüdischen Problems" als vordringliche deutsche Aufgabe bestimmt wurde. Das deutsche Volk sei berufen, hierzu einen wesentlichen Beitrag zu leisten. Die Hilfe von Behörden und Mitbürgern, die deutschen Juden und jüdischen DPs geleistet werde, „wird ein Prüfstein für deren wahrhaft demokratische Gesinnung sein" (Der Tagesspiegel, 5.12.1945).

Daß das Verhalten zu Juden als Prüfstein der Demokratie begriffen werden wird, sollte bis zur Gründung der Bundesrepublik nahezu ein kategorischer Imperativ des sich herausbildenden Philosemitismus werden. Das sei hier hervorgehoben, weil der zitierte Artikel darüber hinaus einen für das Verhältnis zu Juden in Deutschland nahezu klassischen Kontext offen beschreibt, der später allenfalls teilweise in Erscheinung tritt oder nur sehr verhalten durchscheint. Eindeutig ist 1945/46 die unmißverständliche Anbindung des „jüdischen Problems" an die Frage der Demokratisierung der deutschen Gesellschaft.⁹ Nicht weniger eindeutig ist allerdings die in der Konsequenz wenig demokratische Aufforderung, sich zu assimilieren oder auszuwandern. Bestimmte Sprachregelungen waren im Herbst und Winter 1945 eben noch nicht journalistisches Allgemeingut.

IV.

In einer Studie des Office for Military Government, Bayern, wird im November 1946 ein führender Politiker aus einem *internen* CSU-Treffen zitiert: „I have... to meet the rabbi of Munich... He agrees with me that there is space in CSU for a decent Jew as well as for catholics and protestants. You can well imagine that this will have very favorable repercussions for CSU in certain circles..." (OMGUSB, Trend 1946, no. 23). Im Anschluß an diese halböffentliche Äußerung nennt die Studie als weitere Aspekte des „new-style ‚philosemitism'" jene „Realpolitiker", die die Auffassung vertreten „that it was a tactical mistake to incur the enmity of ‚world Jewry'", und die Meinung, daß offener Antisemitismus die Weltmeinung gegen Deutschland aufbringen würde. Die Haltung zu den Juden schwankt, soweit nicht Antisemitismen geäußert werden, zwischen Bekenntnissen zur Demokratie und einem Denken in Kategorien unmittelbarer oder langfristiger Nützlichkeit. Und das deutet natürlich auf eine starke Funktionalisierung der Haltung zu Juden hin, auf eine ideologische und politische Dimension, die über das anti- oder projüdische Vorurteil bei der unmittelbaren Bewältigung der Alltagsnöte hinausgeht. Zugleich würde man es sich zu leicht machen, die Haltung zu Juden und deren Metamorphosen nur unter funktionalem Aspekt zu betrachten und auf eine schlicht opportunistische Anpassung an den alliierten Zeitgeist zu reduzieren. Dagegen spricht das unterschiedliche Gewicht der „jüdischen Frage" in den verschiedenen Besatzungszonen; denn war die amerikanische Besatzungsmacht sehr schnell mit weit über hunderttausend Juden konfrontiert, so war der Blickwinkel der britischen Militärverwaltung wesentlich durch die Palästina-Frage bestimmt. Und in der französischen Zone fiel die Zahl der Juden als soziales Problem kaum ins Gewicht. Nicht quantitative Aspekte waren jedoch letztlich bestimmend, sondern das Aufeinanderprallen, die Ablösung, die Verzahnung und Entwicklung alter und neuer *sozialer Werte*. Die Haltung zu Juden wurde erneut zu einem gesellschaftlich akzeptierten und einsetzbaren moralischen Faktor, der das öffentliche Spannungsverhältnis zwischen dem sich politisch und ökonomisch formierenden Westdeutschland und seiner Vergangenheit in allen Schichten des geistigen Lebens und der politischen Kultur charakterisierte.

Der Philosemitismus entstand als gesellschaftliches Phänomen nach 1945 nicht in der religiös-christlichen Sphäre, was ihn z. B. fundamental etwa vom christlichen Philosemitismus des deutschen Barock unterschied. Er entstand auch nicht als Bestandteil einer Abwehrstrategie des Antisemitismus, wie sie für den Abwehrverein in der Weimarer Republik charakteristisch war. In philosemitischen Reaktionsweisen kamen allerdings damit zusammenhängende Erfahrungs- und Argumentationsweisen genauso zur Geltung wie die nach Deutschland durch einzelne Persönlichkeiten übermittelten US-amerikanischen Erfahrungen interkonfessioneller Zusammenarbeit. Als eine gesellschaftliche Gegebenheit des deutschen Nachkriegs ist er jedoch eine genuin neue Entwicklung, die der Form nach zwar vergangenheitsbestimmt, ihrem Inhalt nach aber untrennbar mit der Entwicklung des nachfaschistischen Gemeinwesens verbunden ist.

Sein Einfluß auf das geistige Leben mag nicht entscheidend gewesen sein, aber er wirkte prägend in kulturellen Zusammenhängen. Die Tabuisierung des Antisemitismus hatte zum Beispiel zur Folge, daß zahllose Begriffe, Wortzusammenhänge, die im Dritten Reich mit einer bestimmten stereotypen Bedeutung versehen worden waren, im gesellschaftlichen Leben vermieden wurden. Das Wort „Jüdin" etwa war aus dem Sprachgebrauch im Verlauf der 50er Jahre nahezu vollständig verschwunden. Die durch die NS-Propaganda diesem Wort verliehene Bedeutung, die ja nach 1945 nicht in einem aufklärerischen gesamtgesellschaftlichen Prozeß kritisch aufgearbeitet worden war, machte es unmöglich, den Begriff angesichts der Tabuisierung des Antisemitismus weiter zu benutzen. Einer der ersten Effekte der Entnazifizierung und Umerziehung war hier nicht die Einleitung eines reinigenden, klärenden Prozesses, sondern umschreibendes Schweigen. Wenn überhaupt sprach man mit leicht gedämpfter Stimme von einem „jüdischen Herrn" oder einer „jüdischen Dame" – jüdischer Mann oder jüdische Frau ging auch schon wieder nicht. Es mußte eine abgehobene Sprachebene gewählt werden, um das Tabu nicht zu gefährden oder sich nicht dem Antisemitismus-Verdacht auszusetzen.[10] In Kontakten mit Juden umgingen zahllose Deutsche dieses diffizile Problem ganz im Sinne der gesellschaftlichen Situation, in die Millionen Flüchtlinge und Evakuierte aus Osteuropa strömten. Sie sprachen nicht von anderen Juden, sondern von „Landsleuten" ihrer jüdischen Gesprächspartner. Dem entsprach auf der politischen Ebene die geniale Wortverbindung vom „jüdischen Mitbürger". Derartiges Verhalten und Reagieren ist leichter auf der Ebene des Alltagslebens zu entschlüsseln als in der Literatur oder in Spielfilmen. In diesen Bereichen war es schlicht üblich, sich nicht auf Juden zu beziehen.[11]

Der Philosemitismus wirkte durch Tabus und allgemein akzeptierte Nebenbedeutungen gesellschaftlicher Sachverhalte, durch Symbole, sprachliche Signale, einverständige Rede- und Reaktionsweisen, durch eine alles Jüdische verhüllende Kodierung, die sich der philosemitischen Dekodierung sicher sein konnte: ‚Sie wissen schon . . . ?'[12] Die assoziative Verwendung von Bildern, Metaphern des Juden als Kulturträger oder als Opfer, als Leidenden in Form einer Kodierung pro-jüdischer Haltungen konnte nach der ins Private eingreifenden Erfahrung mit dem Dritten Reich und der beginnenden Besatzung von erheblichen Teilen der Bevölkerung leicht dekodiert werden. Aber das mußte nicht unbedingt zur Folge haben, daß gerade aufgrund dieser Erfahrung das Kodierte auch ein Bestandteil des privaten Lebens wurde.[13] Es handelte sich vor allem um eine Kodierung öffenlicher Sachverhalte, die dem Strukturwandel öffentlich vertretener gesellschaftlicher Werte nach 1945 entsprach. Cassirer weist bei der Untersuchung der Technik moderner politischer Mythen daraufhin, daß nicht so sehr der Inhalt, die objektive Bedeutung bestimmter Werte und Wendungen ins Gewicht fällt, „als die emotionale Atmosphäre, die sie umgibt. Diese Atmosphäre muß gefühlt werden", sie kann nicht „aus einem geistigen Klima in ein ganz anderes übertragen werden" (Cassirer 1949/1985, S. 370). Dies deutet hin auf die Zeitbedingtheit philosemitischer Phänomene und darauf, daß der Philosemitismus nicht von vornherein einen alles bestimmenden politischen Stellenwert hatte, sondern eher als Regulativ im gesellschaftlichen Bewußtsein diente. Er war eine Art Absicherung, die vor dem Hintergrund von Entnazifizierung, Umerziehung und Wiederaufbau das individuelle und kollektive moralische Rückgrat stützte. Aber eben nicht widerspruchsfrei. Philosemitisch war eine Kommunikations- und Verhaltensweise, von der man auf Dauer schwer sagen konnte, wann sie Überlebens- und Integrationstaktik einzelner, wann sie echtes Bedürfnis eines Miteinander-Neubeginnens und wann sie pure zweckrationale Heuchelei war. Stets sollte oder konnte das philosemitische Bekenntnis aber die Zugehörigkeit zum neuen besseren Deutschland implizieren, d.h. eine Identität klarstellen, die sich positiv von der zu überwindenen Identität der ehemaligen Reichsdeutschen abhob. Philosemitischer Habitus[14] definierte den ideellen Unterschied, das neue kollektive moralische Subjekt, nicht unbedingt aber realitätsorientierte Wahrnehmung von Juden.

Der Philosemitismus „arisierte" die verordneten antisemitischen Stereotype der Jahre vor 1945, aber es blieben eben doch Stereotype. Dem Bild vom bösen Juden wurde der gute Jude, der tolerante, aufgeklärte, letztlich emanzipiert-assimilierte Jude entgegengesetzt, dessen Jude-Sein – von Israel einmal abgesehen – auf den inneren Zustand religiösen Glaubens reduziert wurde. Es lag in der Logik solcher wohlmeinenden Umgruppierung von Vorurteilen, daß „Jud Süd" 1945 von „Nathan dem Weisen" abgelöst wurde. Alle guten Eigenschaften, die ein Deutscher jetzt haben sollte, blickten wie aus einem Spiegel als das freundlich-nachdenkliche und doch so unverbindliche Gesicht Nathans den Nachkriegsdeutschen an. Im Stereotyp vom guten und weisen Juden konnte jeder Deutsche, wenn er ideell die Überreste des Tausendjährigen Reiches verlassen wollte, sich selbst wiederfinden, oder zumindest das, was als deutsches Wesen, aller politischen Bezüge entkleidet, aus der „deutschen Katastrophe" in die deutsche Zukunft hinüberragen sollte. Noch im Jahr 1945 wird in allen vier Besatzungszonen „gleichsam zur Reinigung und neuen Weihe" der Theaterhäuser „das jahrelang beschwiegene Werk mit seiner ominösen Parabel von den drei Ringen" (Mayer 1981, S. 332) gespielt. So wie 1984 deutsche Theater auf Sobols „Ghetto", stürzten sich 1945 deutsche Theater auf Lessings „Nathan". Damals wie 1984 konnte man Toleranz, Weltläufigkeit, Allgemein-Menschliches auf die Bühne bringen und dabei gezielt oder beiläufig Modifikationen des jeweils bisherigen Bildes vom Juden präsentieren. Mit diesem „Nathan" wurden neben Theaterbesuchern Generationen von Oberschülern konfrontiert. Nur hatte der weise Nathan mit der gesellschaftlichen Wirklichkeit der in Lagern auf eine Zukunft wartenden jüdischen DPs genauso wenig gemein wie mit dem jüdischen Angestellten, Kaufmann oder Barbesitzer an der Ecke.

V.

In diesen ersten Monaten und Jahren des deutschen Nachkriegs vollzieht sich der Übergang von der antisemitischen Selbstverständlichkeit über das zerbröckelnde und tabuierte rassistische Weltbild hin zur Reaktionen abwartenden philosemitischen Meinungsäußerung, zu kollektiv bestätigten Einstellungen und Haltungen, zu einem gesellschaftlich relevanten Habitus. Das anti-jüdische Stereotyp kippt sozusagen um in ein pro-jüdisches. Es entsteht das philosemitische Syndrom. Aus westdeutschen politischen Reaktionen auf Entnazifizierungs- und Demokratisierungsbestrebungen der Alliierten, insbesondere der amerikanischen Militärregierung, entwickelt sich vor diesem Hintergrund zunehmend eine politische Funktionalisierung, letztlich Instrumentalisierung des Philosemitismus. Je näher die Gründung der Bundesrepublik Deutschland in diesen Jahren rückt, um so schneller wird aus einem sozialpsychologischen Faktor ein ideologisches und politisches Instrument. Der Philosemitismus wird zur *moralischen Legitimierung* des demokratischen Charakters der zweiten deutschen Republik in der Phase ihrer Gründung und der Erringung ihrer Souveränität. Er hat wesentliche Bedeutung für das, was als „Glaubwürdigkeit der Bundesrepublik" bezeichnet wurde, man bedient sich seiner als eines Symbols und einer Ersatzhandlung; er hat also „weniger mit den Juden, dafür mehr mit Staatsräson und Außenpolitik zu tun" (Sterling 1965, S. 30).

Auf der ersten überregionalen Versammlung von Vertretern jüdischer Gemeinden im Sommer 1949 sagte der US-High Commissioner John McCloy: „Die Welt werde es als einen Maßstab betrachten, ob Deutschland im Stande ist, gesunde Beziehungen zu den jüdischen Gemeinden zu schaffen." „Das Verhalten der Deutschen zu den wenigen Juden in ihrer Mitte sei ein Prüfstein ihrer Gesittung und eines echten demokratischen Aufbauwillens." „Die Einstellung der Deutschen zum Juden bedeute die Feuerprobe der deutschen Demokratie" (Die Neue Zeitung, 1.8.1949, Allgemeine Wochenzeitung der Juden in Deutschland, 5.8.1949). Und eher nachdenklich fügte McCloy hinzu, daß mit den äußerlichen Mitteln der Besatzungsmacht das psychologische

Klima nicht beseitigt werden könnte. Derartige Äußerungen sowie damit einhergehende Maßnahmen blieben nicht ohne Einfluß auf die politischen Entscheidungsträger, auf Bildungs- und Erziehungsinstitutionen[15], auf Medien und auf das gesellschaftliche Bewußtsein in der Gründungs- und Aufbauphase der Bundesrepublik. Schließlich deckten sie sich mit bereits gemachten Erfahrungen seit 1945. So wie der Antisemitismus während des Dritten Reiches der sozialen Delegitimierung des jüdischen Bevölkerungsteils und mit dem Schlagwort vom „Krieg gegen die Juden" der Legitimierung der physischen Ausrottung dienstbar gemacht wurde, erfolgte Ende der 40er Jahre ein geschichtlicher Ablösungsprozeß. Der NS-Vernichtungsantisemitismus konnte an den antidemokratischen und nationalistischen Antisemitismus der Jahrzehnte vor 1933 anknüpfen. Die Instrumentalisierung des Philosemitismus in der Innen- und Außenpolitik des nach Souveränität und Westintegration strebenden deutschen Teilstaates konnte auf dem philosemitischen Syndrom, wie es sich nach 1945 entwickelte, aufbauen. Zugleich hatte dieses Syndrom jedoch nie die Ausmaße und die sozialpsychologische Tiefe erlangt wie der traditionelle Antisemitismus. Sollte die neue, positive Haltung zu den Juden die neue, positive Qualität der westdeutschen Demokratie öffentlich machen und der skeptischen Welt beweisen, so galt es, diese staatlicherseits entsprechend zu präsentieren. Diese staatliche, politisch-ideologische Seite überlagerte Ende der 40er und Anfang der 50er Jahre alle anderen philosemitischen Tendenzen und bis dahin wirksamen Inhalte des Philosemitismus. Er wurde zum *verordneten Philosemitismus*.

Anmerkungen

1   Auf die umfangreiche Literatur zur deutschen Geschichte von 1945 bis Anfang der 50er Jahre kann hier nicht eingegangen werden, wenngleich neuere Forschungen sich durch eine merkwürdige Abstinenz hinsichtlich der Rolle von Antisemitismus und Philosemitismus nach 1945 auszeichnen. Daß auch der Philosemitismus ein konstitutives Element der geistigen Entwicklung der Bundesrepublik war, wird im wesentlichen ignoriert, und der Antisemitismus wird der Antisemitismusforschung oder der Darstellung der Geschichte der Juden in Deutschland vorbehalten. Die akademische Arbeitsteilung selbst wird hierbei zum ideologischen Faktum. Zu den im folgenden angesprochenene Problemen vgl. Materialien, Literatur und Analyse in der Dissertation des Verfassers, Universität Tel Aviv 1989.
2   Zuzustimmen ist in diesem Zusammenhang Volker Berbüsse, der darauf hinweist, daß die Antisemitismus-Analyse nicht nur die traditionellen Inhalte des Antisemitismus zu untersuchen habe, sondern „auch und gerade die Denkformen, die dahinterstehen und die Arten ihrer Vermittlung" (Berbüsse 1987, S. 21). So unscharf es wäre, Anti- und Philosemitismus dem Inhalt nach schlicht als Kehrseiten ein und derselben Medaille zu betrachten, so notwendig ist es, Gemeinsames und Unterschiedenes in den zugrundeliegenden Denkformen und Vermittlungsarten zu untersuchen.

3 Es scheint mir daher sozialpsychologisch und ideologisch zu kurz gegriffen, hier bereits mit dem Begriff der „Schuld" oder des Schuldbewußtseins zu argumentieren, bzw. die Genese des Philosemitismus mit der „Schuldfrage" zu verbinden (Vgl. Bergmann/Erb 1986, S. 236).
4 Gestört wurde diese alles Jüdische überhöhende Gartenlauben-Idylle jedoch durch die jüdischen DPs, die im öffentlichen Bewußtsein mehr oder weniger die Rolle der „Ostjuden" einnahmen. Denn, wie man die Wahrnehmung auch drehen oder wenden wollte, sie lebten in Lagern, ihr Erscheinungsbild paßte irgendwie doch in die überkommene antisemitische Propaganda. Sie blieben die „Fremden". Und von daher war es nur eine Assoziation weit bis zur Verbindung Lager-Fremde-Kriminalität und der damit verbundenen realen Fundierung antijüdischer Meinungen. Grundsätzlich bleibt für die Nachkriegszeit festzuhalten, daß die jüdischen DPs das wichtigste Objekt in der Kontinuität antisemitischer Stereotype bildeten.
5 Vgl. hierzu unter anderem George L. Mosse, Die Nationalisierung der Massen. Politische Symbolik und Massenbewegungen in Deutschland von dem Napoleonischen Krieg bis zum Dritten Reich, Frankfurt/M., Berlin, Wien 1976.
6 Stellt der Philosemitismus seinem Inhalt und seiner Funktion nach zunächst einen Bruch mit der Zeit vor 1945, ein Element der Diskontinuität dar, so fußt er dennoch auf dem „tatsächlichen Zusammenhang der Volkserfahrung" vor und nach dem Mai 1945 (Vgl. Niethammer, v. Plato 1985, S. 9).
7 Martin Stöhr verweist auf die humanistisch-christlichen Beweggründe: „Warum nicht Philosemitismus als Offenheit, Kenntnis und Liebe im Blick auf das Jüdische Volk? Die Frauen und Männer, die die Christlich-Jüdischen Gesellschaften, die unabhängig von den Kirchen waren, aufbauten, arbeiteten ständig zwischen wirklichem Antisemitismus und dem Verdacht des Philosemitismus in einer Zeit, in der in der Tat die Kategorien noch fehlten, zu begreifen, was geschehen war und was werden sollte" (Stöhr 1985, S. 218). Auf die Entwicklung dieser Gesellschaften, die innerchristlichen Prozesse sowie deren Stellenwert in der Entwicklung des Philosemitismus kann hier nicht weiter eingegangen werden.
8 Je konkreter die Beschäftigung mit der unmittelbaren Nachkriegsgeschichte wird, um so deutlicher ist, daß man bei zeitweise fast 200000 Juden in den Besatzungszonen kaum von der Entwicklung eines „Antisemitismus ohne Juden" sprechen kann. Ein derartiges Theorem gehört zweifelsohne in den Bereich der Nachkriegsmythen.
9 Diese Aufgabe stellte sich natürlich nicht allein in Deutschland noch ausschließlich als Problem der unmittelbaren Nachkriegszeit, wie die seitherige Antisemitismusforschung zeigt. Eine „erfolgreiche und dauerhafte Überwindung des Antisemitismus" heißt „konkret, daß nur die Überwindung undemokratischer Sozialstrukturen sowie der dazugehörigen Denk- und Verhaltensweisen den antisemitischen Vorurteilen die Grundlage entzieht, daß nur eine tiefgreifende Demokratisierung der politisch-gesellschaftlichen Verhältnisse den Antisemitismus auf die Dauer unmöglich machen kann. (...) Notwendig ist daher beides: die ständige Veränderung der Gesellschaft im Sinne der Menschen- und Bürgerrechte einerseits, und die direkte Auseinandersetzung mit dem Antisemitismus in allen seinen Erscheinungsformen andererseits. Das Ziel der Aufklärungsarbeit ist dabei die Immunisierung immer größerer Teile der Bevölkerung gegen die Versuchung des Antisemitismus" (Rürup 1987, S. 469f.). Eine der Thesen der Arbeit, auf der dieser Aufsatz basiert, beinhaltet die Überlegung, daß der Philosemitismus eine derartige Immunisierung eben nicht – oder in beschränktem Maße nur vorübergehend – bewirken kann. Er ist eben nicht mehr als der Widerschein der in nicht ausreichendem Maße verwirklichten Demokratie in der politischen Kultur der Bundesrepublik.

III. Antisemitismus in der politischen Kultur (1)

10 So gesehen ist der semantische Philosemitismus durchaus die angepaßte Weiterentwicklung der „Lingua Tertii Imperii", die Victor Klemperer eindringlich während der Jahre des NS-Regimes in seinem Notizbuch festgehalten hat: „Der Jude – das Wort nimmt einen noch größeren Raum im Sprachgebrauch der Nazis ein als ‚fanatisch‘, aber noch häufiger als der ‚Jude‘ kommt das Adjektiv ‚jüdisch‘ vor, denn vor allem durch das Adjektiv läßt sich jene Klammer bewirken, die alle Gegner zu einem einzigen Feind zusammenbindet: die jüdisch-marxistische Weltanschauung, die jüdisch-bolschewistische Kulturlosigkeit, das jüdisch-kapitalistische Ausbeutungssystem, die jüdisch-englische, die jüdisch-amerikanische Interessiertheit an Deutschlands Vernichtung: so führt von 1933 an buchstäblich jede Gegnerschaft, woher sie auch komme, immer wieder auf ein und denselben Feind (...)" (Klemperer 1982, S. 182/188). Und in der allmählichen Umkehrung beginnt denn auch nach 1945 zumindest auf der semantischen Ebene das überhöhte positive Bild von allem Jüdischen Fuß zu fassen. Aus den zusammengesetzten Adjektiven wird das Wort „jüdisch" gestrichen, der Rest bleibt der jeweiligen Verfügbarkeit anheimgestellt, was insbesondere auf die Kontinuität des antikommunistischen Feindbildes zutrifft.

11 Gertrud Koch bemerkt für den deutschen Nachkriegsfilm „einen Umschlag vom antisemitischen Stereotyp des NS-Films in ein philosemitisches" (Koch 1985, S. 264).

12 Die Herausbildung des Antisemitismus als einem kulturellen Code hatte gegen Ende des 19. Jahrhunderts ebenfalls den Nachweis einer bestimmten kulturellen Identität zum Inhalt: „Contemporaries, living and acting in Imperial Germany, learned to decode the message. It became a part of their language, a familiar and convenient symbol" (Volkov 1978, S. 35).

13 Demgegenüber wurden antisemitische Stereotype nach 1945 privatisiert, aus dem öffentlichen Raum herausgenommen (Vgl. Bergmann, Erb 1986, S. 238f.). In die Öffentlichkeit gelangten antisemitische Einstellungen und Äußerungen verstärkt in den 70er und 80er Jahren, also in einer Periode, in der der Philosemitismus zunehmender Erosion ausgesetzt war. Gerade dieses Wechselverhältnis legt es nahe, in der Tat zwischen öffentlicher, halböffentlicher (Biertisch) und privater Latenz vor Vorurteilen zu unterscheiden.

14 Pierre Bourdieu gibt eine für diesen Zusammenhang relevante Bestimmung des Habitus: „In diesem Sinne verstanden, d. h. als System der organischen oder mentalen Disposition und der unbewußten Denk-, Wahrnehmungs- und Handlungsschemata, bedingt der Habitus die Erzeugung all jener Gedanken, Wahrnehmungen und Handlungen, die der so wohlbegründeten Illusion als Schöpfung von unvorhersehbarer Neuartigkeit und spontaner Improvisation erscheinen, wenngleich sie beobachtbaren Regelmäßigkeiten entsprechen; er selbst nämlich wurde durch und innerhalb von Bedingungen erzeugt, die durch eben diese Regelmäßigkeiten bestimmt sind" (Bourdieu 1983, S. 40).

15 Eine Untersuchung des Antisemitismus als Unterrichtsgegenstand in westdeutschen Gymnasien kommt zu dem Ergebnis, daß dieser am ehesten durch den Begriff der „Distanzierung" zu charakterisieren sei. Zunächst ist damit die moralische Verurteilung der NS-Verbrechen gemeint. „Aber von Distanzierung kann auch noch in einem anderen Sinne, nämlich in einem zeitlichen und sozialen Sinn, gesprochen werden. Es ist auffällig, wie wenig die Beschäftigung mit den Traditionen des Antisemitismus in die Auseinandersetzung mit deutscher Geschichte und mit der unmittelbaren Vorgeschichte der nationalsozialistischen Machtübernahme integriert ist. Das Phänomen des Antisemitismus wird zur Kenntnis genommen, aber möglichst weit weggeschoben. Man hält es auf *Distanz*..." (Hopf et al. 1985, S. 233). Es ist genau diese Distanz, die philosemitische Sichtweisen und dementsprechende Interpretationen der Geschichte der Juden in Deutschland verstärkt.

Literatur

Berbüsse, Volker: Die „eigentliche Wahrheit" als kulturelle Norm. Zum latenten Antisemitismus in einem ländlichen Raum der Bundesrepublik Deutschland, in: Bulletin des Leo Baeck Instituts, 78, 1987, S. 17-34.
Bergmann, Werner/ Rainer Erb: Kommunikationslatenz, Moral und öffentliche Meinung. Theoretische Überlegungen zum Antisemitismus in der Bundesrepublik Deutschland, in: Kölner Zeitschrift für Soziologie und Sozialpsychologie, 38, 1986, S. 223-246.
Bourdieu, Pierre: Zur Soziologie der symbolischen Formen, Frankfurt/M. 1983.
Bourke-White, Margaret: „Dear Fatherland Rest Quietly". A Report on the Collapse of Hitler's „Thousand Years", New York 1946.
Hermlin, Stephan: Bestimmungsorte. Fünf Erzählungen, Berlin 1985.
Hopf, Christel/ Knut Nevermann/ Ingrid Schmidt: Wie kamen die Nationalsozialisten an die Macht. Eine empirische Analyse von Deutungen im Unterricht, Frankfurt/M., New York 1985.
Jaspers, Karl: Erneuerung der Universität. Reden und Schriften 1945/46, Heidelberg 1986.
Klemperer, Victor: LTI. Notizbuch eines Philologen, Frankfurt/M. 1982.
Koch, Gertrud: Todesnähe und Todeswünsche: Geschichtsprozesse mit tödlichem Ausgang, in: *Brumlik, Micha* et al. (Hrsg.), Jüdisches Leben in Deutschland seit 1945, Frankfurt/M. 1986, S. 258-274.
Mayer, Hans: Als der Krieg zu Ende war. Wir haben uns zu rasch mit der Vergangenheit eingerichtet, in: Die Zeit, 1.2.1985, S. 3.
–: Außenseiter, Frankfurt/M. 1981.
Moskowitz, Moses: The Germans and the Jews: Postwar Report, in: Commentary, 2, 1946, S. 7-14.
Niethammer, Lutz/ Alexander von Plato (Hrsg.): „Wir kriegen jetzt andere Zeiten." Auf der Suche nach der Erfahrung des Volkes in nachfaschistischen Ländern, Lebensgeschichte und Sozialkultur im Ruhrgebiet 1930 bis 1960, Bd. 3, Bonn 1985.
Office of Military Government for Bavaria: Trend. A weekly report of Political Affairs and Public Opinion. Report no. 23, 11.11.1946.
Posner, Julius: In Deutschland 1945-1946, Jerusalem 1947.
Rürup, Reinhard: Emanzipationsgeschichte und Antisemitismusforschung. Zur Überwindung antisemitischer Vorurteile, in: *Erb, Rainer/ Michael Schmidt* (Hrsg.), Antisemitismus und jüdische Geschichte. Studien zu Ehren von Herbert A. Strauss, Berlin 1987, S. 467-478.
Sterling, Eleonore: Judenfreunde – Judenfeinde. Fragwürdiger Philosemitismus in der Bundesrepublik, in: Die Zeit, 10.12.1965, S. 30.
Stöhr, Martin: Gespräche nach Abels Ermordung – Die Anfänge des jüdisch-christlichen Dialogs, in: *Brumlik, Micha* et al. (Hrsg.), Jüdisches Leben in Deutschland seit 1945, Frankfurt/M. 1986, S. 198-229.
Volkov, Shulamit: Antisemitism as a Cultural Code. Reflections on the History and Historiography of Antisemitism in Imperial Germany, in: Yearbook of the Leo Baeck Institute, XXIII, 1978, S. 25-46.

Die Evangelische Kirche und das Judentum nach 1945

Eine Verhältnisbestimmung anhand von drei Beispielen: Hilfe für Judenchristen, theologische Aufarbeitung, offizielle Verlautbarungen

Siegfried Hermle

Einleitung

Im Jahre 1933 waren die meisten Landeskirchenleitungen von Personen übernommen worden, die zu den Deutschen Christen gehörten, einer kirchlichen Gruppierung, die dem nationalsozialistischen Gedankengut sehr nahe stand. Es ist daher nicht überraschend, daß die deutschen evangelischen Kirchen keine Gegenposition zum von der nationalsozialistischen Bewegung propagierten Antisemitismus einnahmen. In Übereinstimmung mit altkirchlichen Positionen und Äußerungen des alten Martin Luther wähnte ein Großteil der Theologen die Erwählung Israels beendet und die Kirche an seiner Stelle als Volk Gottes. Israel selbst sei durch die Verwerfung Jesu von Nazareth in den Reigen der Völker zurückgetreten. Einige Theologen sahen auf Israel gar den Fluch Gottes liegen und meinten, in der Diasporaexistenz dieses Volkes einen Beweis dafür vor Augen zu haben. Die Anfälligkeit vieler kirchlich engagierter Menschen für den Antisemitismus rührte von dieser jahrhundertlangen antijudaistischen Tradition der Kirche her. Widerspruch gegen antisemitische Äußerungen oder Maßnahmen war so von vorne herein nur von einer kleinen Minderheit in der Kirche zu erwarten.

Die Opposition gegen die Gleichschaltung der Kirche sammelte sich in der Bekennenden Kirche (BK). Aus diesen Kreisen kamen einige beachtenswerte

Verlautbarungen gegen antisemitische Aktionen der offiziellen Kirchenleitungen und des Staates (vgl. Gerlach 1987). Allein, es ist festzuhalten, daß das Engagement der BK immer dann besonders eindrücklich wurde, wenn Kirchenglieder betroffen waren, die aufgrund der nationalsozialistischen Gesetzgebung als Juden galten. Diesen sogenannten Judenchristen[1] wurde es im Jahre 1933 unmöglich gemacht, einen Dienst in der Kirche zu übernehmen, bis zum Jahre 1941 wurden sie gar aus fast allen deutsch-christlich bestimmten Landeskirchen ausgeschlossen. Erst nach längerem Zögern entschloß sich die BK, Hilfsstellen zur Betreuung von Rasseverfolgten einzurichten, die nach dem Erlaß der Nürnberger Gesetze vollends zu Menschen 2. Klasse geworden waren. Das „Büro Grüber" versuchte Hilfestellung vor allem bei der Auswanderung zu geben (An der Stechbahn, 1951, wie auch Gerlach 1987, S. 256ff.). Im Zusammenhang dieser Einrichtungen ist beachtenswert, daß sie auch Gliedern der israelitischen Kultusgemeinden und rasseverfolgten Dissidenten zu helfen suchte.

Um einen Eindruck von den divergierenden Einstellungen in der Evangelischen Kirche zu geben, seien beispielhaft zwei Äußerungen angeführt, mit denen die deutsch-christlich bestimmten Landeskirchen und die BK an die Öffentlichkeit traten. Am 17. Dezember 1941 erklärten die deutsch-christlichen Kirchenleitungen von Sachsen, Nassau-Hessen, Mecklenburg, Schleswig-Holstein, Anhalt, Thüringen und Lübeck in einem gemeinsamen Wort, „daß dieser Krieg in seinen weltweiten Ausmaßen von den Juden angezettelt worden" sei. (KJ 1933-1944, S. 460) Man hebe nunmehr „jegliche Gemeinschaft mit Judenchristen" auf. Zwei Jahre später beschloß die Bekenntnissynode der Altpreußischen Union (ApU) ein Wort an die Gemeinden, in dem es hieß: „Wehe uns und unserem Volk, ... wenn es für berechtigt gilt, Menschen zu töten, weil sie für lebensunwert gelten oder einer anderen Rasse angehören, wenn Haß und Unbarmherzigkeit sich breit machen" (ebda., S. 387).

Diese kurze Einleitung mag genügen, um die Ambivalenz der Anschauungen und des Handelns in der Evangelischen Kirche gegenüber den Juden vor Augen zu führen – nicht verschwiegen sei, daß sicherlich die große Mehrzahl der evangelischen Christen wie der württembergische Landesbischof Theophil Wurm dachte, der 1938 schrieb: „Ich habe von Jugend auf das Urteil von Männern wie Heinrich von Treitschke und Adolf Stöcker über die zersetzende Wirkung des Judentums auf religiösem, sittlichem, literarischem, wirtschaftlichem und politischem Gebiet für zutreffend gehalten" (Metzger, 1978, S. 49).

Will man der Haltung der Evangelischen Kirche zum Judentum nach 1945 nachgehen, so genügt es keineswegs, allein die offiziellen Verlautbarungen der Kirche zu betrachten. In ihnen tritt nur ein kleiner Ausschnitt dessen zutage, was für das Verhältnis der Kirche zum Judentum entscheidend ist. Es gilt genauso zu untersuchen, wie man sich den Gliedern der Kirche gegenüber verhalten hat, denen wegen ihrer Herkunft aus „Israel" die Kirchenmitgliedschaft entzogen worden war und die im Dritten Reich genauso zu leiden hatten, wie die anderen von den Nürnberger Gesetzen Betroffenen. Nicht zuletzt aber sollte auch der Entwicklung der theologischen Auseinandersetzung[2] nachgegangen und gefragt werden, ob und wie eine Neubestimmung des Verhältnisses von Kirche und Israel angegangen wurde.

1. Hilfe für im Dritten Reich verfolgte Judenchristen

Jüdische Organisationen in aller Welt hatten bereits in der Endphase des Krieges mit umfangreichen Vorbereitungen begonnen, um den Überlebenden der Konzentrationslager und der kleinen Zahl von in sogenannten privilegierten Mischehen Durchgekommenen schnelle und wirkungsvolle Hilfe zukommen zu lassen. So konnten die im Nachkriegsdeutschland wiedergegründeten jüdischen Kultusgemeinden ihren im Dritten Reich verfolgten und entrechteten Mitgliedern sehr rasch die dringend nötige Unterstützung zukommen lassen (vgl. Handling 1964 und Ganther 1952). Neben dieser materiellen Unterstützung, ohne die sicher noch Tausende an den Folgen von Unterernährung und Krankheiten gestorben wären, darf der moralische Beistand nicht übersehen werden. Die weltweite jüdische Gemeinschaft setzte ein eindrucksvolles Zeichen der Solidarität mit ihren verfolgten Glaubensbrüdern.

Es soll im folgenden untersucht werden, ob die evangelische Kirche den aus ihren Reihen Verfolgten und Bedrängten ein ähnliches Zeichen der Solidarität zukommen ließ. Wurde den Judenchristen gegenüber eine besondere Verantwortung gesehen und wahrgenommen? Wurde dieser kleine Personenkreis, der mit Kriegsende bereits eine 12jährige Leidenszeit hinter sich hatte, trotz der Masse der Flüchtlinge, trotz der allgemeinen Not nicht vergessen?

Das Resultat – um es vorwegzunehmen – ist ernüchternd: Die dringend notwendige Hilfe und Solidarität blieb nur deshalb nicht ganz aus, weil eine kleine Zahl von Christen sich für diese Menschen verantwortlich wußte. Es ist bezeichnend, daß dieses Engagement von Personen ausging, die selbst verfolgt worden waren oder sich schon während des Dritten Reiches für diese Glieder der Kirche Jesu Christi eingesetzt hatten. Vor allem drei Namen sind in diesem Zusammenhang anzuführen. In Berlin widmete sich Pfarrer *Heinrich Grüber* der Unterstützung der ehemals Verfolgten; er war auch schon während der Naziherrschaft bis zu seiner Verhaftung Leiter des nach ihm benannten Hilfsbüros für Rassenverfolgte. Innerhalb kürzester Zeit gelang es Grüber, ein mit hauptamtlichen Mitarbeitern besetztes Büro einzurichten, das von den Betreuten selbst finanziert wurde. Wie gefragt diese Einrichtung war, zeigen die Zahlen der Betreuten: Am 10. Oktober 1945 wurden 5146 Personen, Anfang 1947 bereits 14000 Hilfesuchende registriert.[3] In Heidelberg gründete der 1943 auf Druck staatlicher Behörden aus dem Kirchendienst ausgeschiedene und 1944 noch zu Schanzarbeiten verurteilte *Hermann Maas* ein kleines Hilfsbüro, das von ihm selbst geleitet wurde. Maas war Anlaufstation für ungefähr 600 ehemals Verfolgte.⁴ In Stuttgart mühte sich der als „Mischling 1. Grades" trotz abgelegtem erstem theologischen Dienstexamen 1937 nicht in den Kirchendienst übernommene *Fritz Majer-Leonhard* um seine Schicksalsgenossen, nachdem er 1945 Vikar in einer Stuttgarter Kirchengemeinde geworden war (vgl. Hermle/Lächele 1988). Zunächst suchten ungefähr 700 Personen, später nahezu 1.500 Hilfe und Unterstützung.⁵ Alle drei versuchten durch die Vermittlung von Lebensmittel- und Kleiderpaketen, durch Hilfen bei der Wohnraumbeschaffung, durch Vermittlung von Schul- und Ausbildungsplätzen, durch Rechts- und später auch durch Auswandererberatung ihren Schützlingen unter die Arme zu greifen (vgl. Hermle 1987, S. 129ff.). Daß diese Maßnahmen, solange sie von Einzelpersonen verantwortet wurden, natürlich nur in einem äußerst geringen Umfang erfolgen konnten, versteht sich von selbst.

Interessant ist nun, wie sich die von der Evangelischen Kirche in Deutschland (EKD) für die diakonische Arbeit gegründete Organisation, das Hilfswerk der EKD, zu diesen Privatinitiativen verhielt.

Grüber wandte sich am 6. April 1946 an den Leiter des Zentralbüros des Hilfswerks der EKD, Eugen Gerstenmaier, und schlug vor, die „Gesamtarbeit für die nichtarischen Christen" dem Hilfswerk anzugliedern, da diese „große Frage ... nicht der Initiative einzelner Männer überlassen bleiben" könne.⁶ Es gebe bei der von ihm in Berlin begonnenen Arbeit immer wieder Überschneidungen mit dem Hilfswerk und daher halte er es für angebracht, innerhalb des Hilfswerks ein besonderes Referat für die Betreuung der „nichtarischen" Christen einzurichten. Gerstenmaier lehnte diesen Wunsch mit Hinweis auf den obersten Grundsatz des Hilfswerks ab, demzufolge es Aufgabe des Hilfswerk sei, „Unterstützungen an Hilfsbedürftige auszuteilen ohne Rücksicht auf die religiöse, politische oder rassische Einstellung oder Zugehörigkeit der Hilfsbedürftigen."⁷ Er glaube, so Gerstenmaier, „daß auch nur die geringste Verletzung des obengenannten Grundsatzes für die Arbeit des Hilfswerks von Schaden sein könnte und auch einer Reihe anderer in großer Not befindlicher Kategorien von Personen den Anreiz bieten könnte, derartige Wünsche an das Hilfswerk heranzutragen." Die „nichtarischen" Christen könnten „im Rahmen unserer allgemeinen Nothilfe betreut werden."

Nachdem die Verantwortlichen für die inzwischen in fast allen Landeskirchen eingerichteten „Hilfsstellen für Rasseverfolgte" sich mit diesem Bescheid nicht abfinden wollten und vor allem auch die ökumenische Flüchtlingsorganisation auf die Seite der Hilfsstellen getreten war, wurde im Rahmen einer für den 23. Juni 1947 anberaumten Besprechung zwischen Hilfswerk, ökumenischer Flüchtlingskommission und dem Church World Service, einer der größten kirchlichen Spendenorganisationen, auch ausführlich über die Lage der „nichtarischen" Christen gesprochen. Als Sachverständiger wurde Majer-Leonhard zu diesem Teil der Beratungen hinzugezogen. Gerstenmaier unterstrich nochmals, „daß das Hilfswerk nur nach den Gesichtspunkten der vor-

III. Antisemitismus in der politischen Kultur (1)

dringlichen Not seine Hilfsmittel einsetzen könne" und fragte, ob es im Hinblick auf die „augenblicklich in Deutschland herrschende Not" noch berechtigt sei, „Sondereinrichtungen für nichtarische Christen aufrecht zu erhalten, obwohl eine gewisse Benachteiligung dieser Gruppen gegenüber ihren Glaubensbrüdern vorliege."[8] Für das Hilfswerk hielt Gerstenmaier fest, daß der „Begriff der Judenchristen ... als typische 3. Reichserscheinung völlig verschwinden" und daß „Gleichberechtigung und völlige Eingemeindung ... das Ziel sein" müsse. Die Judenchristen, soweit stimmte Gerstenmaier mit dem Anliegen der Hilfsstellen überein, könnten „eine gewisse Sühne für die Verfolgungen des 3. Reiches erwarten", doch sei diese „nicht nur von der Kirche, sondern ... von dem ganzen deutschen Volk" zu tragen. Abschließend bemerkte der Präsident des Hilfswerks: „Dadurch, daß gewisse Spenderkreise des Auslands die Judenchristen besonders betreuen möchten und dadurch, daß von einigen von ihnen manchmal überhöhte Sonderansprüche gestellt werden, werden sie [die Judenchristen, S.H.] bereits wieder hier und da mit einer gewissen Reserve behandelt." Die hinter dieser Argumentation stehende Grundeinstellung Gerstenmaiers trat in dessen Erwiderung auf Einwürfe Majer-Leonhards deutlich zutage, der ausgeführt hatte, daß die „Juden der Synagoge ... auf das Beste unterstützt" würden, die Judenchristen aber „stünden immer abseits. Er sei der Ansicht, daß es Aufgabe der Kirche ist, sich um sie zu kümmern." Gerstenmaier entgegnete ihm, er vermöge „nicht einzusehen, warum die Kirche die besonderen Ansprüche der nichtarischen Christen unterstützen solle, nur weil sie aus der vom Nationalsozialismus erzwungenen Solidarität mit den Juden der Synagoge nun herausgefallen seien und nicht in demselben Maße wie diese vom Ausland unterstützt würden."

Ehe ich zu einer Bewertung dieser Auseinandersetzung um die angemessene Hilfe für die im Dritten Reich um ihrer Rassenzugehörigkeit willen verfolgten Christen komme, sei noch der Abschluß dieses zweieinhalb Jahre währenden Streites angedeutet. Nach einer weiteren Unterredung zwischen Vertretern des Hilfswerks und der Hilfsstellen im Oktober 1948 richtete das Zentralbüro des Hilfswerks an alle Hauptbüros ein Schreiben, in welchem zwar nochmals betont wurde, daß „enbloc-Zuteilung von Liebesgaben" an die Hilfsstellen für Rasseverfolgte nicht möglich seien, daß man jedoch nochmals einen „Eindruck von der zunehmenden inneren Isolierung und der zum Teil großen materiellen Not dieses Kreises der Glieder unserer Kirche" bekommen habe (Jud. 5, S. 158f.).

Die Weiterleitung von ausländischen Spenden an die Hilfsstellen – und dies mußte immerhin betont werden – solle ungeschmälert erfolgen. Man habe den Eindruck, „daß offenbar nicht alle Hilfswerkstellen in den Gemeinden, die es angeht, diesen besonders der Hilfe und des Beistandes bedürftigen Gliedern der Kirche *das notwendige Maß an nachgehender Liebe* zuteil werden lassen. Handelt es sich doch um etwa 50000 über das Gesamtgebiet der EKiD verstreute Menschen, die allermeist drei plus zwölf schwere, zum Teil furchtbare Jahre der materiellen und seelischen Not hinter sich haben, nicht ohne Grund der christlichen Gemeinde weithin fremd geworden und darum bis heute hin der Gefahr einer für ihr geistliches Leben bedrohlichen Isolierung in starkem Maße ausgesetzt sind." Die „Herren Hauptgeschäftsführer" wurden gebeten, „bei Arbeitsbesprechungen der nächsten Zeit den Mitarbeitern des Hilfswerks die diakonische Verpflichtung unserer Kirche an diesem Teil ihrer Glieder eindringlich ins Gewissen zu schieben und sie aufzurufen, die Notwendigkeiten und Möglichkeiten dieses Dienstes in seiner Schwere und Verheißung mit besonderer Hingabe wahrzunehmen."

Wie ist nun diese Haltung des Zentralbüros des Hilfswerks zu beurteilen? Betrachten wir die Argumente, die gegen eine besondere Betreuung der Judenchristen vorgebracht wurden:

1. Es sei zu befürchten, daß eine besondere Hilfe wieder – wie zur Zeit des Nationalsozialismus – zu Sondergruppierungen führen könne. Vereinzelt sprachen Verantwortliche des Hilfswerks von einem „Ghetto der Bevorzugung"[9], in welchem sich die Judenchristen wiederfinden könnten, sprachen davon, daß man eine „Solidarität des Elends"[10] erwarten könne. Im Dritten Reich war es den Rasseverfolgten nicht möglich, sich der durch Gesetz verfügten Separation zu entziehen. Im Falle einer gezielten Betreuung der Judenchristen aber hätte es jeder und jedem freigestanden, sich an die zuständige Stelle zu wenden oder nicht. Dieses Argument trifft die Sachlage keineswegs. Natürlich wäre es angesichts der großen allgemeinen Not nötig gewesen, diese Maßnahme in der Öffentlichkeit zu vertreten, aber dies hätte doch eine Chance sein können, über die weitgehend unbekannte Situation der im Dritten Reich rasseverfolgten Christen zu informieren und um Verständnis für die spezielle Zuwendung zu werben.

2. „Gleichberechtigung und völlige Eingemeindung" werde angestrebt, dieses Ziel hatte Gerstenmaier auf der oben erwähnten Besprechung gesteckt. Wie sah dies nun aber praktisch aus? Menschen, denen während der vergangenen Verfolgungsjahre jeder Gang auf eine Behörde eine Angst und Schrecken einjagende Vorstellung war, sollte zugemutet werden, sich möglicherweise „in Reih und Glied mit den ehemaligen Nationalsozialisten aufzustellen und Hilfe zu erbitten."[11] Sie hätten ihre augenblickliche Notlage nachweisen müssen, ihnen wäre nach „kürzerer oder längerer Examinierung ... das Almosen erteilt" worden, so brachte Grüber einmal die Prozedur, der sich die Judenchristen bei einer völligen „Gleichberechtigung" hätten unterziehen müssen, auf den Begriff. Er trat dafür ein, diesen Menschen keine Almosen, sondern „Liebesgaben" zukommen zu lassen. „Liebesgaben", so formulierte er, „sind Beweise freundlicher Anteilnahme in Form von Geschenken, die ich verteile wegen eines in der Vergangenheit gelegenen Leides, wegen eines ungeheueren Unrechts, das den Empfänger ... betroffen hat." Bei der Verteilung von Liebesgaben, die „nicht erst der jedesmaligen Bitte des Empfängers um eine Gabe" bedür-

fen, käme zum Ausdruck, „daß ich das, was geschehen ist, nicht billige, daß ich es aufs Tiefste bedauere". Anzufügen wäre noch, daß die Haltung des Hilfswerks den von ihm angestrebten Ziel entgegenwirkte. Die Verantwortlichen der Hilfsstellen suchten, – woher auch immer – Gaben für ihre Schützlinge zu erhalten. Eine amerikanische Spendenorganisation, die „First Hebrew Christian Synagogue" aus Los Angeles, die sehr beachtliche Mengen an Hilfsgütern zur Verfügung hatte, brachte gegenüber den Empfängern die Hoffnung zum Ausdruck, „daß es ... möglich sein wird, uns zu helfen, ... wirklich eine judenchristliche Synagoge aufzubauen und im Anschluß daran eine Wohlfahrtsstelle einzurichten."[12] Die Gabe der dringend benötigten Spenden wurde also mit der Forderung, die Judenchristen in einer von der Kirche unabhängigen Organisation zusammenzufassen verbunden. Eine ganze Reihe von Hilfsstellen erlagen zumindest für kurze Zeit dem Werben dieser Gruppe und setzten sich von der Kirche ab (vgl. Hermle, 1987, S. 148 ff.). Damit war aber genau das angelegt, wogegen sich beispielsweise 1933 Dietrich Bonhoeffer (Bonhoeffer, GS II, 1965, S. 44 ff.) und 1943 die Bekenntnissynode der ApU (KJ 1933-1944, S. 386) gewandt hatten: eine eigenständige judenchristliche Kirche.

3. Das im Laufe der Verhandlungen aber stets wiederholte Hauptargument gegen eine besondere Unterstützung der Judenchristen war der Grundsatz, Unterstützung ohne Ansehen der religiösen, politischen und rassischen Einstellung zu gewähren. Allein, auch dieser Grundsatz stand auf wackligen Beinen, gab es doch neben den speziellen Hilfskomitees für die Flüchtlingskirchen des Ostens schon recht bald gezielte Hilfsaktionen, beispielsweise Kinder- und Schulspeisungen. Vor allem aber ist diese Einstellung rein formal und unflexibel. Gleiche Maßstäbe werden an Menschen angelegt, die völlig unterschiedliche Lebenswege gegangen waren. Daß die Judenchristen schon eine 12 Jahre währende Verfolgungszeit hinter sich hatten – physisch angeschlagen und psychisch oft am Rande ihrer Kräfte –, fiel nicht ins Gewicht. Eine spezielle Unterstützung wäre für diese Menschen mehr gewesen als nur eine Versorgung mit zusätzlichen Nahrungsmitteln, sie wäre ein Zeichen dafür gewesen, daß man in der evangelischen Kirche die Schuld, die man diesen Gliedern gegenüber auf sich geladen hatte, annimmt und bemüht ist, sie wenigstens zu einem kleinen Teil abzutragen. Man vergab eine Chance, in aller Öffentlichkeit ein Zeichen der Solidarität aufzurichten.

2. Ansätze der theologischen Aufarbeitung

Daß man in der Kanzlei der EKD am Thema ‚Kirche und Israel' nicht übermäßig interessiert war, ist durch verschiedene Stellungnahmen ihres Leiters Hans Asmussen belegbar. Nicht daß Asmussen auf diesen Bereich nicht aufmerksam gemacht worden wäre: Der Generalsekretär des ökumenischen Flüchtlingsausschusses Adolf Freudenberg wies Ende 1946 die Kanzlei in einem eindrücklichen Schreiben darauf hin, daß „die Judenfrage im Laufe der letzten Jahre zu einem ganz dringlichen theologisch-ökumenischen Problem geworden" sei.[13] Die „Christen in Deutschland (seien) in dieser Hinsicht von Gott durch eine besonders harte Schule genommen worden" und daher erhoffe man sich „gerade von Deutschland her ... einen besonderen Beitrag zum rechten Verständnis dieser Frage." Als auf diesen Brief keine Antwort erfolgte, stellte Freudenberg wenige Monate später nochmals eindringlich fest, daß man „jedenfalls das Äußerste tun (müsse), um der Kirche in Deutschland, wie auch in anderen Ländern ihre Verantwortung gegenüber Israel bewußt zu machen."[14]

Asmussen gab dem Drängen Freudenbergs nach, und beauftragte einen Mitarbeiter der Kanzlei, den Juristen Otto von Harling, einen neuzuschaffenden Arbeitsbereich ‚Judenfrage' zu übernehmen. Es mag verwundern, daß ein Jurist mit dem Themenbereich ‚Kirche und Judentum' betraut wurde, doch mit von Harling wurde eine Person gewählt, der diese Fragestellungen nicht fremd waren: Der Vater von Harlings war viele Jahre Leiter des Leipziger „Institutum Judaicum Delitzschianum" und Vorsitzender des „Evangelisch-lutherischen Zentralvereins für Mission unter Israel". Interessanterweise wies Asmussen von Harling aber an, „daß man es vorerst nach Möglichkeit vermeiden solle, den Rat der EKD offiziell mit der Sache zu befassen."[15] Vielmehr sollten zunächst die theologischen Fragen geklärt werden, „ohne von vornherein die Organe der EKD mit einer unmittelbaren Verantwortung für diese Arbeit zu belasten."

Dies hinderte von Harling aber nicht, binnen kürzester Zeit eine Tagung zu initiieren, auf der ein „Kreis von berufenen Sachkennern" die ‚Judenfrage' diskutierte.[16] Dieser Kreis, der sich am 20. und 21. Oktober 1947 im hessischen Assenheim traf, verabschiedete eine Erklärung, in der deutlich wurde, welchen Kurs man in der Frage des Verhältnisses von Kirche und Judentum von der Kanzlei erwarten durfte. Den Versammelten ging es vor allem darum, daß der „Dienst an Israel ... als kirchlicher Dienst anerkannt werden" solle (Jud. 4, S. 80). Damit war einer alten Forderung der Judenmissionsgesellschaften Ausdruck verliehen, was nicht verwunderte, da fast alle Versammelten Mitarbeiter solcher Gesellschaften waren. In den anderen Punkten wurde eine Intensivierung der Ausbildung von Personen für den „Zeugnisdienst an Israel" gefordert, wurde das Gebet für Israel, die Begehung des 10. Sonntags nach Trinitatis als Israelsonntag und eine Kollekte „für die Arbeit der Kirche unter Israel" angeregt. Da die „Judenchristen und sonstigen Rasseverfolgten in den vergangenen Jahren besonders Schweres erlitten" hätten, bestehe „Veranlassung, diesen unseren Mitchristen tätige Nächstenliebe zuzuwenden" und ihnen „eine besondere seelsorgliche Betreuung" zukommen zu lassen. Der letzte Punkt lautete: „Der Antisemitismus, der weithin auch christliche Kreise erfaßt hat und vielerorts im Zunehmen begriffen ist, muß immer wieder als eine unchristliche Verirrung den Gemeinden zur Kenntnis gebracht werden."

Es ist deutlich, daß die in Assenheim versammelten „Sachkenner" vor allem die Interessen der Judenmissionsgesellschaften im Blick hatten, deren Forderungen in den Punkten eins bis sechs der Erklärung zum Tragen kamen. In den Punkten sieben und acht wurde der Bereich der diakonischen Hilfe thematisiert und lediglich im letzten Abschnitt wurde eine, wenn auch sehr allgemeine, theologische Aussage gewagt: Der Antisemitismus sei „eine unchristliche Verirrung". In einer stärkeren Beschäftigung mit dem Judentum, intensiverer Information der Gemeinden, sahen die Teilnehmer der Assenheimer Besprechung einen Weg zur Überwindung des Antisemitismus. In diesen Formulierungen ist eine gewisse Hilflosigkeit spürbar, denn was hier gefordert wurde, hatten die in der ‚Judenfrage' Engagierten ja schon immer getan und ob der erwartete Wandel allein dadurch eintreten würde, daß man die Arbeit der Judenmissionsgesellschaften seitens der Gesamtkirche offiziell anerkannte, erscheint doch mehr als fraglich. Inwieweit die Kirche durch ihre Lehre, durch ihre Predigt und ihr Handeln mit zur Grundlegung des Antisemitismus beigetragen haben könnte, war nicht im Blickfeld der in Assenheim Versammelten.

Von Harling hatte dieses Treffen einberufen, um eine größere Tagung zur ‚Judenfrage' vorzubereiten. Er wollte verhindern, daß zu dieser Frage irgendein knappes Wort ähnlich der Stuttgarter Schulderklärung abgegeben wurde. Ein solches war aber vom Bruderrat der Bekennenden Kirche geplant und von Harling suchte dieses zu verhindern, indem er unter anderem an Landesbischof Wurm schrieb und ihn bat, seinen Einfluß gegen ein solches Wort geltend zu machen. Es seien „zu umfassende und heikle Probleme, als daß man sie in der knappen und zugespitzten Form einer solchen ‚Erklärung' erörtern dürfte."[17] Dies gelte um so mehr, als nicht nur im deutschen Volk, „sondern auch und gerade unter den Christen, ja sogar bei den Theologen weithin die Voraussetzungen für ein richtiges Verständnis der besonderen Verantwortung, Schuld und Aufgabe der Kirche gegenüber Israel" fehle. Eine Schulderklärung würde „das Gewissen auf allzu billige Art" beruhigen. Die Kirche solle sich „auf den Dienst besinnen, den wir Israel schuldig sind: ... den besonderen Missionsauftrag gegenüber Israel." Auch in dieser Stellungnahme tritt nochmals die Richtung zutage, die von Harling vertrat. Immerhin fragte er bei Oberbürgermeister Ludwig Metzger in Darmstadt an, ob dort eine größere Tagung zur ‚Judenfrage' durchgeführt werden könne.

Ein entscheidender Impuls zur theologischen Aufarbeitung des Verhältnisses von Kirche und Israel kam von unerwarteter Seite. Prof. Karl-Heinrich Rengstorf, Münster, lud auf Anfang 1948 zur Gründung einer deutschen „Landesgruppe des ‚International Committee on the Christian Approach to the Jews'" ein.[18] Rengstorf, Mitglied des „Evangelisch-lutherischen Zentralvereins für Mission unter Israel" und seit 1933 deutscher Delegierter im „International Committee", wollte ein Gremium schaffen, in welchem „gemeinsame Anliegen und Fragen der in Deutschland ansässigen oder arbeitenden Gesellschaften für den Dienst der Kirche an Israel" besprochen werden können. Anfang 1948 wurde dann der „Deutsche evangelische Ausschuß für Dienst an Israel" ins Leben gerufen. Mitglieder waren zunächst nur Delegierte der Judenmissionsgesellschaften, später auch Vertreter der Hilfsstellen für Rasseverfolgte. Schon vor Gründung dieses Gremiums schrieb nun von Harling an Rengstorf, daß seiner Ansicht nach dieser „Ausschuß" von entscheidender Bedeutung sei. Die EKD solle „diesem Ausschuß die offizielle kirchliche Anerkennung" geben und ansonsten die „Finger von der Sache [‚Judenfrage', S. H.]" lassen.[19] Auch sollte von Seiten der EKD auf eigene Tagungspläne verzichtet werden.

Festzuhalten ist, daß durch diese Maßnahme von Harlings die EKD keine Initiativen im Bereich ‚Kirche und Judentum' ergreifen konnte. Die theologische Aufarbeitung geschah nicht in unmittelbarer Nähe und Verantwortung des Rates oder der Kanzlei der EKD, sondern lag in den Händen einer Organisation, in der sich „Sachkenner", im Verständnis von Harlings Vertreter der Judenmissionsgesellschaften, zusammenfanden. Natürlich würde die Mission unter Juden, würde die traditionelle Sicht Israels von diesem Kreis nicht in Frage gestellt, und vor allem: die Theologie von Karl Barth würde kaum bestimmend werden können. Diese Gefahr aber sah von Harling durch das geplante Engagement des Bruderrates der EKD, da in diesem Gremium einige Barth-Anhänger mitarbeiteten. Barth hatte im Band II,2 seiner Kirchlichen Dogmatik einen neuen Ansatz in der Israellehre versucht, indem er nicht so sehr das Überwundensein Israels betonte, sondern stärker die Fortdauer der Verheißung Gottes gegenüber seinem Volk in den Mittelpunkt der Ausführungen stellte. Kirche und Israel seien zwei Seiten des einen Gottesvolkes.

Die völlige Trennung der projektierten Tagung von der EKD wurde nur deshalb nicht vollzogen, da Vertreter der Ökumene darauf drängten, daß sich die EKD selbst dieser Frage stellen müsse.[20] Das Einladungsschreiben zur ersten Tagung des „Deutschen evangelischen Ausschusses für Dienst an Israel", zu der vom 11. bis 16. Oktober 1948 nach Darmstadt eingeladen wurde, trug auf der Umschlagseite eine kurze Stellungnahme des Ratsvorsitzenden Wurm, in welcher er betonte, daß der Rat die Tagung begrüßte, sie „mit seinen wärmsten Segenswünschen" begleite und „von ihr eine wesentliche Klärung und Förderung des Gespräches über die Judenfrage, auch über den kirchlichen Rahmen hinaus, aus dem Geist und der Schau der Bibel" erhoffe.[21]

Insgesamt 28 Tagungen veranstaltete der „Ausschuß" bis zu seiner Auflösung 1982 (vgl. Baumann, 1982, S. 119ff.). Uns interessieren die ersten Treffen und Impulse, die von ihnen ausgingen. Sie können hier nur stichwortartig angeführt werden:[22]

a) Die ersten vier Tagungen beschäftigten sich mit den Bereichen „Kirche und Judentum I"; Schwerpunkte waren die Hilfe für rasseverfolgte Christen und Informationen über die Lage des Judentums in der Welt; „Kirche und Judentum II", Thema war unter anderem der wiederaufflammende Antisemitismus und das Verhältnis von Kirche und Judentum in der Geschichte; „Der neue Staat Israel und die Christenheit" und „Der Mensch in christlicher und jüdischer Sicht" (vgl. Harder, 1961, S.251-269).

b) Beachtenswert ist das zunehmende Interesse an den Tagungen. 1948 nahmen 80, 1950 113, in den späteren Jahren bis zu 150 Personen das Angebot der „Ausschusses" wahr. Auch im Hinblick auf die Zusammensetzung der Teilnehmer ist eine interessante Beobachtung zu machen: 1948 waren fast ein Drittel Mitarbeiter von Judenmissionsgesellschaften, zwei Jahre später nur noch 6%. Ab 1952 wurden zu den Tagungen ganz gezielt auch Studenten eingeladen. Häufig hatten diese im Rahmen der Veranstaltungen des „Deutschen evangelischen Ausschusses" erstmals Kontakt mit der Problematik der christlich-jüdischen Beziehungen und zumeist erstmals Gelegenheit, mit Juden zu diskutieren und deren Anschauungen aus erster Hand kennenzulernen.

c) War die Wirkung der ersten Tagung 1948 nahezu ganz auf den Teilnehmerkreis und dessen Multiplikatorenfunktion beschränkt, so ist in den folgenden Jahren eine zunehmende Öffnung der Tagungen zu beobachten. Man lud zu öffentlichen Gemeindeabenden ein, veranstaltete Rundgespräche zwischen einem protestantischen, einem katholischen und einen jüdischen Gesprächspartner – diese wurden teilweise auch durch den Rundfunk übertragen – und suchte die Presse möglichst umfassend zu informieren. Vor allem aber erstellten Tagungsteilnehmer für Zeitungen und kirchliche Zeitschriften ausführliche Berichte.[23]

d) Herausragendes Ereignis der Tagung von 1948 war das erste Auftreten Dr. Leo Baecks in Deutschland nach dem Ende der Naziherrschaft. Er sprach über „Das Judentum auf alten und neuen Wegen" (Jud. 6, S.133ff.). Das Auftreten von jüdischen Rednern war eine Besonderheit der Tagungen des „Deutschen evangelischen Ausschusses". In den folgenden Jahren beteiligten sich Dr. Alfred Wiener aus London, Hugo Nothmann aus Fürth und Landesrabbiner Dr. Wilhelm Weinberg aus Frankfurt mit Vorträgen an den Treffen. Ab der vierten Studientagung 1952 wurde nicht mehr nur ein jüdischer Referent eingeladen, sondern zu jedem Teilaspekt des Tagungsthemas sprachen ein Christ und ein Jude. Damit wurden auf den Studientagungen schon von Anfang an die Themen im Dialog erarbeitet. Man suchte nach wirklichen Begegnungen mit jüdischen Gesprächspartnern, wollte im Austausch mit ihnen Verständnis für das Judentum wecken.

e) Hinsichtlich des theologischen Ertrags der Tagungen ist festzuhalten, daß bei dem ersten Treffen im Referat von Rengstorf die Einheit der Kirche aus Heiden- und Judenchristen besonders betont wurde. Er wandte sich damit einerseits gegen die im Dritten Reich von einigen Theologen vertretene Meinung, die Judenchristen sollten eigene Gemeinden bilden und den von deutschchristlichen Kirchenleitungen verfügten Ausschluß der Judenchristen aus der kirchlichen Gemeinschaft sowie andererseits gegen die oben erwähnten Versuche, diese Trennung nun nach Ende der Naziherrschaft durchzuführen (vgl. Siegele-Wenschkewitz, 1982). Unmißverständlich wurde auf der folgenden Tagung herausgestellt, daß es allein Sache Gottes sei, Israel zu strafen und daß der „Antisemitismus auch in seiner religiösen Form Stellung und Verhalten der neutestamentlichen Gemeinde gegenüber dem ‚Volk der Christusmörder' gründlich ... mißverstanden" habe (Rengstorf, 1950, S. 80-96). Die „Israel gegebene Verheißung (wurde) nicht aufgehoben", sie wurde „nicht einmal vorübergehend außer Kraft gesetzt .... Sie ist vielmehr für den einzelnen Juden in voller Geltung und wird auch künftig für ihn in voller Geltung sein." 1951 brachte Günter Harder diesen Wandel in der Sicht Israels so zum Ausdruck: „Die Erwählung Israels ist von der Erwählung der Kirche nicht zu trennen" (so Harder nach Ahne, 1951, S. 225). Wenn eine bestimmte Strömung des Luthertum behaupte, „mit dem Karfreitag sei Israel in die Reihe der anderen Nationen zurückgetreten", so müsse die Theologie umlernen! Israel sei der „heimliche Ursprung der Kirche", die ihr „pleroma" ohne Israel nicht erreiche. Mit diesen Ausführungen war nun eine weitverbreitete, traditionelle Sicht Israels hinterfragt und ein völlig neues Durchdenken der christlich-jüdischen Beziehungen angeregt. Diese Herausforderung wurde in Theologie und Kirche allerdings nur sehr langsam und zaghaft aufgenommen.

f) Besonders beachtenswert sind auch die Impulse für Politik und Kirche, die von den Ausschußtagungen ausgingen. Die im „Ausschuß" Verantwortlichen suchten mit Verlautbarungen allerdings nicht die breite Öffentlichkeit, sondern wandten sich gezielt an Verantwortungsträger in Gesellschaft und Kirche: Im Rahmen der ersten Tagung wurde ein Gespräch zwischen dem Zentralbüro des Hilfswerks der EKD und den Hilfsstellen für Rasseverfolgte initiiert, um deren schwieriges Verhältnis zu klären. 1950 rief der „Ausschuß" den Rat der EKD auf, sich in der Frage der jüdischen Friedhöfe einzuschalten und Gemeinden zu veranlassen, die Betreuung von Friedhöfen an solchen Orten zu übernehmen, an denen es keine jüdischen Gemeinden mehr gebe.[24] Die Teilnehmer der Tagung riefen die Synode der EKD auf, „bei ihren Erwägungen zur Frage ‚Was kann die Kirche für den Frieden tun?' auch die Judenfrage zu bedenken und dem in ihrer Entschließung Ausdruck zu geben" (KJ 1953, S. 305). Auf diese Anregung hin beschäftigte sich die Synode mit der ‚Judenfrage' und verabschiedete eine vielbeachtete Erklärung (KJ 1950, S. 5ff.). 1951 richtete der „Ausschuß" an die Bundesregierung ein Schreiben, in dem diese aufgefordert wurde, „die Wiedergutmachung nationalsozialistischen Unrechts ...

als ganz besonders dringlich zu behandeln" und ein Jahr später lud man Vertreter von Bundesbehörden nach Ansbach ein, um sich über den Stand der Wiedergutmachungsverhandlungen zu informieren und um die Bedeutung dieser Verhandlungen nachdrücklich zu unterstreichen (KJ 1953, S. 308). Infolge dieser Unterredung richtete der „Ausschuß" eine Reihe von Briefen an Bundesministerien, Ministerpräsidenten und den Bundeskanzler, in denen der Hoffnung Ausdruck verliehen wurde, daß „das so verheißungsvoll begonnene Wiedergutmachungs- und Befriedungswerk weiter" gefördert werde.[25] Ebenso wurden kirchliche Verantwortungsträger angeschrieben und gebeten, mit ihrer „Autorität unseren Schritten gegenüber den staatlichen Stellen in geeigneter Form Nachdruck" zu verleihen.[26]
Daß der „Deutsche evangelische Ausschuß für Dienst an Israel" auch versuchte, Studientagungen in Eisenach durchzuführen und von Mitgliedern des „Ausschusses" Initiativen für Veranstaltungen zur ‚Judenfrage' auf den Kirchentagungen von 1952 bis 1956 ausgingen, sei nur erwähnt (Wählt das Leben, S. 573 ff.). Es ist wohl deutlich, daß dieser „Ausschuß" wirklich „Pionierarbeit" (Baumann) für das christlich-jüdische Verhältnis leistete. Zwei Dinge jedoch sind kritisch anzumerken:
– Es gelang dem „Ausschuß" nicht, das Thema ‚Kirche und Israel' über einen kleinen Kreis von Interessierten hinaus in Kirche und Theologie ins Gespräch zu bringen. Dies sollte erst der 1960 ins Leben gerufenen „Arbeitsgemeinschaft Juden und Christen beim Deutschen Evangelischen Kirchentag" gelingen, auf deren Wirken letztlich der vielbeachtete „Synodalbeschluß zur Erneuerung des Verhältnisses von Christen und Juden" der Rheinischen Synode von 1980 zurückgeht (vgl. Goldschmidt 1981 und Zur Erneuerung ... 1980). Vielleicht hängt die beschränkte Wirksamkeit damit zusammen, daß es dem „Ausschuß" nicht gelang, ein eigenes Publikationsorgan ins Leben zu rufen und die traditionsreiche Zeitschrift „Saat auf Hoffnung" nach 1945 nur einen Jahrgang erlebte. Obwohl sich die Zielsetzung des „Ausschusses" zwischen 1948 und 1950 völlig wandelte – die Koordination der Missionsarbeit spielte keine Rolle mehr, man wandte sich ganz dem christlich-jüdischen Dialog zu –, mag die Nähe zur Judenmission der meisten im „Ausschuß" Engagierten für theologisch Andersdenkende doch ein Hindernis gewesen sein. Die Judenmission selbst wurde in den ersten Jahren nach dem Ende der Naziherrschaft nur von ganz wenigen in Frage gestellt, doch die dezidierte lutherische Einstellung des Vorsitzenden des „Ausschusses" mag bei Personen, die von der Theologie Karl Barths geprägt waren – und dies war in den fünfziger und sechziger Jahren ein zunehmender Kreis – Vorbehalte hervorgerufen haben.
– Zum andern ist zu bedenken, daß durch die Politik von Harlings, der den „Ausschuß" als angemessenes und beauftragtes Gremium für die Bearbeitung der ‚Judenfrage' ansah, Organe der EKD mit dieser Fragestellung kaum befaßt waren. Die Kanzlei und der Rat beschäftigten sich bis 1950 nur am Rande mit

diesem Thema und die Synode der EKD wurde erst durch den „Ausschuß" zu ihrer Erklärung von 1950 angeregt. So mag die engagierte, im Ganzen gesehen durchaus positiv zu bewertende Arbeit des „Ausschusses für Dienst an Israel" mit dazu geführt haben, daß sich offizielle Gremien der EKD mit dem Problem der Schuld gegenüber dem Judentum, mit der Frage eines neu zu bestimmenden Verhältnisses von Kirche und Israel kaum befaßten.

Doch wie sahen nun Verlautbarungen aus, die nach 1945 von kirchlichen Gruppierungen, Kirchenleitungen und Synoden verabschiedet wurden?

3. Offizielle Verlautbarungen zur Schuld der Kirche gegenüber Judentum und zum christlich-jüdischen Verhältnis

Es ist unmöglich auf die überraschend große Zahl von Verlautbarungen einzugehen, die nach Kriegsende von kirchlichen Gremien und Gruppen verabschiedet wurden, in denen in einzelnen Sätzen oder auch ausschließlich auf das christlich-jüdischen Verhältnis eingegangen wurde (vgl. Hermle 1987, S. 266ff. sowie Gutteridge 1976, Gerlach 1987, Heydenreich 1961 und Wirth 1987). Ich möchte fünf, teils in der wissenschaftlichen Diskussion noch kaum beachtete, mir repräsentativ erscheinende Statements danach befragen, was in ihnen zur Schuld der Kirche gegenüber dem Judentum gesagt und welche konkrete Folgerungen für die Kirche gezogen werden. Dies kann hier nur schlaglichtartig geschehen und ich werde die Zitate weitgehend für sich sprechen lassen müssen. Ich denke allerdings, daß diese – auch wenn sie nur kurz kommentiert werden – die wichtigsten Tendenzen klar zu erkennen geben.

1. Die Schuldfrage

Der Landesbischof der hannoverschen Kirche, Marahrens, stellte in einem im August 1945 vor der Bekenntnisgemeinschaft abgelegten Rückblick fest: „Besonders schwer liegt mir auf, ... daß die Kirche im ersten Sturm der Verfolgung, der über die deutsche Judenschaft losbrach, nicht das lösende Wort fand. Wir mögen im Glauben noch so sehr von den Juden geschieden sein, es mag auch eine Reihe von ihnen schweres Unheil über unser Volk gebracht haben, sie durften aber nicht in unmenschlicher Weise angegriffen werden. War es die erste Überraschung über den hier drohenden verhängnisvollen Konflikt, was uns die Sprche verschlug, oder sahen wir die Hintergründe nicht klar genug? Hier wird jedenfalls deutlich, daß Schuld auf unserem Wege liegt und daß wir unseren Dienst nicht tun können, ohne aus der Vergebung zu leben" (Zitiert nach: Bessier, 1986, S. 130).

Die „Kirchlich-theologische Sozietät" in Württemberg betonte in ihrer „Erklärung" vom April 1946, die eine Konkretisierung der Stuttgarter Schulderklärung sein sollte, in der die Schuld der Kirche gegenüber dem Judentum ja nicht erwähnt worden war, daß man „insbesondheit unsere *Schuld* als Prediger und Glieder der Gemeinde Christi" benennen wolle: Man sei „mutlos und tatenlos zurückgewichen, als die Glieder des Volkes Israel unter uns entehrt, beraubt, gepeinigt und getötet worden sind" (Erklärung, S. 25 ff.). Man habe „indirekt dem Rassedünkel Vorschub geleistet" durch Ausstellen von Ariernachweisen, habe „zu wenig Widerspruch gewagt gegen die Vergötzung unseres Volkes". „Wir bekennen unsere Schuld vor allen denen, die unschuldig leiden mußten", so hieß es abschließend, „vor allen denen, die ungewarnt Gottes Gebote mit verkehrtem Willen zertreten haben und vor allen denen, die heute mehr als wir selber die furchtbare Last aller Folgen des gemeinsamen Irrwegs zu tragen haben".

Der Bruderrat der Bekennenden Kirche stellte in seinem „Wort zur Judenfrage" 1948 heraus, daß man „betrübt über das" sei, „was in der Vergangenheit geschah, und darüber, daß wir kein gemeinsames Wort dazu gesagt haben" (KJ 1949, S. 224 ff.). Darüber hinaus wurden in diesem Wort vor allem die theologischen Versäumnisse der Kirche festgehalten, die mit dazu beitrugen, daß sich der Antisemitismus in Deutschland so widerspruchslos ausbreiten konnte. Es sei „ein verhängnisvoller Irrtum" gewesen, „als Kirchen und Gemeinden der Neuzeit für die Judenfrage durchweg keine anderen als die säkularen Gesichtspunkte der bloßen Humanität, der Emanzipation und des Antisemitismus kannten und anwandten." Indem man „die Fortdauer der Verheißung über Israel nicht mehr glauben, verkündigen und im Verhalten zu den Juden erweisen" wollte, hätten die „Christen die Hand geboten zu all dem Unrecht und Leid, das unter uns an Israel geschah".

Die Synode der sächsischen Landeskirche stellte auf ihrer Sitzung am 18. April 1948 fest: „Wir empfinden es als tief beschämend, daß der umfassendste und grausamste Versuch zur gewaltsamen Ausrottung des Judentums, den die Weltgeschichte kennt, im Namen des deutschen Volkes unternommen worden ist. Millionen Juden, Männer, Frauen und Kinder, ein Drittel des gesamten Volksbestandes, wurden von uns vernichtet. Es bedarf keines Wortes darüber, daß dies den christlichen Grundsätzen der Gerechtigkeit, Duldung und Nächstenliebe im tiefsten widerspricht" (Gedrucktes Protokoll, S. 119). Die Verantwortung könne nicht „auf die damaligen Machthaber" abgeschoben werden, alle seien mitschuldig geworden, die den Rassenhaß hegten oder ohne ernstlichen Widerstand duldeten. Auch die sächsische Kirche habe durch Ausschluß der „Judenchristen aus der kirchlichen Gemeinschaft" an der Verfolgung teilgehabt.

In der Erklärung der Synode der EKD vom April 1950 hieß es zur Schuld der Kirche: „Wir sprechen es aus, daß wir durch Unterlassen und Schweigen vor dem Gott der Barmherzigkeit mitschuldig geworden sind an dem Frevel, der durch Menschen unseres Volkes an den Juden begangen worden ist."[27]

Die ersten Stellungnahmen fielen unsicher und tastend aus, in ihnen schwangen noch stark Selbstrechtfertigungsversuche mit. Die Frage danach, weshalb weite Kreise in der Kirche dem Staat zunächst Maßnahmen gegen die jüdischen Bürgerinnen und Bürger zugestanden und bereit waren, auch im Raum der Kirche solche Schritte durchzuführen, die Frage nach den Ursachen, weshalb die Kirche keine Kriterien an der Hand hatte, gegen dieses Unrecht zu protestieren, wurde selten gestellt. Zumeist beschränkte man sich darauf, dem Entsetzen über das Geschehene Ausdruck zu verleihen.

2. Konkrete Folgerungen

Abschließend sei noch dargestellt, welche Konsequenzen für die Theologie und das Tun der Kirche in den Verlautbarungen angeführt wurden.

Marahrens deutete in seinem Beitrag lediglich in einer Frage an, welche Folgerungen aus dem Geschehen zu ziehen sein könnten: War die Sprachlosigkeit auf „die erste Überraschung" zurückzuführen oder – und in dieser Wendung wäre doch eine tiefgreifende Aufarbeitung angelegt – „sahen wir die Hintergründe nicht klar genug?"

Die „Sozietät" führte in ihrer Erklärung keine konkreten Folgerungen an, doch wird in der sehr ausführlichen Aufzählung der Verfehlungen deutlich, welche Aufgaben der Kirche gestellt sind. Man habe „dem Dienst am Worte der Frohen Botschaft für alle Welt Abbruch" getan, man habe die Hoffnung nicht „allein auf die Gnade unseres allmächtigen Vaters" gesetzt und „Fleisch und Blut mehr geliebt als den, der uns durch sein Sterben und Auferstehen frei gemacht hat". Eine Rückbesinnung auf die particulae explusivae, die Martin Luther ins Zentrum seiner Theologie gerückt und die Karl Barth mit großer Eindringlichkeit wieder herausgestellt hatte, war also das Programm der „Sozietät" für den Neuanfang.

Sehr detailliert wurde im Wort des Bruderrates das Verhältnis von Kirche und Israel skizziert und damit die Notwendigkeit einer intensiven Durcharbeitung der kirchlichen Israellehre herausgestellt. Israel habe zwar duch die Kreuzigung des Messias seine Erwählung und Bestimmung verworfen, doch seien alle Menschen „an dem Kreuze Christi mitschuldig"[28]. Gottes Treue lasse Israel nicht los und weil „die Kirche im Juden den irrenden und doch für Christus bestimmten Bruder erkennt, den sie liebt und ruft, ist es ihr verwehrt, die Judenfrage als ein rassisches oder völkisches Problem zu sehen und ihre Haltung gegenüber dem Volk Israel wie gegenüber dem einzelnen Juden von daher bestimmen zu lassen." Im Teil III des Wortes wurden Gemeinden und Pfarrer aufgerufen, sich als „Glieder des Volkes Gottes" des „besonderen Zusammenhanges mit Israel bewußt" zu sein. Man solle sich „vor allem Antisemitismus" hüten, „gegenüber Israel das Zeugnis des Glaubens und die Zeichen (der) Liebe" aufrichten, „in der Fürbitte für Israel nicht müde werden und auf die zeichenhafte Bedeutung seines Schicksals achten."

In der sächsischen Erklärung wurde unmißverständlich zum Ausdruck gebracht, daß die Kirche durch den Ausschluß der Judenchristen das Wesen der

Kirche verleugnet habe. Neben diesem ecclesiologischen Vermächtnis wurden drei Aufgaben angeführt:

„Für die Zukunft schulden wir dem jüdischen Volk:

Gerechtigkeit, zu der wir unbedingt verpflichtet sind,
Barmherzigkeit, besonders den von der Hilfeleistung des Weltjudentums ausgeschlossenen Judenchristen gegenüber,
die *frohe Botschaft* von Jesus, der der Christus auch des jüdischen Volkes ist. Wir sind gewiß, daß, wo das Evangelium bußfertig und gläubig bezeugt wird, es seine Kraft auch an jüdischen Herzen offenbaren wird.

Wir müssen diesen Aufgaben auch um *unseres* Volkes willen mehr Aufmerksamkeit und Treue zuwenden als bisher. Wir bitten Gott um Weisheit, Kraft und Liebe, sie zu erfüllen."

Die Synode der EKD stellte ihrem Schuldbekenntnis drei theologische Aussagen voran: Im ersten Punkt wurde das Judesein Jesu betont, im zweiten stellte man heraus, daß Juden- und Heidenchristen in der Kirche eine Einheit bilden und im dritten hieß es: „Wir glauben, daß Gottes Verheißung über dem von ihm erwählten Volk Israel auch nach der Kreuzigung Jesu Christi in Kraft geblieben ist." Konkret wurden die Christen vor dem Aufrechnen der Schuld gewarnt und gebeten, „sich von jedem Antisemitismus loszusagen und ihm, wo er sich neu regt, ernstlich zu widerstehen und den Juden und Judenchristen in brüderlichem Geist zu begegnen." Wie schon erwähnt, wurden den christlichen Gemeinden noch die Pflege der jüdischen Friedhöfe ans Herz gelegt und abschließend in einem eschatologischen Ausblick der Tag in Erinnerung gerufen, „an dem wir mit dem geretteten Israel den Sieg Jesu Christi rühmen werden."

Die Erklärungen zeigen, wie schwer man sich in den ersten Jahren nach dem Ende der Naziherrschaft in der Kirche tat, konkrete Ansatzpunkte für eine Neubestimmung des christlich-jüdischen Verhältnisses zu formulieren. Interessanterweise werden in nahezu allen Erklärungen Momente in der Theologie benannt oder zumindest vermutet, die für die mangelnde Solidarität der Christen mit ihren jüdischen Mitbürgern verantwortlich sein könnten. Nur teilweise gelang es jedoch, einzelne Aspekte zu benennen, denen man sich zuwenden muß, so beispielsweise die Frage, ob die Verheißungen Gottes an Israel nun beendet seien oder weiter gelten. Nicht hinterfragt wurde in den ersten Jahren nach dem Ende der Naziherrschaft die Mission der Juden; weder im Hinblick darauf, ob es Deutschen nach dem Geschehenen noch möglich sein kann, die frohe Botschaft von Jesus Christus jüdischen Menschen authentisch auszurichten, noch wurde die Überlegung angestellt, inwieweit die Mission unter Juden vom Evangelium her überhaupt geboten ist. Diese Probleme wurden erst durch die „Arbeitsgemeinschaft Juden und Christen beim Deutschen Evangelischen Kirchentag" aufgegriffen und führten dann zu der bereits erwähnten Erklärung der rheinischen Synode.[29]

Über die Wirksamkeit der in den Jahren 1945 bis 1950 erlassenen Erklärungen lassen sich nur Vermutungen anstellen. Da jedoch die einzelnen Worte kaum Bezugnahmen untereinander aufweisen, ist anzunehmen, daß ihre Verbreitung in der kirchlichen Öffentlichkeit auf einen kleinen Kreis von in dieser Frage engagierten Personen begrenzt blieb. Herauszuheben in diesem Zusammenhang ist das Wort der Synode der EKD von 1950. Es wurde als „Magna Charta für die Einstellung der deutschen evangelischen Kirche zum Judentum" bezeichnet und eröffnete in der Tat – trotz seiner Mängel, auf die hier nicht eingegangen werden konnte – neue Perspektiven für die Sicht Israels in der Kirche und für die christlich-jüdischen Beziehungen: „Wir glauben, daß Gottes Verheißung über dem von ihm erwählten Volk Israel auch nach der Kreuzigung Jesu Christi in Kraft geblieben ist" (Heydenreich 1962, S. 255).

Anmerkungen

1 Judenchrist ist ein bis heute gängiger Begriff, der beispielsweise auch im Titel einer Zeitschrift, „Der Zeuge" – Organ der internationalen judenchristlichen Allianz, gebraucht wird. Zeitgenössische Ausdrücke wie „arisch", „Mischling 1. Grades" u. ä., die sich nicht vermeiden lassen, werden in Anführungszeichen gesetzt.

2 Im Rahmen dieses Beitrags kann dies nur im Hinblick auf die institutionelle Ebene geschehen. Welche Gespräche und Diskussionen beispielsweise auf Akademietagungen oder gar im universitären Bereich abliefen, muß unbeachtet bleiben.

3 Archiv des Ökumenischen Rates (AÖR) Genf, 1946 Box E 3. Darin: Berichte ‚Grüber' Juden-Christen; und: Schreiben der „Hilfsstelle", Radlauer, an Freudenberg vom 1.2.1947 in: AÖR, Department of Refugees 1947-1951 Box E 9. Darin: Propst Grüber. (Sämtliche zitierten Akten aus dem Archiv des Ökumenischen Rates sind aus den Unterlagen der Flüchtlingsabteilung).

4 Vgl. den Bericht des englischen Geistlichen Henry L. Ellison, der im Auftrag der ökumenischen Flüchtlingskommission vom 5.5. bis 25.6.1948 Deutschland bereiste, sämtliche damals existierenden Hilfsstellen für Rasseverfolgte besuchte und einen ausführlichen Bericht vorlegte. Archiv des Diakonischen Werkes in Kurhessen-Waldeck, Bestand „Rassisch verfolgte Christen – 6/1946-6/1949". „The racially persecuted Christians in Germany" by H. L. Ellison.

5 Archiv des Diakonischen Werkes der Evangelischen Kirche in Deutschland (ADW), Berlin, ZB 842. Schreiben Majer-Leonhards an den Ökumenischen Flüchtlingsausschuß vom 13.7.1946 und: Ellison-Bericht, wie Anm. 4. Insgesamt betreuten die Hilfsstellen im Februar 1947 46450 ehemals Verfolgte. AÖR, 25A Chrétiens d'origine juive I, ler janv. 1946 – 31. mai 1947. Darin: AG der Hilfsstellen für christliche Rasseverfolgte. Verteilschlüssel der „Arbeitsgemeinschaft ...".

6 ADW, ZB 84.

7 Ebda., Brief Gerstenmaiers an Grüber vom 29.4.1946.

8 LKA Stuttgart, Altregistratur, Akten der Hilfsstelle für Rasseverfolgte. Ordner: Hilfs-

III. Antisemitismus in der politischen Kultur (1) 215

werk V-Z. Protokoll über die am 23.6.1947 im Zentralbüro des Hilfswerks der Evangelischen Kirchen in Deutschland stattgefundenen Sitzung mit dem Präsidenten und dem Geschäftsführer der ERC (Ecumenical Refugee Commission, S. H.) Rev. E. Carter und Pastor Dr. A. Freudenberg.

9 LKA Stuttgart, Akten Hilfsstelle, Protokoll über eine Sonderbesprechung über das Thema „Evangelisches Hilfswerk und die Hilfsstellen für ehemals Rasseverfolgte" im Rahmen der Darmstädter Tagung „Kirche und Judentum" am 13.10.1948.
10 AÖR, Hilfswerk EKiD Stuttgart, 1.11.1947 – 31.10.1948, II. Schreiben des Leiters des Hilfswerks an den „Ökumenischen Rat der Kirchen. Ökumenische Flüchtlingskommission" vom 4.2.1948.
11 AÖR, Department of Refugees, wie Anm. 3. Brief Grübers an Freudenberg vom 1.2.1947.
12 LKA Stuttgart, Akten Hilfsstelle, Schreiben der First Hebrew Christian Synagoge an Majer-Leonhard vom 27.6.1947.
13 AÖR, wie Anm. 5, darin: Correspondance avec Kanzlei. Schreiben Freudenbergs an Asmussen vom 19.12.1946.
14 Ebda., Brief vom 11.3.1947.
15 So v. Harling in einem Bericht vom 21.3.1950 an Landesbischof Wurm. LKA Stuttgart, Bestand D 23, Bd. 29,2.
16 LKA Stuttgart, Bestand 153/I (Altregistratur), Schreiben der Kanzlei der EKD an die „Landeskirchenleitungen" vom 4.11.1947.
17 LKA Stuttgart, Bestand D 1, 222; Schreiben vom 1.12.1947.
18 Privatakten Rengstorf, Brief an die „Mitarbeiter in der Mission unter Israel" vom 22.12.1947.
19 Privatakten Rengstorf, Schreiben von Harlings an Rengstorf vom 3.1.1948.
20 Vgl. Schreiben Kloppenburgs vom ökumenischen Flüchtlingssekretariat an die Kanzlei der EKD vom 21.1.1948. AÖR, Chrétien d'origine juive II, 1er janv. 1947 – 31 août 1948. Darin: Korrespondenz mit Kanzlei und Hilfswerk.
21 LKA Stuttgart, Akten Hilfsstelle. Programm der Arbeitstagung „Kirche und Judentum".
22 Sämtliche nicht speziell ausgewiesenen Sachverhalte sind den Akten des „Deutschen evangelischen Ausschusses für Dienst an Israel" entnommen, die sich im Besitz von Prof. K. H. Rengstorf, Münster, befinden, dem ich sehr herzlich danken möchte, daß er mich diese Unterlagen auswerten lies.
23 Vgl. für die Tagung 1951: Allgemeine Wochenzeitung der Juden in Deutschland, Nr. 48 vom 9.3.1951; Deutsches Pfarrerblatt 51, 1951, S. 205-207; Die Welt, Nr. 54 vom 5.3.1951; Evangelische Welt 5, 1951, S. 155f.; Freiburger Rundbrief Folge 12/15 vom Dezember 1951, S. 16f.; Junge Kirche 12, 1951, S. 222-226.
24 Der Ratsvorsitzende Dibelius nahm diese Anregung in seiner Eingangspredigt zur Sitzung der EKD Synode im April 1950 auf. Sie fand auch Eingang in den Punkt sieben der Erklärung der Synode der EKD zur Judenfrage. Vgl. Berlin-Weissensee 1950 (Dibelius: S. 14; Wort: S. 357).
25 Privatakten Rengstorf, Brief an den Bundeskanzler vom 14.3.1952.
26 Ebda., Brief an den Rat der EKD vom 7.4.1952.
27 Berlin-Weissensee 1950. Es ist zu beachten, daß die Formulierung „Wir bekennen", die in zwei Entwürfen gewählt worden war, auf Einspruch einiger Synodaler in die zitierte Fassung verändert wurde.
28 Es ist hier nicht möglich, auf die Problematik von einzelnen Aussagen im Wort des Bruderrates einzugehen. Vgl.: Hermle 1987, S. 331 ff.
29 Interessanterweise ändert 1985 auch der traditionsreiche „Evangelisch-lutherische

Zentralverein für Mission unter Israel" seinen Namen in „Evangelisch-lutherischer Zentralverein für Zeugnis und Dienst unter Juden und Christen". Vgl. Friede über Israel, Heft 4 vom Dezember 1985, S. 145 f.

* Nahezu alle erwähnten Erklärungen sind nun abgedruckt in: *Rolf Rendtorff / Hans Hermann Henrix* (Hrsg.), Die Kirchen und das Judentum. Dokumente von 1945-1985, Paderborn und München 1988.

Literatur

Lothar Ahne: Der neue Staat Israel und die Christenheit. In: Junge Kirche 12, 1951, S. 222-226.

An der Stechbahn, Erlebnisse und Berichte in den Jahren der Verfolgung, Berlin 1951.

Arnulf Baumann: Nachruf auf eine Pionierleistung. In: Friede über Israel, Heft 3, 1982, S. 119-121.

Berlin-Weissensee 1950. Bericht über die zweite Tagung vom 23.-27. April 1950. Hrsg. im Auftrage des *Rates von der Kirchenkanzlei der Evangelischen Kirche in Deutschland*, Hannover, o. J.

Gerhard Besier: „Selbstreinigung" unter britischer Besatzungsherrschaft. Die Evangelisch-lutherische Landeskirche Hannovers und ihr Landesbischof Marahrens 1945-1947, Göttingen 1986.

Dietrich Bonhoeffer: Gesammelte Schriften, Bd. 2: Kirchenkampf und Finkenwalde. Resolutionen, Aufsätze, Rundbriefe 1933 bis 1943. Hrsg. v. *Eberhard Bethge*, München 1965[2].

„Erklärung der kirchlich-theologischen Sozietät in Württemberg" vom 9.4.1946. In: *P. Schempp*: Der Weg der Kirche (29. Mai 1945). Dokumentation über einen unerledigten Streit. Hrsg.: *Aktion Sühnezeichen/Friedensdienste u. a.*, Berlin 1985.

Heinz Ganther (Hrsg.): Die Juden in Deutschland. Ein Almanach, Frankfurt/München 1952.

Gedrucktes Protokoll der 16. Synode der Evangelisch-lutherischen Landeskirche Sachsens, 1. Tagung, 5. und 6. öffentliche Sitzung am 17. und 18. August 1948.

Wolfgang Gerlach: Als die Zeugen schwiegen. Bekennende Kirche und die Juden. In der Reihe: Studien zu Kirche und Israel Bd. 10, Berlin 1987.

Dietrich Goldschmidt: Zwanzig Jahre Arbeitsgemeinschaft „Juden und Christen". In: Deutscher Evangelischer Kirchentag Hamburg 1981. Dokumente, Stuttgart 1981, S. 608-617.

Richard Gutteridge: Open thy mouth for the dump! The German evangelical Church an the Jews 1879-1950, Oxford 1976.

Otto Handling: A continuing task, New York 1964.

Günther Harder; Christen vor dem Problem der Judenfrage. Evangelisch-jüdisches Gegenüber seit 1945. In: *W.-D. Marsch/K. Thieme* (Hrsg.), Christen und Juden, Mainz/Göttingen 1961, S. 251-269.

Siegfried Hermle: Evangelische Kirche und Judentum – Stationen nach 1945. Diakonische Hilfe für rasseverfolgte Christen – Ansätze einer theologischen Aufarbeitung – Worte und Erklärungen, Diss. theol. (masch.) Tübingen 1987.

III. Antisemitismus in der politischen Kultur (1)

Siegfried Hermle/Rainer Lächele: Die Württembergische Landeskirche und der ‚Arierparagraph'. In: *Siegfried Hermle, Rainer Lächele und Albrecht Nuding* (Hrsg.), Im Dienst an Volk und Kirche! Theologiestudium im Nationalsozialismus. Erinnerungen, Darstellungen, Dokumente und Reflexionen zum Tübinger Stift 1930 bis 1950, Stuttgart 1988, S. 179-214.

Eva Maria Heydenreich: Erklärungen aus der evangelischen Kirche Deutschlands und der Ökumene zur Judenfrage 1932-1961. In: *D. Goldschmidt/H.-J. Krauss* (Hrsg.), Der ungekündigte Bund, Stuttgart 1962, S. 183-283.

Judaica. Beiträge zum Verständnis des jüdischen Schicksals in Vergangenheit und Gegenwart. Hrsg. im Auftrag des *Vereins der Freunde Israels*, Basel, 1945ff. (Jud.).

Kirchliches Jahrbuch 1933-1944, Hrsg. von *Joachim Beckmann*, Gütersloh 1976² (KJ).

Kirchliches Jahrbuch 1949ff, Hrsg. von *Joachim Beckmann*, Gütersloh 1950ff.

Hartmut Metzger: Kristallnacht. Dokumente von gestern zum Gedenken heute, Stuttgart 1978.

Karl Heinrich Rengstorf: Israel und die Kirche im Lichte der Bibel. In: Saat auf Hoffnung Heft 2/3, 1950, S. 80-96.

Leonore Siegele-Wenschkewitz: Mitverantwortung und Schuld der Christen im Holocaust. In: Evangelische Theologie 42, 1982, S. 171-190.

„Wählt das Leben!" Der Vierte Deutsche Evangelische Kirchentag vom 27. bis 31. August 1952 in Stuttgart. Hrsg. im Auftrag des *Präsidiums des Deutschen Evangelischen Kirchentages*, Stuttgart 1952 (masch. vervielf.).

Wolfgang Wirth: Solidarität der Kirche mit Israel. Die theologische Neubestimmung des Verhältnisses der Kirche zum Judentum nach 1945 anhand der offiziellen Verlautbarungen, Frankfurt/New York/Paris 1987.

Zur Erneuerung des Verhältnisses von Christen und Juden. Handreichung Nr. 39 für Mitglieder der Landessynode (...) in der Evangelischen Kirche im Rheinland, Mülheim (Ruhr) 1980.

Jugend als Symbol des politischen Neubeginns

Strategien zur Bannung der rassistischen Vergangenheit

Sibylle Hübner-Funk

> „In der Jugend sucht die Gesellschaft
> ihre eigene Identität
> und hält sich den Spiegel ihrer Probleme vor.
>
> Mit den realen Befindlichkeiten
> der Gesamtheit der Jugendlichen
> hat dies häufig nur wenig zu tun.
>
> Hinzu kommt, daß (...) Gesellschaften
> ihre eigenen nicht erfüllten Hoffnungen
> auf die Jugend übertragen."
>
> (*Kaase* 1987, S. 136)

Gegenwart (1988/89): Versöhnungsrituale

Die Bundesrepublik Deutschland ist ein junger Staat. Sie wird 1989 vierzig Jahre alt – wieder ein Anlaß für zeitgeschichtliche Bilanzierungen und Gedenkfeiern. Beispielsweise soll Anfang 1989, zusammen mit dem Staat Israel, der nur ein Jahr älter als die Bundesrepublik ist, auf Anregung des „Gemeinsamen Fachausschusses für einen deutsch-israelischen Jugendaustausch" ein gemeinsames Grundsatzseminar stattfinden mit dem Titel: „Junge Demokraten in jungen Demokratien. Nationale Identität vor dem Hintergrund der Geschichte" (IJAB-Informationen Nr. 6/ 1987, S. 12).

Die Begriffswahl dieses Tagungsthemas verrät Stolz auf das Erreichte: das

III. Antisemitismus in der politischen Kultur (1)

demokratische System der beiden Länder und die Akzeptanz demokratischer Verfahrensregeln bei ihrer Jugend. Zugleich deutet der Untertitel an, daß es hier wie dort kollektive (nationale) Selbstwertprobleme gibt, die sich mit der Staatsgründung allein nicht haben lösen lassen. Im Rahmen deutsch-israelischer Versöhnungsrituale hat die deutsche Jugend als symbolischer „Hoffnungsträger einer besseren Zukunft" seit 1949 eine wichtige Rolle gespielt. Auch heute noch verbinden sich mit dieser ideellen Funktion der jungen Generation erhebliche staatliche Aufgabenzuschreibungen. Anläßlich ihrer Ansprache zur Einweihung der „Internationalen Jugendbegegnungsstätte Auschwitz" hat Rita Süssmuth, Bundesministerin für Jugend, Familie, Frauen und Gesundheit, sie wie folgt charakterisiert: „Unsere Jugend muß erfahren, daß sie eingebunden ist in die Geschichte ihres eigenen Volkes und daß sie diese Geschichte in ihren Höhen und Tiefen annehmen muß. Sie erlebt an diesem Ort eindringlich die eigene historische und politische Identität und wird sich bewußt, daß wir unser nationales Selbstbewußtsein nach Auschwitz allein aus den besseren Traditionen unserer nicht unbesehen, sondern kritisch angeeigneten Geschichte schöpfen können" (Süssmuth 1987, S.15). Daß diese These unter den gegebenen Umständen programmatisch-politische Bedeutung hat, läßt sich unschwer aus dem mehrfachen Gebrauch des Wortes „muß" entnehmen: Er soll Distanzierungsbestrebungen konterkarieren, die aus der „späten Geburt" der heutigen Jugendlichen herrühren könnten.

Zahlreiche Jugendgruppen aus beiden Ländern haben seit der Aufnahme diplomatischer Beziehungen zwischen der BRD und Israel im Jahre 1965 – und damit auch dem Beginn der offiziellen deutsch-israelischen Jugendaustauschprogramme – mit starkem persönlichen Engagement an der Versöhnungsaufgabe ihrer Völker mitgearbeitet. Wie ein aktueller Auswertungsbericht der deutsch-israelischen Jugendaustauschprogramme moniert, ist die Programmabwicklung inzwischen so eingeschliffen, daß „Wachsamkeit gegenüber sich einschleichender Routine" (Belen-Vine 1986, S.53) angeraten scheint. Auch sind die gegenwärtigen Probleme beider Länder, die Jugendliche im Austausch kennenlernen, trotz der demokratischen Staatsverfassungen kaum vergleichbar: Der aufgrund seiner innen- und außenpolitischen Unsicherheiten hoch militarisierte Status Israels entspricht nicht den zivilen Verhältnissen der BRD; wie umgekehrt auch der Status der Bundesrepublik Deutschland im Rahmen der atomaren Verteidigungsstrategie der NATO nicht den wesentlich sichtbareren – da konventionellen – Verteidigungsstrukturen Israels gleicht. Infolge dessen sind wechselseitige Verständnisbarrieren ein unvermeidlicher Bestandteil der „Jugendbegegnungsprogramme". Sie haben ohnehin nur partiell mit der *Gegenwart* beider Länder zu tun. Das erhebliche Finanzvolumen des öffentlich geförderten Jugendtourismus zwischen der BRD und Israel rechtfertigt sich primär aus der *Vergangenheit*, nämlich der nationalsozialistischen Verfolgung der Juden während der Jahre 1933-45. Es geht hierbei um den ritualisierten Versuch der Bewältigung der „negativen

Symbiose" (Diner 1986), in der sie aufgrund des institutionalisierten Antisemitismus des NS-Staates geschichtlich miteinander leben müssen, inszeniert mit Hilfe von Vertretern der jeweils jungen Generation beider Länder. Die allgemeine *politische Symbolfunktion* der Jugend in Westdeutschland nach dem Zusammenbruch des Deutschen Reichs ist Gegenstand der nachfolgenden Erörterungen. Es geht um ihre strategische Inanspruchnahme als „Repräsentant des demokratischen Neubeginns", gesehen vor dem Hintergrund ihrer NS-Indoktrination.

Vergangenheit I (1933-1945): Das faschistische Ticket

Daß deutsch-israelische Begegnungsprogramme antisemitische Neigungen bei deutschen Jugendlichen abbauen und ihre künftige Entwicklung verhindern könnten, war ein systematisch geförderter Mythos der westdeutschen Jugendpolitik seit 1949, der sich bis heute unvermindert erhalten hat. Theodor W. Adorno hat ihn bereits anläßlich der Kölner Hakenkreuz-Schmierereien (1959/60) als solchen entlarvt, als von allen zuständigen Instanzen der BRD „tiefe Betroffenheit" über den sichtbar gewordenen „jugendlichen Antisemitismus" geäußert wurde. Er schrieb damals in seinem Aufsatz „Was bedeutet Aufarbeitung der Vergangenheit?" (Adorno 1960, S. 14): „Ich glaube auch nicht, daß durch Gemeinschaftstreffen, Begegnungen zwischen jungen Deutschen und jungen Israelis und andere Freundschaftsveranstaltungen allzu viel geschafft wird, so wünschbar solcher Kontakt auch bleibt. Man geht dabei allzu sehr von der Voraussetzung aus, der Antisemitismus habe etwas Wesentliches mit den Juden zu tun und könne durch konkrete Erfahrungen mit Juden bekämpft werden, während der genuine Antisemit vielmehr dadurch definiert ist, daß er überhaupt keine Erfahrungen machen kann, daß er sich nicht ansprechen läßt."
Adorno hat als Mitautor der Studien zur „Autoritären Persönlichkeit" (1950) nach 1945 als einer der ersten zur Analyse der „neurotischen Triebökonomie" des Antisemitismus beigetragen. In seinem Aufsatz „Elemente des Antisemitismus" (Adorno 1947, S. 236) behauptet er, in Deutschland habe es seit der Machtergreifung der Nazis „keine Antisemiten mehr" gegeben, und zwar in dem Sinne, daß es nicht mehr der subjektiven Wahl anheimgestellt gewesen sei, im „völkischen Staat" Antisemit zu sein oder nicht. An die Stelle der antisemitischen Psychologie sei das bloße Ja zum „faschistischen Ticket" getreten:

> „Antisemitismus ist kaum mehr eine selbständige Regung, sondern eine Planke der Plattform: wer irgend dem Faschismus die Chance gibt, subskribiert mit der Zerschlagung der Gewerkschaften und dem Kreuzzug gegen den Bolschewismus automatisch auch die Erledigung der Juden. (...) Wenn die

Massen das reaktionäre Ticket annehmen, das den Punkt gegen die Juden enthält, gehorchen sie sozialen Mechanismen, bei denen die Erfahrungen der einzelnen mit Juden keine Rolle spielen. (...) Anstelle von Erfahrung tritt das Cliché, anstelle der in jener tätigen Phantasie fleißige Rezeption. Bei Strafe rapiden Untergangs ist den Mitgliedern jeder Schicht ihr Pensum an Orientierung vorgeschrieben."

Adorno spricht hier einen wesentlichen Umstand an: den strukturellen Wandlungsprozeß des Antisemitismus in Deutschland in der Zeit zwischen 1933 und 1945. In diesen zwölf Jahren hatte der Antisemitismus in Deutschland nicht mehr – wie andernorts – den Status eines „subjektiven Vorurteils", sondern er war zum systematischen Bestandteil der *rassen-biologischen Weltanschauung* und der auf ihr fußenden *Rassen- und Erbpflegegesetzgebung* des „Dritten Reichs" geworden (vgl. Stuckart/Schiedermair 1942). Die Aufwertung zu einer der maßgeblichen Ideologien des Deutschen Reichs hat den Antisemitismus vom Projektionsmechanismus einzelner zum „Wahnsystem" aller Deutschen transformiert, einem Wahnsystem, das die fabrikmäßig organisierte Vernichtung von sechs Millionen Juden nicht nur zuließ, sondern als „weltgeschichtliche Tat" legitimierte, für die die Völker Europas einst dankbar sein würden. Konstitutiver Teil dieses Wahnsystems war die nationalistisch-völkische Selbstüberhöhung der „arischen" Deutschen zu „Herrenmenschen" und „Rettern Europas vor der jüdisch-bolschewistischen Flut". Als anerkannte Staatsbürger (nicht: Staatsangehörige) des Deutschen Reichs, ausgestattet mit dem „Ahnenpaß" als „arischem Blutnachweis" und eingefügt in eine hierarchisch durchorganisierte „Volksgemeinschaft" mit Adolf Hitler als „Führer" und „Reichskanzler" an der Spitze, mußten sie sich als einzelne zwar auch als wertlos betrachten („Du bist nichts, dein Volk ist alles"), als Mitglieder des Kollektivs „deutsches Volk" jedoch wurden ihnen überdimensionale Selbstwertsteigerungen zuteil. Diese anti-individualistische Vereinnahmung all derjenigen Deutschen, die nicht – aufgrund ihrer „Fremdrasse" oder staatlich indizierter „erbbiologischer Schäden" – aus der sogenannten „Volksgemeinschaft" ausgegrenzt und „ausgemerzt" wurden, schaffte ausdrücklich die in allen demokratischen Verfassungen der Welt verankerte *Gleichheit* und *Freiheit* menschlicher Individuen ab.

Vor dem Hintergrund solcher als „kopernikanische Wende" (Bennewitz 1940) gefeierten „Umwertung aller Werte" hat der *Antisemitismus* im Deutschland Hitlers eine mehrdimensionale Metamorphose durchgemacht:

1. Er ist explizit in die staatliche Rassengesetzgebung und -politik integriert worden.
2. Er ist – zusammen mit Antibolschewismus und Antiliberalismus – zum systematischen Baustein der NS-Weltanschauung elaboriert worden.
3. Er ist im Rahmen sämtlicher Erziehungsfelder und -inhalte als „richtige Weltsicht" verordnet und unterrichtet worden.

4. Er ist in allen Medien propagandistisch als Kampfmittel gegen „innere und äußere Feinde" eingesetzt worden.
5. Er ist von der staatlichen Bürokratie zielstrebig in Gruppen- und Völkermord umgesetzt worden.

Im Zusammenhang mit der *Jugend* interessiert hier vor allem die dritte Metamorphose. Zwölf Jahre lang – für Jugendliche, die 1933 eingeschult wurden, also vier Jahre länger als ihre Pflichtschulzeit – war die „Erziehung zum Judengegner" (Dittrich 1937, S. 4) erklärtes NS-Bildungsziel:

„Wir wollen also die deutsche Jugend zu Judengegnern erziehen, die aus Gefühl und Instinkt heraus kämpfen, die aber vor allem auch über den unbedingt notwendigen, ganz nüchternen Blick für Tatsachen verfügen. Wie aller rassenpolitische Unterricht, so muß auch dieser Kernpunkt ‚Judenfrage' deutscher Jugend zum Erlebnis werden."

Der NS-Staat hat es, wie bekannt, nicht allein dem Schulsystem oder gar nur dem Fach „Rassenlehre" überlassen, die Jugendlichen zu „Judengegnern" zu erziehen, denn gegenüber rein intellektuellen Unterrichtsprozessen hatte Hitler erhebliche Vorbehalte. Die antisemitischen Orientierungen der Jugend wurden in Jungvolk, HJ, BDM in regelmäßigem Ideologie- und Erlebnistraining systematisch verstärkt und verfestigt. Dabei hatten die angewandten Erziehungsmethoden die Erzeugung einerseits von „Tatbereitschaft" als Kampf- und Tötungswillen und andererseits von „Opferfreudigkeit" als geistig-körperliche Selbstaufopferung für „Volk und Vaterland" zum Ziel.

Vergangenheit II (1945-1949): Distanzierungsstrategien

In den ersten Jahren nach Ende des Zweiten Weltkrieges haben die drei westlichen Besatzungsmächte bei der von ihnen verordneten – und größtenteils mißlungenen – „Entnazifizierung" der deutschen Bevölkerung die Jugend bewußt ausgeklammert (Fürstenau 1969). Alle nach dem 1.1.1919 geborenen deutschen Staatsbürger – also bis zum Alter von damals 26 Jahren – wurden, sofern ihnen nicht die Beteiligung an Straftaten nachgewiesen werden konnte (was bei den älteren Kohorten durchaus der Fall war), in vollem Umfang als „weiße Jahrgänge" exkulpiert. Die Jahrgänge 1919-1932 waren zur Zeit der nationalsozialistischen „Machtergreifung" noch zu jung gewesen, um politisches Urteilsvermögen und politische Kompetenz zu besitzen; die Jahrgänge 1933-1945 waren während der Zeit des „Dritten Reiches" als deutsche Kinder von „deutsch-blütigen" Eltern geboren worden, waren somit kindlich-jugendliche Teilnehmer des nationalsozialistischen Alltags in den sechs Vorkriegs-

und/oder den sechs Kriegsjahren, d.h. „geborene Nazis" (Greiffenhagen 1988, S. 56) – wenn auch ohne Tatverdacht.

Diese insgesamt 26 Jahrgänge von jungen Deutschen, die nach 1945 als nicht verantwortliche „deutsche Jugend" eingestuft wurden, stellen aufgrund der tiefgreifenden gesellschaftlichen, politischen und militärischen Umwälzungen der Zeit und aufgrund des äußerst verschiedenen Ausmaßes, in dem sie biographisch darin involviert waren, eine extrem heterogene Gesamtheit dar. Die ältesten (männlichen) Jahrgänge (1919-1925) haben an den deutschen Feldzügen als Soldaten teilgenommen, ihre weiblichen Altersgenossen haben als junge Erwachsene in allen Bereichen der sozialen Dienste des NS-Staates und später auch in der Rüstungsindustrie Dienst getan bzw. waren als junge Mütter ihren Pflichten zur „Erhaltung der nordischen Rasse" nachgekommen. Die mittleren Jahrgänge (1926-1930) sind in ihrer schulischen und außerschulischen Sozialisation umfassend der NS-Weltanschauung ausgesetzt gewesen und haben sich, z.T. bis zum endgültigen Zusammenbruch des „Dritten Reiches", z.T. bis zur Einziehung in den „Flakhelferdienst" oder bis zum Hitler-Attentat vom 20.7.1944 an dessen nationalistisch-rassistische Visionen geklammert (Schörken 1985). Die jüngeren Jahrgänge (1931-1938) haben ihre maßgeblichen Kindheitserfahrungen im NS-System der Kriegsjahre gewonnen und oft nur noch partiell eine geregelte Schulbildung und kontinuierliche HJ-Erziehung genossen. Die jüngsten Jahrgänge (1939-1945) sind im Alter von Klein- und Vorschulkindern in die Wirrnisse und Zerstörungen des Krieges verstrickt worden und haben sie aufgrund ihres geringen Alters und ihrer existenziellen Abhängigkeit nur teilbewußt, wenn auch meist als traumatisierend erlebt (Lessing 1984).

Das Cliché von der „Gnade der späten Geburt", das vielfach zu Hilfe genommen wird, um die Nicht-Involviertheit dieser jugendlichen Jahrgänge in die NS-Vergangenheit zu umschreiben, leitet sich aus ihrer pauschalen politischen Exkulpation nach 1945 her. Doch angesichts der Tatsache, daß die *NS-Rassenvernichtungspolitik* selbst vor jüdischen Kleinstkindern, Kindern und Jugendlichen nicht haltgemacht hat, bzw. diese Altersgruppen kurz vor Kriegsende sogar besonders schnell als „lebensunwertes Leben" in den Gastod geschickt hat, und angesichts der weiteren Tatsache, daß gerade die mittleren Jahrgänge der deutschen Nachkriegsjugend eine allumfassende NS-Indoktrination in den zwölf Jahren des „Dritten Reichs" (die bei Kriegsende vier Fünftel ihres Lebens ausmachten) erfahren haben, muß die unbefangene Inanspruchnahme des genannten Clichés nicht nur auf seiten der Opfer und ihrer Nachkommen, sondern auch auf seiten der Kinder und Kindeskinder der nationalsozialistischen Tätergeneration Betroffenheit auslösen. Denn es ist eine höchst irritierende Diskrepanz historisch-politischer Selbstverortung, daß Vertreter der „HJ-Generation" unbefangen für sich die „Gnade der späten Geburt" in Anspruch nehmen, während sich z.B. Mitglieder der damals jüngsten (Kleinkind)Kohorte (als heute 40jährige) mit ihrer Verstrickung in die

Schuld der Elterngeneration herumquälen und sich als „schuldig geboren" empfinden, wie biographische und autobiographische Dokumentationen der jüngsten Zeit belegen (Sichrovsky 1987, Westernhagen 1987, Frank 1987).

Da sich mit der Zerschlagung des „Dritten Reichs" im Mai 1945 auch die „Plattform" des faschistischen Wahnsystems – von der Adorno sprach –, deren eine „Planke" der Antisemitismus war, *als* Plattform aufgelöst hat und ihre Bestandteile nurmehr in den Köpfen der 60 Millionen Deutschen in Erinnerungsbruchstücken fortwesten, erschien es so, als sei der Nationalsozialismus von einem Tag auf den anderen verschwunden. Die Deutschen präsentierten sich nicht nur als verwirrtes und geschlagenes Volk, das zwölf Jahre lang vom „Führer" *ge*führt worden war, sondern vor allem als Volk, das von ihm *ver*führt worden war. Zum Demonstrationsobjekt für diese *Verführungsthese* eignete sich gerade die Jugend besonders gut, weil sie ohne ihr Zutun vom Nationalsozialismus vereinnahmt worden war. Die „Geschichte von den mißbrauchten Idealisten" (von Bismarck 1949) machte weithin die Runde; auch war die Rede von der „nationalsozialistischen Infektion" (ebd., S. 751) und davon, daß die Werte, an welche die nationalsozialistische Jugend ihr Herz gehängt habe, nicht „an sich schlecht" gewesen seien, sondern nur insofern gefährlich, als sie „zum Selbstzweck" pervertiert worden seien.

„Jede Jugend wird das Bedürfnis haben, dem, was in die Mitte ihres Wesens eingeströmt ist, mit heißem Herzen einen Heiligenschein zu geben, so der Arbeit, dem Soldatentum, der Volksgemeinschaft. Wo scheidet sich also Falsch von Richtig?" fragte Klaus von Bismarck (heute Präsident des Goethe-Instituts) in einem Aufsatz im Jahre 1949, und er gab folgende symptomatische Antwort (ebd., S. 755): „Nicht das heiße Bemühen um eine soziale Neuordnung ist schlecht, sondern die Anschauung, daß *alle* Fragen im politisch-sozialen Raum gelöst werden könnten und daher die Gesetze dieses Raumes Totalität beanspruchen dürfen. (...) Nicht die Liebe zum Vaterland ist schlecht, sondern der Glaube an ein ‚Heiliges Deutschland'. – Daß *irgendetwas* falsch oder schlecht war, hat die Jugend bitter erfahren, – ohne aber zu verstehen, *was* nun schlecht oder falsch war. Sie hat die Erfahrung gemacht, wie verlokkend es ist, einmal in einer klaren Ordnung aufzugehen. Sie hat das Positive der Hingabe, der Ganzheit, des Dienens erfahren. Wie soll sie verstehen, daß die echte Liebe, die echte Opferbereitschaft, das echte Vertrauen und alle die anderen Empfindungen, die sie diesen Idealen darbrachte, schlecht waren oder schlecht sein sollten, weil sie mißbraucht wurden und weil ein schöner Traum mit einem furchtbaren Erwachen in kalter Leere endete?" (Hervorhebungen von der Autorin).

Hinweise auf die nationalsozialistische Rassen- und Erblehre, auf Eugenik und Euthanasie, auf Judenhetze und Judenvernichtung, auf Herrenmenschentum und Ariernachweis, auf bolschewistische Weltverschwörung und slawisches Untermenschentum sucht man in diesem Zusammenhang vergebens; „irgendetwas" war falsch oder schlecht, man weiß aber nicht, *was* es war

III. Antisemitismus in der politischen Kultur (1)

– dieses Maß von formelhafter Naivität ist wohl kaum zu überbieten. Aber solche Sätze standen nicht in einer rechtsradikalen Zeitschrift der frühen Nachkriegsjahre, sondern in den linksliberalen ‚Frankfurter Heften'. Offensichtlich ging es hier nicht darum, der jüngsten Vergangenheit ehrlich und ungeschminkt ins Gesicht zu sehen, sich am Beispiel der – in der Tat mißbrauchten – Jugend einen Spiegel vorzuhalten. Es ging um die Wendung in die Zukunft, den Aufbau des neuen Staates und die Integration in Europa. Bismarck spricht dies klar und deutlich aus (ebd., S. 757):

„Es gilt, unter den ehemaligen jungen Nationalsozialisten die Kräfte ausfindig zu machen, die echte soziale Verantwortung tragen. (...) Es gilt, unter den ehemals begeisterten Soldaten die besten Kräfte des Dienens, der Zucht und der Kargheit zu finden. (...) Es ist bemerkenswert, daß gerade unter der Jugend von 1948, und zwar ganz offenbar vor allem unter ihrem nationalsozialistisch belasteten Teil, anstelle des vergangenen Traumbildes vom Großdeutschen Reich der gläubige Traum von einer europäischen Einheit eine große Rolle spielt."

Statt des Blicks zurück im Zorn – der Blick nach vorn in Optimismus (ebd., S. 752): „Solche Beispiele beweisen, daß die Überwindung des Nationalsozialismus in der Jugend im wesentlichen darin bestehen muß, einen neuen und besseren Lebensinhalt durch echte Aufgaben zu finden. Eine Wandlung ehemaliger Nationalsozialisten, soweit sie junge Menschen sind, ist viel öfter möglich, als die Öffentlichkeit im allgemeinen annimmt. Eine *positive Aufgabe* ist da natürlich viel entscheidender als jene negative Entnazifizierung oder als das ganze unglückselige Programm der Re-Education."

Auch die westlichen Besatzungsmächte unter Führung der USA haben seit Mitte 1947 – mit Beginn des „Kalten Krieges" und ihrer „Operation Back-Talk" (Bungenstab 1971, S. 197) – die unsystematischen Versuche der Konfrontation der jungen Deutschen mit ihrer NS-Vergangenheit aufgegeben und sich dem *Antikommunismus als Integrationsprogramm* zugewandt. Howard Becker, zuständiger Bildungskommissar der Amerikaner für Groß-Hessen, hat in einem Vortrag auf dem Neunten Deutschen Soziologentag in Worms (im August 1948) diesem Trend folgend erhebliche Selbstkritik an seiner erst zwei Jahre zuvor publizierten, sehr kritischen Studie über die deutsche Jugend „German Youth: Bond or Free" artikuliert. Mit der strategischen Erklärung, er glaube, daß „große Teile sowohl der älteren wie der jüngeren Generation Deutschlands geistig und sozial gesund geblieben" seien oder zumindest „diese Gesundheit rasch zurückerlangen könnten" (Becker 1948, S. 52), räumte Becker nun jegliche Zweifel bezüglich des Überlebens von Rassismus und Antisemitismus in der deutschen Jugend beiseite. Seine Beschwörungen „geistiger Gesundheit" nahmen auf positive Kräfte der „deutschen Familientraditionen" Bezug, ganz entgegengesetzt etwa zu Morgenthaus Diagnosen. Dieser nämlich hatte befürchtet, der Umerziehungsprozeß der Deutschen werde sich über viele Jahre erstrecken, in denen der Weg zu einem friedlichen Deutschland mit vielen Enttäuschungen über die deutsche Familie und Schule gepflastert sein werde. „Er erwartete von den deutschen Vätern und Müttern, die durch die NS-Erziehung verdorben waren und den Höhepunkt der Macht des Dritten Reichs erlebt hatten, daß sie erneut ihre Kinder in einem kriegerischen Geist erziehen würden. Erst nachdem eine neue Generation von Eltern herangewachsen war, rechnete er mit besseren pädagogischen Einflüssen", so charakterisiert Otto Schlander (1975, S. 84) Morgenthaus Einschätzungen.

Rückblickend läßt sich konstatieren, daß beide amerikanischen Beobachter der frühen deutschen Nachkriegsszene in gewisser Weise recht behalten haben, da es den westlichen Besatzungsmächten gelungen ist, den „kriegerischen Geist" der Deutschen in einer ihnen selbst nutzbringenden Weise umzupolen: den Antibolschewismus der Nazizeit in den Antikommunismus der Nato-Zeit zu überführen (vgl. Hübner-Funk 1983).

Was aber geschah mit dem nunmehr in dieser neuen Konstellation nicht mehr offiziell zugelassenen Antisemitismus, der sich während der zwölf Jahre des „Dritten Reiches" so bruchlos mit dem Antibolschewismus verquickt hatte? Er verlor seinen Status als staatliche Glaubenslehre und wurde wieder zu einem „sozialen Vorurteil" der einzenen herabgestuft, dabei zugleich zerstükkelt und „verjüngt", so daß er als „neuer" Antisemitismus erschien, der mit dem „alten", nationalsozialistischen Antisemitismus nichts mehr zu tun haben sollte. Diese Rückverwandlung geschah mit dem juristischen und personellen Zusammenbruch des „Dritten Reichs" quasi von einem Tag auf den anderen.

In einer Abhandlung über den „deutschen Antisemitismus" der frühen Besatzungszeit (Martini 1948, S. 5/6) wird diese Rückverwandlung, die einer Individualisierung und Repsychologisierung gleichkommt, wie folgt charakterisiert:

> „Das Wachsen des deutschen Antisemitismus ist an der erschreckenden Zunahme der Schändung jüdischer Friedhöfe exakt abzulesen. Man soll sich nicht mit der Erklärung beruhigen, sie seien ‚Auswüchse' und die Täter seien ‚nur' Jugendliche. Man soll vielmehr die Tatsache anerkennen, daß die Deutschen sich in den drei Jahren, die den Enthüllungen über den Mord an sechs Millionen Juden folgten, in ihrer überwältigen Mehrheit dem antisemitischen Affekt in verschiedenen Abstufungen zugewandt haben, mag auch nur ein geringfügiger Bruchteil von ihnen sich zur Friedhofsschändung entschließen. Es gilt ferner, die Tatsache anzuerkennen, daß hier nur ein sehr loser Zusammenhang mit dem Prozeß der ‚Renazifizierung' vorliegt und daß der gegenwärtige Antisemitismus sich nur zum Teil – und wahrscheinlich zum geringsten – aus einem Nachwirken der zwölfjährigen NS-Propaganda ableiten läßt. (...)

Nichts ist daher falscher als die zumal im Auslande verbreitete Ansicht, der gegenwärtige Antisemitismus sei ein Überbleibsel aus der Hitlerzeit. Er steht vielmehr im Gegensatz zu ihr, denn diesmal ist er das, was Hitler stets angestrebt, aber niemals auch nur im entferntesten erreicht hatte: eine *spontane Massenhaltung*."

Der Autor erklärt das Phänomen des „neuen Antisemitismus" aus den damals herrschenden Mangel- und Besatzungszuständen, aus dem „Morgenthau-Komplex" und aus der Tatsache, daß die noch in Deutschland verbliebenen Juden vornehmlich „ostjüdische D.P.s" seien, die auf dem Schwarzmarkt besonders durch ihren Akzent auffielen. Er sieht dabei einzig im „Morgenthau-Komplex" eine Verbindung zwischen dem Antisemitismus vor und nach 1945 angelegt. Die Deutschen seien geneigt, „es nicht für einen Zufall zu nehmen", daß der Autor des ersten anglo-amerikanischen Besatzungsplans, der eine Reagrarisierung Deutschlands vorsah, den Namen Morgenthau trug. „Denn sie wissen, was Hitler den Juden zugefügt hat, und im Grunde ihres Herzens halten sie es für die natürlichste Sache der Welt, daß ‚die' Juden sich nun rächen", heißt es in dem Artikel (ebd., S.5).

Vergangenheit III (1949 bis heute): Die Rückkehr der Menschenrechte

Aber ‚die Juden' rächten sich nicht. Anstelle des Morgenthau-Plans kam der *Marshall-Plan* und anstelle der Deindustrialisierung die *Remilitarisierung* Westdeutschlands, dessen Bürger von den drei westlichen Besatzungsmächten einen demokratischen Staat „verordnet" erhielten: das Provisorium BRD mit seiner „Wiedervereinigungsklausel". Dieser Staat stellt juristisch den Nachfolgestaat des Deutschen Reiches dar, was einerseits die massenhafte Wiederverwendung der Amtsinhaber des NS-Systems in Justiz, Verwaltung, Hochschulen usw. zur Folge hatte, andererseits die Übernahme der ideellen und materiell bestimmbaren Wiedergutmachungs- und Restitutionsleistungen gegenüber den Gruppen, die seit 1933 Opfer der rassenpolitischen Verfolgung und Vernichtung gewesen waren, insbesondere den Juden. Die neue weltanschauliche Orientierungsplattform der Bundesrepublik, die mithilfe der Westalliierten „gezimmert" wurde, setzte die Gleichheit und Freiheit aller Bürger dieses Staates – unabhängig von Geschlecht, Herkunft, Rasse und Religion – sowie ihren Schutz vor staatlicher Willkür als unveräußerliche *Grundrechte des Menschen* ein und machte die internationale Friedenssicherung und Völkerverständigung zu den obersten Leitzielen der Außenpolitik. Diese verfassungsmäßige Weichenstellung war derjenigen des NS-Vorläufers diametral entgegengesetzt, was vor dem Hintergrund der in jenen Jahren herrschenden militant rassistischen Ideologie, die noch in den Hirnen und Herzen der deutschen Bürger nachwirkte, zu erheblichen Ungereimtheiten und „Verwerfungen" der gesellschaftlichen Szene und des politischen Klimas beigetragen hat.

„Wer die Jugend hat, hat die Zukunft!" So hatte der jugendpolitische Slogan des „Dritten Reichs" gelautet, auf den es seine umfangreichen Erziehungs- und Trainingsmaßnahmen der jungen Generation gründete. Der demokratische Nachfolgestaat, der auf seinen Trümmern errichtet wurde, hatte diese Jugend als Hypothek zu übernehmen. Sie war aufgrund der Auswirkungen des Krieges nicht nur ausgehungert, verlaust, vertrieben, verletzt; sie war auch aufgrund ihrer NS-Sozialisation in hohem Ausmaß verwirrt und oft verroht: sie kannte keine Gleichheit der Menschen, wußte nicht, daß Juden, Zigeuner, Russen nicht „Untermenschen", sondern Menschen sind.

Die ungeheure moralische Abstumpfung, die junge Deutsche aufgrund ihrer rassenpolitischen Indoktrination im „Dritten Reich" entwickeln konnten, wenn sie dem Ideal des „politischen Soldaten des Führers" entsprachen, kommt etwa in folgender Selbstdarstellung eines Mannes des Geburtsjahrgangs 1926 (Rosenthal 1986, S. 264) zum Ausdruck:

> „Ich hatte ja einen Haß auf die Juden! Ich kannte gar keinen! Aber der Haß war da (...) Der Jude war für mich ein dicker, fetter, kurznackiger Mann mit einer Hakennase und hervorquellenden, basedowschen Augen und mit behaarten Händen und (...) also ein ekelhafter Mensch. Und diese Vorstellung entstand einzig und allein aus dieser Zeitung ‚Der Stürmer', die kriegten wir zuhause. Und die Eltern haben immer wieder versucht, uns die Zeitung wegzunehmen, also die vor uns zu verbergen. Denn da standen immer so schlüpfrige Geschichten drin, (...) so, ‚Jude vergewaltigt Dienstmädchen' und so... Und das war so die Einführung in die Erotik! ... Es ist so, wenn man mir damals eine Pistole in die Hand gegeben hätte, als 16jährigem, und hätte gesagt: ‚Hör zu, das ist ein Jude, erschieße den!' – Ich hätte nicht mal gezuckt, der hätte gar keine Chance gehabt. Den hätte ich erschossen."

In der Studie über die „HJ-Generation", der diese Aussage entnommen ist, wurden anhand von acht ausgewählten biographischen Interviews mit Männern und Frauen der Jahrgänge 1923 – 1929 unterschiedliche Verarbeitungsprozesse des „Zusammenbruchs" von 1945 zu rekonstruieren versucht. Anhand der Berichte lassen sich die Umorientierungsprozesse gut nachvollziehen, die in jener Generation – der ersten Jungwählergeneration der Bundesrepublik Deutschland – seit dem demokratischen Neubeginn stattgefunden haben. Neben dem Entsetzen, was aus Deutschland und den Deutschen geworden wäre, wenn ‚Hitler den Krieg gewonnen' hätte („Das wäre ja eine dermaßene Unterdrückung alles Menschlichen gewesen"), steht das Entsetzen über die eigene biographisch-politische Weiterentwicklung („Leute wie ich wären in Führungspositionen gewesen, mit dieser Einstellung. Wir hätten ja alles zu-

III. Antisemitismus in der politischen Kultur (1)

sammengeschlagen und neu aufgebaut") und zugleich das Eingeständnis, von den nationalsozialistischen Massenmorden an Juden insofern besonders tief betroffen zu sein, als man selbst ja zum Judengegner und potentiellen Judenmörder erzogen worden sei (ebd., S. 280).

Der NS-Erziehungsstaat hat zweifellos gravierende Spuren im Menschen- und Weltbild der ihm ausgelieferten Jugendgeneration hinterlassen. Sie sind zwar nach Geschlecht, Bildungsniveau, Religionszugehörigkeit und regionalem Wohnsitz verschieden, doch heben sich ihre Gemeinsamkeiten im öffentlich-politischen Diskurs der BRD deutlich von den Orientierungsmustern der nachgeborenen Jugendgenerationen ab. Mit diesem Faktum haben reaktionäre Kreise der frühen Nachkriegszeit auch maßgebliche Hoffnungen auf eine spätere politische Wende verbunden (Kaiser 1956, S. 20 ff.): „Hitler, der kinderlos Einsame, hinterließ sie (die Jugend) uns als sein schönstes Erbe. (...) Um 1976 wird die andere Jugend die Führung übernehmen, die in der HJ ihre entscheidenden Eindrücke empfangen hat. Ob man das für erfreulich oder mißlich ansieht, das ändert nichts am Gang der Geschichte."

Engagierte demokratische Jugendpolitiker und Jugendarbeiter der 50er Jahre haben an dasselbe Faktum erhebliche Besorgnisse geknüpft (Faltermaier 1956, S. 185):

> „Das Rad der Geschichte dreht sich immer noch langsam. Heute (1956) erst hat die Generation des ‚Hohen Meißner' die Ministersessel inne, sitzt in den Parlamenten, in Verwaltung und Wirtschaft. (Man bedenke!) ... Aber ehe die Früchte heutiger Jugendarbeit reifen können, werden die fünfzehn Jahrgänge zum Zuge kommen, die um das Jahr 1938 herum zwischen 5 und 20 Jahre alt waren und fast ausnahmslos durch HJ oder Jungvolk gegangen sind. Der Einfluß dieser Generation beginnt sich an manchen Stellen in der Bundesrepublik eben bemerkbar zu machen. Erst im letzten Jahrzehnt unseres Jahrhunderts wird diese Gruppe in die Regionen aufgewachsen sein, wo eine Generation die führenden Stellungen im Staate einnimmt und den Bundeskanzler stellt. ... Wie fern liegt doch die Zukunft, für die wir in der Jugendarbeit tätig sind!"

Heute befindet sich die BRD in jener damals anvisierten politischen Situation. Sie hat zum erstenmal einen Bundeskanzler aus der „HJ-Generation", und alle maßgeblichen Positionen politischer, wirtschaftlicher und medialer Macht in der Bundesrepublik sind mit Vertretern jener Jahrgänge besetzt. Christian von Krockow, Jahrgang 1928, nimmt für diese Generation in Anspruch (1979, S. 205):

> „Sie war alt genug, um den Krieg, die Macht und den Fall des Dritten Reiches bewußt mitzuerleben; sie war jung genug, um neu anzufangen."

Aus ihren extremen und tiefgreifenden Jugenderfahrungen – Faschismus, Krieg, Zerstörung, Wiederaufbau – leitet er das „Ethos der engagierten Distanz" für eine „ordentliche und solide, nicht zu nahe und fordernde, eher repräsentative als partizipatorische Demokratie" ab, basierend auf dem Schwur: „Es soll uns, und soweit wir etwas dazu tun können, auch anderen nie wieder passieren!"

Die Gegenwart der Vergangenheit: Ausbrüche und Therapieversuche

Im Jahr 1965 – genau zwei Jahrzehnte nach Kriegsende – kam die Wiederaufbauphase der BRD zu ihrem Ende. Es lösten sich die parteipolitischen Machtkonstellationen im Deutschen Bundestag auf. Indem die SPD mit der CDU eine „Große Koalition" einging, schuf sie sich die Möglichkeit, selber in die Regierungsverantwortung zu gelangen und für fast anderthalb Jahrzehnte die Weichen der Politik zu stellen. Dies brachte erhebliche Innovationsschübe in allen innen- und außenpolitischen Fragen mit sich, insbesondere in der Bildungspolitik sowie der „Entspannungspolitik" gegenüber den Ländern des Warschauer Pakts.

Der Versuch, „mehr Demokratie" zu wagen, wurde jedoch relativ rasch durch das Aufblühen rechts- und linksradikaler Subkulturen konterkariert. Einerseits gelang es Mitte der 60er Jahre der rechtsradikalen NPD, in relevanten westdeutschen Landtagen (z. B. Bayerns und Hessens) die 5%-Hürde zu nehmen (in der 1969er Bundestagswahl kam sie auf 4,3%), andererseits entwickelte sich aus der „Außerparlamentarischen Opposition" (APO) heraus – provoziert durch jene rechtsradikalen Schübe im bundesrepublikanischen Alltag – ein militantes Spektrum linker Splittergruppen, die mehr und mehr durch terroristische Anschläge das „Schweinesystem" der BRD als „faschistisch" zu entlarven suchten.

Das Anhängerpotential der rechtsradikalen Szene war erkennbar älter als das der linksradikalen. Viele „ewig gestrige" Nazis suchten für die nationalsozialistische Ideologie nach neuen politischen Gestaltungsmöglichkeiten. Aufgrund ihrer Vormachtstellung als Weltanschauung des Dritten Reichs konnten sie sowohl auf ein äußerst elaboriertes Reservoir an Parolen, Emblemen und Ideologemen zurückgreifen als auch „alte" Identifikationsmuster mobilisieren. Mit einer Ausnahme: die rassenpolitische Vernichtung der Juden wurde von den Vertretern der NPD nicht für eine „weltgeschichtliche Tat" gehalten, wie von den Nationalsozialisten, sondern sie wurde als „Lüge" – „Auschwitz-Lüge" – bestritten. Unter den Augen der schockierten Weltöffentlichkeit mußte die BRD sich zum zweitenmal seit ihrer Gründung (erstmals war es 1959/60 anläßlich der Kölner Hakenkreuzschmierereien gewesen)

III. Antisemitismus in der politischen Kultur (1)

dem Problem des biographischen Fortwirkens der NS-Identifikationen in ihrer Bevölkerung stellen.

Aus jener Zeit stammt eine Fülle von engagierten, betroffenen Erklärungen öffentlicher Amtsinhaber zu dem Thema „Antisemitismus" und „Neofaschismus", die die Fortexistenz rassistischer Gefühls- und Denkstrukturen und ihre Weitergabe an „die Jugend" zum Thema hatten. Im Grundtenor führte man dieses Faktum auf den bislang mißlungenen Prozeß der „Bewältigung der Vergangenheit" in der ersten (Adenauerschen) Nachkriegsperiode zurück. Das Buch „Die Unfähigkeit zu trauern" (Mitscherlich 1967), das diesem Trend am prägnantesten Ausdruck verliehen hat, wird noch heute als quasi klassische Darstellung zitiert (vgl. Giordano 1987). Es analysiert die durch den Verlust von „Führer", „Volk" und „Vaterland" erlittene *narzistische Kränkung* der Deutschen (ebd., S. 57):

> „Das verstärkt die innere Auffassung, man sei das Opfer böser Mächte: zuerst der bösen Juden, dann der bösen Nazis, schließlich der bösen Russen."

Dieses Dreigestirn der im kollektiven Bewußtsein älterer Bundesbürger verankerten Projektionsobjekte hängt nicht nur weltanschaulich, sondern auch zeitgeschichtlich sehr eng miteinander zusammen. Sein Fortwirken bis in die Gegenwart rührt aus der aus dem „Dritten Reich" stammenden Neurose her, die Hans-Jochen Gamm „faschistogene Neurose" genannt hat (Gamm 1966, S. 43), nämlich aus dem Verlust des nationalen Selbstwertgefühls angesichts der „Schatten der verfehlten Vergangenheit" (ebd., S. 103).

Walter Jacobsen, in der Frühzeit der Bundeszentrale für politische Bildung (damals: Bundeszentrale „für Heimatdienst") der Leiter der Abteilung ‚Psychologie', hat 1960 im Zusammenhang mit den Kölner antisemitischen Ereignissen die „Schizophrenie des nationalen Wertbewußtseins" der Deutschen wie folgt umrissen (Jacobsen 1960, S. 433):

> „Nicht nur, daß uns ein überliefertes unversehrtes Geschichtsbild fehlt, an dem wir uns gefühlsmäßig ‚festzuhalten' vermöchten, nein, wir vermochten bisher offenbar nicht einmal zu verhindern, daß sich *zwei Seelen* in unserer Brust entwickelten, die einander Lügen strafen, und daß wir die aufwachsende Generation ebenfalls in diese Seelenspaltung hineinführen. Die Kinder erfahren von ihren natürlichen Vorbildern verschiedenartige ‚Wahrheiten', verschiedenartige Begriffe von ‚Recht' und ‚Unrecht' – und zuweilen auch von Freiheit und Menschenwürde, von Toleranz und ... von Demokratie. Solange diese Schizophrenie nicht geheilt ist, können wir uns nicht als ‚Demokraten' bezeichnen, aller perfekten demokratischen Verfassung zum Trotz. Und ebenso können wir auf kein unerschütterliches Vertrauen vom Ausland her rechnen."

Wie die Analyse insbesondere der in diesem Ereigniszusammenhang zustande gekommenen regierungsamtlichen Erklärungen zeigt, vertrat Bundeskanzler Adenauer ein strategisches Konzept, daß sich als *„Aussitzen und Abstreiten"* beschreiben läßt. In seiner Erklärung vor dem deutschen Rundfunk und Fernsehen im Januar 1960 führte er aus (Weißbuch 1960, S. 63):

„Unseren Gegnern im Ausland und den Zweiflern im Ausland sage ich, die Einmütigkeit des gesamten deutschen Volkes in der Verurteilung des Antisemitismus und des Nationalsozialismus hat sich in der denkbar geschlossensten und stärksten Weise gezeigt. Das deutsche Volk hat gezeigt, daß diese Gedanken und Tendenzen bei ihm keinen Boden haben. Dem Nationalsozialismus hat der größere Teil des deutschen Volkes in den Zeiten des Nationalsozialismus nur unter dem harten Zwang der Diktatur gedient. Keineswegs war jeder Deutsche ein Nationalsozialist. Ich glaube, das sollte man allmählich doch auch draußen erkannt haben. In dem deutschen Volke hat der Nationalsozialismus, hat die Diktatur keine Wurzel, und die wenigen Unverbesserlichen, die noch vorhanden sind, werden nichts ausrichten. – Die Verurteilung des Antisemitismus und des Nationalsozialismus, die sich im deutschen Volke jetzt so spontan und einmütig offenbart hat, ist die gute Seite dieser abscheulichen Vorgänge."

Carlo Schmid, damals Vizepräsident des Deutschen Bundestages und zur SPD-Opposition gehörend, hatte eher die Vorstellung, daß die Strategie *„Aufdecken und Ausräumen"* zu den gewünschten moralisch-politischen Erneuerungen führen werde (ebd., S. 64):

„Daß die Halbstarken, von denen die meisten 1945 keine zehn Jahre alt waren und noch keinen Juden von Angesicht zu Angesicht gesehen haben, sich nicht im Umwerfen und Einschlagen von Fenstern austobten, sondern in antisemitischen Sudeleien, zeigt, daß es bei vielen unter der Schwelle des Bewußtseins noch unaufgeräumte Unratecken gibt. Daran mögen Eltern schuld sein; daran mögen Lehrer schuld sein; daran mögen Minderwertigkeitsgefühle Schuld haben; vielleicht gibt es da und dort noch ein seelisches Klima, das solche Gespenster beruft. (...) Solange bei uns, in der Absicht zu exkulpieren, darüber diskutiert werden kann, ob sechs oder ‚nur' drei Millionen Juden ermordet worden sind; solange bei uns nicht jedes Kind darüber belehrt worden ist und begriffen hat, daß das Problem nicht ist, ob es sechs oder drei Millionen, sondern ob null oder einer ermordet worden ist, solange haben wir – auch jene in unserem Volke, die in der verruchten Zeit saubere Hände behielten, versagt (...) Es gibt Lagen, in denen man die schlafenden Höllenhunde wecken muß, um an ihrem Gebelle innezuwerden, wie nahe wir der Hölle noch sind."

III. Antisemitismus in der politischen Kultur (1)

Gegensätzlichere Analysen und Therapievorschläge für ein- und denselben Problemkomplex lassen sich kaum denken. Einzig in der Einstufung der jugendlichen Täter als „Halbstarke" und „Rowdies" und ihrer Taten dementsprechend als „Dumme-Jungen-Streiche" (Adenauer) gingen beide Politiker konform, d. h. folgten dem Mechanismus altersbezogener Abwertung mißliebiger poltischer Akte von Jugendlichen (obwohl ein nicht unerheblicher Teil der Täter 30 Jahre und älter war!).

Zukunft: Chancen für eine realistische Akzeptanz der Geschichte?

Nunmehr sind 27 Jahre seit jenen antisemitischen Vorfällen und 20 Jahre seit dem Boom der NPD vergangen und neue Jugendgenerationen sind zur Volljährigkeit herangewachsen, für die diese beiden Ereignisse wie erst recht das „Dritte Reich" Geschichte sind.

Doch ist der öffentliche Diskurs – wie auch die jüngste „Historikerdebatte" zeigt – nach wie vor maßgeblich von der „faschistogenen Neurose" und der mit ihr verbundenen Diskrepanz der generationsspezifischen Sichtweisen bestimmt. Und das Problem der „nationalen Identität" der Bürger der BRD ist – seit das Wiedervereinigungsgebot zu verblassen beginnt – erneut akut und wird von den vier parlamentarisch vertretenen Parteien, nicht nur angesichts des bevorstehenden 40jährigen Staatsjubiläums, ernsthaft diskutiert. Die Adenauersche Strategie hat mittlerweile qua Zeitablauf ihren Zweck erfüllt: die NS-Tätergeneration ist dabei, sich auf ihr Altenteil zurückzuziehen; die „HJ-Generation" befindet sich an der Macht. Bedeutet dies, wie Rita Süssmuth u. a. vermuten, daß die Auseinandersetzung mit der Geschichte „erst beginnt" (a. a. O.)? Psychologisch und politisch scheinen der „zeitliche Abstand und die inzwischen in den einzelnen abgelaufenen politischen Bewußtseinsprozesse (...) die hier geforderte Erinnerung überhaupt erst möglich" zu machen (Schörken 1985, S. 105). Gerade die Aufarbeitung der Vergangenheit am Objekt „Hitlerjugend" vermag zu selbstkritischen Einsichten in die Bedingungen von Verlust und Wiedereinsetzung der ‚humanen Orientierung' zu führen.

Literatur

Adorno, Theodor W.: Elemente des Antisemitismus. Grenzen der Aufklärung. In: *Horkheimer, M.*, und *Adorno, Th. W.* (Hrsg.), Dialektik der Aufklärung. Philosophische Fragmente. Amsterdam 1947, S. 199-244.
–: Was bedeutet Aufarbeitung der Vergangenheit? In: Gesellschaft, Staat, Erziehung, 5, 1960, S. 3-15.

Adorno, Theodor W., Else Frenkel-Brunswik, et al.: The Authoritarian Personality. New York, Evanston, London 1950.
Becker, Howard: German Youth. Bond or Free. London 1946.
–: Jugendpflege und Jugendbewegung einst und heute. In: Verhandlungen des Neunten Deutschen Soziologentages (vom 9.-12.8.1948 in Worms). Tübingen 1949, S. 47-64.
Belen-Vine, Barbara: Auswertung der Berichte über Programme im deutsch-israelischen Jugendaustausch im Zeitraum von 1983-1985/86. Köln 1986.
Bennewitz, Gert: Die geistige Wehrerziehung der deutschen Jugend. Berlin 1940.
Bismarck, Klaus von: Die Geschichte von den mißbrauchten Idealisten. In: Frankfurter Hefte. Zeitschrift für Kultur und Politik, 1, 1949, S. 749-757.
Bungenstab, Karl-Ernst: Entstehung, Bedeutungs- und Funktionswandel der Amerikahäuser. Ein Beitrag zur Geschichte der amerikanischen Auslandsinformation nach dem 2. Weltkrieg. In: Jahrbuch für Amerikastudien, 16, 1971, S. 189-203.
Die antisemitischen und nazistischen Vorfälle. Weißbuch und Erklärung der Bundesregierung. Bonn 1960.
Diner, Dan: Negative Symbiose – Deutsche und Juden nach Auschwitz. In: *Brumlik, Micha, et al.*, Jüdisches Leben in Deutschland seit 1945. Frankfurt 1986, S. 243-257.
Dittrich, Werner: Erziehung zum Judengegner. Hinweise zur Behandlung der Judenfrage im rassenpolitischen Unterricht. München 1937.
Faltermaier, Martin: Die Hitlerjugend. In: deutsche jugend, 4. Jg. 1956, S. 185-186.
Frank, Nicklas: Der Vater. Frankfurt 1987.
Fürstenau, Justus: Entnazifizierung. Ein Kapitel deutscher Nachkriegspolitik. Neuwied und Berlin 1969.
Gamm, Hans Jochen: Pädagogische Studien zum Problem der Judenfeindschaft. Ein Beitrag zur Vorurteilsforschung. Neuwied 1966.
Giordano, Ralph: Die zweite Schuld, oder: Von der Last, Deutscher zu sein. Hamburg 1987.
Greiffenhagen, Martin: Jahrgang 1928. Aus einem unruhigen Leben. München 1988.
Hübner-Funk, Sibylle: Aufwachsen mit Nationalsozialismus und NATO. Politische Bewußtseinsbildung im Generationenvergleich. In: Neue Sammlung, 23, 5, 1983, S. 423-449.
IJAB-Informationen Nr. 6/ Dezember 1987 (Internationaler Jugendaustausch und Besucherdienst der Bundesrepublik Deutschland e. V.).
Jacobsen, Walter: Die Vergangenheit mahnt – Wille, Wege, Wagnis zur Bewältigung. In: Aus Politik und Zeitgeschichte, B 27/60 (6.6.1960), S. 429-435.
Kaase, Max: Jugend und Politik. In: *Reimann, Helga und Horst* (Hrsg.): Die Jugend. Einführung in die interdisziplinäre Juventologie. (2. Aufl.) Opladen 1987, S. 112-139.
Kaiser, Carl-Christian: Der junge teutsche Reigen. In: deutsche jugend, 4, 1956, S. 207-212.
Krockow, Christian Graf von: Das Mißverhältnis der Erfahrungen. Versuch zu einem Dialog. In: *Richter, Claus* (Hrsg.), Die überflüssige Generation. Jugend zwischen Apathie und Aggression. Königstein 1979, S. 205-222.
Lessing, Hellmut (Hrsg.): Kriegskinder. Frankfurt 1984.
Martini, Winfried: Der deutsche Antisemitismus. In: Der Ruf, 3, 1948, S. 5-6.
Rosenthal, Gabriele (Hrsg.): Die Hitlerjugend-Generation. Biographische Thematisierung als Vergangenheitsbewältigung. Essen 1986.
Schlander, Otto: Reeducation – ein politisch-pädagogisches Prinzip im Widerstreit der Gruppen. Frankfurt 1975.
Schörken, Rolf: Luftwaffenhelfer und Drittes Reich. Die Entstehung eines politischen Bewußtseins. Stuttgart 1985.

Sichrovsky, Peter: Schuldig geboren. Kinder aus Nazifamilien. Köln 1987.

Stuckart, Wilhelm, und *Schiedermair, Rolf*: Rassen- und Erbpflege in der Gesetzgebung des Reiches. (3. erw. Aufl.). Leipzig 1942.

Süssmuth, Rita: Die Auseinandersetzung mit der Geschichte beginnt erst. In: Zeichen – Mitteilungen der Aktion Sühnezeichen/Friedensdienste, 15. Jg. Nr. 2 (Juni 1987), S. 14-15.

Westernhagen, Dörte von: Die Kinder der Täter. Das Dritte Reich und die Generation danach. München 1987.

III. Antisemitismus in der politischen Kultur

2. Kristallisationspunkte für Antisemitismus nach 1945

Die Rückerstattung:
ein Kristallisationspunkt für Antisemitismus

Rainer Erb

Die materielle Wiedergutmachung der nationalsozialistischen Verbrechen in der Gründungsphase der Bundesrepublik stieß auf vielfältige, teilweise massive Widerstände und wurde kontinuierlich von antisemitischen Interpretationen begleitet. Ein erstes Indiz hierfür ist die allgemein als Selbstverständlichkeit akzeptierte Rückgabe von beschlagnahmtem Besitz an Körperschaften, die in Opposition zum Nationalsozialismus gestanden hatten, an politische Parteien, die Gewerkschaften und an die Kirchen[1]. Aber der gleiche Vorgang bei der Rückgabe von Vermögen an Juden löste bei vielen ablehnende Gefühle aus, die im Kampf gegen die Wiedergutmachung ausgenutzt wurden. Die nachfolgenden Überlegungen betonen einige Konfliktpunkte, die in den verschiedenen Phasen der „Rückerstattung und der Wiedergutmachung" aufgrund einer sie zu großen Teilen ablehnenden Bevölkerung entstanden. Damit werden einige Differenzen in der Beurteilung, in den Wertmaßstäben und in den Erwartungen zwischen Deutschen und Juden/Israelis im Nachkriegsdeutschland verständlich. Während man bisher annahm, daß die öffentliche Meinung in den westlichen Staaten die Wiedergutmachung aus moralischen Prinzipien als vordringliche Leistung erwartete[2], blieb ihr Stellenwert in Deutschland selbst strittig.

Der Oberbegriff „Wiedergutmachungsleistungen" umfaßt die Rückerstattung geraubter Vermögensobjekte, die Entschädigung für NS-Unrecht, impliziert die Gewährung von Fürsorge, die Regelungen für bestimmte Gruppen von Verfolgten sowie die verschiedenen zwischenstaatlichen Verträge, die die Bundesrepublik mit Israel und europäischen Staaten abschloß. Er beinhaltet aber auch die Anerkennung der Tatsache, daß den Betroffenen ein Unrecht zugefügt wurde und sie deshalb einen Anspruch auf die Wiedereinsetzung in ihre Rechte besaßen.[3]

III. Antisemitismus in der politischen Kultur (2)

Grundlegend für die Darstellung der Wiedergutmachungsgesetze, ihrer Durchführung, der beträchtlichen Unterschiede in der Rechtslage zwischen den drei Westzonen sowie der Abwicklung der Wiedergutmachung bis in die Gegenwart ist die mittlerweile sechsbändige Dokumentation (ein abschließender siebter Band ist in Vorbereitung): „Die Wiedergutmachung nationalsozialistischen Unrechts durch die Bundesrepublik Deutschland."[4] Im folgenden geht es nicht darum, diesen mit verwickelten Rechtsproblemen versehenen Vorgang im Detail zu referieren. Es sollen vielmehr exemplarisch die Strategien und „Argumente" der Rückerstattungsgegner dargestellt und der antisemitische Anteil ihrer Interessenpolitik gezeigt werden.

I. Der Widerstand gegen die Rückerstattung

Dem Gesetz zur Wiedergutmachung nationalsozialistischen Unrechts von 1950 gingen die Regelungen der Rückerstattung geraubter Vermögensobjekte durch die Besatzungsmächte der Westzonen in den Jahren 1947 bis 1949 voraus. Die Rückerstattungsgesetzgebung beinhaltete eine soziale Differenzierung der zur Rückgabe Verpflichteten. So vollzog sich die Rückerstattung großer Unternehmen (Kapitalgesellschaften) in der Regel sachlich, nach juristischen und kaufmännischen Grundsätzen. Hingegen wurde um die Rückerstattung kleinerer Objekte mitunter heftig und erbittert gestritten. Die Pflicht zur Rückerstattung wurde als besonders hart von denjenigen Personengruppen empfunden, die ein Haus selbst bewohnten, einen Kleinbetrieb oder landwirtschaftlichen Besitz bewirtschafteten und hieraus ihren Lebensunterhalt bezogen. Mußten diese Personen infolge der Rechtsentscheidungen das Haus räumen oder einen Betrieb aufgeben, so war dies angesichts der extremen Wohnungsnot und der allgemeinen wirtschaftlichen Nachkriegskrise häufig eine soziale Härte und wurde als ungerecht empfunden. Zwangsläufig wurden Regionen, die eine lange jüdische Siedlungsgeschichte besaßen und in denen es bis 1933 einen entsprechend breit gestreuten jüdischen Besitz an Häusern, Grundstücken usw. gab, von der Rückerstattung und den davon ausgelösten Konflikten und Streitereien nach 1945 besonders stark betroffen. Z.B. in ländlichen Teilen Württembergs und in Unterfranken, Landstrichen mit einer ehemals überwiegend kleinbürgerlichen jüdischen Bevölkerung, deren Eigentum an Wohnhäusern, Gärten, Äckern und Gewerben durch die NS-Maßnahmen ganz in nichtjüdischen Besitz übernommen worden war, war die Unzufriedenheit mit den alliierten Gesetzen groß.[5] Ironischerweise konnte in Milieus mit judenfeindlichen Traditionen die Ablehnung der Rückerstattung relativ bruchlos an vorhandene antisemitische Einstellungen anknüpfen. Man denke an die vielen Fälle von durch lokale Instanzen der NS-Partei forciertem Auswanderungs- und Verkaufsdruck, an die zahllosen Übergriffe auf Personen und deren Eigentum, an die Ereignisse im November 1938.[6] In der Regel genügte in der lokalen Presse die Schilderung einzelner Tatsachen aus den komplizierten und facettenreichen Rückerstattungsvorgängen, um mit einem ausgewählten Paradebeispiel das negative Stereotyp des Juden zu aktivieren. Die Verfasser konnten sicher sein, daß sich ihre Leser schon ihren Teil dazu denken würden, und konnten es bei Anspielungen und Zitaten belassen. Die tägliche „tausendjährige" Indoktrination der Deutschen mit Judenhaß führte zu einer meßbaren Ablehnung der Juden[7], die geschickt gegen die Rückerstattung mobilisiert wurde.

Die Gegnerschaft gegen die Rückerstattung gewann nach 1948/49 in den einzelnen Besatzungszonen und Bundesländern organisierte Gestalt.[8] Ab Mai 1950 erschien ein eigenes Periodikum, das dieser Unzufriedenheit beredt Ausdruck verlieh: *Die Restitution. Die Zeitschrift zur Rückerstattungsfrage*[9] (zit. als RE). Je mehr sich abzeichnete, daß die Entscheidung über die durch alliierte Gesetze getroffenen Grundsätze der Rückerstattung auch politisch von der 1949 gegründeten Bundesrepublik beibehalten würden, desto mehr nahm auch die Auseinandersetzung die Form des öffentlichen politischen Streits an. Die Grundsätze der Durchführung der Rückerstattung waren strittig und werden bis heute kontrovers diskutiert. Im Zentrum stand die Forderung, daß der Staat die finanzielle Last der Rückerstattung auf sich nehmen sollte, da ja der nationalsozialistische Staat durch seine Politik die Voraussetzungen für die Ausplünderung der Juden geschaffen habe (Schwarz 1974, S. 30). Eine derartige Lösung besaß in den ersten Nachkriegsjahren keine Basis, da über die Form einer neuen Staatlichkeit im besetzten Deutschland noch keine abschließenden Vorstellungen bestanden. Ein weiteres Hauptanliegen bildete der Schutz des „ehrlichen Käufers", des gutgläubigen Erwerbers. Bei der Behauptung dieser Anliegen ist ein Radikalisierungsprozeß zu beobachten, in dem zunehmend alle Argumentationsprinzipien zu judenfeindlichen Klischees verkommen. Vor dieser Entwicklung ist auch die prinzipielle Anerkennung des Rechts auf gerechte Restitution durch die Zeitschrift zu relativieren. Bereits in dem einführenden Artikel sind Spekulationen mit antisemitischer Tendenz enthalten.[10] In diesem programmatischen Artikel heißt es: Die Rückerstattungsgesetze hätten zwar geschehenes Unrecht teilweise ausgleichen können, aber sie seien auch zu neuen Rechtsbeugungen und zu spekulativen Geschäften größten Ausmaßes mißbraucht worden. Daß hiermit insbesondere Juden gemeint waren, gibt der folgende Absatz zu erkennen. „Man muß den Mut haben, auszusprechen, daß es nicht genügt, wenn der Einzelne sich auf das Schicksal von vielleicht Millionen Rasse- und Glaubensgenossen beruft, um für sich persönlich jetzt Anspruch auf Nichtigerklärung eines von ihm abgeschlossenen Rechtsgeschäfts zu erzwingen, *nur* weil das für ihn einen persönlichen Vorteil bedeutet" (RE 1, S. 2f., Hervorhebung des Verfassers).

II. Der Streit um Zahlen

Die Taktik in diesem politischen Streit bestand einerseits darin, die Zahl der Personen, die von der Rückerstattung negativ betroffen waren, zu vergrößern, andererseits die Zahl der Berechtigten zu reduzieren und sie rechtzeitig für die Folgen, die aus ihren Forderungen resultieren könnten, verantwortlich zu machen.

1. In der Presse wurde damals häufig die Zahl von 300000 bis 350000 Personen zitiert, die ein Vermögen von insgesamt 3 bis 30 Milliarden DM rückerstatten müßten.[11] Zur Ausweitung der Zahl der Betroffenen – tendenziell bis auf die Gesamtheit der deutschen Bevölkerung – benutzte man mehrere Argumente. An das allgemeine Rechts- und Gerechtigkeitsgefühl wurde mit dem Slogan appelliert: „altes Unrecht darf nicht durch neues Unrecht" abgelöst werden. Auf früheres Unrecht sei sogar in erhöhtem Umfang neues Unrecht gehäuft worden (RE 5, S. 157). Indem die Normen der Demokratie und der Rechtsstaatlichkeit, welche die neue Staatsordnung und damit alle ihre Bürger betrafen, bereits im Ursprung als verletzt dargestellt wurden, sollte die (Welt-)-Öffentlichkeit auf einen Widerspruch zwischen demokratischem Anspruch und der Realität aufmerksam gemacht werden, der nur im Sinne der Kritiker aufzulösen sei. Aufgrund des Artikels 3 des Grundgesetzes forderte man vom Deutschen Bundestag Gerechtigkeit. Ein deutscher Staatsbürger dürfe nicht schlechter gestellt werden als der frühere jüdische Staatsbürger (RE 5, S. 156). Um die relative Bedeutung dieser Position zu betonen, wurde den Pflichtigen nicht nur ein gemeinsames Interesse unterstellt, sondern auch ein identisches Verhalten. Gemeinsam mit ihren Familien sollten sie dadurch auch als Wählerpotential innenpolitisches Gewicht erhalten. Aber auch die US-Regierung wurde darauf aufmerksam gemacht, daß sich die amerikanische Politik nicht über diese Interessengruppe hinwegsetzen dürfe. „Zu jedem dieser 350000 Fälle gehört natürlich die Familie des Geschädigten wie Ehefrau, Kinder, Enkelkinder usw. Es nehmen schließlich in diesem Fall auch noch die Verwandten des Geschädigten teil, seine Bekannten und Freunde, so daß man mit gutem Gewissen sagen kann, daß diese 350000 Fälle Millionen von deutschen Menschen in Aufregung und Empörung versetzen" (so ein Rückerstattungspflichtiger in einem offenen Brief an den amerikanischen Hochkommissar Conant vom Februar 1953, vgl. RE 5, S. 156 f.).[12] Eine zusätzliche Möglichkeit, die Zahl der Betroffenen zu erhöhen, bestand darin, über den Hinweis auf die begrenzten volkswirtschaftlichen Ressourcen die Solidarisierung der gesamten Bevölkerung zu erreichen. Es wurde argumentiert, daß die Finanzbeträge, welche zu Rückerstattungszwecken ins Ausland transferiert würden, der Binnenwirtschaft und dem Wiederaufbau nicht zur Verfügung stünden und dieses Geld für Leistungen an die deutschen Kriegsopfer, Vertriebenen usw. fehlen würde. Durch die Bevorzugung einer Sondergruppe, die größtenteils bequem im Ausland lebe, die Not der Kriegs- und der Nachkriegsjahre nicht selbst er-

fahren habe und sich nicht am Wiederaufbau beteilige, seien deutsche Gesamtinteressen gefährdet. Ein weiteres Argument in diesem Kontext bildeten Besorgnisse der Wirtschaft, die durch ungeklärte Besitz- und Rückerstattungsverhältnisse die Kreditsicherheit wie die allgemeine Rechtssicherheit gefährdet sah.

2. Am weitesten ging die *Bestreitung* der Berechtigung zur Wiedergutmachung und Entschädigung. Das hätte die Zahl der Anspruchsberechtigen auf Null reduziert. Der nächste Schritt war, den Kreis der Anspruchsberechtigten möglichst klein zu halten. Dazu gehörte die Absichtserklärung, daß Besitz nur an ehemalige KZ-Häftlinge oder Emigranten, die nach Deutschland zurückkehrten, rückerstattet werden sollte (und dies auch nur dann, wenn der Besitz noch vorhanden war). Eine andere Überlegung wollte Erben verstorbener Besitzer von einem Anspruch ausschließen, sofern diese im Ausland lebten, oder aber die Erbfolge sollte auf Kinder bzw. Enkel begrenzt werden (Schwarz 1974, S. 82). Das erbenlose Vermögen sollte an den Fiskus und nicht an jüdische Organisationen fallen. Auf diesem Weg hätte die Habsucht triumphiert, und noch nachträglich hätte man sich an jüdischem Eigentum bereichert.[13] Aber auch die Tatsache von Verfolgung und Haft begründet in dieser Sicht noch keinen Anspruch, denn „eine Verfolgungsbehauptung sei noch kein *Verfolgungsbeweis*" (RE 1, S. 233). „Das Ziel" (vom 7. Febr. 1954), die Zeitung der Deutschen Reichspartei, verglich die Erwerbsunfähigkeitsrenten von KZ-Opfern mit denen von Kriegsopfern und nutzte die Gelegenheit zur Denunziation der ehemaligen KZ-Häftlinge: „Die Einen wie die Anderen haben ihr Blut hergegeben oder ihre Gesundheit im Dienst für das Vaterland geopfert, was bei den Kriegsopfern jedenfalls eindeutige Tatsache ist, während bei den Anderen bekanntlich unter den Weizen auch sehr viel kriminelle Spreu geraten war." Die Aufrechnung enthält die Rückwendung auf die jeweils eigene geschichtliche Erfahrung und Betroffenheit, sie läßt nur diese gelten und wurde zum allgemeinen Kennzeichen rechtsradikaler Publizistik.

III. Der ausländische Einfluß

Auch währungspolitische und außenwirtschaftliche Bedenken ließen sich denunziatorisch verwenden. Das geeignete Vorbild fand man im Vorrat antisemitischer Klischees, indem man eine Gefahr für Deutschland andeutete, die von jüdischen Weltorganisationen ausginge. In der zum Zwecke der Unterstützung der Opfer als Treuhänder gegründeten Jewish Restitution Succussor Organization (JRSO) wurde ein wirtschaftliches Machtzentrum behauptet, das nur mit der Arbeitsfront zu vergleichen sei. Überhaupt war der Vergleich mit Zuständen im NS eine häufig genutzte Technik, um eine negative Konnotation herzustellen. Ein „bekannter" anonym publizierender Bankfachmann sieht sich genötigt, zur „Klarstellung einmal nazistisch zu reden". „Bei DM

III. Antisemitismus in der politischen Kultur (2)

18-20 Milliarden Restitionsansprüchen und bei einem Volksvermögen von DM 90 Milliarden (Berechnung des Herrn Bundes-Finanzministers anläßlich der Vorbereitung des Lastenausgleichs) werden etwa 20% des deutschen Volksvermögens erfaßt. D.h., daß der fünfte Teil des verbleibenden Volksvermögens in Zukunft einigen wenigen Zehntausenden von meist im Ausland befindlichen Personen oder unvorstellbar großen Trusts gehören soll. Was eine solche Machtzusammenballung in jeder Hinsicht bedeutet, brauche ich Ihnen nicht darzulegen. Es handelt sich um die Schaffung von Eigentumsverhältnissen, die allenfalls vergleichbar sind denen aus der kolonial-imperialistischen Epoche" (RE 2, S. 243). Die Zeitschrift „Das Ziel", die in der Rückerstattungsfrage grundsätzlich die Meinung der „Restitution" teilte, kommentierte diese Ansprüche (im Okt. 1952): „Eine ungeheure Zusammenballung von Kapital, [da] wenn es noch einheitlich gelenkt und verwaltet wird, was ja nicht ausgeschlossen zu sein scheint, eine wirtschaftliche Machtkonzentration allergrößten Stils darstellt. Und dieses Vermögen hat – und damit wird keineswegs ein Werturteil über die Juden gefällt, denn auch andere Gruppen würden in gleicher Lage ähnlich handeln – das natürliche Bestreben, weil ihre Eigentümer größtenteils im Ausland wohnen [illegal – R.E.] über die Grenzen zu wandern." Zugleich wurde auf den Namen Morgenthau angespielt und die Assoziation zu angeblichen Plänen der Reagrarisierung und der Ausplünderung Deutschlands (und Österreichs – vgl. RE 3, S. 293f.) hergestellt. Die Rückerstattung sei ein Element der Morgenthau-Politik und entspräche einem Kolonialstatus Deutschlands (Schwarz 1974, S. 89, RE 4, S. 193). Die JRSO sei eine Nachfolgeorganisation für den Morgenthau-Plan und arbeite ganz in diesem Geiste (RE 5, S. 157). In diesem Zusammenhang wurde auch die Parallele zum Versailler Vertrag gezogen und an Reparationszahlungen erinnert, welche Deutschland noch über Generationen verpflichten würden (vgl. Köllner 1963, S. 24).

IV. Warnungen vor neuem Antisemitismus

Ergänzt wurde diese Strategie durch Warnungen an Regierungen und Berechtigte vor dem Entstehen eines neuen Antisemitismus. Aus erkennbarem Interesse heraus behauptete man, daß Antisemitismus mit dem Zusammenbruch des NS-Staats und dem Bekanntwerden der Massenmorde unter der deutschen Bevölkerung nicht mehr vorhanden sei; eine Welle von Mitleid und Sympathie für die jüdischen Opfer habe die Deutschen erfaßt. Aber diese wohlwollende Grundhaltung würde durch das Verhalten der Berechtigten verspielt, indem sie sich durch überzogene Forderungen und das Bestehen auf der vollständigen Erfüllung ihrer rechtlichen Ansprüche eine Sonderstellung verschafften. Da die Rückerstattungsgesetze mit politischen Mitteln kurzfristig nicht zu verändern waren, wurde von den Juden – teils mit deutlichen Drohungen verbunden – erwartet, daß sie von ihren Rechten nur einen „loyalen Gebrauch" machen und keine überzogenen Ansprüche stellen würden. In diesem Falle wären sie allein verantwortlich für das Entstehen eines neuen Antisemitismus (vgl. Prothmann 1951, S. 8). Die Herren Morgenthau, Kempner, Auerbach würden das erreichen, was die Herren Hitler, Goebbels, Streicher nicht erreicht hätten (RE 2, S. 243). Ausgiebig wurde auf die Gefahr dieses neuen Antisemitismus hingewiesen, der durch die Rückerstattung erzeugt würde. Mit dieser Argumentationsfigur wurde der alte Zirkel – nicht der Täter, sondern das Opfer ist der Schuldige[14] – aufs neue genutzt. Daß damit eine Antwort auf die Schuldfrage im deutschen Volk gesucht wurde, ist offensichtlich. Weder gab es eine politische „Stunde Null" noch die „Stunde Null" des Antisemitismus! Die *Allgemeine Wochenzeitung der Juden in Deutschland* kommentierte diese Position in ihrer Ausgabe vom 18.8.1950 unter der Überschrift: „Der Ermordete ist schuldig".

V. Skandale und Betrugsfälle

Aber auch die klassischen Methoden der öffentlichen Denunziation, des Skandal-Journalismus und der Leser-Manipulation wurden eingesetzt. Fast alle Beiträge in den Auseinandersetzungen um Rückerstattung und Wiedergutmachung enthielten ausführliche Schilderungen von Fällen, die Kenntnisse von krassen Ungerechtigkeiten verbreiten sollten. Derartige Einzelfälle denunzierten das Prinzip. Möglicherweise erschien damit im Vorstellungshorizont der Leser die Rückerstattung als Unrecht am deutschen Volk und den Juden wurden kriminelle Bereicherungsabsichten unterstellt. Subtil wurden Betrugsfälle und Skandale als „normal" dargestellt und nicht als Übertretungen der Rechtsnormen behandelt. Einzelne Betrugsfälle, ja bereits bloße Verdachtsmomente wurden als Hinweis mit Beweischarakter auf die angeblich verfehlten Grundsätze der Rückerstattung benutzt. Die fest verankerte Erwartung von der Unehrlichkeit der Juden identifizierte auch nach 1945 erneut Schädigungsabsichten.[15] Bereits für die Phase der Erarbeitung der alliierten Rückerstattungsgesetze wie in ihrer Anwendung durch die Gerichte wurde diese Schädigungsabsicht behauptet. „Dieses Gesetz stammt von den alliierten Behörden; in ihnen sitzen keine Deutschen, wohl aber emigrierte Juden" (RE 1, S. 101). Ein Leserbriefschreiber schilderte eine Reisebekanntschaft, die er beim Rückflug aus New York gemacht hätte: „Ein Herr, nennen wir ihn Rosenzweig, heute New York, früher Offenbach, erklärte, er habe noch etliche Häuser in Deutschland. Er wolle sie aber nicht behalten, sondern lasse sich dafür noch einmal bezahlen. Als Jude bekomme er sie nämlich zweimal bezahlt, *einmal* habe er das Geld schon bekommen" (RE 1, S. 206).

Die Wiedergabe von derartigen „Gesprächen" und Gesprächsteilen, Äußerungen von einzelnen Politikern, Beamten, Richtern usw., Zitate aus der

Weltpresse, Leserbriefe, die als Kommentar der Auslandspresse ausgegeben wurden – kurz: Gewährsleute und Quellen, die meistens nicht überprüfbar waren und deren Kontext nicht kontrollierbar war, halfen, eine Atmosphäre des Gerüchts, der Scheinlegalität und der Korruption zu erzeugen. Vor dem Hintergrund des antisemitischen Stereotyps, der Jude sei besonders begabt, sich in Chaos- und Krisensituationen zurechtzufinden (RE 1, S. 166), sind diese Anspielungen als Parallelen zu den Konjunkturrittern der Inflationsjahre nach dem 1. Weltkrieg zu entschlüsseln. Wurden radikal antisemitische Behauptungen in diesem Zusammenhang weitgehend vermieden, etwa nicht generell eine Rachsucht der Juden an den Deutschen behauptet, so wurde doch hin und wieder auf ihren angeblichen Haß hingewiesen, für den man aber aufgrund des Verfolgungsschicksals Verständnis habe. Den Juden wurde jedoch sogleich empfohlen, ihn nicht als Ratgeber gelten zu lassen, denn sonst würde das Mitgefühl der Deutschen enttäuscht, und es könnte ein neuer Antisemitismus entstehen.

VI. Der Streit um die Stichtagregelung

Mit besonders heftiger Abwehr reagierte man auf die in den alliierten Gesetzen getroffene Stichtagregelung. Das Gesetz No. 59 der US-Militärregierung vom November 1947 sah eine Vermutung auf Entziehung von Vermögen als gegeben an, wenn der Vorgang nach Inkrafttreten der Nürnberger Gesetze vom 15.9.1935 erfolgt war (Kossoy 1970, S. 27f. und Schwarz 1974, S. 49). Die französische VO No. 120 vom November 1947 (S. 292) enthielt eine ähnliche Regelung über den Zeitraum, für den ein Zwang vermutet wurde (S. 301). Das britische Gesetz vom Mai 1949 ging davon aus, daß alle Eigentumswechsel in der Zeit zwischen dem 30. Januar 1933 und dem 8. Mai 1945 als zwangsweise Entziehung erfolgt waren (S. 64f., vgl. RE 1, S. 55). Als empörend empfand man die mit diesen Fristen pauschal gesetzte Raubvermutung. Im Versuch, diese Generalvermutung zu widerlegen, entwickelte sich mit vorhersehbarer Zwangsläufigkeit eine Logik der Verharmlosung und der Relativierung der Verfolgungssituation der Juden im NS-Staat. Jedes andere Datum, von dem ab eine Zwangssituation gegen Juden anerkannt wurde, das nach dem Frühjahr 1933 lag, mußte die vorhergegangene Phase als normal, harmlos, ungefährlich bewerten (zu den Phasen der Judenverfolgung im NS vgl. Adam 1972 und Dawidowicz 1979). Das große Verkaufsangebot der vielen auswanderungswilligen Juden habe zwar die Preise gedrückt; aber daß hier „ein kluger, verantwortungsvoller Geschäftsmann zugreift, ist ihm doch nicht zu verargen" (RE 1, S. 56). Im Gegenteil: „Wenn ein Jude seinerzeit zur Verwirklichung seiner Auswanderungsabsicht durch Banken, Vermittler, Inserate usw. einen Käufer suchte und schließlich einen fand, der sich bereit erklärte, die gewünschten Mittel zu beschaffen, dann kann dies nicht als Raub gelten. Gerechter wäre es Hilfeleistung genannt" (RE 1, S. 12). Wirtschaftliches Handeln galt als sozial legitimiert und wurde rigid als moralisch einwandfrei bewertet, unabhängig von der Verletzung übergeordneter Werte. Mittels der Betonung von Üblichkeiten gelang es dieser Argumentationsstrategie, partikulare Interessen zu verteidigen.[16]

Hätte sich diese Auffassung durchgesetzt, die auch der dem Bundestag unterbreitete Gesetzentwurf der Bundesvereinigung für loyale Restitution von 1951 enthielt (RE 3, S. 1 ff.), so wäre die Zahl der Fälle deutlich gesenkt worden. Diesem Entwurf lag ein Verfahren nach dem Vorbild des BGB zugrunde. Die alliierten Gesetze aber hatten bereits die favorisierten Entschädigungsregelungen nach dem BGB ausgeschlossen. Einer derartigen zivilrechtlichen Regelung entsprechend wären Rechtssuchende, die im Ausland lebten, gegenüber den inländischen Prozeßparteien im Nachteil gewesen, und die Beweislast hätte sich umgekehrt. Abgesehen davon war das bürgerliche Gesetzbuch nicht für die Rückerstattung von Massenraub konzipiert (Schwarz 1985, S. 10).

VII. Die Rangordnung der Geschädigten

In der Rangordnung der Geschädigten, denen vordringlich ein Anspruch auf Hilfe und Entschädigung zugebilligt wurde, konnten Juden vermutlich nur während einer kurzen „Schockphase" unmittelbar nach Kriegsende mit einem vorderen Platz und mit stärkerem Mitgefühl rechnen. Als die Ortsgemeinden, die Träger der öffentlichen Gewalt der ersten Nachkriegsmonate, ihre geringen Möglichkeiten zur Betreuung und Fürsorge von NS-Opfern ausgeschöpft hatten, war von einem anhaltenden Mitgefühl mit den Opfern der NS-Rassenverfolgung nicht mehr allzuviel zu bemerken. Die große Mehrheit der Deutschen fühlte sich nämlich in keiner Weise für die Taten und Folgen des NS verantwortlich. Die Daten der Meinungsbefragungen[17] lassen die Abwehr von Unrechtsgefühlen, von Trauer oder die fehlende Bereitschaft zur Wiedergutmachung für das den Juden angetane Leid erkennen. Die zunehmend schlechter werdende Versorgungslage in den Jahren bis zur Währungsreform gab die Schubkraft ab für ein Denken, für das jede zusätzliche Versorgungsgruppe die Ansprüche der Allgemeinheit zu schmälern drohte. Die Erfahrung des Zusammenbruchs äußerer und innerer Ordnung begünstigte ein rücksichtsloses, egoistisch nur auf sich selbst bezogenes Verhalten. Gefühlsregungen wurden reduziert und so trat man dem Elend ohne größere seelische Beteiligung gegenüber.[18] In Verbindung mit dem tradierten Antisemitismus konnte die Gruppe der Recht und Entschädigung fordernden Juden zum Ziel neuer Aversionen gemacht werden. Die Juden boten sich in mehrfacher Hinsicht erneut für die Rolle der Sündenböcke[19] an: jüdische D.P.s genossen in den Augen der Bevölkerung von Seiten der Militärbehörden besondere Privilegien

III. Antisemitismus in der politischen Kultur (2)

(bessere Lebensmittelversorgung und teilweise unterlagen sie nicht dem allgemeinen Arbeitsgebot)[20] und die im Exil lebenden Juden stellten sich mit ihren Forderungen außerhalb der nationalen Solidarität (vgl. Küster 1953, S. 12). Unter der Überschrift „Die Gerechtigkeit ist unteilbar" schrieb Hans Dilt (RE 1, S. 118f.): „Die Zwangslage des verkaufenden jüdischen Eigentümers war nicht größer als z. B. die des vertriebenen und beraubten Ostflüchtlings, als die des Soldaten an der Front, der keineswegs aus freien Stücken sich nach Rußland und in sowjetische Kriegsgefangenschaft begab." Dies waren groteske Verkennungen der Unterschiede zwischen der Hilfe für Opfer von Krieg und Kriegsfolgen und den Opfern von Rassengesetzen und Rassenverfolgungen, die nicht Hilfe forderten, sondern verlangten, daß an Stelle erlittenen Unrechts endlich wieder Recht treten sollte. Bald schon galten die Juden als Nutznießer der augenblicklichen Situation und ihrer Machtverhältnisse, die sie angeblich zur Ausreizung überzogener Forderungen nutzten.

Der Sozialwissenschaftler Helmuth Köhrer versuchte, dem Konflikt zwischen den jüdischen Anspruchsberechtigten und den deutschen Pflichtigen gruppensoziologische Dignität zu geben. Seine theoretischen Bemühungen laufen letztlich auf die Neuauflage des antisemitischen Stereotyps von der zersetzenden Eigenschaft der Juden hinaus. In seiner Vorbemerkung bescheinigt Leopold von Wiese dieser Abhandlung strenge Wissenschaftlichkeit. In der Nachkriegsgeschichte Deutschlands ist Köhrers Buch ein Beispiel für die wenigen Versuche, den Antisemitismus auf „wissenschaftlichem Niveau" neu zu begründen.[21] In der Darstellung Köhrers richten sich Forderungen aus der Rückerstattungsgesetzgebung gegen einzelne Personen, hingegen entstünden in der Wiedergutmachung Ansprüche gegen den Staat. Durch die staatliche Gesamthaftung enthalte die Wiedergutmachung keinen Konfliktstoff. Die politisch-rechtliche Entscheidung über die pauschale Bereitstellung von Geld als generalisiertem Kompensationsmittel hätte unabhängig gemacht von den individuellen Motiven der Zustimmung bzw. der Ablehnung. Die Abstraktheit von Geldzahlungen aus den öffentlichen Kassen an unbekannte, ferne Empfänger galt als vorteilhaft, hingegen durchbrach die sinnliche Wahrnehmung konkreter Menschen, die ihre Ansprüche einklagten, die Distanzierung von den Opfern. Die Rückerstattung treffe Individuen mit ihrer vollen Wucht. Denn die Juden fordern „unter Aufrechnung aller Posten des großen Schuldkontos, unter Einsatz aller ihnen zur Verfügung stehenden geistigen, propagandistischen und sozialen Beziehungen und Kräfte, unter Anprangerung jedes Widerspruchs als antisemitische Hetze, die Rückerstattung und die Wiedergutmachung der erlittenen Schäden" (Köhrer 1951, S. 95). Da die Mehrzahl der Fälle auf Nichtschuldige treffe, „weil rechtlich ungewohnte Maximen angewendet werden, so ist mit der (individuell gesehen) berechtigten Opposition der Betroffenen zu rechnen." Deren Reaktionen können den Kern eines neuen Antisemitismus bilden. Zwar sei nach dem Kriege in Deutschland noch kein Antisemitismus aufgetreten, „andererseits kann jedoch nicht geleugnet werden, daß ein neuer, vollkommen anders begründeter Antisemitismus im Entstehen begriffen ist; er basiert auf dem Gefühl der ungerechten gesetzlichen Behandlung des Rückerstattungsproblems" (Köhrer 1951, S. 97). Während sich die Gruppe der Pflichtigen entlang ihres gemeinsamen Interesses – der Abwehr einer Ungerechtigkeit – bilde, stelle die ihnen gegenüberstehende „bewußt geschlossene" Gruppe der Juden einen „Staat im Staat" dar. Deren Politik sei es, ihren Mitgliedern Schutz zu gewähren. Durch die Lektüre der jüdischen Presse habe er den Eindruck gewonnen, daß das Schutzmotiv bis zur Aggression dominierend sei. Es bestünde bei den Juden das Bedürfnis, durch vorbeugenden Angriff jede Schmälerung ihrer Rechte zu verhindern. Aus seiner Zeitungsanalyse meint Köhrer Spannungen zwischen Juden und ihrer Umwelt zu erkennen. Diese Spannungen seien, von unbedeutenden Ausnahmen abgesehen, in der übrigen deutschen Presse nicht festzustellen. Die jüdischen Organisationen lehnten die Assimilation ab, indem sie durch ihre „Grundsätze (Zionismus, nachhaltiges Erinnern an die Nazi-Greuel, scharfe Angriffe auf alle judenfeindlichen Aktionen, Verdächtigungen als Antisemiten) wie auch durch ihre Haltung (Ton der Publizistik, Wahl der Veröffentlichungen) Gegensätze vertiefen und Spannungen verdeutlichen" (Köhrer 1951, S. 108). Letztlich seien es wieder Juden, die durch ihre Zumutungen die Solidarität aller und die nationale Einheit verhindern.

Es überrascht nicht, daß eine fiktive Reihenfolge der Unterstützungsbedürftigkeit die Kriegsbeschädigten, Vertriebenen und Bombengeschädigten zuerst nannte und noch vor den rassisch Verfolgten diejenigen Personen plazierte, die durch die Besatzungsmächte geschädigt wurden (RE 1, S. 233).[22] Diese Rangfolge stand in Übereinstimmung mit dem Selbstverständnis, mit dem man sich als Opfer fühlte. Als Opfer, dessen Idealismus und dessen nationale Identifikation vom NS mißbraucht worden war, als Opfer von Krieg, Bombenangriffen, Vertreibung und Nachkriegsnot. All diese Schicksalsschläge hätten eigentlich Mitleid und nicht Kritik verdient gehabt. Die implizit wie offen vorgebrachte Aufrechnung der Verluste legte dem antisemitischen Denken alsbald eine „Schlußbilanz" nahe[23]: Eine derartige Betrachtung setzte die Opfer des Krieges und des unmittelbaren Nachkrieges, die Toten der Luftangriffe, der Flucht oder Vertreibung, mit den Opfern der NS-Verfolgungs- und den NS-Mordmaßnahmen gleich, obwohl es sich hierbei um gezielt angeordnete Tötungsaktionen handelte, die mit der Kriegsführung nichts zu tun hatten, während die Kriegsopfer selbst noch in unmittelbarem Zusammenhang mit der nationalsozialistischen Aggressionspolitik standen.

Im Dezember 1954 stellte die Zeitschrift „Die Restitution" ihr Erscheinen ein. Ein Grund für die Aufgabe der öffentlich-politischen Gegnerschaft lag darin, daß mit der Abwicklung der meisten Rückerstattungsfälle bis zu diesem Zeitpunkt das Problem sich aufgelöst hatte (Statistiken und Angaben zur zeitlichen Abwicklung der Rückerstattung enthält Schwarz 1974, S. 345-373). Mit der Auflösung seines Organisationskerns räumte das Thema die politische Bühne und trat in die Anonymität des Privaten zurück.

Anmerkungen

1 Darauf wies Carlo Schmid in seiner Rede zur Begründung eines Wiedergutmachungsgesetzes im Bundestag hin, in: Verhandlungen des ersten Deutschen Bundestages, Bd. 6, 1951, S. 4590.
2 Diese Annahme wird jetzt von Wolffsohn (1987) bestritten. Zu einem anderen Ergebnis kommt Kai von Jena (1986).
3 Für diese Haltung trat nachdrücklich Küster (1953) ein.
4 Herausgegeben vom Bundesministerium der Finanzen in Zusammenarbeit mit Walter Schwarz. Bd. 1-6 München 1974-1986. Im folgenden wird hauptsächlich aus Bd. 1 zitiert: Walter Schwarz, Rückerstattung nach den Gesetzen der Alliierten Mächte, München 1974 und Walter Schwarz, Schlußbetrachtung, München 1985.
5 In der Verhandlung des Landtages von Württemberg-Hohenzollern vom 23.3.1949 wurden die „tragischen" Vorgänge, die sich in den Kreisen Horb und Hechingen abspielten, angesprochen und massive Kritik am französischen Rückerstattungsgesetz geübt. Die Sprache ist verräterisch. So sprach Dr. Leuze, Abgeordneter der FDP, davon, daß ein Jude, der die Auswanderung versäumt hatte, „in hohe Lebensgefahr geriet und daß Beispiele vorhanden sind, daß ein solcher sich in Rauch und Luft verwandelt hat" (RE 1, S. 5). Die Main-Post, Würzburg, berichtete am 4. Juli 1950 von der bedrängten Lage, in die Bauern geraten seien. Es bestünde die Gefahr, daß Bauern ihr Anwesen verlassen müßten, „eine himmelschreiende Ungerechtigkeit". Subtil wurde auf den Topos „jüdische Güterschlächterei" angespielt (RE 1, S. 65). Ähnlich lautende Berichte bei Schwarz 1974, S. 46 und S. 82. Spannungen wegen der Wiedergutmachung erwähnt Franz Pfrang (1981, S. 104). Ein Beispiel aus Oberfranken: Erler/Schlude (1985).
6 Exemplarisch für die vielen, informationsreichen alltags- und lokalgeschichtlichen Konkretisierungen der verhetzten Beziehungen zwischen Juden und ihrer Umwelt im NS vgl. Broszat/Fröhlich (1987).
7 Die OMGUS-Befragungen ermittelten 1947 und 1948 zwischen 22 bis 26 % Antisemiten (Merritt und Merritt 1970, S. 146f. und 239f. Knütter (1961, S. 28) zitiert eine Befragung aus dem Jahre 1947, die ähnlich hohe Werte aufweist. Zu den Vorbehalten bei der Interpretation dieser Zahlen vgl. den Beitrag „Sind die Deutschen antisemitisch?" von Werner Bergmann in diesem Band, besonders S. 111f.
8 Einige dieser Verbände: Vereinigung für loyale Rückerstattung e.V., Regensburg; Schutzverband zur Wahrnehmung der Interessen der Eigentümer von Haus- und Grundbesitz aus früherem jüdischen und polnischen Besitz in Berlin e.V., Berlin; Arbeitsgemeinschaft für Rückerstattungsfragen in der britischen Zone, Herford; Interessengemeinschaft Rückerstattungspflichtiger Hessens, Eschwege.
9 Die Restitution, Baden-Baden, Bd. 1, 1950 bis Bd. 5, 1954. Die Analyse dieser Zeitschrift wird in den Mittelpunkt gestellt. Ihre Aussagen werden durch die Auswertung weiterer Zeitungen und Zeitschriften, Bundestagsdebatten usw. ergänzt.
10 Dieser Artikel wurde verfaßt von Dr. h. c. Ernst Schlapper, Oberbürgermeister von Baden-Baden und Mitglied des badischen Landtags. Soweit zu erkennen, war die Mehr-

zahl der Mitarbeiter dieser Zeitschrift Akademiker, Rechtsanwälte, Journalisten und Bankfachleute.
11 Schwarz (1974), S. 364 und S. 367f. spricht von ca. 3 Milliarden DM, die von ca. 115000 Pflichtigen rückerstattet werden mußten. Die Zahlen zum Bundesrückerstattungsgesetz in: Wiedergutmachung (1987), S. 362f.
12 Mit dem Eintritt in die Verhandlungen um einen deutschen Beitrag zur Europäischen Verteidigungsgemeinschaft ist ein deutlicher Zuwachs an politischem Selbstbewußtsein zu beobachten. Vielleicht auch in Kenntnis der amerikanischen Position zum gesamten Wiedergutmachungskomplex wurden diese Briefe abgedruckt. So erklärte ein hoher Beamter der US-Militärregierung im Dezember 1948 in New York vor einer Verfolgtenorganisation (der Axis Victims League), die Rückerstattung bringe einen Moment der Unruhe in das Programm eines schnellen Wiederaufbaus in Westeuropa: „Letzten Endes ist die Rückerstattung, so bedeutsam und so notwendig sie für die Wiederherstellung des Rechts ist, nur *ein* Element in dem großen Kampf gegen den Totalitarismus (...). Rückerstattung ist keine absolute Forderung der Gerechtigkeit. Sie muß in ihrer *relativen* Bedeutung zur amerikanischen Außenpolitik in ihrer weltweiten Konzeption gewürdigt werden" (Schwarz 1974, S. 57 und S. 26).
13 Die SPD hatte 1951 vorgeschlagen, den Staat Israel zum Rechtsnachfolger für alle erbenlosen Ansprüche einzusetzen (Verhandlungen Bd. 6, S. 4592f. und die anschließende Aussprache S. 4596). Zum gesamten Komplex vgl. die Debatte zur Vereinheitlichung des Rückerstattungsrechtes vom 11. September 1952 (Verhandlungen Bd. 13, S. 10429-10445), in der die meisten der hier erwähnten Positionen öffentlich bezogen wurden.
14 Weitere Belege bei Knütter (1961, S. 88).
15 Die noch ausstehende Analyse zur Wahrnehmung der jüdischen Beteiligung an Schwarzmarktgeschäften in den ersten Nachkriegsjahren verspricht auch zur „Schädigungserwartung" weitere Erkenntnisse. Hinweise bei Woller (1986), zum Schwarzmarkt (S. 289), zur Einsetzung von Juden und D.P.s als Treuhänder in beschlagnahmte Betriebe (S. 250).
16 Zur Funktionsweise selektiver Erinnerungen und von kollektiven Lernprozessen vgl. den Beitrag von Max Miller in diesem Band S. 79ff.
17 Zur Schuldabwehr vgl. Merritt (1977, S. 101): 21% der Befragten halten die Juden für Schuld an ihrem Schicksal, dagegen betrachten sich 59% für nicht-schuldig. Vgl. Jahrbuch (1956, S. 129): die Ursache für den Antisemitismus sehen 53% der Befragten in den Eigenheiten der Juden. 28% halten einen Rückerstattungsanspruch für zu Unrecht gestellt (S. 130). Bei einer Befragung im Dezember 1951 gaben nur 2% den Juden das größte Anrecht auf Wiedergutmachung (Grossmann 1967, S. 35).
18 Für die kleine Welt des Dorfes beschreibt dies der Volkskundler Utz Jeggle (1987).
19 Allport (1951). Der Herausgeber dieser in Deutschland zum Verständnis der Gruppen untereinander eingesetzten Schrift macht in seinen Erläuterungen zu S. 36 darauf aufmerksam, daß insbesondere die jüdischen D.P.s als Sündenböcke für alle Schwarzmarktgeschäfte in Kenntnis antisemitischer Regungen in der Bevölkerung herangezogen wurden.
20 Die Situation in Österreich (gelegentlich auch in Bayern) wird behandelt von Albrich (1987).
21 Köhrers Buch erschien wie die Zeitschrift *Die Restitution* in der JUS-Verlagsgesellschaft Baden-Baden. Teile des Buchs wurden in der Zeitschrift abgedruckt und regelmäßig wurde für seinen Absatz Reklame gemacht.
22 Auch im Hilfswerk der Evangelischen Kirche war man bestrebt, den Kreis der Hilfsbedürftigen auf Kosten der verfolgten „Judenchristen" klein zu halten und kein „Ghetto der Bevorzugung" zu schaffen, vgl. Hermle in diesem Band S. 202.

23 Die Zahl von 6 Millionen Opfern wurde bestritten, und nur 1,5 bis 2 Mill. wurden „anerkannt" (RE 3, S. 235 f.).

Literatur

Adam, Uwe Dietrich: Judenpolitik im Dritten Reich, Düsseldorf 1972.
Albrich, Thomas: Exodus durch Österreich. Die jüdischen Flüchtlinge 1945-1948, Innsbruck 1987.
Allport, Gordon W.: Treibjagd auf Sündenböcke. Ins Deutsche übertragen und mit Erläuterungen herausgegeben von Knud Christian Knudsen, Berlin 1951.
Bergmann, Werner: Sind die Deutschen antisemitisch? Meinungsumfragen von 1946-1987 in der Bundesrepublik Deutschland, in diesem Band S. 108-130.
Broszat, Martin, und *Elke Fröhlich*: Alltag und Widerstand, Bayern im Nationalsozialismus, München 1987.
Dawidowicz, Lucy S.: Der Krieg gegen die Juden 1933-1945, München 1979.
Erler, Wolfgang, und *Ursula Schlude*: Zertrümmerte Stühle und abgesägter Baum. Zur Sprache der Dinge im Rückblick auf die NS-Zeit. Zwei Fallbeispiele aus einem fränkischen Dorf, in: *Luth Niethammer* und *Alexander von Plato* (Hrsg.), „Wir kriegen jetzt andere Zeiten". Lebensgeschichte und Sozialkultur im Ruhrgebiet 1930 bis 1960, Band 3, Bonn 1985, S. 152 ff.
Grossmann, Kurt R.: Die Ehrenschuld. Kurzgeschichte der Wiedergutmachung, Ffm, Berlin 1967.
Hermle, Siegfried: Die Evangelische Kirche und das Judentum nach 1945. Eine Verhältnisbestimmung anhand von drei Beispielen: Hilfe für Judenchristen, theologische Aufarbeitung, offizielle Verlautbarungen, in diesem Band S. 197-217.
Institut für Demoskopie: Ist Deutschland antisemitisch? Ein diagnostischer Beitrag zur Innenpolitik, Allensbach 1949.
Jahrbuch der öffentlichen Meinung: 1947-1955, Allensbach 1956.
Jeggle, Utz: Heimatkunde und Nationalsozialismus, in: *Rainer Erb* und *Michael Schmidt* (Hrsg.), Antisemitismus und jüdische Geschichte, Berlin 1987, S. 495-514.
Jena, Kai von: Versöhnung mit Israel? Die deutsch-israelischen Verhandlungen bis zum Wiedergutmachungsabkommen von 1952, in: Vierteljahreshefte für Zeitgeschichte 1986, S. 457-480.
Knütter, Hans-Helmuth: Ideologien des Rechtsradikalismus im Nachkriegsdeutschland. Eine Studie über die Nachwirkungen des Nationalsozialismus, Bonn 1961.
Köhrer, Helmuth: Entziehung, Beraubung, Rückerstattung. Vom Wandel der Beziehungen zwischen Juden und Nichtjuden durch Verfolgung und Restitution, Baden-Baden 1951.
Köllner, Lutz: Grenzen der Wiedergutmachung, in: Politische Meinung, 8, 1963, S. 19-28.
Kossoy, Edward: Deutsche Wiedergutmachung aus israelischer Sicht. Geschichte, Auswirkung, Gesetzgebung und Rechtssprechung, Diss. jur., Köln 1970.
Küster, Otto: Wiedergutmachung als elementare Rechtsaufgabe, Ffm 1953.
Merritt, Anna J., und *Richard L. Merritt* (Hrsg.), Public Opinion in Occupied Germany. The OMGUS Surveys 1945-1949, Chicago 1970.
Merritt, Richard L.: Digesting the past: views of National Socialism in semi-sovereign Germany, in: Societas, 1977, S. 93-119.

Miller, Max: Kollektive Erinnerungen und gesellschaftliche Lernprozesse – zur Struktur sozialer Mechanismen der ‚Vergangenheitsbewältigung', in diesem Band S. 79-105.

Pfrang, Franz: Die Juden im Raum Volkach, in: Jahrbuch des Landkreises Kitzingen 1981, S. 97-105.

Prothmann, Wihelm: Judentum und Antisemitismus, ein Problem unserer Zeit, Stuttgart 1951.

Die Restitution: Die Zeitschrift zur Rückerstattungsfrage, Baden-Baden, Bd. 1, 1950 bis Bd. 5, 1954.

Schwarz, Walter: Rückerstattung nach den Gesetzen der Alliierten Mächte, München 1974, Bd. 1 von: Die Wiedergutmachung nationalsozialistischen Unrechts durch die Bundesrepublik Deutschland, herausgegeben vom Bundesminister der Finanzen in Zusammenarbeit mit *Walter Schwarz*.

Schwarz, Walter: Schlußbetrachtung, München 1985.

Verhandlungen des Deutschen Bundestages, Bd. 6, Bonn 1951.

Verhandlungen des Deutschen Bundestages, Bd. 13, Bonn 1952.

Wiedergutmachung und Entschädigung für nationalsozialistisches Unrecht (Hrsg.: Deutscher Bundestag, Referat Öffentlichkeitsarbeit (Zur Sache 87, 3) Bonn 1987.

Wolffsohn, Michael: Die Wiedergutmachung und der Westen – Tatsachen und Legenden, in: Aus Politik und Zeitgeschichte, Beilage zur Wochenzeitung Das Parlament, B 16-17/87.

Woller, Hans: Gesellschaft und Politik in der amerikanischen Besatzungszone. Die Region Ansbach und Fürth, München 1986.

Das Ziel. Zeitung der Deutschen Reichspartei, 1952 und 1954.

Antisemitismus als politisches Ereignis

Die antisemitische Welle im Winter 1959/1960*

Werner Bergmann

I. Methodische Vorbemerkung

Bei der folgenden Analyse der antisemitischen Welle im Winter 1959/60 geht es nicht um das Schreiben der Geschichte dieses Ereignisses unter Heranziehung aller Quellen, sondern um die Analyse dieses Ereignisses als eines öffentlich-politischen Konflikts. Zur Rekonstruktion seiner Schwerpunkte und seines Verlaufs wurden die wichtigsten überregionalen Tages- und Wochenzeitungen – die sogenannte Prestigepresse – der Bundesrepublik ausgewertet. Neben Presseerzeugnissen wurde das veröffentlichte politische Material, wie Bundestagsprotokolle, Bulletins der Bundesregierung, das Weißbuch usw., verwendet. Die Publikationsanalyse zielt ganz auf die öffentliche Rekonstruktion des Ereignisses selbst ab, wobei die inhaltlichen und politischen Differenzen zwischen den einzelnen Publikationsorganen hier außer acht bleiben, da nicht die Darstellung der ideologischen Landschaft der westdeutschen Presse im Vordergrund steht.[1]

---

* In der Weihnachtsnacht 1959 wurde die Kölner Synagoge mit Hakenkreuzen und dem Slogan „Juden raus" beschmiert. Die beiden Täter, Mitglieder der DRP, wurden bereits am 25.12. festgenommen. Dieses Kölner Ereignis löste in Deutschland eine Welle der Empörung aus, es war jedoch zugleich Auslöser einer weltweiten Schmierwelle (in der BRD werden laut Weißbuch der Bundesregierung 470 Fälle gezählt), die ungefähr bis Ende Januar 1960 andauerte und die international Aufmerksamkeit erregte.

II. Die Konstitution eines politischen Themas

Antisemitische Aktionen hat es nach dem Krieg in den Besatzungszonen und in der Bundesrepublik immer wieder gegeben. In seinem ersten Interview als Bundeskanzler sprach Konrad Adenauer im Gespräch mit Karl Marx, dem Herausgeber der Allgemeinen Wochenzeitung der Juden in Deutschland, am 11.11.1949 dieses Thema an: „Ich möchte keinen Zweifel darüber lassen, daß die Schändung jüdischer Kultstätten und die Verwüstung jüdischer Friedhöfe, die leider in den vergangenen Jahren immer noch vorgekommen sind, ohne Nachsicht geahndet und bestraft werden" (Vogel 1967, S. 18). Trotz dieser Strafandrohung kamen antisemitische Aktionen weiterhin nicht selten vor: mit leichten Schwankungen kann man für die 50er Jahre von ca. 12 Friedhofsschändungen pro Jahr ausgehen (vgl. Adolph Diamant 1982; Harry Pross 1956, S. 1073). Derartige Aktionen wurden nicht immer publik und anscheinend von den Behörden eher widerstrebend verfolgt und bestraft, so daß Skandale in einigen Fällen nicht durch das antisemitische Ereignis, sondern durch die nachlässige oder milde Behandlung der Fälle ins Rollen kamen (vgl. für die späten 50er Jahre die Fälle Eisele, Zind und Nieland; Hans Gathmann 1961). Obwohl antisemitische Aktionen gegen die politische Norm des Anti-Antisemitismus in der BRD verstoßen (vgl. Frank Stern, in diesem Band), gewinnen sie nicht per se öffentliche und politische Aufmerksamkeit. Es ist deshalb nach den spezifischen Bedingungen zu fragen, die der Schmieraktion an der neuerrichteten Kölner Synagoge am Heiligen Abend 1959 diese große Resonanz verschafft haben. Sie dürfte kaum allein auf der Besonderheit der Aktion beruhen, denn eine Synagogenschändung in Düsseldorf im Januar 1959 hatte keinerlei Resonanz erzeugt, sondern war zu den Akten gelegt worden (Neue Ruhr-Zeitung, zit. nach AWJ 1.1.1960, S. 2 Pressestimmen). Arbeiten zur Theorie politischer Konflikte und Skandale zeigen, daß Skandale „das alleinige Produkt der selektiven Anwendung bestimmter Normen und Wertvorstellungen" sind (Manfred Schmitz 1981, S. 121). D. h. der Skandal muß im Zusammenhang mit dem Widerstreit von Gruppen und politischen Interessen gesehen werden. „Die politische Situation ist es, die den Skandal generiert, und ohne Kenntnis dieses Umfeldes bleibt der Skandal unverständlich" (ebd.). Inwiefern begünstigte nun die politische Situation die Skandalisierung des Kölner Vorfalls? – Folgende Faktoren haben m. E. dabei eine Rolle gespielt.

1. Die Kumulation antisemitischer „Fälle"

Von 1957 an gab es in der Bundesrepublik einige Fälle von Antisemitismus (die Fälle Eisele, Zind, Nieland, Stielau u. a.), die im In- und Ausland Aufsehen erregten und „zu weitergehenden und verallgemeinernden Schlußfolgerungen über das Wiederaufleben oder das Neuentstehen einer Gesinnung

III. Antisemitismus in der politischen Kultur (2)

führten" (Gathmann 1961, S. 61; ähnlich Klaus Harpprecht 1958/59 und Rudolf Pechel 1959, S. 105).[2] Die Skandale entzündeten sich in mehreren Fällen zunächst nicht an den antisemitischen Vorfällen selbst, sondern an ihrer Behandlung durch die Verwaltungs- und Justizbehörden, durch deren Verhalten zwei Tätern (Eisele und Zind) die Flucht nach Ägypten gelang, während ein dritter (Nieland) freigesprochen wurde. Die Ereignisse wurden so zu Justizskandalen, die noch dadurch angeheizt wurden, daß die DDR in einer Broschüre mit dem Titel „600 Nazi-Juristen im Dienste Adenauers" auf belastete Juristen in der westdeutschen Justiz hinwies (Gathmann 1961, S. 68). Dies führte im Januar 1959 zu einer Justizdebatte im Bundestag und zur Erarbeitung eines Gesetzentwurfs zum Tatbestand der „Volksverhetzung", der dann am 4.12.1959 vom Bundestag beraten wurde.

Es herrschte also eine Atmosphäre, in der die Öffentlichkeit, die Politiker und die Presse des In- und Auslands für das Thema „Antisemitismus" hochgradig sensibilisiert waren. H. G. van Dam, der Generalsekretär des Zentralrats der Juden in Deutschland, sprach von einem „Klima der Überreiztheit" (Die Zeit 8.1.1960, S. 1), Karl Marx von einer allgemeinen Hysterie (Die Welt 2.1.1960). Van Dam hatte bereit im August 1959 auf die starke Publizität hingewiesen, die die antisemitischen Zwischenfälle in der BRD im letzten Jahr in der Weltpresse gefunden hätten (AWJ 21.8.1959). Auch im Inland hatte die Presse das Thema des deutschen Antisemitismus in erstaunlicher Breite aufgegriffen (vgl. Harpprecht 1958/59, S. 13).[3] In Reaktion auf diesen publizistischen Alarm hatten sich westdeutsche Politiker, etwa Bundeskanzler Adenauer und der SPD-Vorsitzende Erich Ollenhauer, gezwungen gesehen, jüdischen Organisationen in den USA gegenüber beruhigende Versicherungen abzugeben (StA 7.8. und 2.11.1978). – Angesichts dieser Situation war die Chance für eine große öffentliche Resonanz gegeben, was möglicherweise auch die Täter motiviert haben mag, die in der Kette antisemitischer Vorfälle und ihrer breiten Diskussion gewisse Anzeichen für eine positive Resonanz gesehen haben könnten (so Carlo Schmid in der Bundestagsdebatte vom 18.2.1960, DB 103. Sitzung, S. 5584).

2. Die Verknüpfbarkeit mit aktuellen politischen Konflikten

Die Aufmerksamkeit auf den Themenkomplex Antisemitismus war jedoch nicht nur durch die vorausgegangenen Fälle geweckt worden, sondern nährte sich auch aus der laufenden Kontroverse um ehemalige Nationalsozialisten in hohen politischen Ämtern sowie in Justiz und Verwaltung. Neben den „Fällen" Globke (Staatssekretär im Bundeskanzleramt und Kommentator der Nürnberger Gesetze von 1935) und – am Rande – Bundesinnenminister (BMI) Gerhard Schröder (SA-Mann seit 1933, NSDAP-Mitglied ab 1937, vgl. Der Spiegel 27.1.1960, S. 15) hatte vor allem der „Fall Oberländer" (Vertriebenenminister; im Krieg politischer Offizier bei dem Nachtigall-Bataillon prodeutscher ukrainischer Nationalisten als diese 1941 Lemberg besetzten) in dieser Zeit seinen Platz in den Schlagzeilen (Die Zeit Nr. 41, 1959), da er von einer internationalen Kommission wegen einer möglichen Beteiligung Oberländers an Kriegsverbrechen untersucht wurde. Entsprechend gab es Rücktrittsforderungen. Wie bereits angesprochen, führte die DDR zu dieser Zeit eine Kampagne gegen die Justiz der Bundesrepublik, die etwa vom Sozialistischen Deutschen Studentenbund (SDS) in einer „Aktion ungesühnte Nazijustiz" im November 1959 aufgenommen wurde (vgl. FAZ 30.11.1959, S. 6). – Die Schmierwelle kann also verknüpft werden mit einer in Gang befindlichen Diskussion, indem sie als Zeichen für die „unbewältigte Vergangenheit" und für „zuviel Kompromisse" (Karl Marx, AWJ 8.1.1960, S. 1) genommen wird. Der Skandal gewinnt damit *exemplarischen Charakter* für die politische Situation (Schmitz 1981, S. 121) und kann von den unterschiedlichen Interessengruppen für ihre Ziele instrumentalisiert werden. Der „unerwartete Tatbestand" – ein Kennzeichen von Skandalen – wird als exemplarischer Fall im Laufe des Skandals *renormalisiert*, d. h. gerade nicht mehr als Abweichung, sondern als zu erwartend interpretiert: als Zeichen für den (schlechten) Zustand der politischen Kultur (Hans-Joachim Winkler 1968, S. 229). Dem Skandal kommt damit eine *Signalfunktion* zu, da er latente Spannungen und Konflikte öffentlich anzeigt und artikulierbar macht (a.a.O., S. 230).

3. Die Verwendbarkeit für politische Kontrolle

Die sehr früh bekannte Verbindung der beiden Kölner Täter mit der rechtsradikalen Deutschen Reichspartei (DRP) eröffnete für die staatlichen Organe Kontroll- und Sanktionschancen gegenüber dieser Partei und anderen rechtsradikalen Organisationen (vgl. zur Kontrollwirkung von Skandalen Winkler 1968, S. 230), gegen die sich diese sofort öffentlich zur Wehr setzten (FAZ 28.12.1959, S. 1). Der Skandal fungierte als Alarmglocke, indem er Verstöße gegen demokratische Normen in den rechtsradikalen Organisationen anzeigte und damit dem politischen System und der Öffentlichkeit die Möglichkeit sozialer Kontrolle bot. Insofern lag in diesem Skandal auch die Chance zum politischen Handeln und zur Anwendung und Festigung demokratischer Normen und Wertvorstellungen (vgl. Schmitz 1981, S. 121).[4]

Die Nutzung des Skandals im Sinne politischer und moralischer Kontrolle besaß auch eine *internationale Dimension*, indem er ausländischen Regierungen, Organisationen und Massenmedien eine „Einmischung" in die inneren Angelegenheiten der Bundesrepublik erlaubte. Nach van Dam hatte das Ausland zum Teil nur auf ein derartiges Alarmzeichen gewartet, um seinem „Antigermanismus" freien Lauf zu lassen (Die Zeit 8.1.1960, S. 1). Mit dem Hinweis auf die Gefährlichkeit des Dritten Reiches für die anderen Völker und die Besorgnis über ein Wiederaufleben seiner Ideologie konnten sich vor allem die ehemaligen Besatzungsmächte und die Opfer (jüdische Organisationen, Polen, Israel u. a.) warnend zu Wort melden, wobei natürlich Interessen des aktuellen Ost-West-Konflikts mitverfolgt werden konnten, so etwa im Fall der Einmischung Polens und der DDR. Van Dam sprach gar von der Paniksüchtigkeit und kollektiven Verurteilung der Deutschen (ebd.). Diese Kontrollinteressen anderer Nationen boten einen guten Resonanzboden für das Kölner Ereignis und sorgten – verstärkt durch die weltweite Ausbreitung der Schmierwelle – dafür, daß der Konflikt internationale Ausmaße annahm (bis hin zur Einschaltung der UNO) und damit auch Gegenstand der deutschen Außenpolitik wurde.

4. Durchbrechung eines Tabus

Im öffentlichen Diskurs über „die Juden" war in der Bundesrepublik nur eine (positive) Meinung zugelassen, so daß man von einem „verordneten Philosemitismus" sprechen kann. In einer derartigen Situation moralisierter Kommunikation, wo Thema und Meinung verschmolzen sind und kein wirklicher Dialog möglich ist, kann die Durchbrechung der Kommunikationslatenz per se mit einer gewissen Resonanz rechnen (vgl. für einen ähnlichen Fall Colin Seymour-Ure 1974, S. 112). Nach den Selektionskriterien der Massenmedien haben ja gerade Normverletzungen und Konflikte eine hohe Publikationschance (vgl. Jürgen Bellers, in diesem Band).

5. Charakteristika des Ereignisses selbst

Die Resonanz des Kölner Anschlags beruhte vor allem auf den genannten Faktoren, dennoch haben in diesem Fall die Wahl des Objekts und die Tatzeit nicht unbeträchtlich zur Resonanzverstärkung beigetragen. Anders als Beleidigungen einzelner Juden (Fall Zind), als der Vertrieb antisemitischer Schriften (Fall Nieland) und als die Schändung meist abgelegener Friedhöfe, besaß der Anschlag auf ein Gotteshaus *hohen Symbolwert*, der hier natürlich durch die Erinnerung an die Zerstörungen vom November 1938 gesteigert wurde. So schrieb Karl Marx in der AWJ: „Die frevlerische Tat der Schändung der Synagoge in Köln ruft Erinnerungen schmerzlichster und schmachvollster Art wach" (1.1.1960, S. 1; auch der Zentralrat der Juden erinnerte an den November 1938, StA 28.12.1959). In dieser Erinnerung lag möglicherweise auch der Grund für die sofort einsetzende und überaus starke Reaktion der Bevölkerung. Die Resonanz ist weiterhin wohl durch die Wahl der Kölner Synagoge erhöht worden, die Bundeskanzler Adenauer erst wenige Monate vorher miteingeweiht hatte, so daß die Schmiererei als Angriff auf die Neu-Etablierung der Jüdischen Gemeinde in Köln und auf die philosemitische Haltung des westdeutschen Staates gesehen werden konnte.

Auch die Wahl des Zeitpunkts dürfte nicht ohne Wirkung geblieben sein. Einmal stellen die Weihnachtstage eine nachrichtenarme Zeit dar und erhöhen so die Publikationschance, zum anderen erhöhen sie die Empfindlichkeit für Verstöße gegen Religion und Humanität. Der Zentralrat der Juden wies genau auf diesen Punkt hin: die Täter hätten das christliche Fest benutzt, um Haß und Verachtung der Menschenwürde zum Ausdruck zu bringen (StA 28.12.1959). Dies mag mit zu der unerwartet großen Resonanz in der Bevölkerung beigetragen haben, die dann allerdings nicht nur zu Protestaktionen, sondern auch zu *Nachfolgereaktionen* geführt hat. Die Kölner Tat erlebte einen erheblichen Bedeutungszuwachs durch die sofort einsetzende weltweite Schmierwelle[5], die sogar Australien erreichte und Israel nicht verschonte. Die Kettenreaktion erhöhte die Aufmerksamkeit und ließ den Skandal nicht zur Ruhe kommen.

III. Die öffentlich-politische Bearbeitung der „Schmierwelle"

Die aufgeführten Konstitutionsbedingungen haben schon einige der Konfliktlinien sichtbar gemacht, an denen entlang der Konflikt geführt werden sollte. Abweichend von „normalen" Skandalen und politischen Konflikten tritt jedoch in unserem Fall das Problem auf, überhaupt einen Konflikt mit klaren Konfliktparteien zu konstituieren, denn es gibt keinen ernsthaften politischen Gegner für die Regierung und die staatstragenden Parteien. Die Auslöser des Konflikts wie auch die meisten der Folgetäter erweisen sich als unfähig, eine wirkliche Gegenposition aufbauen und halten zu können. In der abschließenden Bundestagsdebatte wird von mehreren Rednern darauf hingewiesen, daß der Antisemitismus politisch kein Problem für die BRD ist, die Zahl der echten Antisemiten sei gering (vgl. Wilhelmi, C. Schmid, DB 18.2.1960, 103. Sitzung, S. 5587). Die Moralisierung des Antisemitismus-Themas (vgl. Niklas Luhmann 1971) in der politischen Kultur der Bundesrepublik hatte dazu geführt, daß es bis in die politische Rechte hinein nur Anti-Antisemiten gab. Es fehlt trotz der antisemitischen Schmierwelle an einem bekämpfbaren offenen politisch-ideologischen Antisemitismus (vgl. die Stellungnahmen des DRP-Vorsitzenden Meinberg, FAZ 28.12.1959, S. 1).[6] Aus dieser Konstellation ergibt sich eine paradoxe Situation: einerseits werden die Zwischenfälle sehr ernst genommen und es wird politische und rechtliche Bekämpfung versprochen und demonstriert, andererseits soll es das zu bekämpfende Phänomen gar nicht geben (so der Innenminister von NRW, Dufhues, FAZ 28.12.1959, S. 1). In dieser unklaren Konfliktlage müssen daher überhaupt erst *Konfliktarenen* etabliert und *Konfliktgegner* gefunden werden. Es überrascht daher nicht, daß die Verantwortlichen für die antisemitischen Aktionen und für das Wiederaufleben des Nazismus von den beteiligten politischen Akteuren keineswegs übereinstimmend definieret werden. In der *Fusionierung* mit anderen aktuellen Konfliktlagen werden die Verantwortlichen jeweils passend lokalisiert: im Rechtsextremismus, im kommunistischen Lager, in der Regierung und Justiz der BRD, im Erziehungswesen. – Im folgenden sollen die wesentlichen Konfliktarenen analysiert werden.

1. Konfliktgegner: organisierter Rechtsradikalismus

Aufgrund der DRP-Mitgliedschaft der beiden Kölner Täter, die gestützt auf einen Hinweis seitens der Kölner DRP schnell verhaftet werden können, bietet sich natürlich die DRP als erstes Ziel bei der Suche nach den „Hintermännern" und „moralischen Urhebern" an (FAZ 28.12.1959, S. 1). Sie tritt als Konfliktgegner an die Stelle der beiden Verhafteten, indem sie als von früheren Nazis geführt hingestellt wird (Dufhues, FAZ 28.12.1959, S. 1). Der Verfassungsschutz befaßt sich mit der Partei und Abgeordnete der Regierungs- und Oppositionsparteien fordern Überlegungen wegen verfassungsrechtlicher Schritte gegen die DRP, wobei jedoch zunächst das Untersuchungsergebnis in NRW abgewartet werden soll, um zu sehen, inwieweit die DRP als Quelle der Taten von Köln anzusehen ist (FAZ 28.12.1959, S. 1). Bundesinnenminister Schröder zielt in einer Rede in der „Tagesschau" der ARD am 30.12.1959 ebenfalls auf die DRP: „Es wird geprüft, ob der politische Hintergrund der Täter nunmehr insgesamt und endgültig als verfassungsfeindlich abgestempelt und als verbotsreif erwiesen ist. Die Bundesregierung wird das Material gegen die DRP nach diesem Vorfall erneut einer Bewertung unterziehen. Wer sich gegen die verfassungsmäßige Ordnung richtet, wird durch das Bundesverfassungsgericht ausgeschaltet werden..." (Bulletin Nr. 1, 1960, S. 13). Damit bietet der Skandal für die Regierung Möglichkeiten einer schärferen Kontrolle des rechtsradikalen Spektrums. BMI Schröder eröffnet jedoch eine weitere Diskussionsarena, indem er die Notwendigkeit einer Selbstprüfung und einer kritischen Befragung von Elternhaus, Schule und Kirche als Konsequenz der Ereignisse hervorhebt und damit die Verantwortlichkeit breit streut und über die konkreten rechtsradikalen Organisationen hinausweist.

Auch der Vorsitzende des Zentralrats der Juden in Deutschland Galinski fordert im Namen der Juden in der BRD von der Bundesregierung „die Überprüfung der rechtsradikalen Organisationen", aber zusätzlich – und damit geht er in einem charakteristischen Punkt über die Stellungnahmen der Regierung hinaus – auch die Überprüfung „aller in Politik, Justiz, Pädagogik und Wirtschaft tätigen belasteten Personen" (AWJ 1.1.1960, S. 1), also eine Art zweiter Entnazifizierung. Galinski nennt die Verbrechen von Köln nicht verwunderlich, „wenn durch ihre Vergangenheit belastete Persönlichkeiten die politische Bühne in Deutschland betreten und ganz offen ungestraft nazistische Parolen verbreiten können und Organe wie die ‚Soldatenzeitung', der ‚Reichsruf' u. a. mit ausgesprochen antisemitischen und neonazistischen Tendenzen von jungen Menschen gelesen werden" (ebd.). Von seiten des Zentralrats wird also auch auf die rechtsradikalen Gruppen und Verlage gezielt, doch wird darüber hinaus das gesamte politische System für eine partielle „Renazifizierung" von Politik und Verwaltung verantwortlich gemacht (vgl. Karl Marx: „Zuviel Kompromisse", AWJ 9.1.1960, S. 1). Damit ist eine weitere Konfliktarena eröffnet.

Die DRP versucht von Anfang an, sich „aus der Schußlinie" zu bringen und sich nicht als Konfliktgegner aufbauen zu lassen. Noch am Abend des 26.12. distanziert sich die DRP vom Verhalten der Kölner Täter und schließt sie aus der Partei aus; außerdem wird der Kölner Kreisverband wegen antisemitischer Tendenzen von der Partei selbst aufgelöst (FAZ 28.12.1959, S. 1). Die Täter waren im übrigen vom DRP-Kreisvorsitzenden Ernst Custodis selbst angezeigt worden (vgl. Der Spiegel 20.1.1960, S. 66). In einer Erklärung versucht der DRP-Vorsitzende Meinberg, die Partei durch Ablenkungsmanöver und Gegenangriffe aus dem Konfliktfeld herauszunehmen: Indem er auf wiederholte DDR-Reisen der beiden Täter hinweist, stellt er sie als Provokateure und mögliche SED-Agenten hin, während er zugleich Innenminister Dufhues vorwirft, die 25 jährigen verbrecherischen Narren von Köln seinen keine „Ewig-Gestrigen", sondern Produkte der Zeit, „die im wesentlichen die CDU des Dufhues gestaltet hat" (FAZ 28.12.1959, S. 1).[7] Auf der Pressekonferenz vom 30.12. wiederholen DRP-Funktionäre die These von der kommunistischen Provokation, durch die Maßnahmen gegen die DRP ausgelöst werden sollten, und bekennen sich zum parlamentarisch-demokratischen Weg (FAZ 31.12.1959, S. 1 u. Die Zeit 8.1.1960). Auch im „Spiegel-Gespräch" versuchen die Vorstandsmitglieder Meinberg und A. v. Thadden, ein verfassungskonformes Bild ihrer Partei zu geben und neonazistische Äußerungen als Zeichen der Uneinheitlichkeit einer jungen Partei sich nicht zurechnen zu lassen. Insbesondere soll jede Verbindung mit der laufenden Schmierwelle geleugnet werden: „Wir distanzieren uns auf das allerschärfste, und wir werden jeden rausschmeißen, nicht nur den, der Synagogen beschmiert, sondern auch solche, die antisemitische Äußerungen in unserer Partei machen" (22.1.1960, S. 20). Das antisemitische Gedankengut der beiden Kölner Täter soll nicht aus der DRP, sondern von der Ludendorff-Bewegung stammen (ebd.). Damit bietet die DRP neben einem Ziel auf der Linken (SED) auch ein Ersatzziel auf der Rechten an. Tatsächlich gerät die Ludendorff-Bewegung durch die Hinweise der DRP schon Ende Dezember ins Visier der Ermittlungsbehörden, da einer der Kölner Täter ihre Veranstaltungen regelmäßig besucht haben soll (FAZ 30.12.1959, S.3).

Auch von anderer Seite werden andere rechtsradikale Gruppen verdächtigt. So möchte das American Jewish Committee (AJC) in einem Memorandum für die Bundesregierung die Aufmerksamkeit auf ungarische Faschisten im deutschen Exil lenken (FAZ 7.1.1960, S. 4) und auch der Politische Direktor des Jüdischen Weltkongresses, Easterman, fordert die Ausweisung nazistischer ungarischer und ukrainischer Flüchtlingsgruppen (FAZ 8.1.1960, S. 4). Mit der internationalen Ausbreitung der Schmieraktionen gewinnt die Vermutung einer zentralen Lenkung an Gewicht, so werden neben der Annahme einer kommunistischen Zentrale (etwa Le Figaro: Zentrale im „Mekka des Kommunismus", vgl. Pressestimmen der FAZ 7.1.1960, S. 2) auch neonazistische Zentren außerhalb der BRD genannt: Österreich, Südamerika, Kairo. – Damit werden die Konfliktgegner auf der Rechten vervielfacht, aber zugleich auch irrealer und ungreifbarer, da geheime internationale Verschwörungen und Unterwanderungen demokratischer Institutionen (wie sie etwa van Dam annimmt, AWJ 15.1.1960, S. 1) sich zwar zur Schuldprojektion, aber nicht zur realen Konfliktaustragung eignen. Ungewollt führen derartige Annahmen dazu, daß sich auf der Rechten kein Konfliktgegner konstituieren und mit realen Maßnahmen bekämpfen läßt.

Trotz der scharfen Angriffe und der Verbotsforderungen seitens der Parteien (Abgeordnete aller Fraktionen des Bundestages, der Union-Pressedienst, das SPD-Organ „Vorwärts"; vgl. FAZ 29.12.1959, S. 1), der Gewerkschaften (ebd., S. 4; AWJ 15.1.1960, S. 16), anderer Organisationen des In- und Auslandes wird sehr schnell deutlich, daß es ein einheitliches scharfes Vorgehen gegen die DRP in Bund und Ländern nicht geben wird. Ein Sprecher des BMI sagt, daß die DRP immer scharf beobachtet worden sei, daß aber bisher das Material zum Verbot offenbar nicht ausreiche. Entsprechend sehen „unterrichtete Kreise" in Bonn ein DRP-Verbot „noch in weiter Ferne" (FAZ 29.12.1959, S. 1). In einigen Bundesländern wird dagegen stärker gegen rechtsradikale Organisationen vorgegangen. In Berlin gibt es zahlreiche Festnahmen und Haussuchungen und Innensenator Lipschitz interveniert an den Universitäten für die Relegierung von Studenten, die an einer Sonnenwendfeier teilgenommen haben (vgl. FAZ 5. u. 6.1.1960; vgl. dazu auch die Kritik des „Der Spiegel" an den rechtlich zweifelhaften Vorschlägen von Lipschitz, 13.2.1960, S. 16). Der Vorsitzende der Jüdischen Gemeinde in Berlin, Galinski, begrüßt die Sofortmaßnahmen in Berlin und kritisiert gleichzeitig, daß die Bundesregierung nicht so prompt reagiert habe (FAZ 6.1.1960, S. 4). Dieser Vorwurf wurde in Bonn von „zuständiger Seite" zurückgewiesen, überdies seien die Bundesländer für Verbote verfassungsfeindlicher Organisationen zuständig (FAZ 7.1.1960, S. 1).

Zur schärfsten Auseinandersetzung mit der DRP kommt es in Rheinland-Pfalz, da dort ein Abgeordneter dieser Partei im Landtag sitzt, der vom Ministerpräsidenten des Landes, Altmeier, nazistischer Äußerungen bezichtigt wird („Hitler ist uns lieber als Adenauer", vgl. StA 13.1.1960; FAZ 13.1.1960, S. 3). In einer Entschließung aller Fraktionen des Landtags werden Maßnahmen gegen die DRP ausdrücklich begrüßt und es wird eine Initiative im Bundesrat verlangt (ebd.). Aus den Äußerungen Altmeiers entwickelt sich ein *Nebenkonflikt* vor Gericht, da der Abgeordnete Schickora eine einstweilige Verfügung gegen Altmeiers Äußerungen beantragt und auch erlangt (FAZ 18.1.1960, S. 4), was dem Gericht wiederum eine schwere Mißbilligung seitens des Landtages einträgt: „Eine Regierungserklärung diskriminiert" (FAZ 20.1.1960, S. 1). Bei einer Rede Schickoras verlassen Kabinett und fast alle

Abgeordneten den Saal, die Sitzung endet im Tumult (ebd.). In der Gerichtsverhandlung über die einstweilige Verfügung ist Ministerpräsident Altmeiers Widerspruch erfolgreich und einen Tag später löst der rheinland-pfälzische Innenminister Wolter die DRP als Ersatzorganisation der verbotenen Sozialistischen Reichspartei (SRP) auf. Es kommt zu Haussuchungen bei Funktionären, die stark belastendes Material zutage fördern. Dennoch ist ein Verbot in den übrigen Bundesländern nicht vorgesehen (FAZ 28.1.1960, S. 1). Im BMI ist man noch nicht zu der Ansicht gekommen, daß die gesamte DRP eine Nachfolgeorganisation der SRP sei. Die Bundesleitung der DRP kündigt Schritte zur Aufhebung des Verbots an (ebd.) bzw. beschließt, einen neuen DRP-Landesverband ohne die belasteten Mitglieder zu gründen (Der Spiegel 3.2.1960, S. 23).

Einen weiteren gerichtlichen „Nebenkonflikt" eröffnet der Generalsekretär des Zentralrats der Juden, van Dam, der Strafantrag gegen den früheren Vorsitzenden des Verbandes der Entnazifizierungsgeschädigten und Anhänger der Ludendorff-Bewegung, Schmidt, wegen Religionsbeschimpfung und Beleidigung stellt, da dieser eine antisemitische Rede auf einer Bonner DRP-Versammlung gehalten hatte (FAZ 8.1.1960, S. 4).

Abgesehen von den genannten vereinzelten Maßnahmen und Verboten sowie der späteren Verabschiedung des parallel diskutierten Gesetzes gegen „Volksverhetzung" kommt es zu keinen weitergehenden Entscheidungen gegen rechtsradikale Parteien und Organisationen. Dies mag einmal daran gelegen haben, daß diese sich nicht haben als Konfliktgegner aufbauen lassen. So sprechen etwa die DRP und die HIAG (Hilfsgemeinschaften auf Gegenseitigkeit der ehemaligen Waffen-SS) der Jüdischen Gemeinde in Köln ihr Bedauern aus, die DRP entschuldigt sich in einem Brief vom 27.12.1959, der am 31.12. der Presse übergeben wird (vgl. FAZ 9.1.1960, S. 11). Sogar die Ludendorff-Bewegung veröffentlicht in ihrem Organ „Volkswarte" eine Erklärung, die die antisemitischen Aktionen verurteilt (vgl. Der Spiegel 2.3.1960, Leserbrief: Hartmann). Zum anderen haben die polizeilichen Untersuchungen der Schmierfälle ergeben, daß es sich zumeist um junge Einzeltäter handelte, die nichts mit Neonazismus zu tun hatten (FAZ 5.1.1960, S. 1; 7.1., S. 1), so daß sich bei den Verantwortlichen zunehmend die Bereitschaft zeigt, die Konfliktarena „Rechtsradikalismus" zu verlassen und die Notwendigkeit pädagogischer Maßnahmen anstelle rechtlicher Bekämpfung durch harte Bestrafung zu propagieren. Die aufmerksame Beobachtung des Auslandes mag diesen Themenwechsel begünstigt haben, fürchtete es doch das Wiedererstehen eines organisierten Nazismus. Diese Furcht konnte mit der Demonstration der relativen Harmlosigkeit der Täter als unbegründet erwiesen werden. – Hinzu kommt wohl auch ein spezifisches Interesse der Regierungsparteien, das Thema Neonazismus und Nationalsozialismus in der Interpretation der Schmierwelle nicht zu stark in den Vordergrund zu rücken, da hier immer die Fusionierung mit dem Thema „belastete Altnazis" in Regierung und Verwaltung drohte.

2. Konfliktarena: ehemalige Nationalsozialisten im Staatsapparat

Durch die Mitgliedschaft der beiden Kölner Täter in der DRP kommt es zunächst zu einer plausiblen Themenfokussierung auf den organisierten Rechtsradikalismus, insbesondere von seiten der Regierung(en) und Ermittlungsbehörden, wobei allerdings von Anfang an der geistige und personelle Zusammenhang mit dem Nationalsozialismus ein Seitenthema bildet. So nennt Dufhues die Führer der DRP „frühere Nazis" und bezeichnet den Nationalsozialismus als „geistige Heimat" des Schmierers Strunk (FAZ 28.12.1959, S. 1). Dieses Seitenthema der „unbewältigten Vergangenheit" wird von anderen Konfliktbeteiligten stärker betont und konkretisiert, indem sie es mit der laufenden Diskussion um belastete Personen in Regierung und Verwaltung verknüpfen. Hier bietet sich also die Möglichkeit der *Kooptation* eines bereits konstituierten Konflikts. Diese Verschiebung des Angriffsziels von den Hakenkreuzschmierereien auf die belasteten Personen – vor allem durch das Ausland – wird von den Zeitgenossen deutlich gesehen (vgl. Gerd Bucerius, Die Zeit 29.1.1960, S. 1). Sind sich in der Beschuldigung des Rechtsradikalismus alle Parteien einig (von der SED bis zur CDU), so zeigt sich im Aufgreifen bzw. Vermeiden des neuen Konfliktthemas eine rechts/links-Differenz.

Die jüdischen Organisationen im In- und Ausland schließen in ihren Maßnahmenkatalog stets die Überprüfung bzw. Entfernung belasteter Personen aus Politik, Justiz, Pädagogik und Wirtschaft ein (vgl. Galinski, FAZ 29.12.1959, S. 4) und üben zum Teil scharfe Kritik daran, daß ihre früheren Hinweise auf das Unzureichende der Entnazifizierung und das Verbleiben ehemaliger Nazis in hohen Ämtern nicht aufgegriffen worden seien (Zentralrat der Juden in Großbritannien, FAZ 2.1.1960, S. 3).[8] Sehr weitgehende Forderungen in dieser Richtung enthalten ein Memorandum des American Jewish Committee, das Botschafter Grewe in Washington am 6.1. überreicht wird, sowie die Äußerungen des Politischen Direktors des WJC, Easterman, in denen von einer Wiederaufnahme der Entnazifizierung und von der Entfernung bekannter Nazis aus Regierungsstellen die Rede ist (vgl. FAZ 7.1.1960, S. 4: Liste mit sechs Vorschlägen). Easterman kündigt eine Liste an, auf der ehemalige Nazis in Regierungsstellen aufgeführt sind (ebd.). – Gegen die sehr weitreichenden und konkreten Forderungen Eastermans gibt es in Regierungskreisen starke Bedenken, vor allem wird eine neue Entnazifizieurng abgelehnt – und zwar einhellig von allen Parteien (vgl. Bundestagsdebatte vom 18.2.1960, DB S. 5585 ff.; scharfe Kritik des DP-Abgeordneten Schneider an Easterman, S. 5595). Der Kölner Stadtanzeiger schreibt dazu: „Die Erklärungen Eastermans haben, ..., einen etwas zwiespältigen Eindruck hinterlassen. Regierungskreise stellen noch einmal richtig, daß der Außenminister vielen Anregungen Eastermans im Grundsatz zustimmt, aber keineswegs das gesamte Programm in Bausch und Bogen für die Bundesregierung übernommen hat" (9.1.1960, S. 7). Um hier keinen offenen Konflikt mit einer einflußreichen jüdischen Organisation zu riskieren, wird die ablehnende Haltung mit Hinweisen auf die anderslautende Meinung anderer jüdischer Organisationen abgefedert. Regierungskreise äußern den Eindruck, daß die wirklich repräsentativen Organisationen die Erklärungen Eastermans keineswegs billigten (FAZ 11.1.1960, S. 4) und daß die erwartete Erklärung des Zentralrates der Juden in Deutschland zweifellos von stärkerer Bedeutung sein werde als die Eastermans (StA 9.1.1960).[9] Dabei übersieht man geflissentlich die nahezu gleichlautenden Forderungen des AJC-Memorandums und Galinskis (s. o.). Mit dieser *Entwertungsstrategie*, die einen Rückhalt in regierungsfreundlichen Erklärungen Nachum Goldmanns und Ben Gurions besitzt, kann Easterman als nicht-repräsentativer Außenseiter abgewertet werden, während etwa Goldmann („Ein edler Jude", Kommentar im StA 22.1.1960, der gleichzeitig Easterman kritisiert) und van Dam für ihre Vernunft, Ruhe und Sachlichkeit gelobt werden (DP-Abgeordnete Schneider in der Bundestagsdebatte vom 18.2.1960, DB, S. 5591). Auf diese Weise kann man aus den verschiedenen Forderungskatalogen die jeweils genehmen Maßnahmen aufgreifen und die restlichen ignorieren – so vor allem die nach der Entlassung belasteter Regierungsmitglieder.

Kann die Regierung den Forderungen von jüdischer Seite nur mit Ausweich- und Entwertungsstrategien, aber nicht mit Gegenangriffen begegnen, so liegt es mit den *kommunistischen Gegnern* aus der DDR und anderen Ostblockstaaten anders, die ebenfalls einen Konflikt über die belasteten Personen in Gang setzen wollen, wobei die DDR an ihre bereits laufende Kampagne gegen die von ehemaligen NS-Juristen durchsetzte westdeutsche Justiz anknüpfen kann (vgl. dazu den Artikel: „Die Nazis in unserer Justiz", Die Zeit 12.2. 1960, S. 1, in dem Theo Sommer Entlassungen fordert). Entsprechend bezeichnet das „Neue Deutschland" den Kölner Vorfall als „faschistische Schandtat" und nennt die Haltung der Justiz gegenüber dem Antisemitismus einen „ständigen Verfassungsbruch" (vgl. FAZ 29.12.1959, S. 4).[10] Dieselbe Zeitung macht die Bundesregierung für das Wiederaufleben des Faschismus in Europa verantwortlich. Diese habe mehr als 1000 reaktionären Organisationen den Befehl zu einer „nationalen Welle" gegeben (FAZ 9.1.1960, S. 3). Bereits am 5.2. wird das Buch „Die Schande von Köln und Bonn" in Ost-Berlin publiziert, demzufolge die politischen und geistigen Urheber der Synagogenschändungen in den herrschenden Kreisen Bonns zu suchen sind (Henry Görschler und Horst Reinhardt 1960, S. 46f.), während die demokratische Bevölkerung über die organisierte Aktion alter und neuer Nazis empört sei (ebd.). Auch aus Jugoslawien, der UdSSR und Polen kommen weitreichende Anschuldigungen gegen den westdeutschen Nazismus und Militarismus (FAZ 7.1./ 8.1./ 21.1.1960). Wird hier von den Ostblockstaaten die Schmieraktion als „Munition" im Ost-West-Konflikt verwendet, so wird sie jedoch auch intern, etwa vom DGB, als „Teil einer restaurativen" und „antidemokratischen Entwicklung" in der Bundesrepublik kritisiert, und es wird auf die Verant-

III. Antisemitismus in der politischen Kultur (2)

wortlichen in einflußreichen Stellungen hingewiesen (StA 21.1.1960, DGB-Landesvorstand NRW). – Vereinzelt wird diese Kritik positiv aufgenommen. So beauftragt der Landtag von Baden-Württemberg die Landesregierung einstimmig, eine „sachlich unabhängige" Kommission zur Überprüfung von belasteten NS-Juristen im Landesdienst einzusetzen (ebd.). Bundesinnenminister Schröder fordert die rückhaltlose Einsicht in die verbrecherischen Taten des NS-Regimes und den Abschluß aller noch nicht gesühnten Straftaten aus jener Zeit (Bundestagsdebatte vom 18.2.1960, DB, S. 5581). Damit schränkt er die Überprüfung auf die Ebene der NS-*Verbrechen* ein.

Insgesamt verfolgt die Regierung jedoch eine *Generalisierungsstrategie*, die auf die Abwendung konkreter Maßnahmen gegen Belastete zielt: indem die Vorfälle einer noch „unbewältigten Vergangenheit" aller Deutschen zugerechnet werden, kann das Problem moralisiert und damit von konkreten politischen Entscheidungen auf die Erziehung abgewälzt werden (vgl. Punkt 4; vgl. etwa auch das Gespräch von Th. Heuss über die unbewältigte Vergangenheit am 1.1.1960 im Süddeutschen Rundfunk: „Routine des Vergessenwollens"). Das Heraushalten prominenter Regierungsmitglieder aus der Diskussion gelingt jedoch nicht ganz, vor allem das Ausscheiden Minister Oberländers wird immer wieder gefordert, so etwa von Rudolf Augstein („„Säuberung", Der Spiegel 13.1.1960, S. 16) und Gerd Bucerius („Was ist mit den Nazis in Bonn?", Die Zeit 29.1.1960, S. 1). Der europäische Direktor der AJC, Schuster, kritisiert in Bonn sehr deutlich das Festhalten an den belasteten Personen: „Bis heute fehlen klare Anzeichen für die Maßnahmen, die das Kabinett zu ergreifen gedenkt, um frühere Nazis aus den Stellungen zu entfernen, die für die Gestaltung der Politik entscheidend sind" (FAZ 12.1.1960, S. 4). Demgegenüber warnt der Untersuchungsausschuß zum „Fall Oberländer" in Den Haag vor einer Verbindung des Falles mit den antisemitischen Vorfällen (ebd.). Der „Fall Oberländer" bleibt jedoch ein personaler, konkreter *Kristallisationspunkt* für die Diskussion, die über die Dauer der Schmierwelle anhält und letztlich mit dem Rücktritt des Ministers endet (Mai 1960). Offenbar gelingt es aufgrund der Personalisierbarkeit nicht, den Fall aus dem Konflikt herauszunehmen, da hier die Sichtbarkeit gegeben und die Bereitschaft der Regierung zu praktischen Konsequenzen somit nachprüfbar ist.

Neben den Strategien der Entwertung und Generalisierung wird von der Bundesregierung, aber auch von anderer Seite, eine weitere Abwehrstrategie verfolgt: die Lancierung eines neuen Themas bzw. Gegners und damit die Eröffnung einer neuen Konfliktarena.

3. Themaverschiebung: kommunistische Lenkung der Vorfälle

Der Hinweis auf eine mögliche kommunistische Beeinflussung der Kölner Täter wird bereits von der angeschuldigten DRP zur Entlastung ins Feld geführt (FAZ 28.12. und 31.12.1959). Am 3.1.1960 taucht nach einer Kabinettssitzung dieser Beeinflussungsgedanke noch verklausuliert auf Regierungsseite auf. Das Bundespresseamt teilt mit: „Es liegen Anzeigen dafür vor, daß diese Frevel,..., Teile einer geplanten Aktion sind, die die Bundesrepublik in den Augen der Weltöffentlichkeit diffamieren soll" (Bulletin Nr. 1, 1960, S. 13). Ein solches Diffamierungsinteresse konnte wohl nur „der Osten" haben, kaum jedoch rechtsradikale Organisationen. Der Vorwurf gegenüber „dem Osten" kann verschiedene Härtegrade aufweisen: von ganz konkreten Lenkungsvorwürfen bis zu nur propagandistischer Ausnutzung, wonach die „Antisemiten das Handwerk der Kommunisten besorgen" (FAZ-Kommentar 6.1.1960, S. 1).

Diese Drahtzieher-Theorie ist jedoch innenpolitisch umstritten: Politiker aller Fraktionen warnen vor der Theorie, daß es sich ausschließlich um eine kommunistische Aktion handele (StA 5.1.1960). Während die quellennäheren Innenministerien in Bund und Ländern nicht an eine kommunistische Steuerung glauben (Innensenator Lipschitz, FAZ 6.1.1960, S. 4; BMI Schröder, FAZ 7.1.1960, S. 1), wird vom Bundeskabinett in Abwesenheit des Innenministers die Steuerungsthese vor allem aus außenpolitischen Erwägungen stark gemacht (StA 7.1.1960), was wiederum zu einem Dementi seiner Mitverantwortung an dieser Kabinettsentscheidung seitens des Innenministeriums führt (ebd.). „Die bisherigen Beobachtungen hätten auch noch keinen Nachweis dafür erbracht, daß rechtsradikale oder kommunistische Organisationen auf diese Weise die Bundesrepublik planmäßig diffamieren wollten" (ebd.). Diese innerkabinettliche Differenz „spaltet" sogar den Innenminister selbst, der gegenüber dem SPD-Organ „Vorwärts" nicht von einer gesteuerten Aktion spricht, während er – wohl mit außenpolitischen Rücksichten – gegenüber der „Daily Mail" von einem lange vorbereiteten Propagandaanschlag auf die BRD spricht (FAZ 11.1.1960, S. 4).

Diese Konfliktarena wird durch Ereignisse, wie die Verhaftung eines Agenten des DDR-Staatssicherheitsdienstes bei einer rechtsradikalen Sonnenwendfeier (FAZ 16.1.1960, S. 4) und gegenseitigen Beschuldigungen seitens der TASS und des Regierungspresseamtes der DDR auf der einen sowie des Staatssekretärs im Gesamtdeutschen Ministerium, Thedieck, auf der anderen Seite, belebt. Aber auch von westlicher Seite wird über angebliche Bestätigungen einer kommunistischen Lenkung berichtet. So von der New Yorker „Sunday News" mit Bezug auf einen Kominformbericht aus Moskau (FAZ 18.1.1960, S. 4). – Eine wirkliche Zuspitzung erfährt der Konflikt jedoch durch die innenpolitische Konfrontation zwischen BMI Schröder und Bundesverteidigungsminister F. J. Strauß („Streit der Kronprinzen", StA 21.1.1960), wobei sich letzterer, gestützt auf Berichte des Bundesnachrichtendienstes, wonach sich das ZK der SED bereits Anfang 1959 auf den Einsatz von Aktionskommandos zur Verunglimpfung jüdischer Kultstätten in der BRD geeinigt habe, für die Lenkungsthese stark macht (StA 19.1.1960).[11] Die geheimen Berichte werden von Regierungsseite Pressevertretern teilweise zugänglich

III. Antisemitismus in der politischen Kultur (2)

gemacht (dazu kritisch: Der Spiegel 24.2.1960), was wiederum die Kritik der SPD hervorruft, zumal diese Geheimberichte nicht einmal dem zuständigen Bundestagsausschuß vorgelegt worden seien (FAZ 20.1.1960, S. 4). Innenminister Schröder dagegen distanziert sich von dieser These (StA 19.1.1960). Von der SED werden die BND-Berichte sogleich dementiert und als „plumpe Fälschung" und „Ablenkungsmanöver Bonns" hingestellt (StA 20.1./FAZ 20.1.1960, S. 4). Dennoch kann sich Strauß im Kabinett mit seiner Version durchsetzen. Der Regierungssprecher sagt, das vorliegende Material ließe es zu, von kommunistischen Aktivitäten auf diesem Feld zu sprechen. Sie entwickelten sich auf drei Gebieten: in der Rolle des Anstifters, in den Funktionen als Täter und insbesondere in der propagandistischen Auswertung dieser Ereignisse zur Diffamierung der BRD. „Bei dem weltweiten Organisationssystem der kommunistischen Kräfte könne schon heute gesagt werden, daß deren Provokationen eine weit größere Bedeutung beigemessen werden müsse als den rechtsradikalen Tätern (StA 21.1.1960). Strauß bekräftigt noch am 28. und 29.1. die Steuerungsthese und spricht von einem groß angelegten Versuch, politische Abneigung gegen die Deutschen zu erzeugen (FAZ 29.1.1960, S. 4), während etwa von jüdischer Seite durch Goldmann, durch Galinski und die britische Sektion des jüdischen Weltkongresses eine kommunistische Lenkung eher als unwahrscheinlich bzw. als Ablenkungsmanöver Bonns angesehen wird (AWJ 15.1.1960, S. 13; FAZ 22.1. und 25.1.1960). Die Kontroverse wird letztlich erst mit dem *Weißbuch* zugunsten des BMI entschieden, da sich zwar einige Täter mit kommunistischer Einstellung oder Vergangenheit (vgl. die ironische Bewertung dazu in „Der Spiegel", 24.2.1960), aber kein Hinweis auf eine zentrale Lenkung finden lassen.[12] Laut „Spiegel" soll Strauß bis zuletzt versucht haben, eine entsprechende Umarbeitung des Weißbuchs durchzusetzen. Der Innenminister habe jedoch jede Korrektur abgelehnt (2.3.1960, S. 17). Allerdings benutzt auch Schröder die kommunistische Drahtzieher-Theorie, etwa um die größere Häufigkeit der Fälle in Berlin zu erklären (Bundestagsdebatte vom 18.2., DB, S. 5575). In der Bundestagsdebatte wird von der CDU und der DP zum Teil an der These von der kommunistischen Mitwirkung festgehalten, wobei entsprechend der Totalitarismustheorie rechtsradikaler Antisemitismus und linksradikaler Kommunismus als verwandt angesehen werden (DB, S. 5593). Dies wird vom SPD-MdB Arndt zurückgewiesen, der im Antikommunismus die Ersatzideologie für den Antisemitismus sieht (DB, S. 5606). – Der innenpolitische Konflikt über eine kommunistische Lenkung geht bis zum Ende der antisemitischen Welle weiter, so daß damit die Konfliktverlagerung nach Ost/West-Konfliktmuster nicht recht gelingt. Die versuchte *Konfliktkooptation* gelingt nicht ganz, weil ihr Charakter als Ablenkungsmanöver zu stark durchscheint.

4. Kritik an Erziehung und Geschichtsunterricht

Kann die Kölner Schmiererei noch als politische Tat gelten, so ist eine politische Interpretation bei vielen Nachfolgetaten, die zum Teil von Kindern verübt werden, nicht mehr möglich (laut Weißbuch haben 2/3 der Aktionen kein politisches Motiv, 1960). Aufgrund des Alters und der fehlenden politischen Motivation lehnen die Gerichte zum Teil Haftbefehle als juristisch nicht vertretbar ab, sondern beschränken sich auf Strafbefehle wegen groben Unfugs und Sachbeschädigung. So erweist sich das Mittel harter Urteile als Bekämpfungsinstrument als zunehmend ungeeignet, was Bundeskanzler Adenauer zu seinem berühmten „Prügelappell" bewogen haben mag (Bulletin Nr. 11, 1960, S. 89), der seinerseits wieder einen öffentlichen Konflikt über Selbstjustiz und über Adenauers Rechtsverständnis provoziert.[13] Die Kritik beginnt sich nun zunehmend gegen die „Versäumnisse" der Schule, insbesondere des Geschichtsunterrichts, aber abgeschwächt auch gegen die Eltern und die Kirchen zu richten (für eine sehr frühe Kritik vgl. BMI Schröder, Tagesschau in der ARD am 30.12.1959, vgl. Bulletin Nr. 1, 1960, S. 13). Die Bekämpfung des Antisemitismus wird zur „pädagogischen Aufgabe Nr. 1" erklärt (E. P. Neumann, 1960, S. 1).

Haben Kommentatoren, wie Dolf Sternberger, sehr früh (FAZ 4.1.1960, S. 1) auf die allgemeineren Ursachen, etwa die mangelnde Auseinandersetzung mit der Vergangenheit, die „Normalisierung" Hitlers etc., hingewiesen (vgl. auch Jürgen Tern „Die Infektion", FAZ 7.1.1960, S. 1; „Unseliges Erbe", Kommentar in der SZ 9.1.1960), so taucht in den Vorschlägen der jüdischen Organisationen aus den USA erstmals die Forderung nach der Entfernung antidemokratischer Gedanken aus der Erziehung auf (FAZ 7.1.1960, S. 4; ähnlich auch van Dam: „Die Stunde des Unterrichtsministeriums ist gekommen", Die Zeit 8.1.1960, S. 1). Easterman vom JWC fordert die Überprüfung des Lernprogramms an Schulen und Universitäten (FAZ 8.1.1960, S. 1). Ist bei Easterman diese Forderung eine unter mehreren (s. o.), so konzentriert sich Goldmann, Präsident derselben Organisation wie Easterman, vor allem auf den Erziehungsgedanken, indem er die Bildung eines *unpolitischen* Ausschusses aus prominenten Erziehern, Gelehrten und Kirchenvertretern vorschlägt, der ein Erziehungsprogramm ausarbeiten soll (FAZ 11.1.1960, S. 3; dieser Gedanke wird von BMI Schröder in der Bundestagsdebatte vom 18.2.1960 aufgegriffen, DB, S. 5579). Die Forderung nach Erziehungsmaßnahmen wird kurz darauf von den Länderregierungen aufgenommen (vgl. FAZ 15.1.; 16.1. und 21.1.1960). Am 16. Januar widmet die FAZ dem Thema „Zeitgeschichte" einen Kommentar, in dem Unbehagen und Mißvergnügen über den politisch-historischen Unterricht geäußert wird, da zuviel verdrängt und vergessen würde. Auch van Dam rügt den mangelhaften Geschichtsunterricht, vor allem viele Lehrer könnten sich „in diese Dinge nicht einfügen" (AWJ 5.2.1960, S. 2). In seiner Erklärung als Vizepräsident des Bundestages

III. Antisemitismus in der politischen Kultur (2) 269

erhebt Carlo Schmid ebenfalls den Versäumnisvorwurf gegenüber den Eltern und Lehrern (DB, 95. Sitzung, 20.1.1960).[14]

Ende Januar beginnt sich bei den Lehrerverbänden Widerstand gegen die zunehmend gegen die Schule und den Geschichtsunterricht erhobenen Vorwürfe zu regen. Der Berliner Verband der Lehrer und Erzieher warnt davor, die Lehrer zu Sündenböcken zu machen (FAZ 27.1.1960, S. 3), während der Katholische Lehrerverband Badens zum Gegenangriff gegen Parlamente und Schulbehörden übergeht, die durch eine zu schematische Anwendung des 131-Gesetzes viele Nazi-Lehrer wiedereingestellt hätten und damit mitschuldig an den Vorfällen seien (FAZ 26.1.1960, S. 3; „Wirkliche Nazilehrer als Erzieher", AWJ 5.2.1960, S. 16). Auch die Schulbücher fördern nach Meinung der AWJ den Nazismus (16.2.1960, S. 3). Ähnlich will der Hessische Kultusminister Schütte der Schule nicht die Schuld für die antisemitischen Vorfälle zugeschoben sehen (FAZ 28.1.1960, S. 4).

Um den Konflikt nicht zu verschärfen und die Verantwortung nur einer Berufsgruppe aufzuhalsen, werden die Lehrer gegen Ende der Schmierwelle zunehmend in Schutz genommen, zum Teil von den gleichen Politikern, die zunächst Versäumnisse bei ihnen festgestellt haben (vgl. BMI Schröder und C. Schmid in der Bundestagsdebatte vom 18.2.1960, DB, S. 5577 ff. bzw. S. 5584). Will man jedoch die Pädagogen nicht für die geringe Wirkung der Erziehung verantwortlich machen, dann bleiben, das zeigt ein Kommentar von Benno Reifenberg (FAZ 20.2.1960), nur zwei unbequeme Einsichten übrig: ein Volk ist nicht so schnell zu ändern bzw. eine Änderung bedarf einer Änderung der gesamten politischen Kultur (klare Vorbilder, keine belasteten Personen in bestimmten Ämtern usw.) und nicht nur eines guten Geschichtsunterrichts. Die schärfste Kritik dieses Umschaltens auf die „innere persönliche Überwindung" des Antisemitismus kommt aus der DDR: die politische Vergangenheit, die wieder die Gegenwart sei, könne nur politisch-praktisch bewältigt werden (Görschler und Reinhardt 1960, S. 40).

Der Erziehungsgedanke gewinnt gegen Ende der Schmierwelle sowohl bei den Gerichten[15] wie bei den Politikern das Übergewicht gegenüber dem Straf- und Verbotsgedanken. Hatte Bundeskanzler Adenauer zunächst für strenge Bestrafung plädiert (vgl. Der Spiegel 13.1.1960, S. 15), so versichert er in seiner Rede in Bergen-Belsen, „daß wir mit unserer ganzen Kraft uns dafür einsetzen, auch bei der Erziehung unserer Jugend, daß niemals wieder in der Welt sich etwas ereignet wie das, was sich ... während der nationalsozialistischen Zeit ereignet hat" (Bulletin Nr. 23, 1960, S. 213). Bundespräsident Lübke fordert in einer Rede vor Studenten eine gründliche Aufklärung über die Vergangenheit (FAZ 5.2.1960, S. 4), während BMI Schröder in seiner Rede vor dem Bundestag besonders auf die bisherige Bildungsarbeit eingeht (DB, S. 5575 ff.). – Es bleibt jedoch nicht bei den Beteuerungen hoher Repräsentanten des Staates, sondern der Erziehungsgedanke wird auch politisch konkretisiert. Eine Empfehlung des Schulausschusses der Kultusministerkonferenz der Länder sieht mehr Zeitgeschichte in der Lehrerausbildung vor (FAZ 10.2.1960, S. 4). Gleichzeitig soll laut Beschluß der Kultusminister mehr Zeitgeschichte und Gemeinschaftskunde unterrichtet werden (FAZ 13.2. 1960, S. 4). Dieser bildungspolitische Impuls wird dann im Laufe des Jahres 1960 in Tagungen von Wissenschaftlern, Lehrern, Studenten u. a. aufgenommen und mit dem nötigen sachlichen Unterbau versehen (vgl. die Bergneustädter Tagung 1960, hrsg. vom VDS, München 1960). Er wird später auch von der UNO aufgenommen (vgl. AWJ 31.1.1961).

Durch die *Problemverlagerung* von Verbotsmaßnahmen, legislativen Initiativen (Volksverhetzungsgesetz) und Bestrafungen, die im wesentlichen den kleinen Kreis der rechtsradikalen Organisationen und die Täter selbst treffen sollen, auf die Vorsorge durch die Erziehung der Jugend insgesamt kommt es zu einer *Problemgeneralisierung*, die eine Abschwächung der Maßnahmen einschließt. Indem man breit streuend auf Erziehung setzt, kann man von zielgenauen, konkreten Maßnahmen gegen bestimmte Personen und Gruppen absehen. Das Problem wird so vom politischen auf das Erziehungssystem verschoben, dem ein Teil der Versäumnisse aufgebürdet werden.[16] Auf der jüdischen Seite befürchtet man, daß das politische Interesse an der Jugenderziehung mit der abklingenden Antisemitismuswelle auch wieder verschwinden werde (AWJ 5.2.1960, S. 1).

IV. Schluß

Zwar sind die aufgeführten Konfliktarenen alle von Beginn der Schmierwelle an eröffnet, doch werden im Laufe der *Konfliktgeschichte* die Schwerpunkte verschoben. Aus Platzgründen sei der Ablauf hier nur stichwortartig skizziert:

1) Auf das Kölner Ausgangsereignis erfolgen schnelle polizeiliche und politisch-symbolische Reaktionen: die Täter werden verhaftet, der Verfassungsschutz wird tätig und Politiker wie Bevölkerung äußern Zorn und Empörung, was vom Ausland als Lernprozeß interpretiert wird. Im Vordergrund stehen Forderungen nach Maßnahmen gegen den Rechtsradikalismus und nach harten Strafen.

2) Aufgrund der Folgeaktionen wird vor allem im Ausland die Schmierwelle zunehmend als Ausdruck eines nicht überwundenen Nazismus gedeutet, und jüdische Organisationen werden mit weitreichenden Forderungskatalogen in Bonn vorstellig. Die Welle wird zu einem „regelrechten Politikum", vor allem außenpolitisch. Die Bundesregierung reagiert, indem sie auf die Verabschiedung des umstrittenen „Volksverhetzungsgesetzes" und auf schnelle und harte Bestrafung der Täter drängt. Die maßvoll-schonende Kritik seitens Ben Gurions und Nachum Goldmanns sowie anderer ausländischer Stimmen, die vor antideutschen Gefühlen warnen, bringen in dieser Situation Entlastung.

3) Die bis dahin nur halbherzig übernommene These von der kommunistischen Lenkung der Vorfälle wird nun von Strauß und dem Bundeskabinett als Entlastungsstrategie eingesetzt, überzeugt im In- und Ausland jedoch kaum.

4) Es folgt eine Phase mit einem Schwerpunkt auf symbolischen Handlungen einer Vielzahl politischer und gesellschaftlicher Organisationen – von Kranzniederlegungen über Erklärungen bis hin zu Demonstrationen –, mit denen die Vorfälle verurteilt und demokratische Gegenwehr demonstriert werden sollen. Es kommt parallel zu einer harten Bestrafung der gefaßten Täter. Maßnahmen gegen ehemalige Nazis in der Regierung und gegen rechtsradikale Organisationen (DRP-Verbot) werden dilatorisch behandelt.

5) Mit dem Abklingen der Schmierwelle, dem Prozeß gegen die Kölner Täter und der nachlassenden Beobachtung des Auslandes läßt der Handlungsdruck nach und der politische Schwerpunkt verschiebt sich auf langfristige Vorsorgemaßnahmen, d. h. auf die Erziehung. Die Wirksamkeit von Gesetzen, Verboten und harten Strafen wird zunehmend skeptischer beurteilt.

6) Die Vorlage des Weißbuches und die anschließende Bundestagsdebatte schließen die Schmierwelle innenpolitisch ab. Die „Woche der Brüderlichkeit" bietet im März dann noch einmal Gelegenheit für die Repräsentanten des Staates, um Vertrauen zu werben und Antisemitismus und Rassenhaß öffentlich zu verurteilen. Mit der Neufassung des „Volksverhetzungsgesetzes" und der Entlassung Oberländers kommt es schließlich doch noch zu *politischen* Konsequenzen aus dem Skandal.

Die zu beobachtenden Versuche der politisch Verantwortlichen, den Konflikt durch Bagatellisierung, Aktionismus, Überreaktionen („man gibt sich 150prozentig", Der Spiegel 13.1.1960, S. 16), Sündenbockstrategien und symbolisches Handeln zu begrenzen, dürfen den Blick darauf nicht verstellen, daß die einmütige und klare Gegenwehr der politischen und kulturellen Eliten gegen antisemitische Tendenzen ein Novum in der deutschen Geschichte darstellt. Parteien – bis ins rechtsradikale Spektrum hinein –, Kirchen, Gewerkschaften, die Medien etc. sind sich in der Verurteilung und Abwehr des Antisemitismus einig. Dies mag durch den allgemein verurteilten Anlaß, nämlich der Schändung eines Kultusgebäudes begünstigt worden sein. Der Angriff gegen die Juden wird weithin als Angriff gegen die Demokratie begriffen (E. P. Neumann spricht von „Staatsfeinden erster Klasse", 1960, S. 3; C. Schmid von „Staatsverbrechen", DB, S. 5584), so daß hier keine Differenz zwischen Mehrheit und Minderheit zugelassen wird. Diese Interpretation wird besonders auch von jüdischer Seite bekräftigt („Anschlag auf die Demokratie", AWJ 1.1.1960, S. 1).

Auch wenn die Reaktionen mit Blick auf das Ausland erfolgen und immer wieder Ausweichmanöver zu beobachten sind, so wird doch der radikale Wandel in der politisch-öffentlichen Behandlung des Antisemitismus nach dem Holocaust deutlich. Ein Wandel, der auch die Tradierung antisemitischer Einstellungen auf der personalen Ebene nicht unberührt lassen kann. Antisemitischen Skandalen kommt hier möglicherweise eine korrigierende, Normen modifizierende Funktion zu, indem sie latente Spannungen sowohl artikulieren als auch den erfolgten Lernprozeß der Gesellschaft zeigen und weiter verstärken, so daß das Festhalten an überholten nationalsozialistischen Einstellungen in Widerspruch zu den neuen demokratischen Entwicklungen gerät und damit unter Änderungsdruck kommt. Die Kollision „alter" und „neuer" Normen führt dann letztlich zur Bestätigung der neuen Norm (vgl. Winkler 1968, S. 231). Dieser positive Aspekt der Schmierwelle wird bereits von zeitgenössischen Beobachtern gesehen. Klaus Harpprecht spricht von einer „Krisis im klinischen Sinne", die ja eine Wende zur Heilung bedeutet, während Carlo Schmid gesteht, daß er froh sei, „daß die Kölner Halbstarken diese sogenannte ‚Welle' ausgelöst haben. Nun sehen wir besser und vollständiger und tiefer in den trüben Spiegel einer Vergangenheit, von der offenbar noch einige Narren glauben, sie habe eine Zukunft. Offenbar glaubten doch die Täter..., im deutschen Volk eine Resonanz erwarten zu dürfen" (18.2.1960, DB, S. 5582). Die ausbleibende Resonanz und die öffentliche und politische Gegenreaktion haben den Antisemitismus – zumindest in seiner manifesten Form – desavouiert und die Modifikation von Normen hin zu Toleranz und Verständigung begünstigt. Damit soll nicht gesagt sein, daß die öffentlich-politische Bearbeitung der antisemitischen Welle in jeder Hinsicht überzeugend verlaufen wäre.

Anmerkungen

1 Eine vergleichbare Analyse wie die vorliegende findet sich bei Colin Seymour-Ure, der die überraschende Breitenwirkung einer rassistischen Rede des britischen Politikers Enoch Powell analysiert hat (1974, S. 99-138).
2 In ähnlicher Weise haben in den Jahren 1985/86 eine Reihe von Ereignissen kumulativ den Eindruck aufkommen lassen, der Antisemitismus verstärke sich wieder. Entsprechend wurden sogleich Meinungsumfragen in Auftrag gegeben (vom „Stern" an das Institut für Demoskopie Allensbach, 1986, und vom „WDR" an das Emnid-Institut, 1986).
3 „Die Zeit" veröffentlicht im April 1959 (Nr. 15) Stellungnahmen von Politikern, Publizisten und Wissenschaftlern zur Frage: „Gibt es bei uns einen neuen Antisemitismus?" In einem Artikel „Die bösen Deutschen" wird auf die wachsende Kritik an Deutschland wegen der antisemitischen Fälle Zind, Nieland usw. hingewiesen (Zeit Nr. 7, 1959). Es gibt – skandaltypisch – auch den Vorwurf der überempfindlichen Reaktion der deutschen Medien, die zur Auslösung der Kettenreaktion beigetragen habe (Bundestagsdebatte 18.2., DB, S. 5591).
4 „Der Spiegel" ist der Meinung, daß die Kettenreaktion letzten Endes von den Politi-

III. Antisemitismus in der politischen Kultur (2) 273

kern selbst produziert wurde: durch ihre „Hintermänner-Panik" gleich nach der Kölner Tat (24.2.1960).

5 Dabei ist es sicher so, daß zum Teil die geschärfte Beobachtung in der Krise den Eindruck einer Welle vermittelt, da hier Vorfälle wahrgenommen werden, die sonst unbeachtet geblieben wären. Frühere bzw. zeitgleiche Aktionen (z. B. Rheydt am 25.12.1959) werden in der Presse als Nachfolgeaktionen bilanziert (z. B. Seligenstadt, vgl. StA 29.12.1959 u. 2.1.1960).

6 Um das Konfliktobjekt „Antisemitismus" besteht ein dichtes moralisches Milieu, das Verhaltenskonformität ansinnt und Abweichungen sanktioniert. Ein Gegenmilieu kann sich schwer bilden (vgl. dazu Nedelmann 1986).

7 DRP-Funktionäre hatten Dufhues vorgeworfen, den Sachverhalt entstellt und wider besseres Wissen die Öffentlichkeit über die DRP irregeführt zu haben. Im anschließenden Prozeß werden sie zu Gefängnis mit Bewährung verurteilt (vgl. AWJ 7.2.1961, S. 1).

8 Das Direktorium des Zentralrats der Juden in Deutschland hatte bereits in einer Erklärung im Jahre 1951 den Ausschluß belasteter Personen aus Schlüsselpositionen gefordert. Diese Erklärung enthält im wesentlichen bereits die Forderungen, die das American Jewish Committee und Easterman (Jüdischer Weltkongreß) 1960 erheben (in Giordano 1961, S. 133 ff).

9 Die Bundesregierung kann dabei interne Differenzen zwischen den jüdischen Organisationen ausnutzen, die von jüdischer Seite beklagt werden (Galinski, AWJ 15.1.1960, S. 13). Dabei werden die verschiedenen Motive hinter diesen Differenzen nicht öffentlich angesprochen, etwa das Interesse an guten Kontakten zwischen Israel und der BRD seitens Israels und insbesondere N. Goldmanns.

10 Auch in anderen Punkten versucht die DDR-Regierung die Vorfälle zu instrumentalisieren, etwa indem diese beweisen sollen, „wie anomal die Verhältnisse in West-Berlin seien", was mit der Forderung der Lösung Berlins vom Bund verbunden wird (FAZ 7.1.1960, S. 4).

11 Postwendend wird Strauß von DDR-Seite die Entfachung der antisemitisch-nazistischen Welle mittels seines Beauftragten für psychologische Kriegsführung in die Schuhe geschoben, um die internationale Entspannung zu torpedieren (Görschler und Reinhardt 1960, S. 59 ff.).

12 In einer Dokumentation der Menschenrechtskommission der UNO wird 1961 nochmals festgestellt, daß es sich nicht um eine geplante Aktion gehandelt habe. Allerdings stützt sich diese neben Berichten anderer Regierungen vor allem auf das Weißbuch der Bundesregierung (AWJ 13.1.1961, S. 1).

13 Der Hauptkonflikt produziert noch eine ganze Reihe von Nebenkonflikten, die teils vom Hauptkonflikt leben, ihn teils aber auch in den Medien am Leben erhalten (so der „Hauskrieg" zwischen den Ministern Schröder und Strauß, der Konflikt zwischen dem FAZ-Kommentator Karl Korn und dem Chefredakteur des Konkurrenzblattes „Deutsche Zeitung", Hans Hellwig, über Korns Tätigkeit im Dritten Reich; vgl. Der Spiegel 13.1.1960, S. 33).

14 Dabei wurde allerdings übersehen, daß bereits 1959 zahlreiche Erlasse zur Verbesserung des zeitgeschichtlichen Unterrichts in Kraft getreten waren, denn nicht erst die Schmierwelle hatte die Frage nach der Qualität dieses Unterrichts aufgeworfen (Die Zeit 15.1.1960, S. 3; vgl. auch das Vorwort zu der Sendereihe des Jugendfunks im NDR „Unsere jüdischen Mitbürger" (März 1958), das gerade diesen Mangel anspricht).

15 Diese Umschaltung von Strafe auf Erziehung zeigt sich sehr schön in einem Urteil, in dem der Angeklagte zur Lektüre des Buches „Der SS-Staat" von E. Kogon und zur Abfassung eines Aufsatzes darüber verurteilt wurde. Die einmonatige Strafe wurde zur Bewährung ausgesetzt (StA 10.2.1960).

16 Dieses Bearbeitungsmuster, nämlich den Druck auf die Schule zu erhöhen, sobald skandalöse Vorfälle der Öffentlichkeit Schwächen der Vergangenheitsbewältigung zeigen, kann man nach Rainer Geißler immer wieder beobachten (1981, S. 11). Die gleiche Reaktion wie 1960 fand sich 1977 wieder, wo die antisemitischen Entgleisungen betrunkener Offiziersstudenten den Verteidigungsausschuß des Bundestages zur einmütigen Auffassung gelangen ließen, daß es an den Schulen ein erhebliches Bildungsdefizit im Hinblick auf die NS-Geschichte gäbe. Die Kultusminister der Länder beschlossen, die Lehrer anzuweisen, den Nationalsozialismus und den Widerstand im Unterricht mit besonderer Intensität zu behandeln (ebd.).

Literatur

I. Quellen

Allgemeine Wochenzeitung der Juden in Deutschland (AWJ) – Berliner Ausgabe
Frankfurter Allgemeine Zeitung (FAZ)
Kölner Stadt-Anzeiger (StA)
Der Spiegel
Süddeutsche Zeitung (SZ)
Die Zeit
Bulletin des Presse- und Informationsamtes der Bundesregierung 1960
Verhandlungen des Deutschen Bundestages, 3. Wahlperiode, Stenographischer Bericht, 103. Sitzung, 18.2.1960
Bundesregierung (Hrsg.), Die antisemitischen und nazistischen Vorfälle. Weißbuch und Erklärung der Bundesregierung, Bonn 1960.

II. Sekundärliteratur

Diamant, Adolph: Geschändete Friedhöfe 1945-1980, Frankfurt a. M. 1982.

Emnid-Insitut: Antisemitismus, Repräsentativumfrage 1986.

Gathmann, Hans: Der latente Antisemitismus. Prozesse und Fälle in der Bundesrepublik, in: Politische Meinung, 4, Heft 34, 1961, S. 61-72.

Geißler, Rainer: Junge Deutsche und Hitler. Eine empirische Studie zur historisch-politischen Sozialisation, Stuttgart 1981.

Giordano, Ralph (Hrsg.): Narben, Spuren, Zeugen. 15 Jahre Allgemeine Wochenzeitung der Juden in Deutschland, Düsseldorf 1961.

Görschler, Henry, und *Horst Reinhardt*: Die Schande von Köln und Bonn, Berlin (Ost) 1960.

Harpprecht, Klaus: Im Keller der Gefühle. Gibt es noch einen deutschen Antisemitismus?, in: Der Monat, 11, 1958/59, S. 13-20.

Luhmann, Niklas: Öffentliche Meinung, in: *ders.*, Politische Planung, Opladen 1971, S. 9-34.

Lüth, Erich: Der deutsche Antisemitismus nach 1945, in: *Franz Böhm* und *Walter Dirks* (Hrsg.), Judentum. Schicksal, Wesen und Gegenwart, Bd. II, Wiesbaden 1965, S. 917-933.

Nedelmann, Birgitta: Das kulturelle Milieu politischer Konflikte, in: Kultur und Gesellschaft, Sonderheft der Kölner Zeitschrift für Soziologie und Sozialpsychologie, 27, 1986, S. 397-414.

Neumann, E.P.: Das fünfzehnte Jahr. Im Schatten der Vergangenheit, in: Politische Meinung, 5, Heft 44, 1960, S. 3.

–: Der Schandfleck. Härte gegenüber Antisemiten, in: Politische Meinung, 5, Heft 45, 1960, S. 3-4.

Pechel, Rudolf: Gegen den Antisemitismus, in: Deutsche Rundschau, 85, 1959, S. 105-108.

Pross, Harry: Antisemitismus in der Bundesrepublik, in: Deutsche Rundschau, 82, 1956, S. 1069-1076.

Schmitz, Manfred: Theorie und Praxis politischer Skandale, Frankfurt am Main, New York 1981.

Seymour-Ure, Colin: The Political Impact of Mass Media, London 1974 (Part II, 4: Enoch Powell's ‚Earthquake').

Verband Deutscher Studentenschaften (Hrsg.): Erziehung und Judentum. Darstellung des Judentums in der Lehrerbildung und im Schulunterricht, München 1960.

Vogel, Rolf (Hrsg.): Deutschlands Weg nach Israel. Eine Dokumentation, Stuttgart 1967.

Winkler, Hans-Joachim: Über die Bedeutung von Skandalen für die politische Bildung, in: Hamburger Jahrbuch f. Wirtschafts- und Gesellschaftspolitik, 13, 1968, S. 225-244.

III. Antisemitismus in der politischen Kultur

3. Antisemitismus im öffentlichen Diskurs

Moralkommunikation und Kommunikationsmoral

Über Kommunikationslatenzen, Antisemitismus und politisches System

Jürgen Bellers

1. Zur Problemlage

Betrachtet man das Phänomen des Antisemitismus in der Bundesrepublik Deutschland unter kommunikations- und politikwissenschaftlichen Aspekten, so ist zunächst folgender ambivalenter Tatbestand festzuhalten:
Auf der Ebene des massenmedialen und politischen Systems, d. h. in den grossen überregionalen Zeitungen, Zeitschriften und Rundfunkanstalten, in der dominierenden lokalen sog. General-Anzeiger-Presse sowie in den großen, im Bundestag vertretenen Parteien, kommen antisemitische Äußerungen im Sinne einer Befürwortung des Antisemitismus so gut wie nicht vor. Natürlich wird über antisemitische Vorfälle berichtet, diese werden jedoch stets verurteilt und moralisch einhellig pönalisiert. Diese Feststellung kann gewagt werden, auch wenn quantitative und qualitative Inhaltsanalysen sowie soziolinguistische Analysen für die Bundesrepublik nicht vorliegen.

Im Kontrast zu diesem Tatbestand steht allerdings, daß in der Bevölkerung der Bundesrepublik – so Umfrageergebnisse – noch antisemitische Vorurteile virulent sind. Daß dies so ist, ist unbestritten. Über den Umfang liegen allerdings differierende Ergebnisse vor (vgl. Peter Schönbach 1961; Sinus 1980; Alphons Silbermann 1982; Badi Panahi 1980, S. 67ff.; IfD-Allensbach 1986, 1987). Diese antisemitischen Vorurteile werden nur innerfamilial, unter Bekannten und Freunden oder höchstens in der Halböffentlichkeit des Vereins oder des Biertisches geäußert, sie gelangen aber auf keinen Fall in die massenmediale Öffentlichkeit. Weiterhin ist beim antisemitischen Vorurteil nicht klar, ob es sich um ein manifestes Vorurteil handelt oder um ein latentes und zum Teil sogar unbewußtes Vorurteil, das aber in bestimmten Situationen aktiviert werden kann, z. B. in persönlichen oder politischen Krisen.

Die hier aufgezeigte Diskrepanz zwischen der massenmedialen Sekundärkommunikation und der Primärkommunikation in Teilen der Bevölkerung soll im Anschluß an Niklas Luhmann als Kommunikationslatenz bezeichnet werden. Bezogen auf die antisemitische Kommunikationslatenz im besonderen soll dieser Begriff im folgenden aus kommunikations- und politikwissenschaftlicher Perspektive reflektiert und empirisch ausgefüllt werden.

2. Zum Begriff der Kommuikationslatenz

In den Kommunikationswissenschaften ist Latenz kein unbekanntes Phänomen. Eher ist von der Normalität und Notwendigkeit von Latenz in der Massenkommunikation auszugehen. Dies ist vor dem Hintergrund der wissenschaftsgeschichtlichen Entwicklung der Kommunikationswissenschaft zu sehen.

Spätestens in der Mitte der 70er Jahre gab man in dieser Disziplin weitgehend die Vorstellung auf, die Massenmedien könnten die soziale und politische Realität quasi objektiv – so wie sie ist – widerspiegeln. Realität ist vielmehr – so die Erkenntnis der phänomenologischen Soziologie in der Tradition von Edmund Husserl (vgl. Peter L. Berger/Thomas Luckmann 1974) – eine soziale Konstruktionsleistung von Individuen, Gruppen und Gesellschaften. D. h. aus der unendlichen Fülle von Umweltinformationen muß jedes individuelle oder soziale Gesellschaftsmitglied die Informationen auswählen, die für es von Bedeutung sind. Aus diesen sich im zeitlichen Verlauf wandelnden Selektionen entsteht ein je Gesellschaftsmitglied unterschiedlich akzentuiertes Bild von sozialer und politischer Realität. Auch die Bevölkerung eines Nationalstaates hat – bei aller je spezifischen Informationsselektion der Individuen – eine ihr eigene gemeinsame Art der Informationsverarbeitung, was früher metaphysisch „Volksseele" hieß. Diese gemeinsame Art der Informationsverarbeitung wird vermittelt und generalisiert über die Sozialisationsinstanzen einer Gesellschaft. Für die Bundesrepublik ist z. B. ein derartiger gesamtgesellschaftlicher Selektionsmechanismus hinsichtlich des Antisemitismus internalisiert, der es – aufgrund der geschichtlichen Ereignisse im „Dritten Reich" – unmöglich macht, daß antisemitische Äußerungen offen in den Medien zum Ausdruck kommen können. Sie werden „wegselektiert".

Um das Theorem der sozialen Konstruktion von Realität in den und durch die Massenmedien hat sich in der Publizistikwissenschaft eine längere Kontroverse dahingehend entfaltet, ob es nun überhaupt eine „objekte" außermediale Realität gäbe, von der die Medien in ihrer Berichterstattung abweichen könnten. Winfried Schulz (1976, S. 27) z. B. meint, daß die Frage, „was ‚wirklich' geschah, welches das ‚richtige' Bild von Realität ist, ... (eine) letztendlich metaphysische Frage (ist). Niemand ist in der Lage, darüber eine intersubjektiv verbindliche Auskunft zu geben."

Das Grundproblem ist nicht durch den Hinweis aus der Welt zu schaffen, daß in unserem Mediensystem zuweilen bewußt manipuliert wird, indem ein Journalist gegen seine Überzeugung über ein Ereignis gar nicht oder verzerrt berichtet. Das sind Ausnahmen, die deshalb nicht strukturell, sondern kriminell bedingt sind. Einen anderen Ausweg sucht Dieter Prokop (1985, S. 199 ff.), indem er von anthropologischen kommunikativen Konstanten – als Kriterien für „Wahrheit" – ausgeht, wie z. B. der Befriedigung von Phantasietätigkeit, die zwar gegenwärtig vom Mediensystem z. T. geleistet werde – allerdings nur pervertiert in Form der Unterhaltungsindustrie, wie Prokop meint. Derart tiefenpsychologisch verankerte Bedürfnisse lassen sich aber erstens nur schwer operationalisieren und zweitens nur schwer generalisieren.

Wenn auch die Grundlagen der Schulzschen Aussage nicht zu bestreiten sind, so kann doch dessen „radikalem" Erkenntnisskeptizismus hier nicht ganz gefolgt werden. Denn es verbleibt ja doch ein Maßstab, um die Realitätskonstruktionen durch die Massenmedien auf ihre Realitätsadäquanz hin zu bewerten, und das ist die Gesamtheit der Realtitätskonstruktionen in einer Gesellschaft, die durch Befragungen zu erheben sind, bzw. erhoben werden und die mit der Realitätskonstruktion der Medien verglichen werden können. (Aber: Inwieweit sind die Realitätskonstruktionen der Bevölkerung medienunabhängig?) Methodisch gesprochen: Verglichen werden müssen die empirischen Ergebnisse einerseits von Befragungen und andererseits von Medien-Inhaltsanalysen. Dieses Kriterium geht natürlich auch von einer impliziten Norm aus, daß nämlich die Medien möglichst alle Realitätskonstruktionen in einer Gesellschaft berücksichtigen sollten. Diese Norm soll zum Abschluß dieses Aufsatzes noch ausführlicher erörtert werden.

Auf jeden Fall gilt allerdings, daß nach diesem Konzept von Realitätskonstruktion im allgemeinen und durch die Medien im besonderen Latenz unvermeidbar und nebenbei gesagt: auch sehr funktional ist. Denn wer auswählt, blendet spezifische Informationen aus der Umwelt aus. Würde er dies nicht tun, würde er in der Überfülle von Informationen handlungsunfähig werden. Das derart Latente ist allerdings je nach Interessenlage der Gesellschaftsmitglieder jederzeit aktivierbar, indem bisherige Selektionsregeln modifiziert werden und dadurch andersartige Informationen in der Form des Lernens gewonnen werden können.

3. Die Kommunikationslatenz des Antisemitismus

Der Antisemitismus in der Bundesrepublik ist jedoch aus seiner Latenz nicht jederzeit aktivierbar. Er verbleibt in dieser Kommunikationslatenz. Um Mißverständnissen direkt vorzubeugen: Dies wird hier zunächst einmal nur empirisch festgestellt. Ob diese Latenz positiv oder negativ zu beurteilen ist, wird erst am Ende dieses Beitrages diskutiert.

Zur Erfassung der antisemitischen Latenz bedarf es daher einer Differenzierung des begrifflichen Instrumentariums. Ich möchte daher hier vier Typen von Latenz unterscheiden:
1. die Moralkommunikation nach Luhmann (Luhmann 1984, S. 457)
2. institutionell bedingte Latenzen
3. politisch bedingte Latenzen
4. Latenz durch Nachrichtenfaktoren.

Diese Latenzen stellen den Filtermechanismus dar, durch den Antisemitismus in der Bundesrepublik aus der repräsentativen Öffentlichkeit herausgehalten wird. Sie bedingen sich wechselseitig, wobei allerdings die Latenzen in der Reihenfolge aufgeführt sind, wie sie Kommunikation zu prägen in der Lage sind. Die Moralkommunikation hat also die größte Prägekraft.

Solche kommunikativen Latenzen sollen uns im folgenden – spezifisch bezogen auf die antisemitische Latenz – beschäftigen. Ich will einige solcher medialen Kommunikationslatenzen aufzeigen, um darauf aufbauend darzustellen, unter welchen Bedingungen solche Latenzen trotz ihrer vorläufigen medialen Nichtexistenz doch vom Mediensystem aufgegriffen werden. Im Gegensatz zur Manipulationsforschung wird hier nicht behauptet, daß das Nichtthematisierte aus der sozialen Kommunikation verschwunden sei. Weiter werden wir uns zu fragen haben, wie solche Latenzen vom politischen System behandelt werden. Und schließlich werden wir zu fragen haben, wie solche Latenzen normativ zu beurteilen sind.

3.1 Die Moralkommunikation

Moralkommunikation ist ein hier zentraler Typ von Kommunikationslatenz. Luhmann zufolge kommt Kommunikation nicht zustande, wenn ein Thema derart wertbesetzt ist, daß es identisch mit einer einzigen Meinung wird. Eine öffentliche Diskussion über das Thema kann es nicht mehr geben, weil eine Meinung gesamt- oder teilgesellschaftlich verbindlich vorgeschrieben wird. Die Meinung wird zur Norm. Das schließt natürlich nicht aus, daß die Gegenmeinung zum Thema auf privater Ebene weiterhin vertreten und geäußert wird.

Eines der zentralen moralkommunikativen Themen der Bundesrepublik ist das des Antisemitismus: Antisemitische Äußerungen kommen in unseren Medien faktisch nicht vor, als dominant könnte man eher einen Philosemitismus bezeichnen. Schon Franz Böhm konstatierte für das Jahr 1955 hinsichtlich dieses Phänomens in seiner Antisemitismus-Studie, die er für das Frankfurter Institut für Sozialforschung angefertigt hatte (1955, S. XI ff.): „Die überdeutliche Wahrnehmung, daß es neben der sogenannten ‚öffentlichen Meinung', die sich in Wahlen, Abstimmungen, öffentlichen Reden, Zeitungsartikeln, Rundfunksendungen, Partei- und Gruppenprogrammen, Parlamentsdiskussionen, politischen Versammlungen kundgibt, eine nicht-öffentliche Meinung gibt, deren Inhalt von dem Inhalt der eigenlichen öffentlichen Meinung sehr erheblich abweichen kann, deren Sätze aber neben den Sätzen der öffentlichen Meinung gleich den Geldeinheiten einer zweiten Währung umlaufen, ja vielleicht einen festeren und stabileren Kurs haben ... fast hat es den Anschein, als stelle das, was als öffentliche Meinung bei uns umläuft, die Summe derjenigen Meinungen dar, von denen wir wünschen, daß die Menschen glauben sollen, es seien unsere wahren Meinungen, während es sich bei der nicht-öffentlichen Meinung um die Summe derjenigen Meinungen handelt, die wir wirklich haben." Daß es diese Latenz gibt, zeigen auch die periodisch aufkommenden Antisemitismus-Wellen in der Bundesrepublik (Hakenkreuz-Schmierereien, Grabschändungen usw.).

Der Grund für diese Latenz ist offensichtlich: Wie Werner Bergmann und Rainer Erb (1986) darlegen, gründet sich die Staatlichkeit der Bundesrepublik auf die totale Abgrenzung zum Nationalsozialismus und zur Politik der Judenvernichtung. Das war 1945 um so mehr notwendig, als man ein Staatswesen weitgehend mit dem Personal aufzubauen begann, das sich in der Zeit des Nationalsozialismus diskreditiert hatte. Hinzu kommt der außenpolitische Druck, der ein offenes Wiederaufleben von Antisemitismus auf der politischen Ebene kaum zuließ. Ein Grund kann allerdings nicht angeführt werden, denn diese Latenz hat nur wenig damit zu tun, daß sich die deutsche politische Kultur in ihrer Einstellung zu Minderheiten geändert hat; das ist Inhaltsanalysen zu entnehmen, die eine deutliche Zunahme von Ausländerfeindlichkeit in den Massenmedien (ausgeschlossen: Antisemitismus) seit Mitte der 70er Jahre aufzeigen, und zwar vor allem dort, wo die Arbeitslosigkeit unter Deutschen überproportional hoch ist (vgl. Klaus Merten 1986).

3.2 Die institutionell bedingte Latenz

Es gehört zu den empirisch gesättigten Ergebnissen der Kommunikationswissenschaften, daß sich Zeitungen, Hörfunk und Fernsehen bei der Auswahl und Aufmachung dessen, was als berichtenswert erachtet wird, gleichartig verhalten. Die Medien zeigen Konsonanz in ihrer Berichterstattung (vgl. Elisabeth Noelle-Neumann 1973, S. 26-55). Über diesen Mechanismus wird die Tabuisierung moralkommunikativer Themen in die Praxis des journalistischen Alltags unbewußt implementiert.

Diese Konsonanz hat mehrere Gründe:
1. Die Journalisten erhalten die gleichen Nachrichten von den Agenturen; es herrscht breite Übereinstimmung zwischen ihnen, zumindest zwischen den Journalisten der weitverbreiteten Zeitungen und der Rundfunkanstalten, über das, was berichtenswert ist und was nicht. Und selbst wenn ein Organ etwas Eigenständiges bringt, so „steigen" die anderen schnell „darauf ein".

2. Die Konformität ist auch bedingt durch den informellen sozialen Anpassungsdruck, den jede Redaktion auf ihre Mitarbeiter ausübt, insbesondere in der Professionalisierungsphase (Rühl 1979). Allein dadurch wird die Veröffentlichung antisemitischer Vorurteile schon verhindert.

3. Bezieht man die außermediale Umwelt in die Berichterstattung ein, so ist festzustellen, daß sich diese Umwelt bereits weitgehend geprägt und vorstrukturiert den Medien offeriert. Jeder größere Verband und jede der großen Parteien verfügt mittlerweile über eigene Abteilungen für Öffentlichkeitsarbeit und Public Relations, über die die jeweiligen Stellungnahmen derart mediengerecht transportiert werden, daß sie ohne die Notwendigkeit einer weiteren redaktionellen Aufarbeitung in die Zeitung oder in den Rundfunk übernommen werden können – und werden. In den Rundfunkanstalten wird dieser Effekt dadurch forciert, daß die Verbände und Parteien in den Aufsichtsgremien der Anstalten sitzen und deren Personalapparat nach Proporz unter sich aufzuteilen suchen.

4. Sowohl unter der „Glasglocke Bonn" als auch auf der lokalen Ebene wird dieser Effekt (vgl. Gerhard W. Wittkämper/ Jürgen Bellers u. a. 1986) dadurch verstärkt, daß sich eine „informelle Partnerschaft" zwischen Journalisten und Politikern entwickelt hat. Sie besteht darin, daß Journalisten einerseits von Politikern bestimme Informationen erhalten, andererseits die Journalisten sich zu gegebener Zeit dazu bereit erklären, bestimmte Themen zu lancieren, woran den Politikern gelegen ist. Auf der lokalen Ebene kommt als spezifisches Latenz erzeugendes Problem hinzu, daß in den seltensten Fällen der von den Lokalzeitungen abgedeckte Raum mit den kommunalen Grenzen übereinstimmt. Meist versorgt eine Zeitung mehrere Gemeinden (vgl. Heinz-Werner Stuiber 1975; siehe auch: Marianne Begemann 1982, S. 193ff.).

Diese Kanäle will sich natürlich keine der beiden Seiten durch antisemitische oder andere allgemein abgelehnte Äußerungen „verstopfen", denn welcher Politiker will und kann noch mit einem antisemitischen Journalisten zusammenarbeiten.

Diese Prozesse, also 1. die konsonante Berichterstattung, 2. der Einfluß von Public Relations, und 3. die informelle Partnerschaft zwischen Journalisten und Politikern, haben nun zur Folge, daß die Medien in der überwiegenden Zahl der Fälle lediglich den kommunikativen Austausch zwischen den großen Verbänden und Parteien unserer Gesellschaft der Öffentlichkeit wiedergeben (vgl. H. Wagner 1978). Ein Beispiel: Wenn Willy Brandt Franz Josef Strauß kritisiert, so wird mit großer Wahrscheinlichkeit in der gleichen Meldung die Gegenmeinung der CDU/CSU mit wiedergegeben und ggf. auch noch die differierende Stellungnahme der FDP. Handelt es sich um ein wirtschaftliches Thema, so haben DGB und BDI auch noch eine große Chance, berücksichtigt zu werden. Diese mediale Widerspiegelung erfolgt weitgehend unverzerrt, auch wenn Journalisten über die Art der Berichterstattung die Möglichkeit haben, ihrer eher linken oder ihrer eher konservativen Sichtweise

Ausdruck zu verleihen, also z. B. dadurch, wie „breit" die Argumente der verschiedenen Seiten dargestellt werden, und durch die Form der Präsentation.

Auch wenn die Notwendigkeit einer primären Berücksichtigung der großen Institutionen der Interessenartikulation nicht bestritten werden soll, so führt das insgesamt zu einer Vernachlässigung und Minorisierung kleinerer Verbände, Parteien, Bürgerinitiativen und von nicht organisierten Minderheitenmeinungen, die in der Medienrealität – bis auf wenige noch zu besprechende Ausnahmen – nicht erscheinen. Öffentliche Meinung ist oftmals die Summe aus den Meinungen der erwähnten, exponierten politischen Akteure und Akteursgruppen. Umgekehrt – aber der gleichen Logik folgend – werden große Akteursgruppen, die eine Veröffentlichung ihres sozialen Bereichs nicht wünschen, wie z. B. weitgehend die Wirtschaft (innerbetriebliche Verhältnisse), in den Massenmedien nur wenig thematisiert (vgl. Gerd Sachs 1980, S. 167 ff.). Auch das gehört zum Thema Latenz.

3.3 Die politisch bedingte Latenz

Die politisch bedingte Latenz ist typisch für solche Nationalstaaten, in denen das massenmediale System dem politischen System untergeordnet ist. Das gilt für alle autoritären und totalitären Regime. Hier wird in unterschiedlichem Ausmaß versucht, die politische Opposition und regimefeindliche Einstellungen thematisch zu unterdrücken. Das ist für die Bundesrepublik mit ihrer liberalen Medienverfassung nicht von Bedeutung, obwohl auch hier Situationen vorstellbar sind, in denen das politische System direkt ins Mediensystem intervenieren, wenn dort z. B. offen Antisemitismus vertreten würde. Allerdings wird derart in der DDR der auch dort vorhandene Antisemitismus politisch und massenmedial unterdrückt.

3.4 Latenz durch Nachrichtenfaktoren

Als letzter Typus sei noch der durch die Nachrichtenfaktoren bedingte erwähnt. Nachrichtenfaktoren sind die Kriterien, nach denen Journalisten Nachrichten zur Veröffentlichung auswählen. Schulz benennt folgende Faktoren als die wichtigsten: 1. kurze Dauer des Ereignisses, d. h. Aktualität; 2. einfache und eindeutige Strukturiertheit des Ereignisses; 3. Elite-Status; 4. Zahl der Betroffenen und existentielle Bedeutung des Ereignisses; 5. Überraschung durch ein Ereignis; 6. Negativität des Ereignisses, wie Konflikthaltigkeit, Kriminalitätsgrad, Schaden, Mißerfolge, aber auch exzeptionelle Erfolge.

Journalisten selektieren gemäß dieser Kriterien, d. h. das, was ihnen nicht entspricht, wird nicht veröffentlicht, es bleibt latent. Das gilt natürlich nur für die Zeitungen und Nachrichtensendungen der Rundfunkanstalten, nicht für Spezial-Zeitschriften oder Sendungen mit speziellem Zielpublikum. Das hat

III. Antisemitismus in der politischen Kultur (3)

allerdings auch eine Kehrseite, und damit kommen wir zum Thema, wie Latentes trotz seiner massenmedialen Nicht-Repräsentanz unter bestimmten Bedingungen doch in die allgemeine Öffentlichkeit gelangen kann.

4. Die „Entbergung" von Latenz

Massenkommunikativ nicht repräsentierte Minderheiten suchen durch eine bewußte Ereignis-Inszenierung gemäß dieser Faktoren mit ihrer Stellungnahme den Weg in die Medien: Studenten laufen nackt durch die Stadt, um auf die unzureichende Bafög-Höhe aufmerksam zu machen, Bürgerinitiativen brechen bewußt ein Gesetz und belagern Raketendepots. Oft reicht es aber auch schon, daß man eine Elitepersönlichkeit z. B. aus dem Kulturleben zur Durchsetzung seiner Forderungen in den politischen Bereich transferiert. Und Antisemiten beschmieren gerade symbolträchtige Synagogen, um Aufmerksamkeit zu finden.

Bei moralkommunikativ besetzten Themen ist die Öffentlichkeitsschwelle sogar sehr niedrig. Hier genügt es, wenn ein niedriger Amtsträger (Soldat oder Bürgermeister) sich nicht gemäß der moralischen Norm verhält, was man dann als Skandal bezeichnet. Man erinnere sich nur an den Bürgermeister von Korschenbroich.

Daneben gibt es weitere Kanäle der Thematisierung, die von den Nachrichtenfaktoren und überhaupt vom deutschen Mediensystem unabhängig sind. Hierzu gehören bestimmte soziale Orte, die von ihrer Art her Öffentlichkeit sichern, wie z. B. Parlamente, Gerichte, Kirchen und Theater. Symptomatisch ist beispielsweise, daß die letzte Antisemitismusdebatte in der Bundesrepublik durch ein Theaterstück von Rainer Werner Fassbinder ausgelöst wurde. Über diese Instanzen können Elemente von nicht vermittelter Primärkommunikation wieder gesamtgesellschaftliche Bedeutung erhalten. Aber auch ausländische Personen vermögen in gewissem Maße Barrieren der Moralkommunikation aufzubrechen (z. B. ein arabischer Journalist im „Frühschoppen" des Fernsehens, der sich antisemitisch äußern „darf"). Ähnliches gilt aber auch umgekehrt für Vertreter der jüdischen Gemeinde in der Bundesrepublik oder für Wissenschaftler jüdischen Glaubens, die sich weitaus unbefangener z. B. in ihrer Kritik an der Politik Israels äußern oder die These von der „deutschen Erbschuld" relativieren können, als dies Deutschen anderen Glaubens möglich wäre.

Schließlich seien noch die zahlreichen Gegen- und Teilöffentlichkeiten erwähnt, von der der Gewerkschaften über die der Wissenschaft bis zu den subkulturellen. Über sie kann z. T. auch Latentes virulent werden, da z. B. der Teilöffentlichkeit Wissenschaft in den meisten Tageszeitungen eine feste, meist allwöchentliche Rubrik vorbehalten wird.

5. Die Verarbeitung von manifestem Latenten im politischen und massenkommunikativen System der Bundesrepublik

Zu fragen ist nun – und damit kommen wir zum nächsten Punkt – wie die politischen Akteure auf derartige, für sie oft überraschende Thematisierungen von Latentem reagieren? Interessant ist, daß sie nicht versuchen, das Thema nach Möglichkeit wieder aus der Öffentlichkeit herauszuziehen. Man hätte auch eine Verschweigensstrategie vermuten können. Vielmehr wird das Thema nun überproportional thematisiert. Es beginnen die bekannten symbolischen Rituale politischer Prozesse, jeder repräsentative Politiker fühlt sich zu einer Stellungnahme veranlaßt: A äußert sich so und so, B reagiert darauf, A antwortet wiederum, und C schaltet sich ein... Diese werden dann – oft verbunden mit weiteren Stellungnahmen von Experten und Journalisten – in den Medien diskutiert. Oft wird noch eine Kommission gebildet, die dann nach einiger Zeit einen Bericht vorlegt. Das Ganze wird vielfach von vielen Medien reproduziert, sodaß sich insgesamt eine Kumulation von Effekten ergibt. Es kann vermutet werden – und Indizien, z. B. Inhaltsanalysen zur Wirtschaftsberichterstattung, sprechen dafür (Klaus Sondergeld 1982) –, daß eine solche allgemeine Thematisierung legitimatorisch positiv für das politische System wirkt. Was öffentlich besprochen wird, verliert den Reiz des Geheimen und latent Gefährlichen. Im Ausland entsteht jedoch durch diesen medialen Akkumulationsprozeß oft ein überdimensioniertes Bild vom Antisemitismus in der Bundesrepublik.

Andererseits ist aber auf die Grenzen einer solchen Thematisierung hinzuweisen. Denn oft bleibt der Politik auch nichts anderes übrig, als symbolische Ersatzhandlungen zu inszenieren, da kurzfristig wirksame Maßnahmen gegen die Ursachen und das Fortbestehen des Latenten – über die obligate Aufforderung zu einer verstärkten politischen Bildung gegen den Antisemitismus hinaus – nicht ergriffen werden können. 1. Es ist aus Gründen der Raum- und Zeitknappheit nicht möglich, alles zu thematisieren. Eine Zeitung hat nur 30 Seiten, und jedes Überschreiten dieser Grenze würde die Aufnahmekapazität der Leser übersteigen. 2. Das Eigentümliche der moralkommunikativen Kommunikationslatenz besteht ja gerade darin, daß sie sich weder einfach verbieten noch im Falle des Antisemitismus, wie es bei bestimmten anderen Minderheitenpositionen noch möglich ist, ins System integrieren läßt. Das Problem potenziert sich – nebenbei gesagt – in autoritären und totalitären Staaten, da hier die Zahl der Latenzen bei weitem höher ist, bei gleichzeitig geringerer Integrationskapazität des Systems und 3. sind Politiker z. T. auch gar nicht interessiert, das Latente, wie z. B. den Antisemitismus, aktiv zu bekämpfen, da sie eher dazu neigen, aus wahlkampfpsychologischen Gründen auf solche Vorurteile einzugehen.

Daher kommen Ersatzstrategien zur Anwendung. Antisemitische Vorfälle werden sowohl dämonisiert als auch banalisiert. Der Bürgermeister von Korschenbroich wird einerseits zum Einzelfall heruntergestuft und andererseits als der große Bösewicht stilisiert, der dann durch seinen Rücktritt die Welt wieder ins Reine bringen muß. Zugleich wird die Diskussion auf die Ebene einer allgemeinen Wertorientierung gehoben und ein Gegenmythos aufgebaut, der Mythos der Stunde Null im Jahre 1945, in der für die Bundesrepublik endgültig mit der antisemitischen Vergangenheit gebrochen worden ist. Zuweilen leugnen dann Politiker überhaupt, daß es so etwas wie antisemitische Vorurteile in der Latenz gibt. Man könnte das als „Latenz der Latenz" bezeichnen.

In den 50er Jahren wurde zudem das Aufkommen von Antisemitismus mit dem Kommunismus und dem Ost-West-Konflikt in Verbindung gebracht. Es wurde etwa behauptet, Ulbricht steuere antisemitische Vorfälle in der Bundesrepublik, um ihrem internationalen Ansehen zu schaden.

6. Moralkommunikation und Kommunikationsmoral

Eine letzte Frage soll abschließend noch kurz angerissen werden: Wie ist das Problem, ob, inwieweit und unter welchen Bedingungen Kommunikationslatenzen aufgedeckt und thematisiert werden sollen, *normativ* zu beurteilen. Notwendig für die Beantwortung dieser Frage ist eine Kommunikationsmoral, wie sie vor allem von der Münchener Schule der Zeitungswissenschaft entwickelt wurde. Eine solche Ethik muß konform gehen mit der empirischen Grundstruktur einer freien Kommunikationsverfassung, wie sie seit der Antike in verschiedenen historischen Epochen zu verwirklichen versucht wurde. Denn das ethische Urteil darf ja nicht bloß abstrakt bleiben, es muß in die soziale Realität umsetzbar sein. Betrachtet man solche freien Kommunikationsverfassungen, so besteht deren gemeinsame Grundstruktur darin, daß sowohl in der direkten Kommunikation, z. B. auf der Agora des alten Athen, als auch in modernen medial vermittelten Kommunikationssystemen ein Austausch der Kommunikationspartner eines Gemeinwesen stattfindet. Die Gruppen, Verbände und Parteien einer Gesellschaft reden miteinander vermittels des Mediensystems. Diese hermeneutisch und empirisch zu erfassende Grundstruktur freier Kommunikationsverfassungen gibt in meiner Sicht die ethische Grundnorm, an der sich Medienpolitik zu orientieren hat. Interessant ist in diesem Zusammenhang z. B. das Ergebnis einer Befragung unter Bonner Politikern, warum sie die Medien (vor allem die Zeitung) nutzen. Sie nutzen die Zeitung, um zu wissen, was die anderen Politiker und Verbandsvertreter sagen und meinen. Sie nutzen sie, um zu wissen, was die Wahlbevölkerung weiß. Die Aufgabe der Medien liegt also vor allem darin, gesellschaftliche Positionen zu vermitteln, nicht primär darin, eigene Meinung zu produzieren und zu verbreiten. Latenzen sind unter diesem Aspekt negativ zu beurteilen, da sie Teile der gesellschaftlichen Kommunikation nicht zu Wort kommen lassen.

Andererseits kann nicht alles berichtet werden. Die Journalisten müssen selektieren, faktisch konzentrieren sie sich auf die großverbandlichen und großparteilichen Kommunikationspartner. Dafür lassen sich einige Gründe nennen: 1. In den Stellungnahmen dieser Organisationen, von der CSU bis zur linken SPD, wird die Skala möglicher Positionen zu bestimmten Themen zum Ausdruck gebracht, unter Einschluß aller Nuancierungen. Dies wird mit Ergebnissen sozialpsychologischer Experimente begründet, nach der sich zu einem Thema sowieso nur eine beschränkte Zahl von Positionen und Meinungen bilden kann.   2. Unter den Bedingungen von Raum- und Zeitknappheit der Massenberichterstattung ist eine Berücksichtigung aller auch nur irgendwie auffindbaren Positionen unmöglich. Zudem verleitet das zu einer gesamtgesellschaftlichen Dauerreflexion, die letztendlich alles in Frage zu stellen droht.   3. Durch die Beschränkung auf die wesentlichen Positionen wird das massenmediale und politische System integriert und stabilisiert.   4. Es ist gar nicht wünschenswert, daß, wie das Beispiel des Antisemitismus zeigt, alle Positionen zur Sprache kommen.   5. In den etablierten Medien nicht berücksichtigten Positionen bleibt weiterhin die Möglichkeit, durch eigene Zeitungen oder Zeitschriften sowie durch andere Techniken (Flugblätter usw.) veröffentlicht zu werden, was im Falle des Rechtsradikalismus und des Antisemitismus ja auch tatsächlich so ist. Die fast ausschließliche Repräsentanz von Großorganisationen hat also in gewissem Maße ihre Berechtigung. Kehrseite der Medaille ist allerdings zum ersten, daß die Großorganisationen allein schon strukturell bedingt durch ihre Integrations- und Aggregationsleistungen nicht alle Meinungen und Themen repräsentieren können. Das zeigt das Beispiel des Themas Umwelt, das erst unter Umgehung des hier wenig reaktionsfähigen Medien- und Parteiensystems durch den Einsatz von basisorientierten Bürgerinitiativen auf die Tagesordnung der politischen Diskussion kam. Man kann sogar vermuten, daß die dogmatische Starre der Umweltdiskussion dadurch mitverursacht wurde, daß die Thematisierung nur unter größten Schwierigkeiten durchsetzbar war. Um es auf einen Nenner zu bringen: Die oben erwähnte Stabilität des Medien- und Parteiensystems wird erkauft mit dessen geringer Anpassungs-, Lern- und Innovationsfähigkeit – eine unabdingbare Voraussetzung für die Lebensfähigkeit politischer Systeme. Schließlich ist die Latenz des Antisemitismus evtl. gefährlicher als eine offene Auseinandersetzung mit ihm, durch die er ggf. langfristig beseitigt werden kann. Denn deutsche Begleituntersuchungen zur amerikanischen Fernsehserie „Holocaust" haben ergeben, daß diese emotionalisierte und dramatisierte filmische Verarbeitung der Judenvernichtung durch den Nationalsozialismus, dargestellt anhand des Schicksals einer jüdischen Familie, durchaus Kommunikationsbarrieren zu überwinden sowie in gewissem Maße aufklärendes Wissen zu vermitteln vermochte – auch wenn andere Untersuchungen nicht so optimistisch sind (vgl. Joachim Siedler 1984, S. 217 ff.).

Das ethische Dilemma zwischen der begrenzten Aufnahmekapazität und den Stabilitätsnotwendigkeiten des medialen und politischen Systems auf der einen Seite und der Notwendigkeit ihrer Innovationsfähigkeit auf der anderen Seite könnte durch die Differenzierung der Systeme einer Lösung näher gebracht werden. Ganz in der Tradition von Kant wären die Stabilitätserfordernisse des politischen Systems höher anzusetzen, während über das Kommunikationssystem durch eine weitergehende Berücksichtigung von gesellschaftlichen Positionen neue Themen ins System eingespeist werden könnten, bzw. Latentes verarbeitet würde. Das gab es in Form von Leserbriefen oder Telefoninterviews rudimentär schon immer. Die neuen Medien, wenn sie nicht Opfer der Großorganisationen werden, bieten aber darüber hinaus die Chance, die Kapazitätsgrenzen der „alten Medien" durch eine starke Ausweitung der Zweiweg-Kommunkation sowie der Zahl nutzbarer Kanäle zu sprengen. Die in allen Landesmediengesetzen vorgesehenen Offenen Kanäle bieten z. B. Präsentationsmöglichkeiten für nahezu jede Gruppe, vor allem auf der lokalen und regionalen Ebene. Die Medienpolitik müßte hier weitere Freiräume schaffen, vor allem hinsichtlich finanzieller Hilfen, von denen die Möglichkeit zur massenmedialen Vermittlung ebenfalls abhängt, auch um eine übergroße Abhängigkeit von Werbeeinnahmen zu verhindern. Die Neuen Medien – das sei gegen die kulturpessimistische Einstellung ihnen gegenüber gesagt – bieten nicht nur mehr Unterhaltung, sondern auch mehr Information, mehr Bildung und mehr Beratung. Das zeigen ausländische Erfahrungen sowie erste Ergebnisse der Kabel-Pilotprojekte in der Bundesrepublik. Z. B. konnte Noelle-Neumann (1985, S. 115 ff.) im Rahmen ihrer Begleituntersuchungen zum Kabel-Pilotprojekt in Ludwigshafen feststellen, daß als Folge der Verkabelung der zeitliche Umfang der täglichen Zeitungslektüre ansteigt.

Eine hier vorgeschlagene weitergehende Entkoppelung von Mediensystem und politischem System ist sowohl eine Herausforderung an die journalistische Ethik, die neue Kriterien der Nachrichtenselektion entwickeln müßte, als auch an die Lernfähigkeit der Politiker und auch an die Wissenschaft, die hierzu organisatorische Modelle erarbeiten sollte.

7. Schlußbetrachtung

Latenzen sind einerseits unvermeidbar, sie bergen aber auch Gefahren, wenn sie prinzipiell nicht mehr aktivierbar, sondern im psychoanalytischen Sinne verdrängt sind. Denn dann wird das Latente nicht mehr diskutiert, es wird bezüglich des Latenten keine neue Information mehr aufgenommen, es kreist vielmehr um sich selbst und bestätigt sich dadurch ständig selbst. So fühlen sich öffentlich-massenmedial nicht repräsentierte Antisemiten durch die Nicht-Thematisierung nur in ihrem Vorurteil bestätigt, daß eine „jüdische Weltverschwörung" die Nicht-Thematisierung veranlaßt habe.

Die hier vorgeschlagene Thematisierung von Latentem und insbesondere des Antisemitismus mit dem Ziel, latente Vorurteile zu überwinden, ist natürlich eine heikle Sache, die nur sehr verantwortungsvoll und kontrolliert vor sich gehen darf, um nicht durch die bloß gut gemeinte Tat und durch einen unreflektierten aufklärerischen Optimismus das Gegenteil des Intendierten zu bewirken.

Es gibt allerdings journalistische Formen, in denen dies gelingen könnte. Erinnert sei hier z. B. an die dreistündige Rundfunkserie „Hallo Ü-Wagen" im Westdeutschen Rundfunk, in der bewußt Vorurteile aus der Bevölkerung aufgegriffen und von der Bevölkerung selbst zum Ausdruck gebracht werden. Es wird also nicht über die Bevölkerung, sondern mit ihr gesprochen, was die Aufklärungsmöglichkeit erhöht. Dabei wird aber nicht stehen geblieben, sondern diese Vorurteile werden im Kreis von Verbands- und Parteienvertretern, von Wissenschaftlern, von Journalisten und von Kirchenvertretern eingehend diskutiert.

Natürlich kann man dadurch nicht die „hartgesottenen Antisemiten" überzeugen, aber vieles von dem Antisemitismus, der oft nur in versteckten Andeutungen und Konnotationen vorkommt, überwinden, der eher unbewußt noch in vielen Hirnen steckt.

In einer solchen Aufklärungskampagne sollte man sich auch nicht von den Ergebnissen der Kommunikationswissenschaft abbringen lassen, die tendenziell auf ein relativ geringes Maß der Wirkungen von Massenmedien auf die Überzeugungen und Einstellungen der Menschen hindeuten. Denn diese Untersuchungen beziehen sich nicht darauf, wie Medien wirken, wenn diese Medien selbst in Interaktion, ins Gespräch mit dem Publikum treten – sei es nun direkt wie in der Sendung „Hallo Ü-Wagen" oder sei es über die Zweiweg-Kommunikation.

Allerdings sind die Rahmenbedingungen einer solchen Thematisierungsstrategie sehr restriktiv anzusetzen: Sie sollte nur in den öffentlich-rechtlichen Anstalten durchgeführt werden, weil hier die politischen Kontrollen über die Aufsichtsgremien größer sind. Zudem ist nur über diese Integrationsmedien ein allgemeines Publikum erreichbar.

Generell gilt, daß Vorurteile keine Krankheiten sind, sondern erlernte Bewußtseinsstrukturen, auch wenn sie biographisch internalisiert wurden. Und was man gelernt hat, kann man auch wieder „verlernen".

Literatur

Adorno, Theodor W.: Zum „Gruppenexperiment" von F. Pollock, Replik, in: Kölner Zeitschrift für Soziologie und Sozialpsychologie, 1957, H. 1, S. 105 ff.
Baerns, Barbara: Öffentlichkeitsarbeit oder Journalismus?, Köln 1985.

Berger, Peter L./ Luckmann, Thomas: Die gesellschaftliche Konstruktion der Wirklichkeit, Frankfurt a. M. 1974.
Bergmann, Werner/ Erb, Rainer: Kommunikationslatenz, Moral und öffentliche Meinung, in: Kölner Zeitschrift für Soziologie und Sozialpsychologie, 36, 1986, S. 223-246.
Begemann, Marianne: Zur politischen Funktion der Lokalpresse, Münster 1982 (Diss.).
Böhm, Franz: Geleitwort, in: *Friedrich Pollock*, Gruppenexperiment, Frankfurt a. M. 1955.
Institut für Demoskopie Allensbach/ Renate Köcher: Deutsche und Juden vier Jahrzehnte danach, Allensbach 1986.
–: Ausmaß und Formen des Antisemitismus in der Bundesrepublik Deutschland, Allensbach 1987.
Luhmann, Niklas: Soziale Systeme, Frankfurt a. M. 1984.
Merten, Klaus, u. a.: Das Bild der Ausländer in der deutschen Presse, Münster 1986.
Müller-Sorge, Maria M.: Journalismus – Offenheit und Konformität, Bern/ Frankfurt 1975.
Nissan, Peter/ Menningen, Walter: Der Einfluß der Gate Keeper auf die Themenstruktur der Öffentlichkeit, in: Publizistik, 22, 1977.
Noelle-Neumann, Elisabeth: Kumulation, Konsonanz und Öffentlichkeitseffekt, in: Publizistik, 18, 1973, S. 26-55.
–: Auswirkungen des Kabelfernsehens, Berlin/ Offenbach 1985.
Panahi, Badi: Rassismus, Antisemitismus, Nationalismus... in der Bundesrepublik heute, Frankfurt a. M. 1980.
Prokop, Dieter: Medienforschung, Bd. 2, Frankfurt a. M. 1985.
Rosen, Klaus-Henning: Vorurteile im Verborgenen, in: *Herbert A. Strauss/ Norbert Kampe* (Hrsg.), Antisemitismus, Frankfurt a. M. 1985, S. 256-279.
Rühl, Manfred: Die Zeitungsredaktion als organisiertes soziales System, Freiburg 1976.
Sachs, Gerd: Unternehmen im Spiegel der Presse, München 1980.
Schönbach, Peter: Reaktionen auf die antisemitische Welle im Winter 1959/ 1960, Frankfurter Beiträge zur Soziologie, Sonderheft 3/ 1961.
Schulz, Winfried: Die Konstruktion von Realität in den Nachrichtenmedien. Analyse der aktuellen Berichterstattung, Freiburg/ München 1976.
Siedler, Joachim: „Holocaust", Münster 1984.
Silbermann, Alphons: Sind wir Antisemiten?, Köln 1982.
Sinus: Rechtsextreme politische Einstellungen in der Bundesrepublik Deutschland, Abschlußbericht, Heidelberg/ München 1980.
Sondergeld, Klaus: Die Wirtschaftsberichte in den Fernsehnachrichten, Münster 1982.
Strauss, Herbert A./ Kampe, Norbert (Hrsg.): Antisemitismus, Frankfurt a. M. 1985.
Stuiber, Heinz-Werner: Kommunikationsräume der lokal informierenden Tagespresse, Nürnberg 1975.
Wagner, Hans: Kommunikation und Gesellschaft, München 1978.
Wittkämper, Gerhard/ Bellers, Jürgen, u. a.: Medienwirkungen in der internationalen Politik, Bd. 1 und 2, Münster 1986.

Opfer der Opfer?

Der „alltägliche Antisemitismus" in Österreich – erste qualitative soziolinguistische Überlegungen

Ruth Wodak

1. Einleitung

Am 19. November 1987 trat Dr. Michael Graff, Generalsekretär der Österreichischen Volkspartei (ÖVP), zurück. Er hatte einige Tage zuvor in einem Interview mit der französischen Zeitung „Express" gemeint, „so lange nicht bewiesen sei, daß Waldheim mit eigenen Händen 6 Juden erwürgt hat, gebe es kein Problem." Zunächst wurde Dr. Graff vom Obmann der ÖVP noch gehalten und gestützt, am Montag wurde der Ausspruch in den Medien vorerst verschwiegen. Erst als die Proteste unüberhörbar wurden, gab er – 2 Tage später – seinen Rücktritt bekannt. Es stellt sich natürlich die Frage, ob ein solcher Akt auch passiert wäre, hätte Graff nur von einem einzigen Juden gesprochen und anstelle von „erwürgen", „erschießen" oder „anspucken" gesagt. Mußte es also mehr als „eine Handvoll" sein? Und die Konnotation von „erwürgen" mit direkter körperlicher Gewalt im privaten Bereich macht diese Formulierung um Grade unangenehmer und brutaler, als eine sachliche Sprache es ausgedrückt hätte. Solches muß also erst gesagt werden, damit ein österreichischer Politiker überhaupt an Rücktritt denkt...

Ganz anders verlief eine Ausstellungseröffnung einige Tage zuvor: „Die heilige Gemeinde – Judentum in Wien" wurde Mittwoch, den 11. November 1987 in Wien, im Historischen Museum der Stadt Wien eröffnet. Nach einigen offiziellen Ansprachen von seiten der Museumsdirektion und der Kultusgemeinde hielt der amtierende Bürgermeister von Wien, Dr. Helmut Zilk, der einige Tage zuvor die Wiener Gemeinderatswahl gewonnen hatte, eine Festrede. Sätze fielen, wie „Den Juden ist es in Österreich nicht immer gut gegangen" (sicherlich ein krasser Euphemismus!). Danach: „Es muß endlich gesagt werden, daß Österreich natürlich das erste Opfer des Nationalsozialismus war. Und die Juden waren die Opfer der Opfer..." Das zur österreichischen Vergangenheitsbewältigung... Und das vor einem hochintellektuellen, kulturell interessierten und größtenteils jüdischen Publikum. Der erste genannte Politiker war konservativ, der zweite ein Sozialdemokrat. Der erste trat zurück, der zweite schwimmt auf seiner Erfolgswelle weiter. Was wird morgen geschehen? Nichts ist undenkbar, die Enttabuisierung des Antisemitismus ist weit gediehen, „anything goes".

Im Rahmen dieses Aufsatzes möchte ich mich mit Hilfe qualitativer linguistischer Methoden diesem „neuen – alten" Antisemitismus zuwenden. Ich werde keine Inhaltsanalyse vorlegen, keine Zahlen, sondern mich mit der Qualität, dem Inhalt und der Form antisemitischer und judenfeindlicher Äußerungen beschäftigen, wie sie täglich die österreichische Innenpolitik und Öffentlichkeit garnieren (vgl. dazu Wodak 1987[a,b]; Gruber/Wodak, Hrsg. 1987 usw.).

Dabei interessieren mich hier nicht die kruden Formen eines rechtsradikalen Antisemitismus (vgl. dazu Galanta 1987; DeCillia, Mitten und Wodak 1987, S. 104ff.), dieser ist eindeutig erkennbar und durchschaubar. Vielmehr sind die subtilen, latenten, neuen Äußerungsformen relevant, die z.T. Anspielungscharakter besitzen, z.T. die Form von typischen Vorurteilsprädikationen oder -geschichten annehmen (vgl. Quasthoff 1973; van Dijk 1984; Seidel 1986; Wodak 1987[a,b]). Diesem neuen Antisemitismus ist nur schwer, wenn überhaupt durch rein quantitative, wortorientierte Verfahren beizukommen. Denn meist betrifft der Vorurteilsdiskurs ganze Argumentationslinien, Stereotype und Klischees, deren Ursprung im nationalen, z.T. rassistischen, christlich-sozialen Antisemitismus der 1. Republik liegt (was leider nur allzu wenigen bekannt ist). Nach einem kurzen Abriß über den sozio- und textlinguistischen Zugang zur Vorurteilsforschung, möchte ich einige methodische Überlegungen anstellen. Beispiele aus der österreichischen Presse und aus der im Juni 1987 abgehaltenen „Mahnwache" mögen dann diese Palette österreichischer „Antisemitismen" demonstrieren.[1] Der Vergleich von massenmedialen Texten und individuellen Meinungsäußerungen bietet Einblick in ein besonders wichtiges Phänomen: wie werden die öffentlichen Vorurteile, Klischees und Stereotypen, die offiziellen Argumentationen übernommen und auch verstanden? Zeitungen können ja letztlich nur das schreiben, was gewollt, rezipiert und verstanden wird. Welche Wirkungen zeitigt also der öffentliche politische Diskurs, gibt es eine Kluft zwischen kollektiven und individuellen Normen? Hat die Enttabuisierung tatsächlich Manifestheit ermöglicht oder besteht teilweise noch Kommunikationslatenz? (vgl. Bermann und Erb 1986). Was ist erlaubt, was verboten, wie schaut die politische Kultur in Österreich heutzutage aus? Dabei kann ich natürlich nicht das Problem der „Kontinuität" bzw. „der Stunde Null 1945" beantworten. Genaueste historische und linguistische, kontextorientierte Forschung wäre notwendig. Unsere Studien und derzeitigen Ergebnisse weisen jedoch darauf hin, daß gewisse Inhalte wie Formen sicherlich von der 1. in die 2. Republik reichen, wie auch Trümmer der NS-Ideologie fortbestehen. Besonders deutlich wird dies in den Tonbandaufnahmen der Mahnwache (vgl. unten), wo der kollektive Erfahrungsschatz gerade auch der Kriegsgeneration laut wird (vgl. Wodak, DeCillia und Mitten 1987).

2. Sprache – Ideologie – Vorurteil

2.1 „Antisemitischer Sprachgebrauch" – „Sprache des Antisemitismus"

Was haben die zwei obengenannten Zitate österreichischer Politiker und etwa ein jüdischer Witz gemeinsam? Sie enthalten alle Verallgemeinerungen, Vorurteile und Stereotype verschiedenster Art, die Juden betreffen. Das Spektrum dieser Vorurteilsmuster ist ziemlich breit, sowohl die vermutliche Absichten der jeweiligen Sprecher als auch die Wirkungen derartiger Vorurteile reichen von bloßer Unterhaltung zu nüchternem politischen Kalkül.

Bei der Beurteilung solcher Äußerungen stellt das Wort „Antisemitismus" ein Problem dar. Was ist Antisemitismus und wie ist er überhaupt zu erkennen?

Im folgenden will ich antijüdische Sprachverwendung im weitesten Sinn mit „antisemitisch" bezeichnen, wobei der Grad an Bedrohlichkeit und Feindseligkeit sehr verschieden sein kann: abhängig vom Kontext und den Sprechern sind verschiedene Stufen der Manifestheit zu unterscheiden. „Tötet Juden" (wie auf den Gedenkstein für Sigmund Freud in Wien geschmiert) ruft zur expliziten gewalttätigen Handlung auf. Ein jüdischer Witz muß nicht antisemitisch sein. Wie wir zwischen diesen Beispielen unterscheiden können, wollen wir anhand von soziolinguistischen Kategorien im Kapital 3 erörtern.[2]

Dabei gehe ich von einem *antisemitischen Sprachgebrauch*, von antisemitischen Sprechern und Sprecherinnen, aber nicht von einer Sprache *des* Antisemitismus aus. Denn diese würde eben genaue Definition, Charakteristik, Abgeschlossenheit und Erkennbarkeit implizieren.

Von *einer* Sprache des Antisemitismus zu sprechen, ist also nicht nur theoretisch falsch, es ist auch politisch gefährlich (Maas 1985; Sauer 1987; Wodak 1987[d]). Denn die Vorstellung einer abgeschlossenen und daher leicht erkennbaren Gefahr verniedlicht sie. Und wie die Beispiele in Kapitel 1 zeigen, ist unser Vorstellungsvermögen sicherlich zu gering, um alle möglichen Formen antizipieren zu können.

2.2 Sprache und Vorurteil

Gerade was die Vermutung von Antisemitismus betrifft, kann die *Soziolinguistik* einen wichtigen Beitrag zur Erklärung dieses Phänomens leisten. Ideologien bedienen sich in vielfältiger Weise der Sprache und konstituieren sich über sie. In der Sprachanalyse können Formen der Vorurteilsbildung und -wirkung im öffentlichen Sprachgebrauch festgemacht werden.

Bei der sprachlichen Analyse von antisemitischen Vorurteilen kann es nicht ausreichen, alle Ebenen von sprachlichen Äußerungen (Wortschatz, Satzbau, Textebene und sprachliche Strategien, semiotische Elemente in Plakaten oder Karikaturen) zu untersuchen, sondern es müssen bei der *Produktion* und *Rezeption* (Erzeugung und Aufnahme) von Texten beteiligte Faktoren berücksichtigt werden. Derjenige, der eine sprachliche Äußerung produziert, der Text und der Adressat so einer sprachlichen Äußerung stehen in einem dynamischen Zusammenhang zueinander. Sowohl bei der Produktion von Texten (im weitesten Sinn) als auch bei deren Rezeption müssen soziopsychologische Faktoren (Alter, Schicht, Geschlecht, politische Sozialisation usw.) berücksichtigt werden. Das Weltwissen der Beteiligten, deren Erwartungen, Einstellungen und Vorurteile beeinflussen, wie eine sprachliche Äußerung „verstanden", d. h. interpretiert wird (vgl. Lutz und Wodak 1987; van Dijk 1984).

Man muß sich also fragen, auf welches Vorwissen bei welchen Bevölkerungsschichten antisemitische Vorurteile treffen. So kann erklärt werden, daß es im heutigen politischen Diskurs genügt, mit Anspielungen zu operieren, wenn z. B. von „gewissen Kreisen" oder „ehrlosen Gesellen" die Rede ist, um antisemitische Vorurteile zum Klingen zu bringen. Es genügt, Versatzstücke alter Antisemitismen zu zitieren oder darauf anzuspielen, um antisemitische Wirkungen zu erzielen. Die Soziolinguistik kann hier dazu beitragen, gerade *subtile Äußerungsformen* von Vorurteilen zu erfassen und deren Funktionieren transparent zu machen. Auch dort, wo Vorurteile vorgeblich nur zitiert werden und wo die Zitierer mit dem Hinweis „honni soit qui mal y pense" die Antisemitismen den Interpreten zuschieben wollen.

2.3 Zur Funktion und zum Inhalt antisemitischer Vorurteile

Antisemitismus erweist sich als ein so komplexes und vielschichtiges Phänomen, daß ein Erklärungsansatz allein nicht greifen kann. Sozialpsychologie und Vorurteilsforschung können zwar empirisch belegen, daß alle Menschen die „Komplexität der Welt" durch gewisse Stereotypen, Erfahrungen, Automatismen reduzieren wollen und müssen. Warum sich aber gerade die Juden als Angriffspunkt, Sündenbock und Außenfeind, als Projektionsfläche anbieten, bedarf noch weiterer Erklärungen. Bernd Marin stellte für die 2. Republik den scheinbaren Widerspruch fest, daß der Antisemitismus in Österreich dort am größten ist, wo es kaum oder keine Juden gibt (Antisemitismus ohne Juden). Und bestimmte sprachliche Muster (Zitate, Anspielungen) erlauben Tabuisierung und Verschiebung von Verantwortung (Antisemitismus ohne Antisemiten). Gerade diese Thesen Marins (1983) wollen wir anzweifeln – heute haben sich die Antisemiten decouvriert und auch Juden als Sündenböcke sind vorhanden („jüdische Mitbürger" im öffentlichen Sprachgebrauch genannt). Die Phase der Enttabuisierung hat die Kommunikationslatenz aufgehoben.

Ohne in diesem Rahmen detailliert den öffentlichen politischen Diskurs in Österreich analysieren zu können (vgl. Maas 1985; Wodak 1987[a]), will ich doch auf zumindest drei derzeit übliche Gruppen von Vorurteilsmustern bzw. anti-jüdischen Sprachgebrauchs hinweisen, wobei wir dies zunächst als rein heuristische Unterscheidung verstehen:

1. *Relikte aus der NS-Zeit*: Dies sind entweder Wortschöpfungen aus dem ideologischen Gebäude des Dritten Reiches oder ältere Begriffe, die „umgedeutet" wurden („Volk", „Vergasung", „Mischehe").

2. *Direkte feindliche Handlungsanweisungen*, die meist in Schmieraktionen oder implizit in Schlagzeilen auftreten („Tötet Juden", „Saujud").

3. *Argumentationen, Geschichten und Generalisierungen*, die in typische Vorurteilsmuster eingebettet sind und – historisch gesehen – typische Themen betreffen. Es sollen die Themen (Topoi) aufgezählt werden, die z. T. auch unsere Beispiele betreffen. Die sprachlichen Formen und Grade an Manifestheit werden in den nächsten Kapiteln anhand der konkreten Beispiele besprochen.

    a) *Verschwörungstheorie*: Das Weltjudentum besitzt und beherrscht die Presse, die Banken usw.; die Juden sind vaterlandslose Gesellen, sie planen die zionistische/kommunistische Weltverschwörung.

    b) *Unehrlichkeit*: Die Juden sind Wucherer, Halsabschneider, Lügner, wendig, ehrlos usw.

    c) *Jüdische Intelligenz*: Die Juden beherrschen Kunst, Wissenschaft und Kultur; sie sind revolutionär, zersetzend, selbstzerstörerisch, dogmatisch, fanatisch, bedrohen die althergebrachten Werte.

    d) *Christusmörder*: Die Juden haben Jesus Christus umgebracht, sie sind daher die Feinde der Christen.

    e) *Andersartigkeit*: Die Juden sind Fremde, schauen anders aus: Haare, Lippen, Hautfarbe, Nase, Buckel; sie sind Parasiten in ihren „Wirtsvölkern"; sie sind sexuell pervers usw.

Das Spektrum dieser antisemitischen Topoi gibt Theodor Adorno (1973) recht: Vieles, was in den modernen Gesellschaften zu schwierig und nicht verstehbar ist, wird den Juden einfach in die Schuhe geschoben. Der Jude ist *der* Sündenbock, der sich trotz so vieler entsetzlicher historischer Ereignisse noch immer hält und bis zuletzt, wie die jüngste Geschichte Österreichs beweist, „gut" bewährt.

3. Dimensionen und Kategorien der Analyse

Die Palette judenfeindlicher Äußerungen reicht von Bildern (Karikaturen bzw. faschistischen Symbolen, Schmieraktionen) zu einzelnen Worten („Saujud"), von langen Texten (Zeitungskolumnen) bis zu Witzen und Aufforderungen („Vergast gehören sie!"). Der Grad an Direktheit und Eindeutigkeit kann ebenfalls variieren: von manifestem Antisemitismus, wie in den oben zitierten Beispielen, zu subtilen Formen, die Vorwissen und Erfahrung mit Judenfeindlichkeit voraussetzen.

Bei der Analyse von manipulativen Texten genügt es nicht, sich nur die einzelnen Ebenen wie Wort, Satz und Text anzusehen. Auch die *Strategien der Präsentation* von Inhalten, die Argumentationsketten und -linien, eine bestimmte Abfolge von Äußerungen in dieser Satzsequenz können manipulativ wirken. In der Formulierung: „Antijüdische Gefühle haben uns in unserer Geschichte bisher nie Nutzen oder Segen gebracht. Sie sind außerdem zutiefst inhuman" (Statement von Dr. Rudolf Kirchschläger, Bundespräsident Österreichs, vom 22.4.1986)[3] wirkt gerade die Wahl dieser Abfolge judenfeindlich – denn der praktische Nutzen oder Schaden von Vorurteilen sollte wirklich kein Argument gegen Antisemitismus sein. Das wesentliche Argument aber, dessen Inhumanität, rangiert hier nur unter „außerdem".

Konkret berühre ich hier zwei *Dimensionen*: die *text-immanente Ebene* (sprachliche Ebene) und *Strategien der Vorurteilsäußerung*, die diese Ebenen betreffen und unterschiedliche Grade an Latenz bzw. Manifestheit besitzen. Die im nächsten Kapitel vorgestellten Beispiele werden dann anhand dieser Dimensionen beschrieben und interpretiert.

A. Sprachliche Ebene

Bild:

Der Sprachbegriff der Sprachsoziologie erfaßt nicht nur verbale Äußerungen, sondern auch nonverbale Zeichen. Bei Plakaten, Karikaturen, Schmieraktionen usw. interessiert uns, wie die Verteilung von Wort und Bild aussieht, wie die beiden zueinander passen, was symbolisch antijüdischen Vorurteilen zugeordnet wird. Diese Kategorie ist gerade für die Analyse von Karikaturen und Plakaten wichtig, da es stereotype und stabile antijüdische bildhafte Klischees gibt (Nase, Haare, Lippen, Körperhaltung usw.). Die Art der Schrift wie auch die Wahl der Farbe können Gruppenzugehörigkeit und Ideologie vermitteln. Grade an Manifestheit sind feststellbar. So ist es natürlich ein Unterschied, ob das Hakenkreuz verwendet wird oder die Farbe „gelb" oder „braun".

Text:

Unter „Text" verstehe ich eine „kommunikative Begebenheit", die gewissen grammatischen, situativen und kulturellen Anforderungen (Verstehen und Verständlichkeit) genügen muß (vgl. Beaugrande und Dressler 1981). Demnach sind sowohl eine Grabinschrift, die aus einem Satz besteht, als auch eine Schmieraktion, ein Verkehrszeichen, ein Straßenschild oder eine Gedenktafel, ein Zeitungsartikel, ein Streitgespräch, eine Rede, ein Aufruf, eine Wahlparole usw. Texte. Alle genannten schriftlichen, bildhaften oder mündlichen Texte besitzen bestimmte eigene Funktionen und Charakteristika. Der Aufbau des Gesamttextes (Kapitelgliederung, Verwendung von Reimen, von bestimmten Anredeformen usw.) ist genauso von Interesse wie der verstärkte Einsatz von rhetorischen und stilistischen Mitteln in politischer Sprache, etwa im Gegensatz zu sachlich argumentativer Sprache in wissenschaftlichen Texten. In der Vorurteilsforschung spielt die Äußerung (als Teil eines Textes) eine wichtige Rolle, da Urteile bzw. Vorurteile auf logische Satzformen zurückgeführt werden können, also auf bestimmte Aussagestrukturen (vgl. Quasthoff 1973). Es gibt typische Satzmuster, die für die Äußerung von Vorurteilen gegen Fremdgruppen und Sündenböcke verwendet werden und die in der Argumentation auf der Textebene eine große Rolle spielen. Als Beispiele seien die folgenden Muster genannt: „Alle Juden sind reich"; „Ich kenne zwar nette Juden, aber..."; „Ich kenne zwar keine Juden, aber ich habe gehört, daß...".

Wort:

Ein Wort („Saujud") oder eine Wortgruppe („jüdische Mafia", „jüdische Intelligenz") kann Vorurteile direkt signalisieren. Das belastete Wort kann entweder historisch „umbedeutet" und konnotiert worden sein, (die Übermensch-Untermensch-Dichotomie der Philosophie Nietzsches wurde etwa in die Rassentheorie Hitlers integriert) oder neu geschaffen werden (z. H. „Halbjude" als Teil der Nürnberger Gesetze). Manche stereotype Wortfolgen, Kollokationen, wie „stinkende Judenschweine", sind manifest judenfeindlich, andere nur als Anspielungen verständlich, wie z. B. „ehrlose Gesellen", wobei für die Interpretation des letzteren Beispiels der historische Kontext besonders wichtig ist (vgl. DeCillia, Mitten und Wodak 1987).

B. Strategien der Präsentation

Politische Rede ist „persuasive Kommunikation", d. h., die jeweiligen Sprecher planten bewußt ihre Inhalte und deren Form, um Hörer überzeugen zu können.

Vorurteile, wie wir sie auf allen sprachlichen Ebenen untersuchen, sind im politischen und ideologischen Sprachgebrauch eingebettet bzw. historisch damit verknüpft und später in den alltäglichen Sprachgebrauch und Vorurteilsdiskurs eingegangen.

Welche Strategien der Präsentation sind nun besonders in der Vorurteilsforschung wesentlich? Die von uns gewählte Ordnung bewegt sich auf einer Achse von „versteckt" in Richtung auf „manifest" geäußerte Vorurteile. Die gesamte Argumentation betrachten wir dann am Schluß (vgl. Svenson 1984; Völzing 1979).

Die *Anspielung* ist ein typisches Beispiel indirekter Sprachverwendung. Inhalte werden nicht explizit genannt, sondern es wird latent auf historisches Wissen (Hintergrundwissen) angespielt. Damit werden mehrere Funktionen erfüllt: Gruppenzugehörigkeit wird durch die gemeinsame Kenntnis der historischen Situation signalisiert. Man enthebt sich der Verantwortung – denn wenn ein Vorwurf an den Sprecher gerichtet wird, kann sich dieser immer zurückziehen und dementieren, er/sie habe dies gar nicht gemeint, die Schuld wird dem/der Hörer/in in die Schuhe geschoben. Und letztlich können Anspielungen in hervorragender Weise tabuisiert bzw. verbotene Inhalte ausdrücken, da sowohl, wie schon erwähnt, der historische Bezug als auch das Vorurteil geleugnet werden können („gewisse Kreise an der Ostküste" wäre ein gutes Beispiel einer Anspielung).

Stereotype (Klischees) charakterisieren schlagwortartig und ahistorisch das „typische antisemitische Vorurteil". Gemeint sind also Wortfolgen, Merkmale, Eigenschaften, Klischees, die immer wiederkehren und nicht mehr – wie die Anspielung – mit einer historischen Situation verbunden werden müssen, z. B. „der ehrgeizige, gierige, raffende usw. Jude".

Zitate schließlich können in verschiedener Weise eingesetzt werden; als Rechtfertigung, als Beweis für eine Behauptung oder auch, um dem vermeintlichen Gegner zu schaden. Typisch für diese Strategie ist das Weglassen des Kontextes, wodurch viele Lesarten des Zitates möglich werden, Verkürzungen sind ebenfalls häufig zu finden. So darf es nicht verwundern, wenn gerade als Beleg für antisemitische Vorurteile berühmte Juden zitiert werden, die offenbar die Wahrheit der Behauptung stützen sollen. Der/die Verwender/in eines Zitats ist natürlich auch der Veranwortung für den Zitatinhalt enthoben, daher ist diese Strategie bei Vorurteilsargumentationen besonders beliebt („Nicht ich meine dies, sondern mein Nachbar, der sagt ...").

Anspielungen, Stereotype und Zitate verwenden natürlich Worte und Sätze und sind in Texte integriert, die *Gesamtargumentation* des Textes steuert letztlich den Gebrauch textimmanenter Mittel. Bei Vorurteilstexten finden wir folgende Argumentationsstrategien am häufigsten:

a) Opfer-Täter-Umkehr („die Juden sind am ihrem Unglück selber schuld ...").
b) Sündenbock-Strategie („die Juden sind an allem schuld...").
c) Schwarz-weiß-Malerei („die schlechten Juden, die guten Christen: Volk und Gegenvolk").

d) Mystifikations- und Anonymisierungsstrategien („gewisse, manche, Hunderte, Tausende". „Sie" sind schuld ...).
e) Abschiebung von Verantwortung („ich kenne nette Juden, aber mein Nachbar hat erzählt ...").
f) Aufrechnung („es gibt Opfer auf allen Seiten" ...).

Abhängig von der Präsentationsstrategie für das wichtigste Thema werden dann die oben genannten Argumentationsstrategien eingesetzt. Das äußert sich auf allen sprachlichen Ebenen und markiert damit mehr oder minder offenen bzw. latenten Antisemitismus.

4. Einige Beispiele aus der „Kronenzeitung" und der „Presse"

Beide Zeitungen bezeichnen sich als parteiunabhängig und waren während der Wahlkampagne 1986 stark pro Waldheim orientiert, nur in unterschiedlicher Form.

Die *Neue Kronenzeitung* hat eine Auflage von ca. 1 020 000 unter der Woche und über 1 400 000 am Sonntag. Damit ist sie weltweit – gemessen an der Einwohnerzahl – die meistgelesene Zeitung. Sie stellt sich selbst als „unabhängig" dar, ist eine Boulevardzeitung, konservativ, aber tatsächlich parteipolitisch nicht zuzuordnen.

Die Presse gehört dem Österreichischen Wirtschaftsbund. Sie besitzt eine Auflage von ca. 55 000 unter der Woche, Samstag über 70 000. Die Blattlinie ist bürgerlich, rechtsliberal, sie ist kein Parteiorgan, steht allerdings der österreichischen Volkspartei nahe.[4]

Im folgenden will ich einige Textstellen auf die verwendeten Präsentationsstrategien und auch in Bezug auf den Grad der Manifestheit des antisemitischen Sprachgebrauchs untersuchen.

Die Analyse verbleibt qualitativ und verzichtet in diesem Rahmen auf weitere textinhärente Indikatoren (nach textlinguistischen Parametern; vgl. Wodak 1984). Eine Quantifizierung steht noch aus (vgl. Wodak et al. 1987[e]).

Weiter stellt sich die Frage, ob bestimmte Strategien ganz bestimmte linguistische Äußerungsformen und Indikatoren brauchen. Die verwendeten Vorurteile, Stereotype und Klischees wiederum stehen beispielhaft für den öffentlichen, erlaubten Diskurs in Österreich, bilden also das kollektive Normengebäude ab.[5]

III. Antisemitismus in der politischen Kultur (3)

4.1. Umkehrung des Opfer-Täter-Verhältnisses*

4.1.1 Juden als Täter, Waldheim als Opfer

„Der Jüdische Weltkongreß und die von ihm beeinflußten Medien verfolgten und drohten Österreich, was im Österreicher eine Trotzreaktion hervorrief..." (NKZ, 4.5.1986, S. 2)
„Nein, der gezielte Anschlag auf Waldheim war durchaus konsequent." (Presse, 3./4.5.1986, S. 1)

4.1.2 Juden schaffen Antisemitismus

„...Der Mann, der Waldheim zum Nazimonster hochstilisieren will und damit höchstens grausliche antisemitische Reaktionen heraufbeschwört..." (NKZ, 3.4.1986, S. 3).
„Zu der Diskussion über eine mögliche Welle von Antisemitismus in Österreich aufgrund der Aktivitäten des Jüdischen Weltkongreß..." (Presse, 26.3.1986, S. 4).

4.2 Herstellung von Gruppensolidarität durch Schaffung von Feindbildern

4.2.1 Idenfikation mit Waldheim

„...Die beschämenden Ereignisse in New York und Israel ...mußten jeden anständischen Menschen, der sich seine Urteilsfähigkeit noch bewahrt hat, zutiefst erschrecken." (NKZ, 19.6.1986, S. 8).
„Der Patriotismus, der sich im Wahlergebnis niederschlug, war ein anderer: Er hat sich an den erbärmlichen Totaldiffamierungen entzündet, denen dieses Land ausgesetzt war. Nicht ‚Jetzt erst recht' war die Devise, sondern offenbar ‚Justament'. Zum ersten Mal seit langem haben die Österreicher wieder so etwas wie Nationalstolz demonstriert." (Presse, 9.6.1986, S. 1).

4.2.2 Einmischung wird nicht geduldet

„Besonders die dauernde penetrante Einmischung aus dem Ausland muß mit aller Schärfe zurückgewiesen werden ..." (NKZ, Leserbrief, 1.5.1986, S. 20).
„...daß wir einen Präsidenten wählen, ohne daß es einer Trotzreaktion gegen unverschämte ausländische Einmischung gleichkommt ..." (NKZ, 25.5.1986, S. 2).
„Wie immer Kurt Waldheim sich verhalten hat – ist es Sache des Jüdischen Weltkonkreß darüber zu befinden, oder nicht immer noch jene der Österreicher?" (Presse, 25.3.1986, S. 1).

---

* Unterstreichungen von der Autorin zur Markierung besonders belastender Stellen.

4.3 Sündenbockstrategie (gegen den Jüdischen Weltkongreß

4.3.1 Dämonisierung (jüdischer Dreh)

„Als D r a h t z i e h e r (des ‚Intrigenspiels') wird der Jüdische Weltkongreß bezeichnet, der auf Grund seiner guten Verbindungen auch Zugang zur Reagan-Administration hat. Dort v e r n a d e r t man Waldheim... (NKZ, 26.4.1986, S.2).
„Die ‚P r o p a g a n d a m a s c h i n e r i e des W e l t j u d e n k o n g r e s s e s'" (Presse, 29./30./31.3.1986, S.1)

4.3.2 Degradierung – Relativierung

„So aber, meine j u n g e n H e r r s c h a f t e n vom Jüdischen Weltkongreß, waren die Verhältnisse damals nicht!" (NKZ, 20.4.1986, S.6).
„Der Weltkongreß ist daher bis zum heutigen Tag mit immer neuen ‚A k t e n' dahergekommen, ohne daß es auch nur im geringsten gelungen wäre, eine ‚N a z i v e r g a n g e n h e i t' Waldheims nachzuweisen." (NKZ, 20.3.1986, S.6).
„Und daß Waldheim, der kleine Oberleutnant und Stabsschreiber, ein ‚Nazi' gewesen sein soll, ist derart h a n e b ü c h e r e n, daß man sich damit e i g e n t l i c h g a r n i c h t weiter auseinandersetzen soll." (NKZ, 1.6.1986, S.6).
„...daß die diversen d r o l l i g e n Aussendungen und Dokumentenveröffentlichungen gegen den österreichischen Präsidentschaftskandidaten Dr. Waldheim..." (NKZ, 26.6.1986, S.8).
„Selten noch sind p r i m i t i v e – und zudem falsche – Schlagworte so bereitwillig akzeptiert und n a c h g e p l a p p e r t worden, die in der Lage waren ein g a n z e s V o l k z u d i f f a m i e r e n." (Presse, 21.6.1986, S.1).

4.4 „Christus" (= Waldheim) mörder

„Es ist schwer zu begreifen, daß sich der W a l d h e i m - S c h l a c h t u n g des J ü d i s c h e n W e l t k o n g r e s s e s a u c h n o c h I s r a e l... angeschlossen hat." (NKZ, 25.5.1986).
Titel: „Mißlungener Kannibalismus"
„Um Kraft, Persönlichkeit und Erfolg eines z u m O p f e r E r k o r e n e n auszuschalten, wird er so lange verleumdet, bis er als Gegner erledigt, in einem übertragenen Sinn also ‚a u f g e f r e s s e n' ist". (NKZ, 9.6.1986, S.3)
Titel: „Politik am Karfreitag"
„Da sind die, die sich in Unschuld die Hände waschen, heute wie damals, die Massen, die einem f e i g e n R i c h t e r zurufen: ‚Kreuzige ihn!'" (Presse, 28.3.1986, S.1)

4.5 Analyse und Interpretation

Allein schon intuitiv springen Unterschiede zwischen den beiden Zeitungen ins Auge (wobei die Textauswahl beliebig erweiterbar wäre). Erschreckend ist auch der massive offene Antisemitismus, das bewußte politische Taktieren mit diesen Vorurteilen.

Innertextuell sind besonders die affektiven Adjektiva („grauslich", „primitiv", „penetrant") auffallend, die erniedrigenden Anreden (etwa an den Weltkongreß – „die jungen Herrschaften"), die Antonympaare, der bewußte Einsatz umgangssprachlicher Wörter („vernadert", „nachgeplappert") bzw. verniedlichender, zynisch anmutender Adjektiva („drollig"). *Die Presse* ist sicherlich argumentativ subtiler, obwohl auch in diesen Artikeln die Wortwahl Schlagwortcharakter besitzt bzw. emotionsgeladene Begriffe dominieren. Nicht einmal vor offenen Beschimpfungen schreckte man zurück. „Justament!" nicht! Daß sich der Name des Jüdischen Weltkongresses natürlich für die Assoziation zur „Weltverschwörung" anbietet, wurde weidlich genutzt.

Betrachten wir nun die Unterschiede zwischen den einzelnen Strategien, wobei diese tatsächlich den klassischen Vorurteilstopoi entsprechen (siehe oben):

In 1 (Umkehrung des Opfer-Täter-Verhältnisses) wird die Weltverschwörung wachgerufen („verfolgen, beeinflussen, drohen, gezielt"). Die Medien sind total vom Weltkongreß dominiert, Waldheim wird zum „Nazimonster" (besonders emotionsgeladen). In 4.1.3 erweckt die sachliche Berichterstattung einen nüchternen, objektiven Charakter. Die spezifische *Syntax* (Wahl des Passivs) paßt zu dieser Strategie.

Bei der zweiten Vorurteilsgruppe wird v. a. mit Gegensätzen gearbeitet („wir" gegen die „anderen"; beschämend – anständig; jetzt erst recht – justament). Wiederum stechen Schlagworte und Stereotype hervor: „erbärmliche Totaldiffamierung; penetrante Einmischung" usw. Die *Argumentationslinie* unterstreicht die hergestellten Gegensätze (nicht – sondern; wie immer – oder nicht; Weltkongreß – Österreicher). Rhetorische Fragen sprechen besonders vorgeformte Meinungen an. Der berichtende Charakter der Presse ist hier ebenfalls emotionsgeladener durch die Verwendung der Adjektiva, dennoch vermitteln Statements wie „Zum ersten Mal, seit langem ..." Objektivität.

Bei der Sündenbockstrategie (3. Gruppe) wird *Diffamierung* betrieben. Der Weltkongreß bekommt erniedrigende *Namen* (Drahtzieher, Propagandamaschinerie, junge Herrschaften), seine Tätigkeit wird lächerlich und schlecht gemacht (drollig, primitiv, hanebüchern). Die Verwendung von *Anführungszeichen* („Nazivergangenheit") soll auf die Absurdität der Anschuldigungen hinweisen. Die Verteufelung und Diffamierung sind explizit und bedürfen keiner Interpretation.

Bei der letzten Gruppe (religiöse Topoi) werden *Anspielungen* direkt auf den Christusmord und ganz alte *Stereotype* gemacht („Schlachtung, Opfer, kreuzigen, feige Richter"). Hier ufert die Polemik ins Maßlose aus, die Verbindung des Weltkongresses mit diesen Motiven spricht tatsächlich den tiefsitzenden religiösen Antisemitismus an, wobei *direkte*, rhetorische Anklagen dominieren („Da sind die ...").

Sichtbar wird, selbst durch diese notwendigerweise kurze Analyse, daß jede Strategie andere mikrotextuelle Ausformungen besitzt, die einerseits inhaltlich, andererseits historisch bedingt sind. Der Grad an Manifestheit ist durchweg hoch, Latenz wird höchstens durch nüchternen, berichtenden Stil erreicht.

Was läßt sich nun an *Unterschieden zwischen den beiden Zeitungen* feststellen (wobei an den antisemitischen Tendenzen wohl kein Zweifel besteht):

Die Presse: Die antisemitischen Äußerungen in der *Presse* sind subtiler und eher in der Argumentation als in offenen Stereotypen eingebaut. Jüdische Personen und Gemeinschaften werden, obwohl sie angesprochen sind, selten explizit benannt. Anspielungen werden verwendet, die die Angreifbarkeit der Zeitung verringern. Daher ist gerade bei den Kolumnen aus der Presse eine makro- und mikrolinguistische Analyse notwendig, um den pseudo-logischen Argumentationen auf die Spur zu kommen. Und selbst bei 5.4 („Kreuzige ihn") wird der Weltkongreß nicht explizit genannt.

Die Kronenzeitung: Hier ist der antisemitische Sprachgebrauch offen und plakativ. Der Wortschatz, die Adjetiva, Wiederholungen, Schlagworte, Verniedlichungen, umgangssprachliche Wendungen in sehr einfacher Syntax sind jedermann verständlich und offen diffamierend. Hier nehmen die Schreiber wahrlich kein Blatt vor den Mund, Anspielungen und Zitate scheinen gar nicht notwendig (wobei sich dies tatsächlich von der „berühmten" Serie Viktor Reimanns 1973 unterscheidet; vgl. Marin 1983; DeCillia, Mitten und Wodak 1987). Es ist erstaunlich und bestürzend, daß die meistgelesene Tageszeitung Österreichs es wagt, derart offen antisemitisch vorzugehen. Und es erstaunt bei der bekannten Wirkung eben dieser medialen Propaganda nicht, daß der „neue" Antisemitismus solche Formen annehmen konnte. Andererseits müssen die Zeitungen mit der Bereitschaft der Leser rechnen – denn sonst wäre ihre Verbreitung nicht so groß!

Beide Zeitungen haben sich jeweils an ihr Publikum gewandt (einerseits Wirtschaft und Intellektuelle, andererseits Durchschnittsbürger). Die subtile Argumentation ist, da scheinbar sachlicher und objektiver, sicherlich gefährlicher. Der plakative Antisemitismus prägt sich andererseits durch den Schlagwortcharakter leichter ein.

Natürlich müßte bei einer quantitativen Analyse zwischen den einzelnen Textsorten innerhalb der Zeitung unterschieden werden (Bericht vs. Kolumne usw.), um solche Generalisierungen legitimerweise zuzulassen. Unsere punktuelle Collage soll v. a. das Register antisemitischen Sprachgebrauchs in Österreich vor Augen führen und ist als erster Einstieg gedacht (vgl. Wodak et al. 1987). Vom linguistischen Standpunkt her gesehen, ist die Abhängigkeit spezifischer textinhärenter Indikatoren von makrotextuellen Strategien und Vorurteilstopoi besonders interessant. Diese ersten Zusammenhänge, die letztlich eine *Typologie antisemitischen Sprachgebrauchs* nahelegen, bedürfen natürlich noch weiterer Validierung.

5. Die Mahnwache

Im Juni 1987 fand am Stephansplatz in Wien, direkt im Zentrum der Großstadt, eine Mahnwache statt. Veranstaltet wurde diese vom „Republikanischen Club", einer linksliberalen Vereinigung, die sich v. a. gegen den Antisemitismus im Wahlkampf 1986 formiert hatte und sich weiterhin mit täglichen Issues dieser Art beschäftigt. Gedacht wurde der Opfer des Krieges, besonders der im KZ-Ermordeten.

Die Mahnwache erregte großes Aufsehen. Trauben von Diskutanten bildeten sich, die Wachenden wurden als Provokation empfunden, schienen zur *Meinungsäußerung* aufzurufen. Und so geschah es auch. Manche fühlten sich provoziert und begannen, – oft aus heiterem Himmel heraus – Meinungen, Einstellungen, Aggressionen, Geschichten usw. zu erzählen. Wir nahmen tageweise diese Gespräche auf Band auf, denn nirgendwo hatten wir bisher die Chance, solches authentisches Material zu erhalten. Gesprochen und gestritten wurde über alles mögliche, über Sozialleistungen und Pensionen, über den Wahlkampf, über die Vergangenheit und über die Juden.

Einen solchen Text möchte ich hier kurz vorstellen und charakterisieren, wobei ich mich auf die inhaltliche Argumentationskette beschränken muß, eine detaillierte diskursanalytische Untersuchung würde den Rahmen dieses Aufsatzes sprengen. Nach einer kurzen Inhaltsanalyse werde ich zunächst die Argumentationsketten verdeutlichen, mit besonderem Augenmerk auf Bruchstellen. Danach mögen die zwei typischen Vorurteilsdiskurse analysiert werden. Zuletzt möchte ich die Stereotype, Klischees, Anspielungen usw. als Beispiele antisemitischen Sprachgebrauchs zusammenstellen und mit dem Diskurs der Massenmedien vergleichen (im Sinne der obengenannten untersuchungsleitenden Fragestellungen). Weitere Analyseschritte sind anderen Arbeiten vorbehalten. Angemerkt sei nur, daß diese Texte genauestens verschriftet wurden (vgl. Gruber/Wodak, Hrsg. 1987), daß aber bei der Interpretation Vorsicht walten muß, denn die Sprecher sind nicht bekannt. Wir verbleiben daher zunächst deskriptiv, am Text orientiert; auch hier hat die Auswahl nicht etwa den extremsten Text getroffen, sondern einen typischen von vielen. Die Zeilennummern werden in der Analyse verwendet, als Hinweise auf die jeweilige Textstelle.[6]

Auswertung: *Die Mahnwache* Blatt 1

```
 1  H₁   Man greift zwar Österreich so kräftig an. Warum traut si denn die die großen Amerikaner,
 2       die ganzen jüdischen Organisationen, ja, nicht Deutschland angreifen! Das im - /bewußt.
 3       authentisch, und von verschiedenen Zeitungen. nachweisbar..schschwer belastete Personen.
 4       in der eNeS Zeit. gewesen / die heute in höchster Position san, und der Herr Reagan nimmt
 5       überhaupt kan Anstoß dran. Im Gegenteil, wann der Herr Meeze kommt, busselt er die Leut a:.
 6       Nehmen Sie nurs Beispiel, der damals die KaZet gebaut hat. Der wurde abgebusselt von die/
 7       von diesen.amerikanischen Würdenträgern. Warum greift ma nur Österreich an? Wissen Sie
 8       warum? I sag Ihnas.Und das kan ma echt/echt dokumentieren: weil ma das klane Oaschloch
 9       san, uns kan ma si a:putzen. Gegen Deitschland traut si kaner was sagen, weil den Bruder
    braucht man, weil sonst kriegens von der DeDe eR zwa am Oasch..So schaut das aus!
10  H₂                                                              Na, es is a/es is a Argument

    H₁   Na.. A andere Frage: warum klagt denn der ganze jidische Konzern        die Deutschen
11  H₃   I kann doch                                                  I kann doch an Menschn nicht

    H₁   nicht, die großen deutschen Staatsbürger?
12  H₃   schlecht machn, obs (der) is oder der?
    H₂                              Sie ham doch gsagt,wir san da in Österreich. Also

    H₂   bleib ma doch  da in Österreich!     Wir san da in Wien!        Wir san/
13  H₁                  Nana, es geht darum, daß ma uns angreift! Na mir san Österreicher

    H₁   san Sie kaner?                                                       Mich schon!
14  H₂   Also I   I fühl mi net angriffen, weils den Waldheim angreifen, na wirklich net.  Aber

    H₂   wirklich net!    (Was) der Waldheim so (( ringt nach Worten)) Heast bi:tte!
    H₁                 Als Österreicher bin ich angegriffen!
    Hₓ                                  Ich auch!
15  D                                                                      Heast, unsere

    D    Männer warn alle eingruckt! Da miaßtn alle Verbrecher sein!   Sans ma net bö:s, heans!!!
16  H₂                                                        Und wo          es/es macht Ihnen

    H₂   Es macht Ihren Männern kaner an Vorwurf!   Mir fehlt nur das/ein Wort des Bedauerns.
    D                          Moment,Mo_ jaaa!!    Ahso:! Na sehns eh:
17  H₄                                                              Oja, oja! Ich

    H₄   mach den Männern,die dim Krieg warn ein Vorwurf, daß sie nachher nicht gesagt haben, sie
    H₂                                                              richtig!
18  D         ooo, jaaa:             joo                     Vorwurf !!
```

III. Antisemitismus in der politischen Kultur (3)

Auswertung: *Die Mahnwache* Blatt 2

```
      H₄   haben sich für eine niederträchtige Bande.exponiert, sind in alle Länder Europas eingebrochen
      H₂                                          richtig!    s:ehr richtig!
19

      H₄   haben ger_aubt, gest_ohlen, gem_ordet . und n_achher/ Wer ? Die deutsche Armee, inklusive
      H₂                                  Aggressionskriege !
      D                                        Wer? Wer?
20

      H₄   Österreicher das müssen Sie (auch) anerkennen.    Moment!              nicht, nicht nicht
      H₂           richtig!
      D                                                     Die haben mei Leben gerettet von die Russen!Heans,
21

      D    um Gotteswüllen!                      Die Deutschen!
      H₄   mit der Ha:nd, nicht mit der Hand redn, nur mit dem Mund! Die Russen haben Österreich
22

      H₄   mitbefreit, können Sie sagen. Sonst könnten / sonst könnten sie heut net so redn!
      D        ah so:!            befreit!      Heans!       wer isn einmarschiert
      H₂                                                      Wer isn einmarschiert in den
23

      H₂   Rußland? Könnens mir das sagen?    Wer hat denn den Kriag angfangen? Wisaens was
      H₄        Na sicher !       Aber entschuldigen Sie mal, wer is
      D    Wiss/ wissens was mir mitgmacht haben von de Russen?
24

      H₂   die Russen mitgmacht haben von de Deitschen? Wissen Sie des?       Und wer
      H₄   eingebrochen in Rußland?(                )
      D                                                  Naja, das,das iss wohl, aber
25

      D    Mo/Moment
      H₂   hat angfangen den Kriag? Ich frage Sie!                  Sagen Ses   bitte!
      H₄                         Und wer hat Tausende. umgebracht dort? Ja.
      D                                     Natürl/      jo
26

                                              ((schreit))
      D    Wir sind unschuldige Täter!    Wir sind unschuldige Tä:ter!         Mome:nt!
      H₂   Sagens das, wer den Krieg angfangen hat!
      H₄                                   Es gibt keine unschuldigen Täter!
27
```

Auswertung: *Die Mahnwache* Blatt 3

```
       H₄   Nein !/es gibt kei/es gibt keine unschuldigen Täter!/           Aber nur ein
       D                             Die Schuldigen san eh: aufghängt worn! Ham ma kein (Himmi: )
       Hₓ        Wer den Kriag angfangen hat?                        Deitschland hams niederghalten
  28

       H₄   ganz kleiner Teil!
       Hₓ   immer
  29   D    verurtei:lt !      Naja, dann holts eich die Täter, aber laßts doch de/de den Nachwuchs in Ruh!

  30   H₅   Warum beginnt man immer wieder, wenn ich zu einem sag, du bist ein Idiot, und das is ein
  31   H₅   Freund von mir, der akzeptiert des, dann sagt er mir nicht nach zwanzig Jahren, du hast vor
       H₅   zwanzig Jahren gesagt, ich bin ein Idiot!   Warum beginnt man jetzt von vorne?
       H₇                                      Wo ist das/
       Hₓ                                                                           Weil er glo:gen
       H₆                                   (Aber wenn man ihn ) vergast, dann is das
  32

       Hₓ   hat!    sagenS !
       H₆   was anders! glaub ich.
       H₅                   Entschuldigen, bitte.. o.k., das war schlecht, das is nicht zu akzeptieren,
       D₇                                          Ah, geh, was war da glogen, heans!
  33

       H₅   das is abzulehen, es is abzulehnen, aber Frage   Fra:ge warum beginnt man immer wieder
       D₇   Kennen Sie Ihna Biographie erzählen?
  34

       H₅   von vorne ? Wahrscheinlich redet man in hundert Jahren noch immer/         Moment!
       H₄                                          Ich wer Ihnen sagen, ich wer Ihnen sagen warum.
       H₇                                                                                    (Uns
  35

       H₇   fehlt)/die Trauerarbeit! Uns fehlt ein Wort des Bedauerns!/         / betont deutlich
       H₃                  Das is doch        Das is doch Das is doch nicht normal, bit/
       H₄                                                                 Es wird alles
  36
```

Auswertung: *Die Mahnwache* Blatt 4

```
        H₄   weggeschoben!
        H₅      Es ist/ aber ich muß eines sagen: ich hab immer gesagt, für mich ist ein Jude ein Neger,
   37

        H₅   ein Araber        alle sind Menschen.Für mich.  Nur schön langsam kommt der Punkt bei mir
        H₄                                                     Dasss
   38   H₇           (ein) Mensch

        H₅   wo ich Judentum ablehne. Weil sie immer wieder von vorne beginnen und das immer wieder von
   39   H₇                                                           Moment!

        H₅   vorne anfangen!                                           Ist nicht lächerlich!
        H₇         ja:
        H₄            Was Sie sagen, is doch lächerlich! Absolut lächerlich !        Ja!
        H??              (         differenzier ich   )
   40   D₇                                            Na joo.          Moment!      Moment

        H₄   Sie verallgemeinern. Man kann weder/Sie haben vorher gesagt, Sie können nicht die Juden, sie
   41   D           Moment. Er hat recht.                                              Nein.

        H₄   können nicht die Neger, sie können nicht die Engländer, die Russen   überall gibt es positive
        H₅?                                                         alle Menschen
   42

        H₄   und negative. Es hat hier Leute gegeben, den Wiesenthal und andere Juden, die/und wieviel
        ?            Ja
   43   H?              Richtig.

        H₄   haben die Juden für Österreichs Kultur gemacht! Ja.  Und das wird alles weg/ man (zeigt/sagt)/
        H₅                                                Und jetzt/jetzt. ja. o.k.
        F?                                                                  ja     ja, ja
   44   ?                                                                           Moment!

        H₄   Wien .äh. neunzehnhundert /warten Sie mal/  Sie reden leider/es tut mir furchtbar leid,
        D₂                           Darf ich Ihnen                          /  sehr schnell
   45   ?                                      ja, jojo
```

Auswertung: *Die Mahnwache* Blatt 5

```
        H₄     wie ein Neonazi.   Ja? Absolut!    Oja,oja, absolut!
        H₅     Ja.           Nein! Nein,nein. Nein!   Ich habe/ich habe es gesagt: für mich sind alle
  46    Hₓ                                                                            Sie können net
        H₅     Menschen gleich.  Aber/ Moment!       o.k.Entschuldigen. Ich darf/ich darf zum Beispiel
        H_y    von die: Juden (aber dann könnens doch net von die Juden reden!)
  47    H₄              Anscheinend(doch nicht. )   Aber manche sind gleicher, was!
  48    H_Hintergrund                                                        ja, (s is)

  49    H_Hintergr.  ein auserwähltes Volk, der Jude.

  50    H₅     eine Geschichte erzählen, eine Geschichte, die we/die noch von meinen Großvater weiß, meine

        H₅     Großvater war sehr, sehr arm  es warn Bauern. Die ham damals um ihre Existenz gerauft. Was
  51    H₄                                                Ja.

  52    H₅     hat/es (is) ein Jude vorbeigekommen, hat ihm Gänse gebracht, junge Gänse. Du mußt es nicht

        H₅     sofort bezahlen, bezahlst du in einem halben Jahr.   Was war? In einem halben Jahr konnte
  53    Fₓ                                                     Ja, so hams (gearbeitet)

        H₅     ers nicht bezahlen, der Jude hat die aufgezogenen Gänse, wo er das Futter gegeben hat,
        H₄                                Ja
  54    Fₓ                                          ja       ja        ja        ja

        H₅     mitgenommen ohne zu bezahlen! (Das is die andere Seite), und von dem spricht keiner!
               ((schreit))                    ((brüllt))
        Fₓ         ja           ja         ja
  55    H₄                        Ja                   und      /und deshalb verdammen

        H₅     So schauts aus.    ((schreit))
                                  Nei:n!!!          Ich verdamme (keinen    )
        H₄                        ((schreit))
  56    H₄     Sie ein ganzes Volk?/was  Hörn Sie zu! Moment! Was glauben Sie,was Nazi Armeen aufgeführt haben
```

Auswertung: *Die Mahnwache* Blatt 6 (Ende)

57
- H_4: Ich war in Jugoslawien auch. Ja ? Ganze Ortschaften ausgerottet, ((brüllt))
- H_5: Jaaa!!! Ja, ich glaubs/ Miserabel!!!

58
- H_5: Wer trauert um die andern Toten, die im Krieg gestorben san? W/Wer trauert um die? Warum soll
- F_x: wir sind heute so weit, wie wir vor dem Krieg warn!

59
- H_5: ma gerade um die Juden trauern ! Es sind hunderttausende andere im Krieg gestorben! Warum
- F_x: Ich seh keinen schmutzigen Juden.

60
- H_5: grad (über die ?) // Fortsetzung: Hintergrundgespräch//

61
- F_x: Warum gehn die Juden nicht in die Industrie ?? Warum gehn sie nicht als Schweißer, Schlosser, in die Bergwerke? Wir brauchen keine Ratschläge, wir brauchen auch keine Psychiater! Wir sind normale Menschen! und sie treiben es soweit, daß wir wieder dort sind, wo wir waren!

62
- $H_?$: Wo?
- F_x: Der Judenhaß ist da!!! Er ist da! Sie sollen auch e/einem Beruf nachgehen!

63
- F_x: Und nicht nur Ratschläge/ sie/sie besetzen die ganzen Posten, (die) ganzen Ärzte, Rechtsanwälte
- $H_?$: Ja, gut.

64
- F_x: und wir haben ja nur mehr Ju:den!!! Was machen unsere Söhne? Die kriegen kan Posten, als Ärzte, als studierte!

Fortsetzung H_5, Hintergrundgespräch ad 60

60
a
- H_2: Ich hab gsagt, daß/ (ich hab gsagt, daß man um alle trauern). Um alle.
- $H_{??}$: (5?) Wahnsinn! Wahnsinn!

b
- H_5: Aber warum rollt man das immer wieder auf? Laßts ( ) doch einmal in Ruh!

- H_5: Ja, aber ma/ma rollt das doch immer wieder auf! Es gibt so viel (Unglück,) Es gibt so viel Unglück auf der Welt!

c
Die ( )Argumente, es gibt so viel Unglück auf der Welt, über das nicht getrauert wird, warum (wird) gerade über die (Juden). Es ist zu bedauern, keine Frage!

d
- H_2: Was soll ( ) über ( ) Unglück trauern?( )

e
- H_5: Warum rollt man/( ) ja, warum rollt man nicht andere Dinge (

5.1 Kurze inhaltliche Zusammenfassung

H_1 beginnt hier mit einer Stellungnahme: Österreich habe sozusagen Sündenbockfunktion, da Deutschland zu mächtig sei, um angegriffen zu werden. Schuld sei der Jüdische Weltkongreß, der auch die gesamte amerikanische Politik beherrsche (1. Vorurteil – Weltverschwörung).

H_2 ist der Kontrahent, der versucht, einen sachlichen Diskurs zu führen, allerdings – wie noch zu sehen sein wird – selbst stark in Klischees verharrt, im „erlaubten philosemitischen Diskurs". Waldheim sei – demnach – nicht Österreich. Angriffe gegen Waldheim beträfen ihn nicht.

Dieses Streitgespräch geht weiter, auch darüber, ob es sich um einen „gerechten Krieg" gehandelt hätte, oder um einen Aggressionskrieg. In Zeile 26 mischt sich eine Dame ein (Sprecherin der Hochsprache), die meint, alle seien „unschuldige Täter" gewesen, man habe also seine Pflicht erfüllt. Sie hält den dritten typischen Diskurs, der zur Zeit Österreich beherrscht: „Laßt die Vergangenheit ruhen". Ab 30 beginnt nun die Diskussion, wer an dem Aufbrechen der Tabus und der Vergangenheitsdiskussion schuld sei: H_5 schiebt die Schuld den Juden zu. H_4 versucht wiederum den rationalen Diskurs entgegenzuhalten, mit dem Klischeeargument, was denn die Juden alles für die österreichische Kultur getan hätten (44).

Dann kommt die „Vorurteilsgeschichte" von H_5, ein Beispiel für die halsabschneiderischen jüdischen Geschäftsleute und Wucherer (vgl. detaillierte Analyse unten) (49-56). Daran schließt sich ein zweiter Vorurteilsdiskurs an, aber von der Typologie her verschieden, nämlich generalisierende Statements F_x (Juden nehmen den anderen die Arbeit weg, Antiintellektualismus usw.).

Das Gespräch endet in summarischen Anklagen: Laßt doch alles ruhen, es gibt Wichtigeres.

5.2 Die Argumentationsketten

Diese Diskussion demonstriert beispielhaft verschiedene Positionen, Argumentationslinien und Stereotype der heutigen politischen Kultur Österreichs.

H_1 fühlt sich als Österreicher angegriffen und verfällt in eine Solidarisierung mit Waldheim gegen die „bösen Interventionen von außen" (dies gipfelte während des Wahlkampfes 1986 im Wahlslogan „Wir Österreicher wählen, wen wir wollen" – „Jetzt erst recht"; vgl. Wodak 1987[a]). Das Feindbild „Jude" wird mobilisiert.

H_2 argumentiert sachlich und versucht die Generalisierungen zu entkräften und die verzerrte Vergangenheitssicht richtigzustellen, wird dann von H_4 unterstützt.

D beginnt den Diskurs „Laßt die Vergangenheit ruhen", die schuldigen Täter seien ohnehin bestraft, alle anderen seien „unschuldige Täter". Nun kommt H_5 und führt zum „jüdischen Sündenbock", erzählt eine typische Vorurteilsgeschichte, H_4 versucht wiederum eine Gegenargumentation.

III. Antisemitismus in der politischen Kultur (3) 313

F$_x$ führt den Vorurteilsdiskurs weiter, H$_5$ und F$_x$ sind sich einig, die anderen „steigen aus".

Alle diese Argumentationslinien haben wir als Strategien auch schon bei der Zeitungsanalyse gefunden (vgl. oben). Interessant sind die Brüche – wie und wo immer plötzlich die Juden „auftauchen" als Täter, als Drahtzieher, als Unruhestifter, als Wucherer, faule Intellektuelle usw. Eine quasi-logische Argumentation, mit deutlichen Bruchstellen, typisch für das Sündenbocksyndrom. Die Abwehr der Vergangenheitsaufarbeitung, der Verdrängungs- und Abschiebungsmechanismus werden deutlich. Die Gegenargumentation, die im Wahlkampf nur von wenigen geführt wurden, sind ebenfalls voll von Klischees, *nicht wirklich emotionsgeladen und scharf*. Wirklich überzeugt scheint H$_4$ nicht. Die drei Mottos könnten lauten: Laßt uns in Ruh'. Die Juden sind schuld... Wir sind unschuldige Täter bzw. Opfer.

5.3 Bruchstellen: Wenn immer ein Argument fehlt, muß „der Jud" herhalten ... „Judens ex machine".

Im weiteren gebe ich die Brüche, d. h. Übergänge in dem Vorurteilsdiskurs, nur mit den Zeilennummern an:
2/3 (auch die Amerikaner sind den Juden untertan).
26/27 (nach der langen Diskussion, wer den Krieg begonne hätte, wie die Russen einzuschätzen seien usw., springt D zur „Pflichterfüllung", da andere Argumente fehlen).
35/36 (auf den Vorwurf, Waldheim habe etwas verschwiegen, wird plötzlich über die Juden, Neger und Araber gesprochen. Die Juden seien also schuld, daß man sich mit der Vergangenheit befasse, eine andere Rechtfertigung für Waldheim ist dem Sprecher also nicht eingefallen).
49/50 (auf die Gegenargumentation folgt die Vorurteilsgeschichte, quasi als Beweis für die Richtigkeit der Schuldzuweisung).
58/59 (auf den Vorwurf der Massenvernichtungen kommen weitere antisemitische Vorurteilsprädikationen, als scheinbare Rechtfertigung, daß ja viele andere im Krieg gestorben seien, um die Juden sei es ohnehin nicht leid).

Wenn man sich die Brüche derart vor Augen führt, so wird deutlich, wie sehr antisemitische Argumentationsketten herangezogen werden, wenn man keine anderen Rechtfertigungen oder Beweise mehr zur Verfügung hat. Platzhalter und Lückenbüßer sind dann „die Juden", in unterschiedlichen Topois eingebettet und in unterschiedliche Vorurteilsdiskurse integriert. Da es sich um eine öffentliche Diskussion handelt, wird wiederum bestätigt, welchen Grad an legitimer Öffentlichkeit antisemitische Diskurstypen und Stereotype besitzen.

5.4 „Fuchs, Du hast die Gans gestohlen"

Der Diskurs über die Juden beginnt in Zeile 37. H$_5$ erklärt, warum er langsam zur Ablehnung des Judentums komme – da sie eben Unruhestifter seien. H$_4$

argumentiert mit den offiziellen Mottos dagegen: 43-48. Es gibt überall gute und böse Menschen, die Juden hätten soviel für Österreichs Kultur getan usw. In 50 beginnt nun H_5 eine Geschichte zu erzählen, über seinen Großvater (bezeichnenderweise kein eigenes Erlebnis), um seine Vorurteile zu begründen. Dieser Einstieg und diese Strategie sind für Vorurteilsdiskurse ganz typisch, welche ethnische Gruppe auch immer betroffen sein mag (vgl. Quasthoff 1973; van Dijk 1984). 51 stellt die Orientierung dar (vgl. Labov und Waletzky 1967), die Lage und Armut der Bauern wird drastisch geschildert. Die Komplikation setzt ein (52ff.), ein Jude bringt Gänse und sagt spätere Zahlungsmöglichkeiten zu. Die szenische Erzählweise macht die Geschichte besonders plastisch und drastisch. Nach einem halben Jahr nahm der Jude die Gänse wieder mit, da der Bauer nicht zahlen konnte. Dem Juden wird nun vorgeworfen, er hätte für das Futter der Gänse (im verflossenen Jahr) nicht bezahlt, auch nicht weiter gestundet. Daß allerdings genau der eingegangene Kaufvertrag eingehalten worden war, wird nicht erwähnt, – der Jud' ist schuld – daran, daß der Bauer nicht zahlen konnte und daran, daß er als Geschäftsmann gehandelt hat. Dies bedeutet, daß dem Juden die Schuld für die schlechte Lage der Bauern überhaupt in die Schuhe geschoben wird, da die tatsächliche Handlung der Geschichte einen solchen Schluß nur mittels Opfer-Täter-Umkehr zuläßt. 55: „Das ist die andere Seite…" klingt zwar als „Zusammenfassung der Geschichte" (und aller Vorurteilsgeschichten) gut, entspricht aber überhaupt nicht dem tatsächlichen Inhalt. Interessanterweise durchschaut H_4 die schlecht gewählte Geschichte nicht – und zwar deshalb nicht, weil sie eben der Form nach als Vorurteilsdiskurs bekannte Erfahrungsmuster anspricht. Er verfällt daher typischerweise in die Gegenargumentation: *eine* Geschichte sage nichts aus (damit hat er sie schon akzeptiert) und beginnt mit dem „Gegenangriff" (56): Die Verbrechen der Nazis werden aufgezählt. H_5 erwähnt alle anderen Kriegstoten (die „Pflichterfüller"), warum seien also die Juden das auserwählte Volk (vgl. 49), warum trauere man mehr über sie (Aufrechnung). Da setzt nun F_x ein (59), wobei der Ausspruch „Ich seh' keinen schmutzigen Juden" vieldeutig ist. Aus dem Kontext ergibt sich, daß sie Juden meint, die manuell tätig sind. Solche Fehlleistungen sind aber sicherlich nicht zufällig, die Kollokation „schmutzige Juden" kann auch auf die Ostjuden anspielen (die es tatsächlich in Wien kaum mehr gibt). In 60 beginnt F_x ihre generalisierenden Aussagen über Juden. Die Geschichte von H_5 hat ihr Mut gemacht, sie trifft nun die Verallgemeinerungen dazu, und bringt ein Stereotyp nach dem anderen: Die Juden sind faul, keine Handarbeiter, sind Psychiater (d. h. haben Macht über Menschen – sicherlich eine latente Anspielung auf Freud). Die Juden sind am neuerlichen Antisemitismus auch schuld, sie bringen die Menschen dazu, durch Unruhestiften, durch Bedrohen der Arbeitsplätze, sie sind zu gescheit, okkupieren die intellektuellen Berufe usw. Ein bekannter Topos nach dem anderen. H_5 und F_x einigen sich dann – über alle sei zu trauern, auch die Juden seien zu bedauern, eine Ruh' soll man geben,…

III. Antisemitismus in der politischen Kultur (3)

Die Geschichte und die darauffolgenden generalisierenden Vorurteilsprädikationen stehen für zwei bekannte sprachliche Ausdrucksformen von Vorurteilen. Dieses Gespräch war öffentlich, die antisemitischen Stereotype und Klischees sind demnach im kollektiven Diskurs vorhanden und erlaubt: Ein Gespräch, welches früher wohl nur am Stammtisch möglich war (Geschichten über Juden, Allaussagen, Schuldzuweisungen, Drohungen, Beschimpfungen).

6. Kollektiver und individueller antisemitischer Diskurs

Vergleichen wir nun im folgenden die Strategien und Klischees der Zeitungen mit der spontanen Diskussion: Verschwörungstheorie, Opfer-Täter-Umkehr, Sündenbockzuschreibungen und Schwarz-Weiß-Malerei kehren wieder. Nur religiöse Motive fehlen. Der politische Antisemitismus dominiert die Diskussion. Und auch die Gegenargumentation hält sich an die offizielle Linie: Die Juden sind ein Volk wie jedes andere, Waldheim ist nicht Österreich und die Juden haben Österreich kulturell viel gebracht. Der individuelle Diskurs spiegelt genau die politische Kultur: Die Vorurteile haben Öffentlichkeitscharakter gewonnen, die Medien beeinflussen den Sprachgebrauch bzw. knüpfen genau an die individuellen Erfahrungsschemata an, an die früher tabuisierten und höchstens in Stammtischrunden erlaubten Vorurteilsäußerungen. Im Gegensatz aber zu den Zeitungen treten Beschimpfungen und negative Bewertungen eher in den Argumentationen auf, in den Allaussagen und in der Geschichte, nicht – wie etwa in der Kronenzeitung – direkt plakativ, in der Wortwahl. Ob dies doch auf das öffentliche Stadtgespräch zurückzuführen ist (wer weiß, was H_5 und F_x noch alles einander zu erzählen hätten) oder noch tabuisiert ist, läßt sich anhand dieser Beispiele nicht entscheiden.

Gerade unsere Analyse beweist jedoch schlüssig, daß über die qualitative linguistische Untersuchung antisemitischer Sprachgebrauch, Vorurteilsmuster und Einstellungen sehr wohl erfaßbar, einordenbar und interpretierbar werden. Es gibt also antisemitischen Sprachgebrauch von Antisemiten, – und es gibt Juden (im Ausland und im Inland – „jüdische Mitbürger"), auf die man sich bezieht. Es bleibt zu hoffen, daß die alternativen Stimmen ebenfalls hörbar werden.

Anmerkungen

1 In Wodak 1987[a,b,c,d]; Wodak et al. 1985, 1987; Gruber und Wodak 1987; Lutz und Wodak 1987; Decilla, Mitten und Wodak 1987; Pelinka et al. 1986; Gottschlich et al. 1987 wurden mehr und verschiedenartige Beispiele gesammelt: aus dem Fernsehen, aus den Hörfunknachrichten und aus einem repräsentativen Querschnitt der Printmedien. Die Beispielauswahl ist daher nicht zufällig, auch nicht extrem, sondern typisch gewählt. Die „Mahnwache" fand zum Gedenken an die Wahl Waldheims im Jahre 1986 statt (näheres weiter untern). Dort gelangen Tonbandaufnahmen von spontanen Meinungsäußerungen und Streitgesprächen, die ein differenziertes Bild der Vorurteilssyndrome von „Herrn und Frau Österreicher" erlauben.
In meinen oben zitierten Aufsätzen sind der linguistische und der ideologiekritische Ansatz wesentlich breiter und dedaillierter ausgeführt. Dies ist hier aus Platzgründen nicht möglich, auf die obengenannten Arbeiten muß verwiesen werden.

2 Zum Begriff „antisemitisch" bzw. „semitisch" und einem möglichen Ersatz durch „judenfeindlich" vgl. Wodak 1987[a]; DeCillia, Mitten und Wodak 1987, S. 94. Hier ist aus Platzgründen eine Diskussion historischer und pragmatisch-linguistischer wie auch sprachpolitischer Dimensionen nicht möglich.

3 Vgl. dazu ausführlich Gruber und Wodak, Hrsg. 1987; Gruber 1987 zur expliziten Analyse des Statements während des Wahlkampfes 1986 und zu dessen sprachlicher Strukturierung.

4 Vgl. Menz 1987; Wodak et al. 1985; Marin 1983 zu besonderen Aspekten der *Kronenzeitung*, besonders auch zu deren antisemitischer Propaganda. Vgl. Gottschlich 1987 zur Inlandspresse insgesamt.

5 Gegen- und Alternativstimmen werden wenig gehört; allerdings zeichnete die *Arbeiterzeitung* und ihr Redakteur G. Hoffmann-Ostenhoff für die Aufdeckung des Graff-Interviews – siehe oben – verantwortlich; der Einfluß der *Kronenzeitung* ist jedoch kaum real einzuschätzen. Genau deshalb bieten die mündlichen, spontanen Meinungsäußerungen ein derart interessantes Material darüber, was alles übernommen wird bzw. am Erfahrungshorizont anknüpft.

6 Das Transliterationsverfahren fußt auf HIAT (von K. Ehlich und J. Rehbein): Dabei wird gleichzeitiges Sprechen wie in einer Partitur zusammengefaßt. Die Segmentierung geschieht zunächst nach Zeilen, also nach außersprachlichen Kriterien, nicht nach Turns oder Redebeiträgen. H = Herr, D = Dame (Sprecherin der Oberschicht), F = Frau, Numerierung nach Sprechereinsatz.
Ein Punkt bedeutet normale Pause nach Bedeutungseinheit, mehrere Punkte längere Pausen. Dialektmerkmale wurden manchmal verschriftet, besonders stark auffallende Indikatoren des Wiener Dialekts. Schrägstriche bedeuten Korrekturen bzw. Brüche, Unterstreichungen Akzente und Betonungen der Sprecher. Doppelpunkte bezeichnen Längen. Klammern ohne Inhalt bezeichnen unverständliche Stellen. Schrägstriche mit Unterlängen bezeichnen Stellen, die am rechten Rand qualitativ markiert werden (z. B. Lachen usw.). Wir waren um Lesbarkeit bemüht, daher fehlen einige genauere Differenzierungen.

Literatur

Adorno, Theodor.: Der autoritäre Charakter, Frankfurt/Main 1973.
Beaugrande, Robert, und *Wolfgang Dressler*: Einführung in die Textlinguistik, Tübingen 1981.
Bergmann, Werner, und *Rainer Erb*: Kommunikationslatenz, Moral und öffentliche Meinung, in: Kölner Zeitschrift für Soziologie und Sozialpsychologie, 2, 1986, S. 223-246.
DeCillia, Rudolf, Richard Mitten und *Ruth Wodak*: Von der Kunst, antisemitisch zu sein, in: *K. Weinberger* und *F. Jelinek* (Hrsg.), Judentum in Wien, Wien 1987, S. 94-107.
van Dijk, Teun: Prejudice in Discourse, Amsterdam 1984.
Galanda, Beatrix: Ein teutsches Land. Die „rechte" Orientierung des Jörg Haider, Wien 1987.
Gottschlich, Maximilian et al.: Der „Fall Waldheim" als Medienereignis. Projektbericht, Wien 1987.
Gruber, Helmut: Wortstruktur und Argumentationsformen in einer Politikerrede. Am Beispiel der TV-Ansprache von R. Kirchschläger am 22.5.1986 (im Druck).
Gruber, Helmut, und *Ruth Wodak* (Hrsg.): „Jetzt erst recht?!" Sozio- und textlinguistische Untersuchungen zur Medienberichterstattung im Bundespräsidentschaftswahlkampf 1986, Wiener Linguistische Gazette, 38-39, 1987.
Labov, William und *Josua Waletzky*: Narrative Analysis: Oral Versions of Personal Experience, in: *J. Helm* (Hrsg.), Essays on the Verbal and Visual Arts, Seattle – London 1967.
Lutz, Benedikt, und *Ruth Wodak*: Information für Informierte. Linguistische Studien zur Verständlichkeit und Verstehen von Hörfunknachrichten, Wien 1987.
Maas, Utz: Als der Geist der Gemeinschaft eine Sprache fand. Sprache im Nationalsozialismus, Opladen 1985.
Marin, Bernd: Ein historisch neuartiger „Antisemitismus ohne Antisemiten", in: *J. Bunzl* und *B. Marin* (Hrsg.), Antisemitismus in Österreich, Innsbruck 1983, S. 171-192.
Menz, Florian: Argumentationsstrategies in Newspapers. A case-study of the „Kronenzeitung", in: *Ruth Wodak* (Hrsg.) (im Druck).
Pelinka, Anton et al.: Pflichterfüllung. Ein Bericht über Kurt Waldheim, Wien 1987.
Quasthoff, Uta: Soziales Vorurteil und Kommunikation, Frankfurt/Main 1973.
Sauer, Christoff: Stil, NS-Propaganda und Besatzungspresse, in: Muttersprache, 97, 1987, S. 97-108.
Seidel, Gill: Holocaust Denial, London 1986.
Svenson, Helmut: Anspielung und Stereotyp, Opladen 1984.
Völzing, Peter: Begründen, Erklären, Argumentieren, Heidelberg 1979.
Wodak, Ruth: Hilflose Nähe? – Mütter und Töchter erzählen, Wien 1984.
–: Wie über Juden geredet wird. Textlinguistische Analyse öffentlichen Sprachgebrauchs in den Medien im Österreich des Jahres 1986, in: Journal für Sozialforschung, 1987a S. 117-137.
–: The Reality of Political Jargon in 1968 and the Presentation in the Media, in: *Dies.*, Language, Power and Ideology, Amsterdam 1987b (im Druck).
–: Antisemitismus 1986/87. Vorüberlegungen zu einer sozio- und textlinguistischen Studie öffentlichen Sprachgebrauchs in den Medien in Österreich, in: Akzente 9, 1987c, S. 17-18.
–: Die sprachliche Inszenierung des Nationalsozialismus – Einige soziolinguistische Überlegungen, in: Katalog „Zeitgeist wider den Zeitgeist", Wien 1087, S. 115-135.

Wodak, Ruth (Hrsg.): Language, Power and Ideologie, Amsterdam 1987 (im Druck).
Wodak, Ruth und *Gert Feistritzer*: Sprache und Ideologie: Zur Analyse von Parteiprogrammen, 1987 (im Druck).
Wodak, Ruth et al.: Die Sprache der Mächtigen – die Sprache der Ohnmächtigen. Der Fall Hainburg, Wien 1985.
–: Sprache und Vorurteil. Projektkonzept, Wien 1987e.

IV. Zur gesellschaftlichen Rolle der Juden im Nachkriegsdeutschland

Staat und Minorität

Antisemitismus und die gesellschaftliche Rolle der Juden in der Nachkriegszeit

Y. Michal Bodemann

1. Die Passivität der Opfer und die Antisemitismustheorien

Der mittlerweile üppigen Literatur zu Rassismus, rassistischen Vorurteilen und Antisemitismus ist mit wenigen Ausnahmen eines gemeinsam: Sie richtet das Augenmerk auf die Träger des Rassismus; die Objekte des Hasses – in unserem Falle die Juden – spielen dabei im wörtlichen Sinne „keine Rolle" und immer noch zu oft werden auch die gesellschaftlichen und politischen Koordinaten, innerhalb derer sich die Träger des Rassismus bewegen, vernachlässigt. Selbst seit Hannah Arendts brillianter Arbeit über den Antisemitismus (Arendt, 1951/68) hat sich daran nichts geändert. Arendt hatte ja argumentiert, daß der Antisemitismus drei weit verbreitete Erklärungsmuster finde. Das erste assoziiert ihn mit erstarkendem Nationalismus. Dem setzt Arendt entgegen, daß Antisemitismus, wenn überhaupt, so nur historisch – z.B. in Frankreich, Deutschland oder Österreich – mit dem Niedergang des Nationalismus assoziiert werden könne und dieser zumindest als monokausale Erklärung ungenügend sei.

Ihr zweites Erklärungsmuster ist das der Sündenbocktheorie. Diese Theorie freilich geht von der Beliebigkeit des Opfers aus: das Ziel des Hasses könnte in nahezu identischer Weise auch ein anderes Objekt sein. Vertreter der Sündenbocktheorie, so könnten wir im Sinne Arendts entgegnen, abstrahieren von der historischen Spezifität der Täter-Opfer-Verbindung. Sie suggerieren, der Sündenbock stehe in keinem Zusammenhang mit den Tätern, doch – so Arendt – er „hört nicht einfach auf, mitverantwortlich zu sein, weil er das

Opfer der Ungerechtigkeit und Grausamkeit der Welt wurde" (1968, S. 6). Durch ihre Dehistorisierung verharmlost die Sündenbocktheorie schließlich den Antisemitismus: sie leugnet die Bedeutung der Tatsache, daß ausgerechnet die Juden in den Mittelpunkt politischer Konflikte getrieben wurden.

Das dritte Erklärungsmuster des Antisemitismus ist das des „ewigen Antisemitismus", das gerade heute wieder im Schwange ist (Broder, 1987). Diese Theorie, die zunächst von den frühen Antisemiten selbst vertreten wurde, nimmt den fortdauernden Judenhaß als selbstverständlich und natürlich an und verwirft die Forderung nach Erklärungen insgesamt. Judenhaß ist hier als jahrtausendealtes Phänomen in sich selbst gerechtfertigt. Arendt schreibt, diese Theorie sei deshalb so besonders gefährlich, weil sie ausgerechnet auch unter vielen Juden Anhänger gefunden habe. Diese Theorie führe leicht zum Eskapismus. So wie sie von den Antisemiten keine Erklärung für ihr Verhalten fordere, so erfordere sie auch keine Selbstreflexion seitens der Juden. Ad extremis geführt wird dieser Ansatz, wenn schließlich die Massenmorde in Auschwitz als „Rätsel" (Diner, 1987) oder mit Elie Wiesel als quasi-mystisches und religiös verklärtes Ereignis gesehen werden.

Besonders einige Untersuchungsmethoden der Soziologie und Sozialpsychologie stützen die letzteren Erklärungsmuster auf das vortrefflichste. Vor allem Meinungsumfragen und Einstellungstests konzentrieren sich auf das antisemitische Potential und führen somit weg von den Objekten des Hasses und der Abneigung. Gemessen und in Skalen und Prozenten ausgedrückt werden können zwar die Einstellungen von Individuen – was das Ergebnis auch immer bedeuten mag – aber nicht exakt meßbar sind eben die politischen Strategien staatlicher oder para-staatlicher Stellen in bezug auf Antisemitismus und die Juden, oder die Positionen derer, die in der einen oder anderen Form die stigmatisierte Gruppe repräsentieren und für sie sprechen.

Viele derer, die Antisemitismus erforschen, erklären per Unterlassung, d. h. durch die zu wenig kontextuelle, zu enge Ausrichtung allein auf den Antisemitismus, die Juden zum passiven Objekt. Die stigmatisierte Gruppe wird demnach so gesehen, als leide sie still und als versuche sie, sich der Stigmatisierung bestenfalls durch Rückzug, Umzug oder im Extremfall Flucht zu entziehen. Der jüdische Arzt, dessen Haus beschmiert und angezündet wird, verläßt verbittert die bigotte Kleinstadt im Jahre 1987; der jüdische Schriftsteller wird 1953 in Lampertheim verfolgt und verjagt; und ein Gynäkologe erhält keine Anstellung in Offenburg, weil er als „jüdischer Arzt mit KZ-Erfahrung deutschen Frauen nicht zumutbar" sei. Am Ende dieser Logik sehen wir dann das auch heute selten revidierte Bild von Juden im KZ, die sich angeblich wie Lämmer zur Schlachtbank führen ließen.

Eine Antinomie besteht nun darin, daß viele Antisemitismusstudien die Juden zum passiven, duldenden Objekt erklären, während sie für die Antisemiten ja ausdrücklich handelnde Subjekte sind. Gerade die geglaubten oder tatsächlichen Rollen und Aktivitäten der Juden sind hier wesentlich: die Juden

„sind" Parvenüs, reich und Spekulanten oder sie sind Deklassierte, Linksintellektuelle und Volksvergifter. Selbst in jüngster Zeit wird (bei Ernst Nolte, 1988) die Möglichkeit erwogen, ob sie sich nicht doch durch Stammes- und Sektensolidarität, durch Überheblichkeit als „auserwähltes Volk" und Emotionalität statt Rationalismus charakterisieren lassen (dazu Bodemann 1988). Diese Stereotype sind freilich nicht völlig beliebig, sondern haben konkrete Bezüge als mythisierte Erfahrungen und Volkserinnerungen. Antisemitismus und Rassismus allgemein können also nur dann besser verstanden werden, wenn die gesellschaftliche Beziehung zwischen den Trägern des Hasses und ihrer Zielgruppe im Auge behalten wird.

Der Chicagoer Soziologe Everett C. Hughes sprach im Anschluß an Emile Durkheim von der *moral division of labour*, die er definierte als „processes by which differing moral functions are distributed among members of society, as individuals and as *categories of individuals*" (Hughes 1971, S. 289; meine Hervorhebung).[1] Dies bedeutet nun, daß zwar bestimmte gesellschaftliche Institutionen Arbeitsteilung verursachen und bestimmte Aufgaben formell oder informell lizenzieren, daß aber gerade auch verschieden hoch bewertete Arbeit von gesellschaftlichen Akteuren ausgeführt wird, und daß materielle Arbeit in den Produktions- und Zirkulationssphären sozial definierte Aussagen beinhaltet. In diesem Kontext sind mir die ideologischen Komponenten der moralischen Arbeitsteilung wichtig, so wie sie gesellschaftlich in minoritären Gruppen in Erscheinung treten. Ich spreche deshalb von ideologischer Arbeit.

In ihrer Diskussion des Antisemitismus im ersten Teil ihres Werkes hat sich nun Hannah Arendt gerade mit der moralischen oder ideologischen Arbeit der Juden beschäftigt. Sie stellt dabei dar, wie in den verschiedenen Epochen sich die gesellschafliche Position der Juden verschieden konstituierte, sowohl auf der individuellen Ebene wie auch auf der Ebene ihrer politischen und sozialen Organisationen und ihres Verhältnisses zum jeweiligen Staat. Besonders wichtig ist dabei, daß jeder individuelle Jude, jede Jüdin – gerade die von Jüdinnen geführten Salons und die Sichtbarkeit jüdischer Frauen in den Intellektuellenzirkeln der ersten Jahrzehnte dieses Jahrhunderts spielten hier eine nicht zu unterschätzende Rolle – in ihrer Körperlichkeit die spezifische gesellschaftliche Konstruktion des Judeseins darstellen. Nehmen wir zur Verdeutlichung als Beispiel den mittelalterlichen Wucher, so sehen wir (1) die Verdammung des Wuchers seitens der Kirche und deshalb das Verbot für Christen, Wucher zu betreiben; (2) die Duldung des Wuchers als Aktivität für Juden (da der Wucher eine ökonomisch notwendige Funktion hatte und also von irgendjemandem betrieben werden mußte); (3) gleichzeitig eine kontinuierliche Reproduktion kirchlicher Standards dadurch, daß das sündhafte Handeln von Nicht-Christen, d.h. den Juden, betrieben wurde. Es geht also nicht darum, daß Juden in abstracto verteufelt und gehaßt werden, sondern darum, daß sie zu bestimmten Tätigkeiten gezwungen werden, damit Haß auf sich ziehen und somit selbst ein pro-kirchliches, anti-jüdisches Muster reproduzieren.

Es ist nun meine These, daß staatliche und para-staatliche Institutionen, gelegentlich autonom und häufig mit Unterstützung gesellschaftlicher Kräfte und Bewegungen, ihre Minoritäten konstruieren, sie zu bestimmten Funktionen abrichten, daß jedoch diese Funktionen von den Minoritäten selbst mit Hilfe ihrer materiellen und kulturellen Ressourcen aktiv mitgestaltet werden. Bestimmte geschichtliche Bedingungen erleichtern es z. B. einer vermutlich disproportional großen Anzahl von Juden, in der deutschen Nachkriegszeit im Immobilienhandel aktiv zu werden. Dadurch jedoch, daß diese Tatsache gesellschaftlich relevant gemacht wird, stehen dann die wenigen jüdischen Spekulanten für die vielen (nichtjüdischen) Spekulanten insgesamt.

Nehmen wir als ein anderes Beispiel für ideologische Arbeit die Rolle der Schwarzen in den USA, so sehen wir, daß heute – also gewiß nicht in anderen Epochen amerikanischer Geschichte – die Schwarzen einerseits (z. B. in der Bürgerrechtsbewegung) durch ihre kontinuierliche Forderung nach Bürgerrechten das in der amerikanischen Verfassung verankerte, tief in der amerikanischen Gesellschaft verwurzelte Gleichheitsideal repräsentieren und aktiv reproduzieren, im Sinne der Gesamtgesellschaft; daß sie freilich dabei auch noch ganz andere Werte darzustellen gezwungen sind: die allgemeine Bedrohung der eigenen (weißen) Person durch nicht-puritanische Werte und Verhaltensweisen (Hedonismus, Schmarotzertum, Unreinlichkeit, Kriminalität) sowie die physische, besonders auch sexuelle Bedrohung der eigenen Gruppe durch die fremde „Rasse".

Die Ideologiearbeit der Schwarzen selbst drückt sich dementsprechend einerseits im Martyrium Martin Luther Kings, andererseits in der Exekution eines namenlosen jugendlichen Schwarzen auf dem elektrischen Stuhl aus: die Strafe oder das Martyrium selbst beinhalten dann eine bestimmte politisch-ideologische Botschaft. Ich glaube, daß wir die spezifische Konstruktion der jüdischen Minorität in der Bundesrepublik in ähnlichem Lichte sehen müssen; ich werde das weiter unten zu skizzieren versuchen.

Der gesellschaftliche Ort des Antisemitismus

Mein zweiter Punkt betrifft nun die gesellschaftliche Verortung des Antisemitismus. Hier geht es um die Frage, ob Antisemitismus im wesentlichen von der politischen Ebene oder der Ebene der *civil society* erzeugt und getragen wird. Die erste Position wird vor allem, aber nicht ausschließlich, vom Vulgärmarxismus vertreten: Das revolutionäre Subjekt wird vom Klassenfeind abgelenkt und ein vermeintlicher Feind wird an die Wand gemalt; zusammen mit nationalen Gefühlen werden so auch rassistische Gefühle zwecks Spaltung der Arbeiterklasse nach Belieben aufgepeitscht. Diese Art von Klassenreduktionismus findet sich z. B. noch jüngst bei der amerikanischen Soziologin Edna Bonacich (Bonacich, 1973). In diesen Ansätzen werden Rassismus und Antisemitismus wie andererseits auch Nationalismus zwar als präexistent, archaisch oder primordial abqualifiziert, sie können jedoch unter bestimmten Umständen durch die politische Ebene auch heute immer neu produziert werden. Weshalb jedoch ausgerechnet Antisemitismus und Rassenhaß zur Festigung der kapitalistischen Gesellschaft dienen sollen, wird hierdurch nicht erklärt.

Anders ist es mit jenen Ansätzen, die Rassismus nicht auf der politischen Ebene, sondern in der *civil society* und in der Persönlichkeitsstruktur verankert sehen. Hier weist der Begriff des Vorurteils selbst bereits auf die vermutete psychologische Basis von Antisemitismus und anderen Rassenvorurteilen hin. Weshalb und wie sich jedoch z. B. individuelle antisemitische Einstellungen zu einer sozialen Bewegung in der *civil society* formieren können, wird aus diesem Ansatz wiederum nicht ersichtlich. Als rein psychologische Phänomene sind die mit Hilfe von Umfragen ermittelten rassistischen Einstellungen eines gewissen Prozentsatzes der Bevölkerung jedoch nicht mehr und nicht weniger relevant als deren Vorliebe für Hering oder Abneigung gegen Pizza. Die Institutionen der *civil society* wiederum funktionieren durchaus als Speicher von Volksglauben und -traditionen; die Frage bleibt jedoch, wie diese wiederum sich zu sozialen Bewegungen formieren können.

Ich meine nun, daß eben beide Ansätze vereint werden müssen. Jene, die den Antisemitismus auf der politischen Ebene lokalisiert sehen, auch als einen „verordneten" Antisemitismus oder Philosemitismus, müssen erkennen, daß der Antisemitismus in der *civil society* eine autonome Kraft ist, die durch deren Institutionen wie Ortskirche, Stammtisch, Sportverein, Familie und Freundeskreis kontinuierlich reproduziert wird; auch dadurch, daß Erinnerungen und Geschichte des Kontaktes mit der Minorität in bestimmter Weise mythisiert, vergessen oder umgeformt werden. Jenen, die den Antisemitismus als „Vorurteil" auf die individualpsychologische Ebene verbannen möchten, muß gesagt werden, daß der Staat, die politische Sphäre, versuchen wird, diese *popular sentiments* allgemein für ihre eigene Legitimierung zu instrumentalisieren. Es ist nun dieses Wechselspiel zwischen der politischen Ebene und der Sphäre der *civil society*, die auch den Antisemitismus immer wieder neu (also auch in veränderter Form) reproduziert.

Zusammenfassend läßt sich sagen: Im Gegensatz zur etablierten Praxis fast der gesamten Antisemitismusforschung sollte versucht werden, Antisemitismus aus den spezifischen Kontexten heraus zu verstehen, was in jedem Fall eine Analyse der konkreten gesellschaftlichen Rolle der Juden, ihrer individuellen sozioökonomischen Position wie auch der Funktion ihrer Institutionen in Gesellschaft und Politik verlangt. Im folgenden sollen deshalb einige vorläufige Hinweise in dieser Richtung gegeben werden. Es soll skizziert werden, wie die politische Position der Juden in der Nachkriegszeit neu definiert wurde, im welchem Kräfteparallelogramm sie sich befanden und wie ihre politische Sozialisation vonstatten ging. Es bleibt zu hoffen, daß die Formen des Nachkriegsantisemitismus in der Bundesrepublik von dieser Warte aus verständlicher werden.

2. Die Konstruktion einer gesellschaftlichen Rolle: Juden in Deutschland um 1950

Die heutige gesellschaftliche Rolle der Juden in der Bundesrepublik begann sich in den frühen fünfziger Jahren herauszubilden. Wir können die Zeit zwischen 1947 und 1953 vielleicht als die Phase der politischen Sozialisation der Juden bezeichnen. Damals formierte sich langsam eine neue jüdische Identität und auch die wesentlichen Institutionen des bundesrepublikanischen Judentums entwickelten sich in dieser Zeit, nicht zuletzt durch die konfliktuelle Interaktion mit der deutschen Umwelt und durch die innerjüdischen Gegensätze. In dieser Frühphase stellte sich zunächst das Problem der Führung der Gemeinden, der Jüdischen Komitees und der übergreifenden jüdischen Organisationen in den Westzonen.

Jüdisches Leben konstituierte sich ja erstaunlich schnell in den ersten Nachkriegsmonaten, sodaß bereits zu den Hohen Feiertagen im September 1945 in allen Städten mit einer größeren Anzahl von Juden formell oder informell neue Gemeinden und Lagerkomitees in den jüdischen D.P.-Lagern entstanden waren. Diese Institutionen freilich hatten sich zunächst vor allem organisiert, um die Verteilung der Spenden der internationalen Hilfskomitees wie des JOINT (American Joint Distribution Committee) zu übernehmen. Dabei kam es zu teilweise scharfen Rivalitäten zwischen der kleinen Gruppe der deutschen Juden einerseits und der Führung der ostjüdischen „Displaced Persons" andererseits. Die „Displaced Persons" hatten kein Verständnis für die kulturelle Eigenständigkeit und die besonderen Probleme derer, die als Rückkehrer nach Deutschland kamen oder untergetaucht gewesen waren. Waren sie nun nicht alle Juden mit gleichem Schicksal, ohne nationale Unterschiede? In gewisser Weise hatte sogar eine Umkehrung stattgefunden. In der Vorkriegszeit gehörten die Ostjuden in Deutschland zwar zur jüdischen Minderheit, doch waren sie die kulturell Fremden, während nun die deutschen Juden die Fremden der Eigengruppe waren, die der ostjüdischen Mehrheit den monopolistischen ethnischen Repräsentationsanspruch streitig machten.

Diese Spaltung zwischen deutschen Juden und „Displaced Persons" hatte freilich nicht nur innerjüdische, sondern vor allem auch äußere Gründe. Besonders in der britischen Zone wurde anfänglich der Versuch unternommen, die Existenz einer jüdischen Minorität zu leugnen und die Verfolgten oder Entwurzelten nach Staatsangehörigkeiten zu ordnen. Dabei wurden die deutschen Juden kurzerhand den Deutschen zugeordnet, was sie gleichzeitig in eine besondere Notlage vor allem im Vergleich zu den „Displaced Persons" und den Deutschen selbst brachte (Büttner, Hrsg. 1986, S. 373ff.). In der US-Zone wurde den deutschen Juden oft die Anerkennung durch die internationalen jüdischen Hilfsorganisationen versagt, die in der ersten Zeit lediglich die ostjüdischen „Displaced Persons" als Adressaten für Hilfeleistungen betrachteten.

Charismatische Vermittler und bürokratische Patronage

Diese Gegensätze zwischen den ostjüdischen „Displaced Persons" und deutschen Juden vereitelten somit jene durchaus auch nachweisbaren Bestrebungen, die für eine übergreifende Solidarität aller Juden warben. Einige wenige deutsch-jüdische Rückkehrer waren von den Schrecken der Shoah kaum berührt und sahen ihr Deutschtum nicht in Frage gestellt; doch erst durch die Konfrontation mit den ostjüdischen „Displaced Persons" zog sich die Mehrzahl der deutschen Juden wieder in ihr Deutschtum zurück und blieb doch gleichzeitig durch den virulenten Antisemitismus der Nachkriegszeit von der deutschen Bevölkerung isoliert. Trotz dieser scharfen Gegensätze läßt sich sagen, daß am Ende der Frühphase, also etwa gegen 1952, sich die beiden Gruppierungen grosso modo zusammengerauft hatten. Dies war im wesentlichen durch zwei Faktoren möglich geworden: erstens durch die Auflösung der D.P.-Lager und die Übersiedlung der großen Mehrzahl der Sherit Hapletah nach Palästina/Israel und in Drittländer, denn nun wurde numerisch ein ungefähres Gleichgewicht hergestellt zwischen den deutsch-jüdischen und ostjüdischen Gruppierungen, was die politische Hegemonie der deutschen Juden möglich machte. Der zweite Faktor war die Existenz einer Reihe außergewöhnlicher Persönlichkeiten, die es insgesamt verstanden oder zumindest versuchten, zwischen den innerjüdischen Gruppierungen zu vermitteln und gleichzeitig auch die Juden gegenüber den deutschen Behörden und den Alliierten zu vertreten. Zu diesem Personenkreis gehören insbesondere der damalige Vorsitzender der Berliner Jüdischen Gemeinde, Hans-Erich Fabian; Norbert Wollheim in Lübeck; Josef Rosensaft im Lager Belsen; Karl Marx in Düsseldorf und Philipp Auerbach in München. Einzelne andere wie Benno Ostertag in Stuttgart erfüllten diese Rolle in kleinerem Maßstab auf lokaler Ebene. Ich habe diese Frühphase als die *Phase der charismatischen Vermittler* bezeichnet (Bodemann 1987), weil diese Persönlichkeiten durch ihre Vermittlerrolle und ihre starke persönliche Ausstrahlung die Frühphase in besonderer Weise charakterisieren. Mit Ausnahme von Karl Marx, dem Herausgeber der späteren Allgemeinen Jüdischen Wochenzeitung sind diese Menschen, die im übrigen oft noch in der Nazizeit in den Gemeinden tätig waren (Fabian, Wollheim, Auerbach), um 1952 bereits emigriert oder verstorben. Die sie ablösende Führung – so unter anderem Heinz Galinski und Hendrik George van Dam –, die in den 50er Jahren die Bühne betrat, mußte andere Aufgaben lösen: den Aufbau der Gemeinden und des Zentralrats, der Zentralwohlfahrtsstelle und der Women's International Zionist Organisation usw. als bürokratische, innere Konflikte unterdrückende Institutionen sowie die durch Wiedergutmachungs- und Rückerstattungsgesetze gestellten Aufgaben. Die Kombination dieser zwei Komponenten: der Aufbau einer rechtlich-bürokratischen Struktur und gleichzeitig die Disziplinierung von vor allem ostjüdischem Dissens durch Verteilung von Ressourcen legt es nahe, von dieser zweiten Periode als der der *bürokratischen Patronage* zu sprechen.

Gerade was die jüdische Führung betrifft, so stellte 1950 die Wasserscheide dar. Bis zu diesem Zeitpunkt bestand die Führung aus jungen national-jüdisch, bundistischen und vor allem zionistischen Intellektuellen. Die Shoah und der neue jüdische Staat hatten einen Schlußstrich unter die Vergangenheit gezogen und hatten im Selbstverständnis dieser jungen Leute alle Juden vereint. Ihre Bindungen an Deutschland waren, soweit sie aus Deutschland kamen, abgebrochen oder sie hatten nie bestanden und ihr Interesse bestand lediglich darin, schnellstmöglich aus Deutschland wegzugehen.

In den frühen fünfziger Jahren kamen nun andere Personen zum Zuge: zumeist hochgradig assimiliert und oft ohne tiefere jüdische Bildung oder kulturelles Erbe, waren diese älter und verstanden sich noch immer als Deutsche. Otto Nachmann, Hendrik George van Dam, wohl auch Heinz Galinski in Berlin oder Günter Singer in Hamburg oder wieder Karl Marx in Düsseldorf passen in diese Kategorie. Andere, wie der Rabbiner Nathan Peter Levinson zielten auf eine stärkere Integration der Juden in die deutsche Gesellschaft und versuchten, an die Traditionen des deutschen Judentums anzuknüpfen. Das intensive jüdische Leben der frühen Nachkriegszeit, sowohl auf politisch-kultureller wie auch auf religiöser Ebene, schrumpfte jedoch schnell und die wenigen in den Westzonen verbliebenen Rabbiner waren isoliert in einem Kontext ohne kritische Masse: es mangelte sowohl an religiös aktiven Gemeindemitgliedern wie auch an Rabbinern, zumal auch die Kontakte zur jüdischen Welt außerhalb Deutschlands immer spärlicher wurden. Aus jüdischer Sicht war Deutschland nun von einer Metropole jüdischen Lebens zu einer abgelegenen Provinz geworden. Nur die Kirchen, vor allem die protestantischen Theologen, waren für die Rabbiner noch Ansprechpartner. Religiös gesehen wurde das Nachkriegsjudentum zunehmend zu einem Zulieferer für die Kirchen; mit geringem Nutzen für das Innenleben der Gemeinden, doch gewiß mit dem Ergebnis, daß der intensive jüdisch-christliche Dialog die antisemitischen Elemente in den Kirchen abschwächte. Der christlich-jüdische Dialog bewirkte gleichzeitig eine Verreligiösierung des politischen Diskurses im Kalten Krieg und war so eben ein wesentlicher Bestandteil der damals vorherrschenden Bestrebungen nach einem „Antidot" zum Kommunismus.

Die neue Kräftekonstellation

Von besonderer Bedeutung ist jedoch die sich verändernde Kräftekonstellation. Bis etwa 1950 hatten die Juden in Deutschland eine unvergleichlich stärkere und relativ unabhängige Position bis hin zur quasi-Autonomie in den D.P.-Lagern. Zunächst war es eine Frage der Quantitäten. In der Frühphase befanden sich zeitweise um die 200000 Juden in den Westzonen. Mit der Schließung der Lager und dem Transfer der „Displaced Persons" aus Deutschland sank die Zahl der Juden Mitte der 50er Jahre zunächst auf zirka 20-25000, mit nur etwa 15000 registrierten Gemeindemitgliedern, und erhöhte sich erst in den späteren Jahren vor allem aufgrund einer Rückwanderungsbewegung wieder.

Wichtiger als die quantitative Stärke der Judenheit war die Frage der Bündnispartner und die Stärke der Gegner. Der neue Weststaat blieb in den ersten Jahren nach seiner Gründung relativ schwach. Die Juden hatten die Alliierten und die internationalen Hilfsorganisationen als zuweilen widerstrebende Bündnispartner. Die VVN und andere Verfolgtenorganisationen waren den Interessen der Gemeinden in Entschädigungsfragen sowie auf politischem Terrain, dem Kampf gegen nazistische Tendenzen, eng verbunden. Bereits vor 1950, mit der erstarkenden Rolle der BRD im sich formierenden westlichen Bündnis begann sich dieses Kräfteparallelogramm zu verschieben. Die Westalliierten, vor allem die USA, fanden es nun politisch opportun, was vergangen war, vergangen sein zu lassen und ihre Sympathien von den Verfolgten weg auf die Deutschen zu lenken. Die internationalen jüdischen Hilfsorganisationen zogen sich aus Deutschland zurück und das Bündnis der Verfolgtengruppen zerfiel in der hysterischen Atmosphäre des Kalten Krieges. Aus der nun anrüchig gewordenen, kommunistisch dominierten VVN zogen sich führende Mitglieder wie Heinz Galinski, Jeannette Wolf und Philipp Auerbach, durch den Unvereinbarkeitsbeschluß vor allem der SPD unter Druck gesetzt, widerstrebend zurück.

Plötzlich sahen sich die deutschen Juden verlassen und allein auf weiter Flur: darüber hinaus wurden sie auch vom Weltjudentum, von Nordamerika bis Israel, mit dem Makel der Verräter gebrandmarkt, gemieden und allein gelassen.

Von der Ablehnung zur Akkomodation: Reaktionen auf Antisemitismus

Es gibt für die Nachkriegsjahre meines Wissens keine systematische empirische Analyse antisemitischer Vorfälle und Tendenzen. Konflikte zwischen Juden und Deutschen ergaben sich natürlich bereits ab Mai 1945, als Juden Entschädigung und die Rückerstattung ihrer Wohnungen und ihres Mobiliars verlangten. Konkrete Anhaltspunkte für antisemitische Vorfälle über den interpersonellen Bereich hinaus lassen sich ab etwa 1948 verstärkt nachweisen: im April 1948 z. B. die antijüdischen Kundgebungen im Laufe des Prozesses gegen Veit Harlan in Hamburg; die Kontroverse um den nazistischen Schauspieler Werner Krauß in Berlin (Dezember 1950); ein Zunehmen der Friedhofsschändungen; das Erstarken der SRP unter Exmajor Remer; der Fall des Gynäkologen Herbert Lewin in Offenbach (1950); die antisemitische Atmosphäre während des Auerbach Prozesses in München (1952). Für den Münchner Raum beispielsweise zeigt die Studie von Juliane Wetzel ein rapides Anwachsen offener antisemitischer Vorfälle ab 1948, die 1948 einen ersten und um die Zeit des Auerbach-Prozesses (1951-52) einen zweiten Höhepunkt erreichten (Wetzel 1987, S. 345 ff.). Es ist bezeichnend, daß das Anwachsen des

IV. Zur gesellschaftlichen Rolle der Juden im Nachkriegsdeutschland

Antisemitismus mit dem Erstarken der nationalen Kräfte und dem langsamen Rückzug der Alliierten zusammenfiel. Im Gegensatz zur Frühphase intervenierten die Alliierten nun nicht mehr zugunsten der ehemals Verfolgten, wie sie das in Ausübung ihrer Hoheitsrechte bis 1949 in größerem Maße tun konnten und auch wollten.

Wie verhielten sich nun, über die Wasserscheide von 1950 hinweg, die Juden in Deutschland zu diesem Antisemitismus? Es ist meine These, daß auch hier signifikante Unterschiede zwischen der Zeit vor und nach 1950 festgestellt werden können. In der Frühphase richtete sich die Kritik gegen die „deutschen Politiker" und die Deutschen insgesamt. In einer 1. April-Ausgabe (1949) „berichtete" das Jüdische Gemeindeblatt – die Vorgängerin der Allgemeinen Jüdischen Wochenzeitung – in sarkastischem Ton und breiter Aufmachung von den (fiktiven) „großen projüdischen Kundgebungen in ganz Deutschland", die zeigten, was die Deutschen aus ihrer Vergangenheit gelernt hätten. Eine Woche darauf empfahl der später so anpasserische Karl Marx allen Juden, „sich jetzt zur Auswanderung anzumelden". Jossel Rosensaft aus Belsen wurde dort bereits am 9. Juli 1947 dahingehend zitiert, daß sich zwei Jahre nach der Befreiung noch immer keine deutsche Partei gefunden habe, die „offen und mutig die Schuld für die an den Juden begangenen Verbrechen zugibt", und am 22. Oktober des folgenden Jahres war dort zu lesen:

> „Aber das steht fest: der Antisemitismus ist in Deutschland tot, weil es einigen prominenten deutschen Politikern so in ihre außerpolitische Fanfare paßt. Mausetot."

In der Allgemeinen Jüdischen Wochenzeitung (AJW) wurde der Umschwung jedoch schon ein knappes Jahr später deutlich. Da wurde in einem ungezeichneten Leitartikel davon gesprochen, daß das „Leben in Deutschland nicht so schlecht" sei wie es manchmal dargestellt werde; auch sei ja die Politik der Westmächte auf eine Stärkung der demokratischen Kräfte ausgerichtet (AJW, 24. Februar 1950). Von diesem Zeitpunkt an – der zusammenfiel mit den ersten Kontakten zwischen jüdischen Repräsentanten und führenden Politikern wie Heuss und Adenauer – verschwanden diese pauschalen Verurteilungen der deutschen Umwelt und der deutschen Regierung. Die Reaktionen auf Antisemitismus wurden einerseits abstrakter, andererseits beschränkten sie sich in der Folgezeit auf spezifische antisemitische Vorkommnisse. Doch selbst die antijüdischen Untertöne und Begleitumstände des Auerbach-Prozesses in München zum Beispiel wurden, im Vergleich zu Äußerungen aus dem Ausland im *Aufbau* oder im *Committee on Fair Play for Auerbach* in New York, mit beträchtlicher Zurückhaltung kommentiert.

Bis in die frühen 50er Jahre waren die jüdischen Gemeinden und Organisationen voll mit den Entschädigungs- und Rückerstattungsfragen sowie der inneren Neuordnung jüdischen Lebens in den Gemeinden beschäftigt. Deshalb unterblieb für längere Zeit auch die Frage nach dem gesellschaftlichen Ort und der Rolle der Juden in diesem neuen deutschen Staat, wenngleich ihnen ihre Isolation in den späten 40er Jahren immer deutlicher ins Bewußtsein rückte. So beklagte Karl Marx noch 1950 die mangelnde Bereitschaft der Bundesregierung, sich „zur Lage der Juden zu äußern" (AJW, 27. Oktober 1950); und zwei Jahre vorher stellte die AJW beispielsweise fest, die Juden seien „als machtlose Minderheit in Deutschland" (AJW, 29. Oktober 1948).

Nach 1950 änderte sich dies zusehends. Die Legitimation des neuen Staates nach innen und vor allem nach außen bedurfte einer sichtbaren jüdischen Präsenz und vor allem der Verreligiösierung des politischen Idioms – Adenauer sprach von der „Einheit aller positiv gläubigen Menschen" (AJW, 18. August 1950). Diese wurde ermöglicht durch die Einrichtung des christlich-jüdischen Dialogs, der nicht nur eine durchaus positiv zu bewertende Reform in den Kirchen beinhaltete, sondern auch als Gegengewicht zu Neo-Nazismus und Kommunismus instrumentalisiert wurde, vor allem um im restaurativen Adenauer-Staat nicht auf SPD und Arbeiterbewegung als antifaschistische Kräfte angewiesen zu sein.

Besonders die stärker in ihre deutsche Umwelt integrierten deutschen Juden, wie z. B. Siegmund Weltlinger in Berlin, unterstützten diese christlich-jüdischen Kontakte, wie sie sich in den Anfang der fünfziger Jahre vor allem auf amerikanische Initiative initiierten „Wochen der Brüderlichkeit" manifestierten. Von der gesellschaflichen Akzeptanz in der deutschen Umwelt und profitablen politischen Beziehungen abgesehen, erhofften sich Juden dadurch wohl vor allem auch Schutz vor einem neuerlichen Anwachsen des Antisemitismus.

So hatten die Juden als Legitimatoren des christlich-restaurativen Adenauer-Staats, als sowohl verkörperlichte permanente Erinnerung wie auch als nicht immer unfreiwillige Tranquilisatoren für das unruhige Gewissen der Deutschen und als Katalysatoren der verchristlichten Staatsdoktrin ihre neue Rolle gefunden: durchaus eine für beide Seiten vorteilhafte und in diesem Sinne keineswegs „negative" Symbiose (Diner, 1987). Doch von der Legitimation des Staates ist es dann oft nur ein kleiner Schritt zu seiner Repräsentation, wie besonders prononciert im Falle des langjährigen Vorsitzenden des Zentralrats der Juden in Deutschland, Werner Nachmann, der seine Aufgabe darin sah, „das richtige Bild Deutschlands, seiner Bürger und Parteien immer dann vorzustellen, wenn Tendenzen auftreten, den ‚bösen Deutschen' an die Wand zu malen" (in: Broder und Lang, Hrsg., 1979, S. 102). Gerade die Ungeheuerlichkeit des Massenmordes und die tiefgreifenden Veränderungen der deutschen Gesellschaft(en) durch den Nazismus verlangt nach massivster Ideologiearbeit durch die in Deutschland lebenden Juden, eine Rolle, deren Spätwirkungen im Guten oder Bösen nicht abzusehen sind, die aber ein autonomes, auf die Werte des Judentums bezogenes jüdisches Leben in Deutschland keineswegs erleichtert hat.

Anmerkung

1 Es muß tatsächlich überraschen, daß in dieser Richtung bislang wenig geschrieben wurde. Michael Hechter sprach zwar im Titel eines Aufsatzes von der „cultural division of labour" (Hechter, 1978), bezeichnete damit jedoch die ethnische Arbeitsteilung, nicht die damit einhergehenden moralisch-ideologisch-kulturellen Eigenarten. Der Begriff der Arbeitsteilung in der Tradition von Marx wie auch von Durkheim blieb weitgehend auf die materielle Basis beschränkt; daß eine bestimmte Art der Produktion, ein bestimmter Arbeitsprozeß neben der materiellen und sozialen Komponente auch kulturell bewertet wird und eine ideologische Komponente hat, wurde selten gesehen.

Literatur

Arendt, Hannah: The Origins of Totalitarianism, New York 1958 (zuerst 1950).
Bodemann, Y. Michal: Staat und Ethnizität. Der Aufbau der jüdischen Gemeinden im Kalten Krieg, in: *Micha Brumlik et al.*, Jüdisches Leben in Deutschland seit 1945, Frankfurt a.M. 1987.
–: Nolte und der Antisemitismus. in: Der Tagesspiegel 13.3.1988 (Leserbrief).
Bonacich, Edna: A Theory of Ethnic Antagonism: The Split Labor Market, in: American Sociological Review, 38, 1973.
Broder, Henryk M.: Der ewige Antisemit. Über Sinn und Funktion eines beständigen Gefühls. Frankfurt a.M. 1986.
Büttner, Ursula: Not nach der Befreiung. Die Situation der deutschen Juden in der britischen Besatzungszone 1945-1948. in: *dies.* (Hrsg.), Das Unrechtsregime, Bd. 2: Verfolgung, Exil, belasteter Neubeginn, Hamburg 1986.
Diner, Dan: Negative Symbiose. Deutsche und Juden nach Auschwitz in: *ders.* (Hrsg.), Ist der Nationalsozialismus Geschichte? Zu Historisierung und Historikerstreit. Frankfurt a.M. 1987.
Hechter, Michael: Group Formation and the Cultural Division of Labour, in: American Journal of Sociology, 84, 2, 1978, S. 1162-1168.
Hughes, Everett C.: The Sociological Eye. Selected Papers on Work, Self, and the Study of Society. Chicago 1971.
Nolte, Ernst: Antwort auf Julius Schoeps, in: Der Tagesspiegel 21. Februar 1988.
Wetzel, Juliane: Jüdisches Leben in München 1945-1951. Durchgangsstation oder Wiederaufbau? Schriftenreihe des Stadtarchivs München 1987.

Das Erbe des Holocaust im antifaschistischen Deutschland

Die Jüdische Gemeinde Ost-Berlins und ihre Integration in die Deutsche Demokratische Republik*

Robin Ostow

Im ersten Drittel dieses Jahrhunderts war Berlin eines der Zentren jüdischen Lebens und der Schauplatz vieler bedeutender Entwicklungen von jüdischem Gedankengut und jüdischen Lebensformen. 1925 standen einer jüdischen Bevölkerung von insgesamt 172 672 Menschen[1] mehr als hundert Synagogen zur Verfügung, zwölf davon mit mehr als 2000 Sitzplätzen.[2] Das Reformjudentum begann von Berlin aus sich zu etablieren, wo seine ersten Institutionen gegründet wurden. 1904 wurde in Berlin die jüdische Frauenbewegung gegründet, und zum ersten Mal in der Geschichte des Judentums bestieg 1928 eine Frau die Kanzel in einer der größten Berliner Reform-Synagogen und hielt eine Predigt. Als Hitler 1933 an die Macht kam, war die jüdische Bevölkerung von Berlin bereits auf 160 564 Personen gesunken; und als man im Herbst 1941 mit den ersten Deportationen begann, gab es in Berlin schätzungsweise noch 65 000 Juden. Dreieinhalb Jahre später, als die Alliierten in der ersten Maiwoche 1945 Berlin befreiten, waren kaum noch 7000 Juden in der Stadt am Leben.

Für die jüdische Gemeinde von Berlin, die offiziell am 15. Juli 1945 neu ge-

---

* Dieser Aufsatz enthält Material aus meinem Buch: Jüdisches Leben in der DDR, Jüdischer Verlag bei Athenäum, Frankfurt a. M. 1988.

IV. Zur gesellschaftlichen Rolle der Juden im Nachkriegsdeutschland 333

gründet wurde, waren die ersten Nachkriegsjahre von Unbeständigkeit und kleinlichen Machtkämpfen sowohl in der Führung wie auch unter den Mitgliedern gekennzeichnet. Die kleine Gruppe von Überlebenden war bemüht, eine feste Beziehung zu den vier Besatzungsmächten herzustellen und ihrer eigenen kulturell zersplitterten Gemeinschaft ein einheitliches Konzept zu geben. Ihr erster Präsident, Erich Nelhans, ein ehemaliger Misrachi-Führer, wurde 1947 von den Sowjets verhaftet und angeklagt, sowjetische Deserteure begünstigt zu haben. Er wurde zu fünfzehn Jahren Gefängnis verurteilt und ist seitdem spurlos verschwunden.[3] Schon im Herbst 1945 wurde Nelhans von dem Rechtsanwalt Hans Erich Fabian abgelöst, dem einzigen Mitglied der alten „Reichsvereinigung", das den Krieg überlebt hatte. 1949 wanderte Fabian nach New York aus, wo er jahrelang Verhandlungen über Wiedergutmachungszahlungen an die jüdischen Opfer des Nationalsozialismus führte.

Ab Herbst 1945 begann auch das „American Joint Distribution Committee" (AJDC oder auch kurz „Joint" genannt), die jüdische Gemeinde von Berlin, die damals 7070 Mitglieder zählte, aktiv zu unterstützen. Von diesen 7070 Juden hatten 4121 (über 90 Prozent der verheirateten Mitglieder) nichtjüdische Ehepartner, 1321 hatten sich versteckt gehabt und traten nun wieder an die Öffentlichkeit und 1628 hatten die Konzentrationslager überlebt und waren zurückgekehrt.[4] Auch in manch anderer Hinsicht war die Jüdische Gemeinde der ersten Nachkriegsjahre nicht mit den mehr oder weniger homogenen jüdischen Gemeinden, wie wir sie heute in Nordamerika und Westeuropa antreffen, und die sich aus wohlhabenden Akademikern, Geschäftsleuten, Intellektuellen und Künstlern zusammensetzen, zu vergleichen. Philip Skorneck, einer der ersten AJDC-Repräsentanten in Berlin, machte in seinen ersten Berichten vom 21. Februar und 31. März 1946 unter anderem die folgenden Feststellungen:

> „Am 15. Oktober kam ich in Berlin an. Die Jüdische Gemeinde hatte sich sofort nach der Befreiung von Berlin neu aufgebaut und in verschiedenen Häusern, die ehemals im Besitz der Vorkriegsgemeinde gewesen waren, Büros eingerichtet und Unterkünfte organisiert... zwei Wochen vor meiner Ankunft hatte eine „Wahl" stattgefunden. Wie sich später herausstellte, war die „Wahl" kaum als solche zu bezeichnen.
>
> Es bestanden Zweifel an der Zuverlässigkeit der jüdischen Führungskräfte, die meines Erachtens auch gerechtfertigt waren. So kam zum Beispiel Herr Meyer[5] ohne einen Pfennig in der Tasche aus dem Konzentrationslager zurück und ist heute bereits ein sehr wohlhabender Mann.
>
> Die Jüdische Gemeinde als solche stellt eine äußerste komplizierte und verwirrende Struktur dar. Es gibt Volljuden, Halbjuden und Vierteljuden sowie jüdische Protestanten und Katholiken. Dann gibt es Juden, die mit Nichtjuden verheiratet sind und keine Kinder haben, und solche, deren Kinder teils

jüdisch, teils nichtjüdisch sind, und jede einzelne dieser Kategorien hatte unter Hitler ihre besondere Rechtsstellung.

Der hohe Prozentsatz sogenannter „Marginaljuden" in Berlin erschwert die Entscheidung, welche dieser „Juden" der Gemeinde offiziell beitreten dürfen.

Es wurde bekannt, daß zur Gemeinde zugelassene Juden in Berlin gewisse Vorteile und Privilegien genießen würden, die der übrigen Bevölkerung versagt waren. Als der „Joint" dann mit der Verteilung zusätzlicher Lebensmittel an die Gemeindemitglieder begann, erhob sich lauter Protest seitens derer, die als Mitglieder in der Gemeinde nicht in Frage kommen sollten.

Spannungen und Auseinandersetzungen zwischen polnischen und deutschen Juden treten in Berlin deutlich zutage. Die polnischen Juden, die erst vor kurzem aus Polen eingereist sind, mokieren sich über das unjüdische Gebaren der Gemeindemitglieder, während diese keine Gelegenheit auslassen, die Schwarzmarktgeschäfte der polnischen Juden anzuprangern."[6]

Es versteht sich, daß jüdisches Leben unter der Naziherrschaft praktisch unmöglich geworden und der einzelne, konfrontiert mit Hitlers Endlösung, weitgehend demoralisiert und brutalisiert worden war. In den ersten Nachkriegsjahren war ganz Berlin ein Chaos von Einzelpersonen und Interessengemeinschaften, die sich alle zu etablieren – oder von neuem zu etablieren – suchten und alles taten, um sich materielle und gesellschaftliche Vorteile zu verschaffen. Die unverzügliche Wiederherstellung jüdischen Lebens in der Stadt, die durch die gemeinsamen Bemühungen des AJDC, der Besatzungsmächte und der Jüdischen Gemeinde von Berlin zustande kam, war beeindruckend. Jüdische Einwohner, Flüchtlinge und Displaced Persons erhielten Kleidung, Lebensmittel, Wohnung und ärztliche Versorgung. Tausende von Juden, die überlebt hatten und jetzt durch Berlin kamen, wurden nach Israel, dem amerikanischen Kontinent und in andere Länder weitergeleitet. Synagogen und andere jüdische Institutionen wurden neu eröffnet und eine Initiative zur Rückerstattung jüdischen Eigentums und zur Anerkennung der Jüdischen Gemeinde durch die Behörden ins Leben gerufen.

1949 hatte sich die Jüdische Gemeinde von Berlin weitgehend unter der Leitung von Heinz Galinski stabilisiert, der auch heute noch der Westberliner Gemeinde vorsteht. Die Aufgaben, die Galinski in den ersten fünf Jahren seiner Amtszeit unter dem zunehmenden Druck des kalten Krieges zu bewältigen hatte, waren in erster Linie der Aufbau einer Infrastruktur sozialer Leistungen und religiöser Institutionen in allen vier Besatzungszonen der geteilten Stadt.

„Die Gemeinde war bemüht, eine neutrale Haltung zu wahren, und sich als unpolitische und überparteiliche Organisation zu profilieren. Einige Jahre lang war sie die einzige Organisation, die gleichzeitig in Ost- und West-Berlin

IV. Zur gesellschaftlichen Rolle der Juden im Nachkriegsdeutschland

tätig war. Ein Ausschuß, zusammengesetzt aus fünf westberliner und zwei ostberliner Mitgliedern, befaßte sich mit den sozialen und religiösen Bedürfnissen der Gemeindemitglieder."[7]

Als jedoch der kalte Krieg einsetzte, wurde die Tätigkeit im Ostsektor zunehmend schwieriger und mußte schließlich im Jahre 1952 ganz aufgegeben werden. „Das Jahr 1952 brachte eine ‚Konsolidierung' der DDR mit sich..., was im Klartext eine zunehmende Sowjetisierung auf allen Gebieten des öffentlichen Lebens bedeutete" (Robinson 1954, S. 85).

„Die anti-jüdische Richtung der DDR manifestierte sich zuerst Mitte Dezember 1952 in einem sechzig Seiten umfassenden Rundschreiben, herausgegeben vom Zentralkomitee der SED, über die Auswirkungen des Slansky-Prozesses. Der Zionismus und die internationalen jüdischen Organisationen, wie z.B. der „Joint", wurden als ‚Werkzeuge des amerikanischen Imperialismus' bezeichnet, die das Mitgefühl der arbeitenden Klassen für die jüdischen Opfer des Faschismus dazu ausnutzten, in den Volksrepubliken Spionage und Sabotage zu betreiben" (Thompson 1967, S. 63).

Diesem Rundschreiben folgten anti-jüdische Hetzartikel in der Parteipresse, der Ausschluß von Juden aus hohen Ämtern sowie verstärkte Kontrolle und Überwachung von Juden in der DDR. Die Vorsteher der jüdischen Gemeinden in der DDR wurden verhört und aufgefordert, Erklärungen zu unterschreiben, in denen sie das AJCD als eine Organisation amerikanischer Agenten denunzierten, Zionismus mit Faschismus gleichstellten, gegen die Todesurteile der Rosenbergs protestierten und Wiedergutmachungszahlungen als Ausbeutung des deutschen Volkes bezeichneten.

Nathan Peter Levinson, damals Rabbiner in Berlin[8], beschreibt die Reaktion der Jüdischen Gemeinde von Berlin wie folgt (Tonbandaufnahme, Toronto, November 1984):

„Es gab großen Krach mit Galinski. Er war unzufrieden, daß... nach dem Slansky-Prozeß... angesichts des neuen Antisemitismus berief ich eine Pressekonferenz ein, um die Juden zum Verlassen der DDR aufzufordern. Galinski weigerte sich, an der Pressekonferenz teilzunehmen. Er versuchte, mich daran zu hindern, die Pressekonferenz abzuhalten, weil er der Ansicht war, ich hätte amerikanische und nicht jüdische Interessen im Auge.

Bis zum letzten Moment versuchten sie, mich davon abzuhalten, ...sie drohten mir..., aber ich beharrte auf meinem Standpunkt, weil wir schon einmal einen Holocaust erlebt hatten, und wenn Stalin nicht wie durch ein Wunder gestorben wäre...

Am Tag nach der Pressekonferenz forderte Galinski dann ebenfalls die Juden auf, die DDR zu verlassen – er war praktisch dazu gezwungen – aber privat schob er mir die Schuld zu.

Doch vorher schafften wir den größten Teil der jüdischen Bibliothek, die sich in Ost-Berlin befand, nach West-Berlin. Wir wollten nichts Wichtiges zurücklassen."

Inzwischen hatten zahlreiche Juden in der DDR wie auch sämtliche Gemeindevorsteher von sich aus beschlossen, in den Westen zu flüchten. Die erste Gruppe von fünfundzwanzig Flüchtlingen kam am 13. Januar 1953 in West-Berlin an. Den Winter über wurden die anti-jüdischen Maßnahmen verschärft. Bei fast allen Juden wurden Hausdurchsuchungen durchgeführt, Personalausweise beschlagnahmt und die Bewohner angewiesen, sich in unmittelbarer Nähe ihres Wohnorts aufzuhalten. Die VVN (Vereinigung der Verfolgten des Naziregimes), die sich größtenteils aus Juden zusammensetzte, wurde aufgelöst und durch das „Komitee antifaschistischer Widerstandskämpfer" ersetzt, das einen weit weniger jüdischen Charakter hatte. Der Ausschluß von Juden aus führenden Positionen dauerte an und betraf sogar diejenigen, welche die anti-zionistische, anti-amerikanische und Anti-Wiedergutmachungsrichtung der DDR-Regierung unterstützten. Bis zum 30. März 1953 waren etwa 550 Juden aus der Deutschen Demokratischen Republik geflohen, und der Tod Stalins am 5. März erhöhte noch die Verunsicherung und Spannung unter den Juden in beiden Teilen Berlins.

Einige der Auswirkungen dieser Ereignisse auf das Leben der jüdischen Gemeinschaft in West-Berlin sind in einem Bericht des Pariser AJDC-Büros vom 6. März 1953, *Newsletter on Jewish Life in Berlin*, beschrieben:

„Obgleich in der Minderheit, hat die national-jüdische Fraktion (der Jüdischen Gemeinde in West-Berlin) durch die Gründung einer zionistischen Organisation einen deutlich „jüdischeren" Kurs genommen und damit gleichzeitig eine klare Antwort auf die letzten Entwicklungen im Osten gegeben...

Obwohl beide Fraktionen das gemeinsame Ziel haben, die Einheit der Gemeinde zu erhalten, ist die national-jüdische Fraktion nicht gewillt, zum Thema „Judentum" Konzessionen zu machen oder ihre orthodoxen und national-jüdischen Aspirationen zu verleugnen... Rabbi Levinson (liberale Fraktion) nimmt gegenüber nationalen und orthodoxen Bestrebungen eine kompromißlose Haltung ein und hat mehrfach in seinen Predigten den Zionismus öffentlich verurteilt.

Doch trotz zunehmender Streitigkeiten ist die Gemeinde bemüht, ihre Einheit zu bewahren.

Die oben erwähnten Schwierigkeiten sind neueren Datums und offensichtlich mit den antisemitischen Tendenzen im Osten in Verbindung zu bringen... Auf diese Weise wirkt sich der Konflikt der Großmächte auch auf die kleine Jüdische Gemeinde in Berlin aus" (AJDC-Bericht Nr. 130 aus Paris).

Mitte Juni 1953 verminderte sich der Strom jüdischer Flüchtlinge aus der DDR nach West-Berlin, und die politische Linie in der DDR änderte sich schlagartig. Antijüdische Maßnahmen wurden eingestellt und man begann mit der Rehabilitierung der Juden und ihrer Gemeinden. Die kläglichen Überreste jüdischer Gemeinden in der DDR erhielten beträchtliche Zuwendungen für die Restaurierung von Synagogen (Thompson 1967, S. 97) sowie für das jüdische Altersheim, eine koschere Metzgerei und die Instandhaltung der jüdischen Friedhöfe in Ost-Berlin. Von 1961 an erschien auch eine jüdische Vierteljahresschrift, das *Nachrichtenblatt*. Die Juden in der Deutschen Demokratischen Republik erhalten eine Sonderrente als Verfolgte des Naziregimes sowie eine Teilrente für körperliche Schäden als Folge des Hitlerregimes. Die Verfassung der DDR garantiert jedem Bürger volle Glaubensfreiheit. Sie gewährt religiösen Gemeinschaften das Recht auf Selbstverwaltung und auf religiöse Erziehung (Christians and Churches 1964/1983, S. 70). Seit 1953 ist die Regierung der DDR in allem, was die Juden betrifft, sehr kooperativ.

Nach der Spaltung der Jüdischen Gemeinde von Berlin richtete die Westberliner Gemeinde eine neue Geschäftsstelle in der Joachimsthalerstraße ein, während in Ost-Berlin ein provisorischer Vorstand ernannt wurde, der die Flucht der jüdischen Führungskräfte in den Westen scharf verurteilte und Kontakte mit den Behörden aufnahm. Martin Riesenburger, der sich während der Krise für die DDR-Behörden eingesetzt hatte, wurde zum Rabbiner von Ost-Berlin ernannt.[9] Seitdem nannte man ihn den „roten Rabbi", und obgleich ihn viele westdeutsche Juden lediglich als Apologeten seiner Regierung betrachteten, war er in Ost-Berlin beliebt und angesehen und amtierte als einziger Rabbiner bis zu seinem Tode im Jahre 1965. Danach wurde Heinz Schenk Präsident der Jüdischen Gemeinde von Ost-Berlin. Er bekleidete das Amt eines besoldeten Staatsbeamten bis zu seinem Tode im Jahre 1971. Schenk war seit 1945 SED-Mitglied gewesen, und man warf ihm vor, gegenüber der Jüdischen Gemeinde die Interessen der Partei vertreten zu haben (Lesser 1973, S. 15). Nach seinem Tod wurde das Amt des Präsidenten in ein Ehrenamt umgewandelt und der Amtsinhaber wurde von der Gemeinde gewählt. Dr. Peter Kirchner wurde Nachfolger von Schenk. Bis heute verwaltet er die Jüdische Gemeinde zusammen mit einem fünfköpfigen aus Gemeindemitgliedern zusammengesetzten und von der Gemeinde gewählten Aufsichtsrat.

Im Frühjahr und Sommer 1956 wurden zahlreiche jüdische Regierungsbeamte und Künstler, die Anfang der 50er Jahre der „Säuberungsaktion" zum Opfer gefallen waren, rehabilitiert, und heute nehmen Juden wieder hohe und einflußreiche Positionen in der Deutschen Demokratischen Republik ein. Die meisten von ihnen sind jedoch keine Mitglieder der Jüdischen Gemeinde, sondern Kommunisten, die sich in der sowjetischen Besatzungszone angesiedelt haben. Wie Monika Richarz betont, „betrachten sich die meisten dieser Kommunisten keineswegs als Juden und weigern sich nach wie vor, der Jüdischen

Gemeinde beizutreten. Mitgliedschaft in der atheistisch orientierten Kommunistischen Partei war unvereinbar mit einer religiösen Identität, durch die man sich noch dazu der Gefahr ausgesetzt hätte, zionistischer Neigungen bezichtigt zu werden" (1985, S. 127). Einer der mächtigsten und einflußreichsten Juden in der DDR ist Albert Norden, Mitglied des Politbüros, einer Gruppe von zehn Männern, die den Führungskader der SED darstellt. Klaus Gysi, bis 1988 Staatssekretär für Kirchenfragen, ist teilweise jüdischer Abstammung und Gerhard Eisler, ebenfalls ein Jude, leitete jahrelang das Nachrichtenbüro der DDR.

Bei dem Versuch, die antijüdischen Maßnahmen der frühen 50er-Jahre und die Spaltung, die zum Entstehen der Ostberliner Jüdischen Gemeinde in ihrer heutigen Form führte, zu analysieren, darf man folgende Punkte nicht außer acht lassen:

1) Die Ereignisse, so schrecklich sie waren, spielten sich vor dem Hintergrund des kalten Krieges ab, einschließlich des „Schauprozesses" der Rosenbergs in New York[10] mit all seinen antisemitischen Begleiterscheinungen.
2) Die Deutsche Demokratische Republik wurde zwar offiziell im Jahre 1949 gegründet, „erhielt jedoch ihre ‚Unabhängigkeit' von der Sowjetunion erst am 20. September 1955. Bis dahin spiegelte der offizielle Standpunkt des Berliner Regimes die Ansichten beider Seiten, der deutschen wie auch der sowjetischen wider" (Thompson 1967, S. 8). Die Verantwortung der DDR-Regierung für Beschlüsse, die vor der „Unabhängigkeit" gefaßt wurden, ist daher umstritten.
3) Juden waren nicht die einzige Gruppe von DDR-Bürgern, die von den „Säuberungsaktionen" zu Anfang der 50er Jahre betroffen waren.

> „Der Terror und die „Säuberungsaktionen" richteten sich gegen Teile des Beamtenapparates, hauptsächlich gegen diejenigen, die Verbindungen zu den Ortsansässigen unterhielten. In allen Ostblockländern wurde die Mehrzahl der Untergrundführer, die gegen die Nazis gekämpft hatten, hingerichtet oder eingekerkert, während jene, die den Krieg – und in vielen Fällen Jahre davor – in Moskau verbracht hatten, nun an die Macht kamen." (Harman 1974/1983, S. 52)

4) Die Behauptung, die Juden in der DDR – insbesondere ihre Führer – wären allesamt „Zionisten, Trotzkisten, Imperialisten, amerikanische Agenten, Titoisten und Kosmopoliten"[11], war sicherlich hysterische Übertreibung, doch enthielten diese Anschuldigungen einen Kern von Wahrheit. Aufgrund des Ausmaßes, das die deutsch-jüdische Emigration in den 30er Jahren und danach in den ersten Nachkriegsjahren angenommen hatte, sowie der begrenzten Rückwanderung nach 1949 besaß ein großer Teil der jüdischen DDR-Bevölkerung Bindungen zum Westen.[12] Und die internationalen jüdischen Organisationen, die die Jüdischen Gemeinden in beiden

IV. Zur gesellschaftlichen Rolle der Juden im Nachkriegsdeutschland 339

Teilen Deutschlands versorgten, verkörperten westliches Gedankengut und vertraten Interessen des Westens. Dazu arbeiteten sie auch noch Hand in Hand mit dem amerikanischen Militär. Rabbi Levinson ist in Berlin geboren und war einer der letzten, denen 1941 die Flucht gelang. Er kehrte 1950 nach Berlin zurück und amtierte als Rabbiner der Berliner Jüdischen Gemeinde und auch der amerikanisch-jüdischen Kolonie bis 1953 (Katcher 1968, S. 41-44).

Das folgende Memorandum, datiert vom 21. April 1952, enthüllt einige der Bedenken des AJDC sowie seine eigene Auffassung von seiner Mission in Berlin:

„Mit fortschreitender Sowjetisierung der Satellitenstaaten wird der Eiserne Vorhang zunehmend undurchdringlicher.... Angesichts der Rolle Berlins als Postabgabestelle könnte ein Büro, das von größeren jüdischen Organisationen in Berlin unterhalten wird, als geeigneter Horchposten dienen, besonders für Nachrichten bezüglich der Juden in der DDR, Böhmen, Polen, den baltischen Ländern und der UdSSR selbst. Solche Nachrichten könnten aus örtlichen jüdischen Quellen kommen oder von den verschiedenen Nachrichtenagenturen und staatlichen D.P.-Organisationen in Westeuropa, von denen viele geheime Kurierverbindunen mit Osteuropa unterhalten.

Noch eine andere Möglichkeit – so unangenehm sie auch sein mag – muß ins Auge gefaßt werden. Sollte das bolschewistische Regime in den nächsten Jahren gestürzt werden oder sich auflösen, sind ausgedehnte Pogrome in Ungarn, Rumänien und der Ukraine zu befürchten. Eine bestehende jüdische Vertretung mit guten Beziehungen könnte dann ihren Einfluß geltend machen" (Memorandum an den AJDC 20N, Brief 800).

5) Thompson (1967) betont die Funktion des neuen jüdischen Staates bei der Verschärfung einer ohnehin bereits äußerst gespannten Lage.

> Moskau hatte gehofft, auf den jungen jüdischen Staat Einfluß nehmen zu können, wurde aber enttäuscht, als Israel sich zu einem demokratischen Staat nach westlichem Muster entwickelte. Die sowjetische Außenpolitik begann zunehmend, nationalistische arabische Gruppen zu unterstützen und sich zunutze zu machen, und die begeisterte Reaktion der Juden in der Sowjetunion und den Satellitenstaaten auf die Gründung des Staates Israel erweckte alte Befürchtungen bezüglich einer „doppelten Loyalität" (S. 54-55).

6) Zum Schluß deutet Thompson noch auf die gesellschaftlichen Spannungen hin, die durch die Wiedergutmachungsforderungen der Juden entstanden waren.

> Wohnungen, kleinere Fabriken und Geschäfte sowie persönliche Habseligkeiten wurden immer noch als Privatbesitz angesehen. Doch als die überlebenden Juden ihre Besitztümer zurückverlangten, stießen sie auf heftigen Widerstand seitens derer, die ehemaligen jüdischen Besitz als ihr Eigentum ansahen und die Überlebenden als Eindringlinge betrachteten.... Diese Gruppe war so groß, daß die Kommunisten und andere Parteien, die noch erlaubt waren, sie bei der Zurückweisung jüdischer Forderungen unterstützten.... Dieser Kampf um die Wiedergutmachung führte zu offener und versteckter antisemitischer Hetze und verstärkten antijüdischen Ressentiments (S. 42).

Unter diesem vielfältigen politischen Druck diente der antijüdische Terror der frühen 50er Jahre einem dreifachen Zweck. Erstens wurden dadurch die Jüdischen Gemeinden in der DDR als bodenständige Organisationen mit eigener politischer Basis eliminiert. Bis heute werden in der DDR keinerlei unabhängige Organisationen geduldet. Zweitens wurde dadurch eine völlige Trennung der DDR-Juden und ihrer Gemeinden von westlichen Organisationen und Einflüssen herbeigeführt. Und drittens wurden – wie die „Arisierung" von Geschäften und Berufssparten im Dritten Reich aufgezeigt hatte – durch den Ausschluß einer ganzen sozialen Gruppe von begehrenswerten Positionen – oder aus der Gesellschaft als solcher – neue Aufstiegsmöglichkeiten geschaffen, was zu einer gewissen Beruhigung politisch enttäuschter Bürger beitrug. Sobald diese drei Ziele erreicht waren, durften die Jüdischen Gemeinden in der DDR teilweise ihre Tätigkeit wieder aufnehmen, indem sie bestimmte Dienstleistungen für ihre Mitglieder erbrachten und durch ihre bloße Existenz die Religionsfreiheit in ihrem Staat demonstrierten. Wie auch in anderen Phasen des Umgangs mit Juden in der DDR, war auch die Rehabilitierung der Jüdischen Gemeinden im Juni 1953 (drei Monate nach Stalins Tod) – obgleich diese sich in eine neue Richtung entwickelte – keine spezifisch jüdische Angelegenheit, sondern Teil einer Reihe von Reformen, die von der SED durchgeführt wurden (Harman 1974/1983, S. 78). So wurde in der Zeitspanne von November 1952 bis Juni 1953 die jüdische Gemeinschaft – so wie auch andere Gesellschaftsgruppen in der DDR – jeder Unterstützung von außerhalb beraubt und direkt dem Staat unterstellt, von dem sie bis heute gänzlich abhängig ist und dem sie dient.

Heute, fünfunddreißig Jahre nach den antijüdischen Maßnahmen der frühen 50er Jahre, steht die Jüdische Gemeinde in Ost-Berlin nicht in Blüte, aber sie existiert weiter und erhält großzügige staatliche Unterstützung. Die Umstände haben sich weitgehend geändert, vor allem dadurch, daß in den Beziehungen der DDR mit der Bundesrepublik und vielen anderen westlichen Ländern eine gewisse Entspannung eingetreten ist, die eine zunehmende Integration der DDR in der Weltwirtschaft zur Folge hat, einschließlich der Entwicklung des Tourismus als Quelle für harte Währung.

„Die DDR ist heute ein beachtlicher Faktor in Mitteleuropa. Es ist für den Ostblock die wichtigste Technologie-Quelle und einer der bedeutendsten Handelspartner der Bundesrepublik und der Sowjetunion. Der zollfreie Handel mit der Bundesrepublik macht sie zu einem stillen Teilhaber der EG, ..., und – neben Ungarn – ist die DDR im Rahmen des Warschauer Paktes zum Hauptbefürworter einer Entspannunspolitik geworden" (The Globe and Mail, Toronto, 5. Okt. 1984, S. 7).

Bei den Verhandlungen über Handelsbeziehungen mit westlichen Staaten betrachtet man in der DDR die internationalen jüdischen Organisationen als Vermittler und mögliche Befürworter von Handelsabkommen mit dem Osten.[13]

Ein Resultat: Nach vier Jahre langen Verhandlungen mit den DDR-Behörden wurde im September 1987 Rabbi Isaac Neuman aus Champaign-Urbana Illinois vom State Department und dem American Jewish Committee nach Ost-Berlin geschickt, um dort als erster Rabbiner seit zweiundzwanzig Jahren in der Deutschen Demokratischen Republik zu amtieren. Zur selben Zeit bildeten viele jüngere und einige ältere Juden, viele davon auch Mitglieder der Sozialistischen Einheitspartei, eine Gruppe, um über jüdische Tradition und Identität zu diskutieren. Die Jüdische Gemeinde ging auf dieses neue Interesse durch intensivere Kultur- und Religionsprogramme ein. Gebildet wurde eine Laienspiel-Theatergruppe, die z. Zt. den „Dybbuk" probt, Kurse für Erwachsene wurden ins Leben gerufen und Jugend- und Kindergruppen wurden aktiv.

Auch außerhalb der Jüdischen Gemeinde gibt es neuerdings Anzeichen dafür, daß jüdische Kultur unterstützt wird. 1987 verpflichtete sich die DDR-Regierung, die Synagoge in der Oranienburger Straße wieder aufzubauen – ein äußerst kostspieliges Projekt – und 1988 hat die DEFA, die staatliche Filmorganisation, einen einstündigen Dokumentarfilm – *Erinnern heißt Leben* – zur Rolle der Juden in der Kulturgeschichte Berlins herstellen lassen. Diese Art von Bemühungen, obwohl gutgemeint, passen in das staatskonforme und oft kritisierte Modell von jüdischer Kultur in der DDR. Es wird von oben organisiert, man geht kein Risiko ein und es erbringt kalkulierbar und kontrollierbar positive Resonanz bei den verschiedenen gesellschaftlichen Gruppen; nicht zuletzt soll der Eindruck erweckt werden, daß Juden in der DDR mit ihrer Umwelt keine Probleme haben.

Weitere neue Forderungen sind unter den Juden zu hören: etwa, sie nicht nur als religiöse, sondern auch als ethnische Gruppe anzuerkennen; eine Forderung, die seit den 50er Jahren unterdrückt wurde. Daraus würde auch das Recht folgen, Israel zu besuchen und über Israel frei zu diskutieren. Diese nationalen Bedürfnisse werden sowohl von der Jüdischen Gemeinde als auch vom Staat teils gefördert und teils unterdrückt: jedoch hört man sie innerhalb und außerhalb der Veranstaltungen der Jüdischen Gemeinde. In den letzten zwei Jahren durften mehrere Juden auch unterhalb des Rentenalters Verwandte in Israel besuchen, obwohl nicht alle Juden, die ein Visum beantragten, es auch bekamen. Außerdem, im Kulturprogramm für das Jahr 1987/88 gab es zum ersten Mal seit vielen Jahren vier Vorträge zum Thema Israel, von denen einer von dem israelischen Politologen Schlomo Avineri gehalten wurde. Themen, die immer noch tabu sind und daher zu kontrovers für die offiziellen Veranstaltungen der Gemeinde, werden von informellen Gruppen in Cafés diskutiert. Diese jüdischen Diskussionen, weniger sichtbar für die Öffentlichkeit, enthalten sicherlich das größte Potential, die Juden der DDR mit ihrem Staat und mit der nicht-jüdischen Bevölkerung in Konflikt zu bringen.

In den traditionellen europäischen Gesellschaften haben Juden häufig als Mittelsmänner im wirtschaftlichen Sektor fungiert und sozial und wirtschaftlich so schlecht angesehene Arbeiten wie den Geldhandel z. B. übernommen.[14] Diese Nische verschaffte ihnen gelegentliche Erfolge und Vorteile zum Preis einer ständigen Gefährdung. Hannah Arendt (1958) analysiert die direkten Beziehungen zwischen Teilen der jüdischen Bevölkerung und verschiedenen europäischen Staaten im Jahrhundert vor Hitler. Heute spielen die Juden in beiden Teilen Deutschlands kaum noch eine wirtschafliche Rolle. Dazu gibt es zu wenige – etwa 30000 in der Bundesrepublik und weniger als 2000 in der DDR – und als Folge der Überalterung und der Auswirkungen der Nazizeit sind viele von ihnen nur noch Pflegefälle. Doch erfüllen die Juden sowohl in der BRD wie auch der DDR auch heute noch bestimmte Funktionen. Sie sind nach wie vor als Vermittler tätig, weniger auf wirtschaftlichem als auf politischem Gebiet. Allein durch ihr Vorhandensein demonstrieren sie den Bruch des jeweiligen Deutschland mit der Nazi-Vergangenheit und dienen als Verbindungsglied zu den westlichen Ländern. So haben gegenwärtig die Jüdischen Gemeinden in der DDR ein besonderes Verhältnis zu ihrer Regierung und spielen eine besondere Rolle in der Außenpolitik ihres Landes. Im gleichen Maße wie Antifaschismus ein Hauptbestandteil der politischen Identität der DDR bleibt[15] und die Handelsbeziehungen mit dem Westen – in erster Linie mit den USA – gedeihen und sich entwickeln, können die Jüdischen Gemeinden hier mit finanzieller und staatlicher Unterstützung rechnen. Mögen sich die politischen Beziehungen zwischen den USA und der UdSSR auch ändern, so verfolgt die DDR konstant eine Politik der Anbindung an westliche Märkte. Jede Änderung dieser Politik würde negative Auswirkungen auf die Bevölkerung der DDR – insbesondere die Juden – zur Folge haben.

IV. Zur gesellschaftlichen Rolle der Juden im Nachkriegsdeutschland 343

Anmerkungen

1   Alle Bevölkerungsstatistiken in diesem Absatz sind H.G. Sellenthin (1959, Seite 101) entnommnen.
2   Berliner Museum, Synagogen in Berlin (1982), Band I, S. 3.
3   Encyclopaedia Judaica (1972), Band 4, S. 652.
4   AJDC-Bericht über Berlin, 21. Februar 1946, New York 282.
5   Julius Meyer, ein ehemaliger Auschwitz-Häftling, war Aktivist in der Führungsspitze der Berliner Jüdischen Gemeinde. Anfang der 50er Jahre war er Abgeordneter der ostdeutschen Volkskammer und Vorsitzender der Jüdischen Gemeinde in der DDR. Im Januar 1953 flüchtete er nach West-Berlin. (S. Interview mit Peter Kirchner).
6   AJDC-Berichte über Berlin, 21. Februar 1946, New York 282, und 31. Mai 1946, New York, 353.
7   Thompson (1967 S. 14). Der nachfolgende Bericht stützt sich zum großen Teil auf Thompsons äußerst genaue Darstellung antijüdischer Maßnahmen in der DDR Anfang der 50er Jahre.
8   Rabbi Nathan Peter Levinson ist 1921 in Berlin geboren. 1941 wanderte er in die USA aus, wo er 1948 Rabbiner wurde. Von 1950 bis 1953 amtierte er als Rabbiner in Berlin.
9   Martin Riesenburger (1896-1965) war kein Absolvent eines Rabbiner-Seminars, also kein eigentlicher Rabbiner. Er studierte an der Hochschule für die Wissenschaft des Judentums und amtierte als Laienprediger der Berliner Jüdischen Gemeinde während der Nazizeit, zuerst im jüdischen Altersheim und später auf dem Friedhof in Weißensee. Die Nazis gestatteten ihm, während der zwölf Jahre des Dritten Reiches in Berlin zu bleiben, weil sie ihn zur Bestattung der jüdischen Toten brauchten und weil er durch seine „Mischehe" gewisse Sonderrechte genoß. Seine Frau trat nach dem Krieg zum Judentum über. Weitere Einzelheiten siehe Alan Abrams (1985, S. 97-102).
10 „Es entstand eine höchst peinliche Situation, als sowohl die ostdeutschen wie auch die westdeutschen Behörden den Versuch machten, ihre jeweiligen Jüdischen Gemeinden zu Protestkundgebungen aufzurufen. Die westdeutschen Behörden wollten die Verabschiedung einer Resolution gegen den antisemitisch gefärbten Prozeß gegen Slansky und andere jüdische Häftlinge in Prag, während die ostdeutschen Regierungsstellen verlangten, die Gemeinde solle ein Telegramm und den Text einer Resolution nach Washington schicken und gegen das „antisemitische" Urteil gegen Julius und Ethel Rosenberg protestieren." (AJDC Paris Letter No 130 Newsletter on Jewish Life in Berlin, 6. März 1953)
11 European Jewry ten Years After The War, Institute of Jewish Affairs of the World Jewish Congress, New York (1956, S. 147).
12 Mindestens einer meiner jüdischen Interview-Partner hatte einen Angehörigen, der indirekt für die Streitkräfte einer westlichen Großmacht arbeitete.
13 Dr. Bela Kiraly, ehemals Oberkommandierender der ungarischen Armee in der Nagy-Regierung während des Aufstands von 1956, wies darauf hin, daß in Ungarn eine ähnliche Situation besteht, wo „Kádáer das jüdische Leben in Ungarn stets gefördert hat, um sich ein Fenster zum Westen offenzulassen" (Persönliches Gespräch, 20. April 1986 in New York).
14 Everett C. Hughes (1948/1962). Merkwürdigerweise wurde Hughes durch seine Eindrücke während eines Besuches 1948 in Westdeutschland zu diesem Essay inspiriert.
15 Günter Gaus weist darauf hin, daß im Gegensatz zur Bundesrepublik der Antifaschismus in der DDR noch immer dominiert: „Gerade mit dem andauernden Seitenblick auf die Bundesrepublik, ..., meint diese Minderheit (i.e. politisch interessierten Men-

schen, R. O.), sich mit ihrem deutschen Staat in einer Sache sehen lassen zu können, die grundsätzliche, tiefgreifende, umfassende Überwindung des Nationalsozialismus als verpflichtendes konkretes Ideal, von dem man auch durch keinerlei Relativierungen ablassen wollte..." (1983, S. 49).

Literatur

Arendt, Hannah: The Origins of Totalitarianism, New York 1950. (Deutsch: Elemente und Ursprünge totaler Herrschaft. Frankfurt, Wien, 1975).
Berlin Museum: Synagogen in Berlin, Berlin (West) 1983.
Bary, Hermann (Hrsg.): European Jewish Year Book: Jewish Life in Europe, Frankfurt 1954.
Christians and Churches: A Report from the German Democratic Republic, Berlin (Ost) 1964/1983.
Gaus, Günter: Wo Deutschland liegt: Eine Ortsbestimmung, Hamburg 1983.
Harman, Chris: Class Struggles in Eastern Europe 1945-83, London und Sydney 1974/1983.
Honigmann, Peter: Gibt es in der DDR Antisemitismus, in: Civis, 2, 1986, S. 4-12.
Hughes, Everett C.: Good People and Dirty Work, The Sociological Eye, Chicago und New York 1971, S. 87-97.
Katcher, Leo: Post Mortem: The Jews and Germany Now, London 1968.
Lesser, Andrew: Jews and the DDR, unveröffentlichtes Manuskript, Lanchester Polytechnic, Coventry 1973.
Richarz, Monika: Jews in Today's Germanies, in: Leo Baeck Institute Yearbook XXX, London 1985, S. 126-130.
Riesenburger, Martin: Das Licht verlöschte nicht, Berlin (Ost) 1960/1984.
Robinson, Nechemiah: Survey of Events in Jewish Life 1953, New York 1954.
Sellenthin, H. G.: Geschichte der Juden in Berlin und des Gebäudes Fasanenstraße 79-80, in: Festschrift anläßlich der Einweihung des Jüdischen Gemeindehauses, Berlin (West) 1959.
Thompson, Gerald Eugene: The Political Status of the Jews in the German Democratic Republik since 1945, unveröffentlichte Diplomarbeit, University of Iowa 1967.

Die Autoren der Beiträge

Jürgen Bellers, geb. 1951, Dr., Privatdozent, Hochschulassistent am Institut für Politikwissenschaft der Universität Münster; Forschungsschwerpunkte: Medienpolitik, deutsche Außenwirtschaftspolitik.
Wichtigste Veröffentlichungen: Medienwirkungen in der internationalen Politik, Münster 1986; Medien und öffentliche Meinung, in: Politikwissenschaft, hrsg. von I. Fetscher und H. Münkler, Reinbek 1985, S. 609-636; Politische Philosophie, internationale Politik und politische Moral, Münster 1982.

Werner Bergmann, geb. 1950, Dr. phil., Wissenschaftlicher Mitarbeiter am Zentrum für Antisemitismusforschung der TU Berlin. Studium der Kunsterziehung, Soziologie, Philosophie und Erziehungswissenschaft in Hamburg. Veröffentlichungen zur Soziologie der Zeit (u. a. Die Zeitstrukturen sozialer Systeme, Berlin 1981), zur Theorie sozialer Bewegungen, zur Sozialphilosophie (Mead, Husserl) und zur Soziologie und Psychologie von Vorurteil und Antisemitismus. Arbeitet zur Zeit über Antisemitismus als Thema der öffentlichen Meinung in der Bundesrepublik Deutschland.

Y. Michal Bodemann, Ph. D., Brandeis University, Professor für Soziologie an der University of Toronto, Lehrtätigkeiten an der University of Massachusetts und Tufts University, Gastprofessuren für Soziologie (1983) und Ethnologie (1988) an der FU Berlin.
Neuere Veröffentlichungen: Relations of Production and Class Rule: The Hidden Basis of Patron-Clientage in Sardinia, 1988. The Green Party and the New Nationalism in West Germany (The Socialist Register, 1986). The Capitalist Class in Comparative Perspective: Germany (mit Wilfried Spohn, 1988), zur Zeit Forschungen über Ethnizität, Klassentheorie, Juden in der BRD.

Rainer Erb, geb. 1945, Studium der Soziologie und der Religionswissenschaft, Dr. rer. pol., Wissenschaftlicher Angestellter am Zentrum für Antisemitismusforschung.
Arbeitsschwerpunkte: Juden und Judentum in der christlichen Kultur des 19. und 20. Jahrhunderts, Geschichte und Soziologie des Antisemitismus.
Veröffentlichungen zu religiösen Bewegungen im Kaiserreich und in der Weimarer Republik, zum Antisemitismus, zuletzt: „Die Juden sind bloß toleriert". Widerstand der christlichen Umwelt gegen die Integration der Juden im

frühen 19. Jahrhundert (mit Werner Bergmann), in: Zeitschrift für Volkskunde, Jg. 83, 1987.

Bernd Estel, geb. 1942 in Suhl/Thüringen und aufgewachsen in Süddeutschland. Studium der Fächer Soziologie, Philosophie und Wirtschafts- und Sozialgeschichte 1962-1969 in Münster, Tübingen und München. Nach dem Magisterexamen Tätigkeit als Assistent an der PH Schwäbisch Gmünd; seit 1971 zunächst als Verwalter einer Assistentenstelle, dann als Wissenschaftlicher Angestellter am Soziologischen Seminar der Universität Tübingen (Promotion zum Dr. rer. soc. 1979).
Interessenschwerpunkte: Wissenssoziologie (Vorurteilsforschung), Nation und Nationalismus sowie Soziologie der Sexualität.
Wichtigste Veröffentlichung: Soziale Vorurteile und soziale Urteile, Opladen 1983.

Siegfried Hermle, geb. 1955, Pfarrer, Wissenschaftlicher Assistent am Lehrstuhl für Kirchenordnung der Evang.-theol. Fakultät der Universität Tübingen.
Arbeitsschwerpunkt: Christlich-jüdisches Verhältnis nach 1945.

Christhard Hoffmann, geb. 1952, Studium der Geschichte, Germanistik und Philosophie, Dr. phil., Wissenschaftlicher Assistent am Zentrum für Antisemitismusforschung.
Veröffentlichungen: Juden und Judentum in der Literatur (Mithg. 1985). Die Juden. Vorurteil und Verfolgung im Spiegel literarischer Texte (Mithg. 1986), Juden und Judentum im Werk deutscher Althistoriker des 19. und 20. Jahrhunderts (1988); Aufsätze zur Wissenschaftsgeschichte der Altertums- und Geschichtswissenschaft und zum antiken Antisemitismus.

Sibylle Hübner-Funk, geb. 1943, Dr. Phil., Dipl.-Soz., Wissenschaftliche Mitarbeiterin am Deutschen Jugendinstitut e. V., 8000 München 90, Freibadstr. 30; Sozialisations-, Jugend- und Bildungsforschung.
Veröffentlichungen u. a.: Strategien der Lehrstellensuche. Berufsfindungsprozesse Jugendlicher im interregionalen Vergleich, München 1988; zusammen mit Gaiser, W., Krüger, W. und Rathgeber, R.: Immer diese Jugend! Ein zeitgeschichtliches Mosaik. 1945 bis heute, München 1985; Aufsätze u. a.: Aufwachsen mit Nationalsozialismus und Nato. Politische Bewußtseinsbildung im Generationenvergleich. In: Neue Sammlung, 23. Jg., 1983, H. 5; Nationale Identität. Neubeginn und Kontinuität. In: Soziale Welt, 36. Jg., 1985, H. 2.

Max Miller, geb. 1944, ist Privatdozent für Soziologie an der Universität Frankfurt, Heisenberg-Stipendiat der DFG und Gastwissenschaftler am Max-

Planck-Institut für psychologische Forschung (München). Er war davor Mitarbeiter am Max-Planck-Institut für Bildungsforschung (Berlin), am Max-Planck-Institut für Psycholinguistik (Nijmegen) und am Max-Planck-Institut für Sozialwissenschaften (Starnberg/München).
Seine gegenwärtigen Forschungsschwerpunkte sind soziokognitive und moralische Entwicklung, kollektive Lernprozesse und Theorien kollektiven Handelns und kollektiver Entscheidungen.
Wichtige Buchveröffenlichungen: The Logic of Language Development in Early Childhood, Berlin/New York 1979; Kollektive Lernprozesse – Studien zur Grundlegung einer soziologischen Lerntheorie, Frankfurt 1986.

Robin Ostow, geb. 1945, Ph. D. Soziologie, Brandeis University. Mitarbeiterin am Salomon Ludwig Steinheim Institut für deutsch-jüdische Geschichte.
Forschungsschwerpunkt: Die Jüdische Gemeinde und Probleme der nationalen Identität in der DDR.
Veröffentlichungen: Jüdisches Leben in der DDR: Hoffnung-Enttäuschung-Glasnost, Jüdischer Verlag bei Athenäum, Frankfurt 1988.

Frank Stern, geb. 1944, Mitherausgeber des „Tel Aviver Jahrbuchs für deutsche Geschichte", tätig am Institut für deutsche Geschichte der Universität Tel Aviv, Forschung und Lehre zur deutschen Geschichte im 20. Jahrhundert, promoviert zur Zeit über Philosemitismus und Antisemitismus in Westdeutschland nach 1945.

Herbert A. Strauss, geb. 1918 in Würzburg, studierte von 1936 bis 1943 an der Lehranstalt (Hochschule) für die Wissenschaft des Judentums in Berlin, 1943-1946 in Bern, Dr.phil 1946. Ab 1946 in den USA, lehrte von 1948 bis 1982 am City College und der City University of New York Neue Geschichte. Seit 1982 Gründer und Leiter des Zentrums für Antisemitismusforschung, Technische Universität Berlin.
Forschungsgebiete und Publikationen: Geschichte der Juden in Deutschland, Wanderungs- und Akkulturationsgeschichte nach 1933, Sozial- und Wissenschaftsgeschichte.

Frederick D. Weil, Ph. D. 1981 an der Harvard University; danach Assistant Professor an der Universität Chicago; seit 1988 Professor für Soziologie an der Lousiana State University, Baton Rouge.
Forschungsschwerpunkte: Politische Einstellungen in vergleichender Perspektive; Politische Kultur.
Neuere Veröffentlichungen: Cohorts, Regimes, and the Legitimation of Democracy: West Germany since 1945, in: American Sociological Review 1987; The Extent and Structure of Anti-Semitism in Western Populations since the Holocaust, in: Helen Fein (Hrsg.), The Persisting Question, Berlin, New York 1987.

Ruth Wodak, geb. 1950, Professor für Angewandte Linguistik (Sozio- und Psycholinguistik) an der Universität Wien.
Buchpublikationen: *Das Sprachverhalten von Angeklagten bei Gericht* (1975); *Das Wort in der Gruppe* (übersetzt ins Englische 1985) (1981); *Hilflose Nähe – Mütter und Töchter erzählen (1984); The language of love and guilt* (1985) – und über 80 Artikel in Zeitschriften und Sammelbänden. Forschung zur Diskursanalyse und besonders zu klassen- und geschlechtsspezifischen Gewohnheiten. Beschäftigung außerdem mit „Sprache und Politik" und Lehrerfortbildung (postgraduate). Im Moment Arbeit an Projekten über „Sprache in den Massenmedien", „Politischer Jargon", „Arzt-Patient-Kommunikation" und „Antisemitismus".